Gedruckt mit Unterstützung des
Deutschen Akademischen Austauschdienstes

Gequn Feng

Grenzüberschreitende Zusammenarbeit
Die EuroRegion Oberrhein, ein Modell für das
Tumen-Projekt in Nordostasien?

Bibliografische Information Der Deutschen Bibliothek
Die Deutsche Bibliothek verzeichnet diese Publikation in der Deutschen
Nationalbibliografie; detaillierte bibliografische Daten sind im Internet über
http://dnb.ddb.de abrufbar.

Dissertation von Herrn Gequn Feng
zur Erlangung des Doktorgrades
der Mathematisch-Naturwissenschaftlichen Fakultät
der Christian-Albrechts-Universität zu Kiel

©Copyright Logos Verlag Berlin 2003
Alle Rechte vorbehalten.

ISBN 3-8325-0246-7

Logos Verlag Berlin
Comeniushof, Gubener Str. 47,
10243 Berlin
Tel.: +49 030 42 85 10 90
Fax: +49 030 42 85 10 92
INTERNET: http://www.logos-verlag.de

Referent: Prof. Dr. E. Dege
Korreferent: Prof. Dr. D. Wiebe

Tag der mündlichen Prüfung: 19. 02. 2003
zum Druck genehmigt: Kiel, 19. 02. 2003

gez. Prof. Dr. W. Depmeier, Dekan

Vorwort

Aufbauend auf meiner Magisterarbeit über die industrielle Entwicklung der Tumen-Region hat Prof. Dr. E. Dege mir vorgeschlagen, in meiner Dissertation Möglichkeiten grenzüberschreitender Zusammenarbeit in Nordostasien vor dem Hintergrund der in Europa gemachten Erfahrungen zu untersuchen. Aufgrund der gegenwärtigen Schwierigkeiten des Tumen-Projektes erschien mir das Vorbild grenzüberschreitender Zusammenarbeit in Europa sehr geeignet, für die zukünftige Entwicklung in Nordost-Asien Empfehlungen abzuleiten. Aus dieser Idee entstand die vorliegende Arbeit. Für die finanzielle Unterstützung zur Realisierung dieser Arbeit danke ich dem Deutschen Akademischen Austauschdienst (DAAD), der mich von 1998 bis 2002 mit einem Promotionsstipendium gefördert hat, sehr herzlich.

Im Rahmen meiner Dissertation habe ich zwei Praktika von jeweils drei Monaten Dauer bei der Regio Basiliensis in Basel und beim Tumen-Projekt in der Präfektur Yanbian absolviert. Für die Beschaffung von Materialien und der steten Bereitschaft zu offenen Gesprächen möchte ich an dieser Stelle dem damaligen Geschäftsführer der Regio Basiliensis, Herrn C. Haefliger, sehr herzlich danken. Außerdem verdanke ich ihm die Möglichkeit, an zahlreichen Veranstaltungen der grenzüberschreitenden Zusammenarbeit in der EuroRegion Oberrhein teilnehmen zu können. Auch Frau Dr. M. Lezzi und Herr Dr. E. Jakob waren für mich stets aufgeschlossene Diskussionspartner. Mein weiterer Dank gilt den übrigen Mitarbeiterinnen und Mitarbeitern der Regio Basiliensis. Hiermit möchte ich allen ein ganz herzliches „Merci!" aussprechen. Meine wissenschaftlichen Untersuchungen in der Tumen-Region wurden besonders von den Herren Professoren Chen Cai und Yuan Shuren der Northeast Normal University und Herrn Jin Tie, dem Direktor des Entwicklungsbüros in Hunchun, unterstützt. Auch Ihnen gilt deshalb mein herzlicher Dank.

Für die wissenschaftliche Betreuung meiner Arbeit habe ich an erster Stelle meinem Doktorvater Prof. Dr. E. Dege herzlich zu danken. Er hat stets mit persönlichem Interesse den Fortgang meiner Arbeit verfolgt und mir in zahlreichen Diskussionen manche Hinweise gegeben. Herr Prof. Dr. D. Wiebe hat meine ganz Arbeit sorgfältig gelesen und sprachlich korrigiert, dafür bin ich ihm ebenfalls sehr dankbar.

Mein Dank gilt ferner allen anderen Personen, die mir bei der Entstehung der Arbeit Anregungen und Hilfestellung gegeben haben: Es sind dies zunächst die Gesprächspartner Prof. Dr. W. Arlt, Dr. C. Waack und Dr. F. Dünckmann. Frau Dr. M. Lezzi, Frau Dr. Li Xiumin, Frau A. Hauptvogel, Frau U. Schwedler, Frau K. Dege, Herr M. Hamann, Herr B. Schmier und Herr J. Reindl haben die ihren Arbeitsbereichen entsprechenden Kapitel kritisch durchgesehen und korrigiert; sie haben mir damit sehr geholfen, diese Arbeit dem Leser in richtigem Deutsch vorlegen zu können.

Zu danken habe ich nicht zuletzt meiner Frau Chen Fang für ihre ausdauernde Unterstützung. Sie hat nicht nur selbstlos den größten Teil unserer Haushaltsarbeit übernommen, sondern auch in mühevoller Arbeit die Reinzeichnung der Karten und Diagramme in dieser Arbeit ausgeführt. Unser kleiner Sohn Yuanyuan ist praktisch mit meiner Arbeit gewachsen und jeden Abend eingeschlafen. Häufig verspürte ich ein schlechtes Gewissen, dass ich mir zu wenige Zeit für ihn genommen habe. Aber ich bin froh und dankbar dafür, dass er mich mit seinem sonnigen Wesen immer wieder aufgemuntert hat.

Kiel, 2003   Gequn Feng

IV

Inhaltsverzeichnis

Vorwort III

Einleitung 1

Teil 1 Theoretische Ansätze der grenzüberschreitenden Zusammenarbeit

1 Begriffe und Definitionen 7
   1.1 Grenze und die Grenzregion 7
   1.2 Die Funktionen der Grenze 10
      1.2.1 Die Grenze als Nachteil 10
      1.2.2 Die Grenze als Vorteil 11
   1.3 Grenzüberschreitende Zusammenarbeit 12

2 Die Grenze und grenzüberschreitende Zusammenarbeit als Forschungsobjekte der Geographie 14
   2.1 Die Grenze als Forschungsobjekt der politischen Geographie ... 14
   2.2 Die Grenze als Forschungsprojekt der Wirtschaftsgeographie ... 15
      2.2.1 Traditioneller Ansatz der Wirtschaftsgeographie ... 15
      2.2.2 Ansatz der neuen Wirtschaftsgeographie 16
   2.3 Die Grenze als Forschungsobjekt der Kulturgeographie ... 18

3 Die grenzüberschreitende Zusammenarbeit in Westeuropa und in Nordostasien 19

Teil 2 Die grenzüberschreitende Zusammenarbeit am Oberrhein

1 Regionale Voraussetzungen am Oberrhein 23
   1.1 Die geographische Lage 23
      1.1.1 Die räumliche Aufteilung des Oberrheins 23
          1.1.1.1 Die Dreiländer-Agglomeration Basel ... 24
          1.1.1.2 Die RegioTriRhena 24
          1.1.1.3 Die EuroRegion Oberrhein 25
          1.1.1.4 Die INTERREG- Programmgebiete ... 25
      1.1.2 Die physisch-geographische Lage 25
          1.1.2.1 Die Landschaft 26
          1.1.2.2 Vogesen 26
          1.1.2.3 Schwarzwald 27
          1.1.2.4 Jura 27
          1.1.2.5 Klima und Böden 27
          1.1.2.6 Der Rhein 29
          1.1.2.7 Bodenschätze 30
   1.2 Die kulturgeographische Entwicklung 31
      1.2.1 Die Siedlungsentwicklung 31
      1.2.2 Das Siedlungssystem 32
   1.3 Die Verwaltungssysteme 33
      1.3.1 Deutschland 34

	1.3.2	Schweiz	36
	1.3.3	Frankreich	38
1.4	Wirtschaftsstrukturen am Oberrhein		40
	1.4.1	Die EuroRegio Oberrhein in Europa	40
	1.4.2	Ein Überblick über die Wirtschaftssektoren	41
		1.4.2.1 Entwicklung im Verarbeitenden Gewerbe	*42*
		1.4.2.2 Regionalstrukturen der Wirtschaft	*45*
	1.4.3	Grenzüberschreitende Verflechtungen: eine logische Folge der unterschiedlichen Regionalentwicklung	50
1.5	Die Infrastruktur am Oberrhein		52
	1.5.1	Verkehr	52
		1.5.1.1 Straßenverkehr	*52*
		1.5.1.2 Schienenverkehr	*52*
		1.5.1.3 Das Projekt der „Regio-S-Bahn"	*53*
		1.5.1.4 Binnenhäfen	*54*
		1.5.1.5 Flughafen	*54*
		1.5.1.6 Telekommunikation	*54*
	1.5.2	Ver- und Entsorgung	55

2 **Entstehung und Aufbau der grenzüberschreitenden Zusammenarbeit am Oberrhein** 56

2.1	Die Grenze als Einschränkung		56
	2.1.1	Die Schweizer Situation	56
	2.1.2	Der Oberrheinraum und das Dreiländereck um Basel	57
	2.1.3	Erster Impuls: Gründung der REGIO BASILIENSIS	58
		2.1.3.1 Entstehung der REGIO BASILIENSIS	*58*
		2.1.3.2 Verein REGIO BASILIENSIS	*59*
		2.1.3.3 Organe der REGIO BASILIENSIS	*60*
		2.1.3.4 Interkantonale Koordinationsstelle der REGIO BASILIENSIS (IKRB)	*60*
		2.1.3.5 Entwicklung der REGIO BASILIENSIS	*61*
		2.1.3.6 „Außen-Schweiz" und EURO-Regionen	*62*
		2.1.3.7 Bisherige Tätigkeiten des Vereins REGIO BASILIENSIS und der IKRB	*63*
		2.1.3.8 Bewertung	*64*
	2.1.4	Der Beginn der grenzüberschreitenden Zusammenarbeit	64
2.2	Das Netzwerk der nicht-staatlichen Kooperation (RegioTriRhena)		67
	2.2.1	Oberelsass: Der Verein „Regio du Haut-Rhin"	67
	2.2.2	Südbaden: Die Freiburger Regio Gesellschaft	68
	2.2.3	Zusammenschluss zur RegioTriRhena	68
		2.2.3.1 Bürgermeisterkonferenz	*68*
		2.2.3.2 Koordinationsausschuss der drei Regio-Vereine (KAR)	*68*
		2.2.3.3 Rat der RegioTriRhena	*69*
		2.2.3.4 Organe	*69*
		2.2.3.5 Tätigkeit	*69*
2.3	Der Aufbau des Netzwerks der staatlichen Kooperation der EuroRegion Oberrhein		70
	2.3.1	*Von Conférence Tripartite* am südlichen Oberrhein zur D-F-CH Oberrheinkonferenz (ORK)	71
	2.3.2	Die Oberrheinkonferenz (ORK)	71
	2.3.3	Die Dreiländer-Kongresse	73

		2.3.4	Der Oberrheinrat (ORR)...	73

        2.3.4   Der Oberrheinrat (ORR).. 73
        2.3.5   Das INTERREG-Programm und PAMINA................................... 74
  2.4   RegioTriRhena und EuroRegion Oberrhein im Europäischen Umfeld.... 77
        2.4.1   Arbeitsgemeinschaft Europäischer Grenzregionen (AGEG)......... 77
                2.4.1.1 Gründung... 77
                2.4.1.2 Bisherige Tätigkeiten... 78
        2.4.2   Lobby-Organisation: Versammlung der Regionen Europas
                (VRE).. 79
                2.4.2.1 Gründung.. 79
                2.4.2.2 Organisation... 79
  2.5   Die erfolgreichen grenzüberschreitenden Projekte............................ 80
        2.5.1   Die Regio-S-Bahn.. 80
        2.5.2   INFOBEST... 81
        2.5.3   Trinationale Ingenieurausbildung.. 81
        2.5.4   „Euregio-Zertifikat" und die Heimat „EuroRegion Oberrhein"... 82
        2.5.5   Museumspass.. 82
        2.5.6   Das BioValley-Projekt.. 82

**3   Die Bewertung der Entwicklung der grenzüberschreitenden
Zusammenarbeit**.. 83
  3.1   Die zeitliche Zusammenfassung der grenzüberschreitenden
        Zusammenarbeit am Oberrhein... 83
  3.2   Die Erfolgsfaktoren der grenzüberschreitenden
        Zusammenarbeit am Oberrhein... 84
        3.2.1   Günstiger Ausgangspunkt.. 84
        3.2.2   Finanzkraft und INTERREG... 84
        3.2.3   Rechtliche Gründe, Föderalismus und das Subsidiaritätsprinzip.. 84
        3.2.4   Die angesehenen Persönlichkeiten und hochqualifizierten
                Fachkräfte.. 85
  3.3   Die anstehenden Probleme.. 85
  3.4   Der Ausblick auf die zukünftige grenzüberschreitende
        Zusammenarbeit am Oberrhein... 87

**Teil 3   Die Entwicklung der grenzüberschreitenden
Zusammenarbeit in der Tumen-Region**

1   Die Tumen-Region – Lage und regionale Rahmenbedingungen.................. 89
  1.1   Die Abgrenzung der Region.. 90
        1.1.1   Nordostasien.. 90
        1.1.2   Die Tumen-Region.. 91
  1.2   Physisch-geographische Charakterisierung.. 93
        1.2.1   Die Landschaftsstruktur... 94
        1.2.2   Der Paektu-san... 94
        1.2.3   Das Klima... 96
        1.2.4   Der Tumen.. 98
        1.2.5   Die Naturressourcen und Bodenschätze....................................100
  1.3   Ein historischer Überblick über Nordostasien................................... 103
  1.4   Siedlungsgeographische Charakterisierung....................................... 107
        1.4.1   Die Präfektur Yanbian.. 107
        1.4.2   Die Siedlungen.. 108
        1.4.3   Die koreanische Minorität.. 109

	1.4.4	Die Russen...	111
	1.4.5	Die Nordkoreaner...	112
1.5	Struktur und Entwicklung der Wirtschaft...		113
	1.5.1	Ein Wirtschaftsüberblick über die Tumen-Region...	113
		1.5.1.1 China...	113
		1.5.1.2 Nordkorea...	116
		1.5.1.3 Russland...	118
	1.5.2	Die landwirtschaftliche Entwicklung...	119
		1.5.2.1 China...	119
		1.5.2.2 Nordkorea...	128
		1.5.2.3 Russland...	129
	1.5.3	Industriegeographische Entwicklung der Region...	129
		1.5.3.1 China...	129
		1.5.3.2 Russland...	134
		1.5.3.3 Nordkorea...	134
1.6	Politisch-administrative Rahmenbedingungen und wirtschaftliche Verflechtungen...		136
	1.6.1	China...	136
	1.6.2	Russland...	137
	1.6.3	Nordkorea...	138
	1.6.4	Die politischen Beziehungen zwischen den Ländern in Nordostasien...	138

2 Die Entwicklung der grenzüberschreitenden Zusammenarbeit in der Tumen-Region... 141

2.1	Die Entstehung des Tumen-Projektes...		142
	2.1.1	Hintergrund und Anlass...	142
		2.1.1.1 Erschliessung der komplementären Vorteile...	143
		2.1.1.2 Günstige Verkehrslage...	144
		2.1.1.3 Neuer regionaler Wachstumspol...	146
	2.1.2	Das Tumen-Projekt...	148
2.2	Die Regionale Förderung des Tumen-Projektes...		150
	2.2.1	Die Infrastrukturentwicklung...	150
		2.2.1.1 Die jeweilige Entwicklung der einzelnen Länder...	150
		2.2.1.2 Grenzüberschreitender Verkehr und Telekommunikation im Tumen-Gebiet...	162
		2.2.1.3 Die Benutzung und Zusammenarbeit der Grenzinfrastruktur...	164
		2.2.1.4 Weitere Infrastrukturbereiche...	165
		2.2.1.5 Die Probleme der Infrastruktur...	167
	2.2.2	Die Wirtschaftsförderung...	168
		2.2.2.1 Die Investitionsförderung...	168
		2.2.2.2 Grenzhandelsentwicklung...	170
		2.2.2.3 Tourismusentwicklung...	173
		2.2.2.4 Entwicklungszonen...	174
2.3	Die Entwicklung der Institutionen im Tumen-Projekt...		177
	2.3.1	UNDP...	179
	2.3.2	Die institutionellen Rahmenbedingungen für das Tumen-Projekt	180
	2.3.3	Nationale Institutionen für das Tumen-Projekt...	183
	2.3.4	Fachbezogene Arbeitsgruppen...	184
	2.3.5	Informelle Institutionen in Nordostasien und in der	

		Tumen-Region	185
2.4		Probleme des Tumen-Projektes	187
	2.4.1	Unterschiedliche Interessen und Strategien	187
	2.4.2	Mangelnde Koordination	192
	2.4.3	Umweltbelange	194
	2.4.4	Instabile Politische Situation	195
	2.4.5	Ungenügendes Kapital für Infrastrukturentwicklung	195
	2.4.6	Grenzübergangsprobleme im Tumen-Projekt	196
2.5		Die Bewertung der grenzüberschreitenden Zusammenarbeit	197
	2.5.1	Die unsichere politische Kulisse	197
	2.5.2	Konkurrenz und unklare Koordination	198
	2.5.3	Unzureichende Voraussetzungen für die Kooperation	198

Teil 4 Anregungen für das Tumen-Projekt aus der Erfahrung der grenzüberschreitenden Zusammenarbeit am Oberrhein

1 Regionaler Vergleich zwischen der EuroRegion Oberrhein und der Tumen-Region ... 201

1.1 Vergleich der regionalen Voraussetzungen ... 201
    1.1.1 Die Unterschiede zwischen der EuroRegion Oberrhein und der Tumen-Region ... 201
    1.1.2 Die Gemeinsamkeiten zwischen der EuroRegion Oberrhein und der Tumen-Region ... 202
1.2 Vergleich der grenzüberschreitenden Zusammenarbeit ... 203

2 Anregungen der grenzüberschreitenden Zusammenarbeit der Euro Region Oberrhein für das Tumen-Projekt ... 205

2.1 Aufbau eines günstigen lokalen Milieus ... 206
2.2 Endogene Mobilität ... 206
2.3 Breites Spektrum der Kooperation ... 206
2.4 Guter Wille ... 206
2.5 Bürgerinitiativen ... 207

3 Perspektiven und Strategien der grenzüberschreitenden Zusammenarbeit in der Tumen-Region ... 207

3.1 Der Regionalfond ... 207
3.2 INFOBEST in der Tumen-Region ... 208
3.3 Die Frage des Maßstabs ... 208
3.4 Netzwerk der grenzüberschreitenden Institutionen ... 209
3.5 Aufbau der Partnerschaft ... 209
3.6 Vertiefung der grundlegenden Forschungen ... 209

Schlussfolgerung ... 210
Zusammenfassung ... 213
Summary ... 215
Chinesische Zusammenfassung ... 217
Literaturverzeichnis ... 249

Abbildungsverzeichnis

Abb. 1 Die Tumen-Region in Nordostasien... 1
Abb. 2 Grenzüberschreitende Zusammenarbeit in Europa..................................... 2
Abb. 3 Die Grenzregion EuroRegion Oberrhein.. 23
Abb. 4 Verschachtelte Grenzüberschreitende Zusammenarbeit
        in der EuroRegion Oberrhein.. 24
Abb. 5 Räumliche Aufteilung des Oberrheins.. 25
Abb. 6 Die Verwaltungsgliederung und grenzüberschreitende Zusammenarbeit in der
        EuroRegion Oberrhein... 34
Abb. 7 Die Grenzgänger in der RegioTriRhena... 50
Abb. 8 Die Verkehrsinfrastruktur in der Regio TriRhena.. 51
Abb. 9 Regio-S-Bahn Linie in der RegioTriRhena.. 53
Abb. 10 Das Netzwerk der grenzüberschreitenden Zusammenarbeit in der EuroRegion
        Oberrhein... 67
Abb. 11 Das „Goldene Dreieck" in der Tumen-Region... 89
Abb. 12 Bodenschätze in der Tumen-Region.. 101
Abb. 13 Landnutzungsstruktur in Tumen-Region... 121
Abb. 14 Verwaltungsgliederung in der Tumen-Region... 137
Abb. 15 Die Verkehrsinfrastruktur in der Tumen-Region.. 151

Tabellenverzeichnis

Tab. 1 Forschungsansätze für den Grenzbegriff und grenzüberschreitende Zusammenarbeit... 9
Tab. 2 Temperatur und Niederschlag in den ausgewählten Klimastationen in der EuroRegion Oberrhein von 1931-1960... 28
Tab. 3 Beschäftigte in der RegioTriRhena und ihren Teilräumen 1996..................... 42
Tab. 4 Die Institutionen der grenzüberschreitenden Zusammenarbeit am Oberrhein.... 70
Tab. 5 Ein Überblick der Tumen-Region... 91
Tab. 6 Die Klimaverhältnisse in ausgewählte Stationen der Präfektur Yanbian.......... 97
Tab. 7 Die Entwicklung der Wirtschaftsstrukturen in Nordost-China....................... 114
Tab. 8 Die Wirtschaftsentwicklung Nordkoreas von 1990 bis 1995........................ 117
Tab. 9 Produktionsergebnisse der Land- und Forstwirtschaft sowie der Fischerei in den Kreisen der Präfektur Yanbian.. 122
Tab. 10 Entwicklung der Landwirtschaftlichen Nutzfläche in der Präfektur Yanbian..... 123
Tab. 11 Ausgewählte Industrieproduktionsziffern in der Präfektur Yanbian................. 131
Tab. 12 Die regional Komplementären Wirtschaftsgrundlagen in Nordostasien............ 144
Tab. 13 Streckenvergleich zwischen den Häfen am Japanischen Meer und Dalian bzw. Fangchuan im Tumen-Delta.. 146
Tab. 14 Die neu gebauten Straßen in der chinesischen Tumen-Region..................... 153
Tab. 15 Die Hauptstraßen und ihr Zustand in Primorskij kraj................................ 155
Tab. 16 Die Hauptverkehrsverbindungen in der Tumen-Region mit Ausgang Hunchun. 165
Tab. 17 Ausländische Investitionen in der Tumen-Region................................... 168
Tab. 18 Die Entwicklung des Grenzhandels in der Präfektur Yanbian..................... 170
Tab. 19 Handelsstruktur in der Präfektur Yanbian 1999................................... 171
Tab. 20 Die Zahl der Grenzgänger und Güter an den Grenzen in Hunchun von 1991- 1999... 171
Tab. 21 Die Zahl der grenzüberschreitenden Personen und Güter an der Grenzen von Hunchun nach Ländern von 1991-1999... 172
Tab. 22 Die Entwicklung der Touristenzahlen in Hunchun.................................. 174
Tab. 23 Die Meilensteinen in der Entwicklung des Tumen-Projektes....................... 178
Tab. 24 Die Institutionen der grenzüberschreitenden Zusammenarbeit in der Tumen-Region.. 181
Tab. 25 Unterschiedliche Haltungen und Interessen der Länder Nordostasiens zum TRADP.. 192
Tab. 26 Die Bewertung der grenzüberschreitenden Zusammenarbeit in der Tumen-Region.. 198
Tab. 27 Vergleich der grenzüberschreitenden Zusammenarbeit zwischen der Tumen-Region und der EuroRegion Oberrhein.. 204

XII

Einleitung

Eine Grenze trennt zwei Nationen voneinander. Alle Länder konzentrieren sich auf den Raum innerhalb ihrer Grenzen, aber wer kümmert sich um die periphere Region? Wie sieht die politische und wirtschaftliche Situation an der Grenze aus? Was geschieht an der Grenze? Welche Einflüsse hat die Grenze auf die Anliegerregionen? Gibt es eine regelmäßige grenzüberschreitende Zusammenarbeit? Wie funktioniert die grenzüberschreitende Zusammenarbeit zwischen den Nachbarn? Mit diesen Fragen wird sich die vorliegende Arbeit anhand von zwei Beispielen beschäftigen.

In der folgenden Arbeit wird versucht, die grenzüberschreitende Zusammenarbeit in der EuroRegion Oberrhein einerseits und der Tumen-Region (vgl. Abb. 1) andererseits unter

Abb. 1 Die Tumen-Region in Nordostasien
Quelle: E. Dege 1993, verändert

Berücksichtigung der regionalen Voraussetzungen zu analysieren und zu vergleichen. Die Frage, die gestellt werden muss, ist die, wie die politische Grenze die Kulturlandschaft, die Wirtschaftsstruktur sowie die Infrastruktur in der jeweiligen Grenzregion beeinflusst. Es wird erwartet, dass die Erfahrungen der grenzüberschreitenden Zusammenarbeit am Oberrhein Anregungen für das Tumen-Projekt bzw. für andere asiatische Grenzregionen geben können. Die Kernfrage ist, wie die Tumen-Region aus den Erfahrungen der EuroRegion Oberrhein in bezug auf die grenzüberschreitende Zusammenarbeit lernen kann. Aufgrund der Randposition der Grenzen und der daraus folgenden negativen Auswirkungen sind die Grenzregionen in der Vergangenheit immer wieder von der Politik vernachlässigt worden. Mit der Globalisierung und der regionalen Integration in Europa bekommen Grenzregionen eine neue Chance für die Regionalentwicklung zwischen den Nachbarn. Daher spielt die grenzüberschreitende Zusammenarbeit eine entscheidende Rolle für diese Entwicklung.

Grenzüberschreitende Zusammenarbeit hat in Europa seit einem halben Jahrhundert Tradition. Mit der zunehmenden Durchlässigkeit der Grenzen und der regionalen Integration der EU sind die s.g. EuroRegionen (vgl. Abb. 2) entstanden, Regionen in denen grenzüberschreitende Zusammenarbeit stattfindet. Die früher peripheren und schwach entwickelten Grenzräume treten aus ihrer Isolation heraus und erlangen gerade durch ihre Kontaktfunktion zum Nachbarland eine erhebliche aktuelle Bedeutung. Sie sind sozusagen zu den „Motoren der EU Integration" geworden, in denen sich Probleme von Grenzregionen untersuchen und lösen lassen. Die Untersuchung der Kulturlandschaft und der Wirtschaftsstrukturen in grenznahen Bereichen sowie verschiedenartiger Beziehungen über die Grenzen hinaus ist zu einem bedeutenden Gegenstand der Grenzforschung geworden.

Ein gutes Beispiel in Europa ist die EuroRegion Oberrhein, die Bühne grenzüberschreitender Zusammenarbeit zwischen Deutschland, Frankreich und der Schweiz. Hier

Abb. 2 Grenzüberschreitende Zusammenarbeit in Europa
Quelle: INTERREG SEKRETARIAT 1999, verändert

wurden in der letzten Zeit zahlreiche empirische Untersuchungen über Gründe und Auswirkungen ungleicher Faktoren der Wirtschaft, Politik, Soziologie und Kultur der entsprechenden Grenzregionen angestellt. Auf dieser Grundlage sind in der jüngsten Zeit eine Fülle von politischen und juristischen Arbeiten über die grenzüberschreitende Zusammenarbeit am Oberrhein entstanden (B. SPEISER 1993; M. LEZZI 1994; S. SCHÄFER 1996; R. ZOLLER-SCHEPERS 1998; P. EICHKORN 1999; T. PFEIFFER 2000).

Aufgrund der unterschiedlichen regionalen Voraussetzungen kann man natürlich nicht einfach die Erfahrungen der grenzüberschreitenden Zusammenarbeit aus einer Region auf eine andere beliebige Region übertragen. Bei einem Vergleich können jedoch die eigenen Grenzprobleme identifiziert und Lösungen gefunden werden. Über den Vergleich von zwei Grenzregionen gibt es bereits Untersuchungen beispielsweise zwischen der Oberrhein-Region und der Grenzregion zwischen den USA und Mexiko (N. HANSEN 1983; 1986; J. W. SCOTT 1999) bzw. zwischen der Oberrhein-Region und der deutsch-polnischen Grenzregion (R. H. FUNCK und J. S. KOWALSKI 1993; S. KRÄTKE 1996; S. HOROSZKO 2002). Ein Vergleichsbeispiel aus Asien, besonders über die Grenze der ehemals kommunistischen Länder, liegt bisher jedoch nicht vor. Nach der Entspannung der politischen Situation steht die grenzüberschreitenden Zusammenarbeit in Ostasien erst in der Anfangsphase. Durch die Freisetzung der komparativen Vorteile entstand in den vergangenen Jahren das sogenannte „Goldene Dreieck" mit der subregionalen Kooperation zwischen Singapur, Malaysia und Indonesien (A. E. FOCKEN 1998; M. THANT, TANG MING UND H. KAKAZU 1998). Eine wirtschaftsgeographische Arbeit über die grenzüberschreitende Zusammenarbeit in Ostasien fehlt aber noch.

Ein typisches Beispiel dafür ist die grenzüberschreitende Zusammenarbeit in der Tumen-Region. Wirtschaftlich gesehen ist diese Region eine schwach entwickelte Grenzregion zwischen Russland, China und Nordkorea. Zurzeit konzentriert sich die grenzüberschreitende Zusammenarbeit auf den Aufbau der Infrastruktur und grenzüberschreitender Organisationen. Es fehlen noch in erheblichem Maße die sachlichen Erfahrungen der grenzüberschreitenden Zusammenarbeit, z.B. wie man miteinander Kontakte knüpft, wie man effektiv zusammenarbeitet, wie man Probleme lösen kann und ferner, wie man Grenzhindernisse abbauen kann. Daher stehen diese Fragen zur Zeit noch im Vordergrund der regionalen Entwicklung in der Tumen-Region.

Grenzüberschreitende Zusammenarbeit ist ein umfangreiches Thema, es umfasst viele verschiedene Bereiche und Gebiete. Meines Erachtens stellt der Netzwerkaufbau der Organisationen eine der wichtigsten Rahmenbedingung für die grenzüberschreitende Zusammenarbeit dar, während die Entwicklung der Wirtschaft und Infrastruktur die wichtigste Basis des Raumes bildet. Besonders der Organisationsaufbau bei der grenzüberschreitenden Zusammenarbeit verknüpft und fördert alle unterschiedlichen regionalen Elemente. Deshalb wird sich die vorliegende Untersuchung überwiegend auf den institutionellen und wirtschaftlichen Bereich konzentrieren. Außerdem spielt der grenzüberschreitende Organisationsaufbau eine Schlüsselrolle bei der Koordination der unterschiedlichen Verwaltungssysteme, der unterschiedlichen Rechtssysteme, der Kulturen und Wirtschaftsstrukturen in den beiden Regionen. Die EuroRegion Oberrhein hat gerade im Hinblick auf die Institutionen und Organisation ihre Stärken, insofern bildet diese Region ein gutes Vorbild für die Tumen-Region.

Die Arbeit ist folgendermaßen aufgebaut: Im ersten Kapitel wird zunächst auf die theoretischen Begriffe Grenze, Grenzregion, die Funktionen der Grenze und Grenzüberschreitende Zusammenarbeit eingegangen. Dabei werden Vor- und Nachteile von Grenzregionen je nach ihrer Peripherie- und Zentrallage herausgearbeitet. Für die grenzüberschreitende Zusammenarbeit gibt es vielfältige Bereiche, sie reichen von der Infrastruktur, der Wirtschaft, den Institutionen bis zur alltäglichen gesellschaftlichen Verflechtung in der Grenzregion. Die unterschiedliche politische und wirtschaftliche Struktur auf beiden Seiten der Grenze erschwert häufig die mögliche grenzüberschreitende Kooperation. Über grenzüberschreitende Zusammenarbeit sind in der letzten Zeit viele multidisziplinäre Untersuchungen angestellt worden. In der Geographie gibt es diesbezüglich eine lange Tradition.

Angestoßen wurde diese von der politischen Geographie seit dem 19. Jh.. Jedoch wurden Grenzen lange Zeit aufgrund politischer Spannungen vorwiegend als potentielle Konfliktherde betrachtet. Die Wirtschaftsgeographie versucht, die Grenze als einen wirtschaftlichen Faktor wahrzunehmen. Die traditionelle Geographie geht davon aus, dass die Grenze wegen ihrer Undurchlässigkeit ein Hemmnis für die wirtschaftliche Ausdehnung darstellt, daher vermeiden es die meisten Investoren, sich in der Grenzregion anzusiedeln. In jüngster Zeit wird die „*New Economic Geography*" als neuer Ansatz für die Grenzforschung entwickelt (P. KRUGMAN 1998). Sie sieht die Grenze als eine Kontaktzone, die neue Marktchancen für Unternehmen der Grenzregion eröffnet. Damit scheint die Funktion der Grenzen innerhalb dieser beiden Ansätze zunächst widersprüchlich. Daher sind empirische Untersuchungen für Grenzregionen und grenzüberschreitende Zusammenarbeit erforderlich. Anhand zweier Beispiele, nämlich der EuroRegion Oberrhein in Westeuropa und der Tumen-Region in Nordostasien, wird mit dieser Arbeit veranschaulicht, dass Grenzen sowohl trennende aber auch in zunehmendem Maße verbindende Funktionen wahrnehmen. Dabei wird deutlich, dass in der EuroRegion Oberrhein im Zuge der EU Integration die Grenze nicht mehr als unüberwindbares Hemmnis betrachtet wird, während in der Tumen-Region noch die angespannte politische Situation dominiert und die Grenze eine Barriere darstellt.

Im Teil 2 dieser Arbeit werden die regionalen Voraussetzungen, der Aufbau der grenzüberschreitenden Zusammenarbeit und ihre Auswertung in der EuroRegion Oberrhein behandelt. Bei den regionalen Voraussetzungen geht es um die Analyse der geographischen Gegebenheiten. Dabei ergibt sich, dass die EuroRegion Oberrhein eine von der Natur geprägte kulturell einheitliche Region ist; in Bezug auf die Entwicklung der Wirtschaft und der Infrastruktur befindet sich die EuroRegion Oberrhein in einer Zentrallage der EU. Aufgrund der administrativen Rahmenbedingungen der Anliegerländer ist die grenzüberschreitende Zusammenarbeit in der EuroRegion Oberrhein stark auf lokaler Ebene verankert. Trotz dieses günstigen Ausgangspunktes mußte auch der Aufbau der grenzüberschreitenden Zusammenarbeit einen langwierigen Prozeß durchleben. Die Initiative für die grenzüberschreitende Kooperation wurde von der Schweiz angesichts ihrer Vergrenzungslage angestoßen (H. BRINER 1983a; 1989). Aufgrund der Bemühungen der REGIO BASILIENSIS wurden später auch die Kooperationspartner in den Nachbarländern Deutschland und Frankreich gefunden. Durch die Lobbyarbeit der lokalen Akteure sind zahlreiche grenzüberschreitende Organisationen wie Oberrheinkonferenz, Oberrheinrat, Drei-Länder-Kongress und der Rat der RegioTriRhena ins Leben gerufen. So hat sich durch die grenzüberschreitende Zusammenarbeit ein Netzwerk herausgebildet. Die gemeinsame Willenserklärung zur grenzüberschreitenden Kooperation der Staatschefs der drei Länder bildete einen Höhepunkt der grenzüberschreitenden Zusammenarbeit. Ein weiterer Meilenstein ist die Einführung des INTERREG-Programms, das zu zahlreichen Kooperationsprojekten geführt hat. Durch den über diese Projekte induzierten Lernprozeß wird ein günstiges Regionalmilieu für grenzüberschreitende Verflechtungen geschaffen. Die Entwicklung der grenzüberschreitenden Zusammenarbeit in der EuroRegion Oberrhein hat gezeigt, dass die hier gesammelten Erfahrungen ein Modell für die Entwicklung anderer Regionen sein können.

Im Teil 3 soll eine parallele Analyse über die geographischen Voraussetzungen und die Entwicklung der grenzüberschreitenden Zusammenarbeit in der Tumen-Region durchgeführt werden. Jedoch ergibt sich ein vielfältiges Bild; geographisch befindet sich diese Region im Zentrum Nordostasiens, aus Sicht der jeweiligen Zentralregierungen liegt die Tumen-Region allerdings am Randgebiet. Physisch ist diese Region ein von gebirgiger Landschaft geprägtes Gebiet, das über eine schlechte Infrastruktur und eine schwache Wirtschaftsentwicklung verfügt. Die Tumen-Region hat eine wechselvolle Geschichte durchlebt und die politische Situation bleibt angespannt. Kulturell ist hier, in der Präfektur Yanbian, die koreanische Minorität seit zwei Jahrhunderten verwurzelt. Die koreanische Minorität könnte zu einem Bindeglied zwischen den Anliegerländern werden. Die Wirtschaftsentwicklung ist in den Anliegerländern sehr unterschiedlich. Angesichts der geographischen Zentrallage in Nordostasien und der sich wirtschaftlich ergänzenden Voraussetzungen der Anliegerländer wurde das Tumen-Projekt vom UNDP ins Leben gerufen. Ziel ist, eine Freihandelszone in der Tumen-Region aufzubauen. Um den Grenzhandel, die ausländischen Investitionen und die Touristen zu fördern, wird die Infrastruktur ausgebaut und Sonderwirtschaftszonen errichtet. Zahlreiche Konferenzen und Abkommen wurden abgehalten und abgeschlossen. Auch grenzüberschreitenden Organisationen wurden aufgebaut, der Fortschritt ist allerdings gering. Die wichtigsten Gründe sind die instabile politische Situation in Nordostasien, die unterschiedlichen Verwaltungssysteme und die verschiedenen Interessen der beteiligten Anliegerländer. Auch das verbleiben in nationalen Denkmustern behindert die Verwirklichung des Tumen-Projektes. Angesichts der gegenwärtigen Entwicklung des Tumen-Projektes und der politischen Rahmenbedingungen wird das Tumen-Projekt als Problem-Projekt *de facto* bezeichnet.

Im vierten Kapitel werden die EuroRegion Oberrhein und die Tumen-Region im Hinblick auf ihre regionale Grundlagen und die grenzüberschreitende Zusammenarbeit verglichen. Von den Regionalentwicklungen sind die beiden Regionen sehr unterschiedlich, dabei hat die EuroRegion Oberrhein eine ideale regionale Voraussetzung für grenzüberschreitende Zusammenarbeit. Zahlreiche Erfahrungen auf dem Gebiet der grenzüberschreitenden Zusammenarbeit wurden in der EuroRegion Oberrhein gemacht, damit entstand ein günstiger Mechanismus für eine reibungslose grenzüberschreitende Zusammenarbeit (z.B. starke Finanzkraft und Institutionsnetzwerk). Die Tumen-Region ist dagegen eine ganz andere Region, die durch rückständige Infrastruktur und strategische Geowirtschaft geprägt ist. Es fehlen hier sowohl die günstigen Voraussetzungen als auch gute Erfahrungen mit grenzüberschreitender Zusammenarbeit. Daher wird das Tumen-Projekt voraussichtlich noch einen langen Weg vor sich haben, bevor es entscheidende Erfolge verzeichnen können wird.

Bevor auf die grenzüberschreitende Zusammenarbeit eingegangen wird, müssen zuerst die regionalen Voraussetzungen der Regionen untersucht werden. Leider gibt es wenige wissenschaftliche Abhandlungen über Nordostasien. Nur in der ersten Hälfte des 20. Jhds. wurden einige stärker länderkundlich ausgerichtete Untersuchungen vorgelegt (G. FOCHLER-HAUKE 1941; H. MAIER 1930; K. LATOURETTE 1951; E. THIEL 1953). Während der letzten Hälfte des 20. Jhds. waren systematische Abhandlungen wegen des Kalten Krieges ebenfalls sehr spärlich. Das hatte zur Folge, dass die Vorgänge in diesem Raum der laufenden Beobachtung für lange Zeit weitgehend entzogen waren. Die Vorgänge konnten auch aufgrund schlechter Zugänglichkeit der Quellen bisher noch nicht wieder zu einer systematischen Darstellung zusammengeführt werden. Mit der Entspannung der politischen Verhältnisse der nordostasiatischen Länder wurde das Tumen-Projekt, eine grenzüberschreitende Zusammenarbeit zwischen China, Russland und Nordkorea, ins Leben gerufen. Über das Tumen-Projekt erschienen zahlreiche Berichte und Veröffentlichungen (DING SIBAO und CHEN CAI 1991; CHEN CAI 1996a; 1996b; GUO RONGXING 1996; ERINA 2000; W. ARLT 2001). Die bisher vorliegenden wissenschaftlichen Abhandlungen über die Tumen-Region und das Tumen-Projekt weisen jedoch relativ wenige Detailinformationen auf. Nicht zuletzt fehlt ein globaler Vergleich oder ein Erfahrungsaustausch zwischen der Tumen-Region und anderen Regionen. Dieser Mangel ist folgendermaßen zu erklären: Jede der hier angesprochenen Grenzregionen ist zwar sehr klein, umfasst jedoch jeweils drei verschiedene Länder. Wenn man zwei Grenzregionen miteinander vergleicht, muss man schon sechs verschiedene Länder betrachten.

Die Forschungsmethoden, die bei der vorliegenden Arbeit benutzt wurden, bestehen hauptsächlich aus Geländebeobachtung, Interviews und Literaturrecherche. Im Rahmen der Geländearbeit konnte der Autor durch die Teilnahme an Sitzungen und Gesprächen die Routinearbeit der Regionalakteure beobachten. Die Interviews wurden mit Experten für grenzüberschreitende Zusammenarbeit und Hochschullehrern, die sich mit diesem Thema beschäftigen, geführt. Das betrifft besonders die Untersuchung bei der REGIO BASILIENSIS. Die Datensammlung und die Geländearbeit in der Tumen-Region gestaltete sich angesichts der politischen Verhältnisse außerordentlich schwer. Die Daten und Information, die erfasst werden konnten, sind darüber hinaus wegen der unterschiedlichen Maßstäbe und Rahmenbedingungen nur schwer zu vergleichen, häufig muss man sie vor dem Hintergrund eigener Beobachtungen abschätzen und bewerten.

Teil 1 Theoretische Ansätze der grenzüberschreitenden Zusammenarbeit

Obwohl die Grenze ein geographischer Begriff ist, sind Forschungsansätze zu diesem Thema im Vergleich zu einheitlichen Räumen, mit denen sich die geographische Forschung hauptsächlich befasst, vernachlässigt worden. Der Grund dafür liegt darin, dass Grenzen häufig mit Territorialkonflikten oder Auseinandersetzungen verbunden sind und dadurch ein empfindliches Thema darstellen (W. LEIMGRUBER 1980; 1999; D. RUMLEY und J. V. MINGHI 1991). In der politischen Geographie allerdings hat die Grenzforschung eine lange Tradition (F. RATZEL 1897; J. V. MINGHI 1963; P. GUICHONNET und C. RAFFESTIN 1974; J. W. HOUSE 1981; J. R. V. PRESCOTT 1987; D. RUMLEY und J. V. MINGHI 1991; A. PAASI 1998). Durch die beschleunigte Globalisierung und Internationalisierung, insbesondere der Entwicklung der EU, NAFTA und ASEAN wird die Untersuchung der Grenze sowohl von der Geographie als auch von anderen Sozialwissenschaften verstärkt aufgenommen (J. W. HOUSE 1982; D. RUMLEY und J. V. MINGHI 1991; A. PAASI 1998; 1999). Dabei ist das Thema der grenzüberschreitenden Zusammenarbeit in den Mittelpunkt gerückt, so dass zahlreiche interdisziplinäre Untersuchungen über die Grenze und die grenzüberschreitende Zusammenarbeit entstanden.

1 Begriffe und Definitionen

1.1 Grenze und die Grenzregion

Das Wort „Grenze" kommt ursprünglich aus dem Slawischen („granitha") und bedeutet „Schranke, Beschränkung" (M. SCHWIND 1972; B. SPEISER 1993). Der Begriff „Grenze" wird je nach Fragestellung kulturell, physisch, institutionell, politisch, wirtschaftlich oder sozial definiert (vgl. Tab. 1). So formulierte das Staatslexikon im Jahre 1904 "Das Staatsgebiet wird durch seine Grenzen von den Gebieten der Nachbarstaaten getrennt: Die Grenzen sind gedachte Linien, die durch äußere Zeichen kenntlich gemacht werden. Diese äußeren Zeichen sind teils künstlich, z.B. Grenzsteine, Wälle, teils natürlich, z.B. Gebirge, Flüsse: Bildet ein Gebirge die Grenze, so läuft die als Grenze gedachte Linie, wenn nichts anderes bestimmt ist, dem Gebirgskamm, der Wasserscheide entlang" (Das Staatslexikon, Bd. 5 s.v. Staatsgebiet

1904 nach R. SCHNEIDER 1987). Große Flüsse und Ströme sind regelrechte Paradebeispiele für natürliche Grenzen. Der ambivalente Charakter dieser Grenze ist offenkundig, da Flüsse ebenso als Handelsstraßen als auch zur Kommunikation dienen. Flüsse nehmen in geographischen Untersuchungen eine äußerst wichtige Position ein, da sie außerordentlich repräsentative Elemente des geographischen Milieus bilden. Sauszkins drückt dies mit den folgenden Worten aus, „der Fluss bildet den wichtigsten die gemeinsamen natürlichen Prozesse verbindenden Knoten, ist eines der wichtigsten Glieder in der Kette des Austausches der Materie auf der Erde, bildet einen Spiegel sui geeris der umgebenden Natur" (SAUSZKINS 1960 nach S. KALUSKI 1981).

In der englischen Literatur wird die Grenze mit zwei Begriffen umschrieben, nämlich „border" und „frontier" (J. R. V. PRESCOT 1987). Frontier ist ein Periphergebiet, das unerschlossen ist. Aufgrund der weitgehenden Raumerschließung werden die meisten sogenannten Frontiers allmählich verschwinden, weshalb im folgenden der Begriff „Grenze" nur im Sinn von „border" gesehen wird. Für die vorliegende Arbeit ist primär die Staatsgrenze unter räumlichen Gesichtspunkten, also die territoriale Zugehörigkeit, von Interesse. Relevant ist die Grenze zwischen zwei oder mehreren benachbarten Staaten, die sich in aller Regel als mehr oder weniger deutlich markierte Linie auf der Erdoberfläche darstellt und mittels derer jeder Staat seinen räumlichen Herrschaftsbereich nach außen absteckt (U. BEYERLEIN 1980; B. SPEISER 1993). Dies hat zur Konsequenz, dass die nationalen Rechts- und Verwaltungsverhältnisse durch Grenzkontrollen geschützt und überwacht werden müssen (P. EICHKORN 1999). Will man die Problematik, die sich hinter dem Begriff „Grenze" verbirgt, erfassen, muss man sich stärker um die Prozesse und Gesetzmäßigkeiten im wirtschaftlichen, sozialen, administrativen, juristischen und wohl auch ideologischen Bereich der zu behandelnden Gesellschaften kümmern (W. FRAMKE 1981).

Die Grenzziehung ist das Ergebnis geschichtlicher Vorgänge und Ausdruck bestehender Machtverhältnisse. Alte Grenzen verschwinden (z.B. die ehemalige deutsch-deutsche Grenze), neue Grenzen kommen hinzu (z.B. die Nachfolgestaaten der ehemaligen Sowjetunion). Grenzen bezeichnen die Ausdehnung des Staatsgebietes und gliedern es in vielfacher Hinsicht, bis hin zur Gemeinde- und Flurgrenze. Die Entstehung der Grenze hängt vor allem von zwei Faktoren ab: zum einen von der genauen Kenntnis der Landschaft, zum anderen von wichtigen Strukturelementen wie Wasserscheiden, Rohstoffen, Ethnien, Religionen, Sprachen usw. (P. EICHKORN 1999). Die „Natürlichkeit" der Grenzen beruht nur auf der Nutzung der strukturellen Formen der Natur bei der Demarkation, z.B. der Gebirge, Flüsse, Sümpfe, Wüsten, Meers- und Seeufer. Die Hauptaufmerksamkeit konzentriert sich heute auf die anthropogenen Merkmale der Grenzen. Denn die Entwicklung der Technik hat in bedeutendem Maße zur Verringerung der Rolle der Elemente der natürlichen Grenzen, sowohl im Verkehr als auch in der Verteidigung des Landes, beigetragen. Die traditionelle Klassifikation der Grenzen in natürliche und künstliche ist zu revidieren (G. FISCHER 1980). In Wirklichkeit sind sämtliche politischen Grenzen künstlich vom Menschen festgelegt. Daher ist die politische Grenze stets etwas Künstliches, vom Menschen Geschaffenes und nicht etwas Natürliches, genauso wie die Grenze nicht eine räumliche Tatsache mit soziologischen Wirkungen, sondern eine soziologische Tatsache ist, die sich räumlich formt (U. WITMER 1979; M. LEZZI 1994).

Tab. 1 Forschungsansätze für den Grenzbegriff und grenzüberschreitende Zusammenarbeit

		Grenzbegriff	grenzüberschreitende Zusammenarbeit
Definitionen		Die markierte Linie zwischen zwei benachbarten Ländern.	Abbau gemeinsamer Probleme und Schwierigkeiten. Aufbau regionaler Beziehungen, Handelsaustausch, Investition, Niederlassung und Infrastruktur.
Funktionen	Vorteile	Bindeglied und Kontaktzone, Anreiz von Verschiedenheiten	Globalisierung- und Integrationsvorteil
	Nachteile	Hemmnis und Engpass, Zersplitterung des Bezugsgebietes, Transaktionskosten, Identitätsmängel, Randposition	unterschiedliche politische, wirtschaftliche und legislative Gestaltung, Interessenmangel seitens der zentralen Regierung
Forschungen über den Grenzbegriff und grenzüberschreitende Zusammenarbeit	Politische Geographie	Politische Barriere. Natürlicher Organismus (F. RATZEL 1897); Grenzlandschaft (D. RUMLEY und J. V. MINGHI 1991); Wechselwirkung zwischen Menschen und Grenzlandschaft (J. R. V. PRESCOTT 1987).	
	Wirtschaftsgeographie	Traditioneller Ansatz: Periphere und penalisierende Effekte für die Wirtschaftsstandorte (A. LÖSCH 1944); künstliche Barriere für die rationale Wirtschaftsorganisation (W. CHRISTALLER 1968; H. GIERSCH 1949); Geoökonomie (CHEN CAI 1996b); Neuer Ansatz: Räumliche Chance für Integration und Kooperation. Steigerung des Marktpotentials (P. L. ELIZONDO und P. KRUGMAN 1996; M. FUJITA, P. KRUGMAN und VENABLES, A. 1999). Regionale Forschung (R. RATTI 1993; R. CAPPELLIN, 1993); Verhaltensforschung (D. C. NORTH 1990; R. AXELROD 1995); Netzwerk, lernende Region, Transaktionskosten, Pfadabhängigkeit, Einbettung und Allianz (M. STORPER 1992; 1993; 1997; H. V. HOUTUM 1998).	
	Kulturgeographie	Kulturlandschaft mit psychologischem und soziologischem Ansatz (W. LEIMGRUBER 1980; 1999); sozial-ethnische, kulturelle und politische Eigenschaften und Konflikte in der Grenzlandschaft (D. RUMLEY UND J. V. MINGHI 1991); *Mental learning process* (H. V. HOUTUM 1999); *narrative geography* (A. PAASI 1998; 1999).	

Quelle: EIGENE DARSTELLUNG

Die Grenzregion kann aus zwei unterschiedlichen Blickwinkeln gesehen werden: *„generally representing either a border as a region lying astride the boundary, or referring to a marginal or peripherical concept"* (R. RATTI 1993). An der Grenze stoßen verschiedenartig strukturierte und verwaltete Staaten und Gebietskörperschaften mit unterschiedlichen Rechts-, Verwaltungs-, Wirtschafts-, Sozial- und kulturellen Systemen zusammen. Daraus ergeben sich rechtliche, administrative, ökonomische, soziale und politische Schwierigkeiten und Anreize für die grenzüberschreitende Zusammenarbeit (N. HANSEN 1983).

1.2 Die Funktionen der Grenze

Der Einfluss der Grenze erstreckt sich auf die wirtschaftlichen, institutionellen, juristischen, ideologischen, sozialen, kulturellen und militärischen Verhältnisse in den Grenzregionen zu beiden Seiten. Die Funktion der Grenze ist in erster Linie politische Natur. Die damit zusammenhängenden Begriffe Staat, Nation, Territorium und Souveränität dienen dem Schutz der eigenen Bevölkerung und der Verteidigung. Wirtschaftliche und politische Macht geraten wegen der Existenz der politischen Grenze gelegentlich in Konflikt miteinander, da letztere den Ausdehnungsdrang der Wirtschaft hemmt. So kommt der Grenze eine widersprüchliche Rolle zu, nämlich die duale Funktion als Trennen- oder Kontaktlinie. Daraus resultiert der häufig unkompatible Gegensatz zwischen Politik und Wirtschaft an der Grenze (N. HANSEN 1977; W. GALLUSSER 1981; R. RATTI 1993). Bezüglich der sozialen Integration wird durch die Grenze zwischen „uns" und „sie" unterschieden. Weitgehend gibt es Filterfunktionen (R. RATTI 1993; J. ANDERSON und L. O'DOWD 1999), zentrifugale und zentripetale Funktionen (W. LEIMGRUBER 1980; 1991; 1999), asymmetrische Funktion (J. ANDERSON und L. O'DOWD 1999; J. V. MINGHI 1963; N. HANSEN 1977; W. LEIMGRUBER 1980; 1999; J. R. V. PRESCOTT 1987; P. NIJKAMP, P. RIETVELD und I. SALOMON 1990; R. RATTI 1993;). Diese Kategorie werden je nach den subjektiven Belangen und unterschiedlichen wissenschaftlichen Disziplinen interpretiert. Je nach Zeit, Ort und den Betrachtungssubjekten tritt die Grenze in der Regel mit zwei Gesichtern auf, nämlich als Nachteil oder Vorteil. Diese Funktion bestimmt auch die Entwicklung der grenzüberschreitenden Zusammenarbeit.

1.2.1 Die Grenze als Nachteil

Negativ stellt sich die Grenze als Hemmnis und Engpass für die jeweiligen regionalen Belange dar. Grenzlandschaften bieten ein vielfältiges Gesicht, wie Schwind in seiner Arbeit „Allgemeine Staatengeographie" (M. SCHWIND 1972) skizziert: je näher die Grenze, desto deutlicher tragen Wirtschaft, Verkehr, kulturelles und soziales Leben peripheren Charakter. Verkehrsstränge setzen aus; Straßen laufen auf die Grenze zu und enden blind. Es fehlt an Querverbindungen, weil in Grenznähe die Entstehung von Zentren, die nach allen Seiten ausstrahlen, erschwert oder gar unmöglich ist. Die Eisenbahn entbehrt hier der Verkehrsknoten; sie kennt nur, wie die Straßenführung, einzelne über die Grenze laufende Verbindungen; Stichbahnen und Kopfbahnhöfe sind ihre Merkmale. Auch höhere Bildungsstätten, Theater und zentrale Organe jeder Art setzen sich ab und liegen landeinwärts, weil in absolut peripherer Lage, die in vielen Fällen zugleich durch geringere Bevölkerungsdichte gekennzeichnet ist, ihre Existenz „unrentabel" erscheint.

Allgemein ist die Grenze die physische Barriere, die Verkehrsbarriere, die fiskalische Barriere, die öffentliche Kontaktbarriere, die institutionelle Barriere, die technische Barriere (z.B. die unterschiedliche Spurbreiten der Eisenbahn zwischen Russland und China), die Telekommunikationsbarriere. Hier stoßen unterschiedliche Marktsysteme, unterschiedliche Zeitzonen (z.B. unterschiedliche Öffnungszeiten der Grenzübergänge in der Tumen-Region), unterschiedliche Kulturen und Informationssysteme (Sprache und Bildungswesen) und Standortbedingungen aneinander (P. NIJKAMP, P. RIETVELD und I. SALOMON 1990). Oft sind die willkürlichen Auswirkungen der Grenze auf die Wirtschaftsstruktur, die Infrastruktur und das Siedlungsbild auf den ersten Blick sichtbar, während die psychologische Wirkung vielfach verborgen bleibt (A. PAASI 1998). Für die regionale Wirtschaftsentwicklung bedeutet die Grenze eine Zersplitterung des Einzugsgebiets und eine Steigerung der Transaktionskosten für die Grenzwirtschaftsverflechtung. Es ergibt sich z.b., dass die Länder der EU durch den Wegfall der Grenzen einen um ein Fünftel erhöhten Umschlag an Handelsgütern und Grenzgängern erfahren (J. BROECKER und H. ROHWEDER 1990). Transaktionskosten und administrative Verfahren sowie Wartezeiten stellen für Grenzhandel und Berufspendler in der Grenzregion einen zusätzlichen Aufwand dar (trotz der kurzen Entfernung), so dass der Handel mit einer in großer Entfernung aber im selben Hoheitsgebiet liegenden Region oft vorgezogen wird. So wird z.B. zur Zeit in der Tumen-Region der überwiegenden Teil des Überseehandel über den Hafen Dalian abgewickelt, der in einer Entfernung von über 1000 km liegt, obwohl andere Transitwege in kürzerer Entfernung vorhanden sind. Weitere Hemmnisse sind z.B. Zölle und potentielle politische und militärische Spannungen.

Selbst wenn Kultur und Sprache auf beiden Seiten gleich sind, ist in der Grenzregion die Kommunikation und die Berichterstattung in erster Linie national ausgerichtet. Die Schulerziehung (speziell Geographie- und Geschichtsunterricht) trägt dazu bei, die Bewohner der Grenzregion zunächst auf den Heimatstaat zu fixieren. Diese Ausprägung trägt ihrerseits zu einer psychologischen und mentalen Grenzziehung bei. Sie führen zu einem Mangel an regionaler Identität und gemeinsamer Ziele in der Grenzregion.

In der Regel können gemäß geltendem internationalem und nationalem Recht zwischenstaatliche Vereinbarungen nur von den zentralen Regierungsstellen abgeschlossen werden, zumal bei den Zentralstaaten. Diese sind aber normalerweise weit entfernt vom Ort des Geschehens; es fehlt ihnen der regionale Überblick, der die Probleme im rechten Licht erscheinen lässt bzw. ihre Bedeutung und zeitliche Dringlichkeit aufzeigt. So sind zwar informelle Kontakte über die Grenze hinweg möglich, aber die Entscheidung für eine formelle Zusammenarbeit fällt die Zentralregierung. Unter Umständen betrachten Zentralregierungen internationale Regionen mit einem gewissen Misstrauen, da sie die territoriale Integrität des Staates zu untergraben scheinen (N. HANSEN 1983; W. LEIMGRUBER 1980; 1999).

Zusammen mit den unterschiedlichen juristischen Systemen, institutionellen und administrativen Kompetenzen bildet die Grenze eine hohe soziale Hürde und verursacht hohe Transaktionskosten für mögliche Grenzkontakte (P. NIJKAMP, P. RIETVELD und I. SALOMON 1990; R. RATTI 1993). Sollte sich die Grenze in geographisch schwieriger und infrastrukturell schwacher Lage befinden, was nicht selten der Fall ist, kommt eventuell noch die physische Barriere hinzu.

1.2.2 Die Grenze als Vorteil

Grenzregionen sind für die jeweiligen Staaten geographisch peripher, während die Region, international gesehen, wirtschaftlich sehr zentral gelegen sein kann. Sie ist nicht nur das Bindeglied zwischen zwei Staaten, die sich hier gegenseitig durchdringen, die Bevölkerung ist auch häufig kulturell homogener als das nationale Staatenkonzept vermuten lässt. Das erleichtert den Kontakt und die Interaktion. Die Globalisierung der Märkte und des Handels hat die Bedeutung von Staatsgrenzen bereits heute tiefgreifend verändert. Grenzen werden nicht mehr nur als trennend erfahren und verstanden, sondern als Anreiz, als Chance, die durch das Grenzgefälle (wegen der unterschiedlichen Zugehörigkeiten) zu nutzen gilt (H. BREUER 1981). Das Nebeneinander von verschiedenen Systemen ist nicht nur ein Hindernis, sondern ein Vorteil für ein vielfältiges Miteinander, etwa in der Berufsbildung, in der Unternehmensförderung oder im Tourismus (DAS MAGAZIN FÜR INTERNATIONALE BEZIEHUNGEN DER SCHWEIZ 1996).

Mit der Entwicklung der internationalen Arbeitsteilung entwickelt sich die Grenze aus ihrer hemmenden Wirkung als Barriere zu einem Kontaktraum zwischen zwei Systemen (R. RATTI 1993). Durch externe Effekte auf der Makroebene, z.b. der Globalisierung der Märkte, addieren sich zu den Vorteilen der Differentialrente komparative Vorteile durch die Zugehörigkeit zu zwei verschiedenen Systemen. Die Wirtschaft entwickelt sich zur grenzüberschreitenden Zusammenarbeit. Die Grenze wird zur Kontaktzone, die sich durch Zusammenarbeit, Kooperationen, Komparativität, Integration, Verminderung von Unsicherheiten und Inwertsetzung spezifischen *Know-hows* auszeichnet.

1.3 Grenzüberschreitende Zusammenarbeit

Unter grenzüberschreitender Zusammenarbeit werden Beziehungen zwischen benachbarten Grenzregionen verstanden, welche unterschiedlichen Staaten angehören. Im Sinne eines Bindeglieds ist die Grenze auch die Stelle, an der die Nachbarstaaten in vielfacher Hinsicht zusammenarbeiten müssen. Diese Zusammenarbeit beginnt schon bei der Grenzziehung. Eine solche kann nur gemeinsam erfolgen. Mit den politischen Veränderungen in der jüngsten Zeit ist die grenzüberschreitende Zusammenarbeit ein Schlüsselwort in der Regionalentwicklung geworden.

Die Zielsetzungen der grenzüberschreitenden Zusammenarbeit sind vielfältig. Das Hauptziel ist es, gemeinsame Antworten auf Probleme und Fragen zu finden, die sich sowohl auf der einen als auch auf der anderen Seite der Landesgrenze stellen (H. BRINER 1983a; 1983b); weitere Ziele sind der Abbau des Grenzgedankens, die Öffnung des Hinterlands für die Wirtschaftsentwicklung, speziell für die Dienstleistungsindustrie, die Umstellung der staatlichen Grenze zu einer einfachen administrativen Grenze und Förderung einer nationalen Peripherie in zentraler internationaler Lage (DAS MAGAZIN FÜR INTERNATIONALE BEZIEHUNGEN DER SCHWEIZ 1996).

Die Formen der grenzüberschreitenden Zusammenarbeit werden je nach Disziplin und Forschungsvorhaben unterschiedlich gesehen. Hier gibt es eine breite Palette unterschiedlicher Gestaltungsmöglichkeiten; sie reichen von der punktuellen Regelung einzelner Sachfragen bis hin zu einer gemeinsamen Vision einer einheitlichen grenzüberschreitenden Region oder von der losen, rechtsunverbindlichen Zusammenarbeit bis hin zur Schaffung gemeinsamer Institutionen. Ein entsprechend buntes Bild zeigt sich in der Praxis: so gibt es etwa Regierungskommissionen, Regionalausschüsse, öffentlich-rechtliche Zweckverbände, interregionale Parlamentarierräte (z.B. REGIO TriRhena, Saar-Lor-Lux oder Bodenseerat). Sie alle verfolgen, trotz ihrer Verschiedenartigkeit, dasselbe Ziel, nämlich die Abschwächung oder gar Überwindung der durch Grenzen verursachten negativen sozio-ökonomischen Auswirkungen (V. MALCHUS 1975; B. SPEISER 1993). Die grenzüberschreitende

Zusammenarbeit kann verschiedene Formen annehmen, einerseits auf ökonomischer Ebene, wie Handel, Investition, Niederlassungen und Infrastrukturausbau; andererseits auf sozialer Ebene zur Abdeckung der Grundbedürfnisse der Menschen in der Grenzregion, wie Arbeiten, Einkaufen, soziale und kulturelle Kontakte, Erholung.

In Fällen geschlossener Grenzen sind nur unregelmäßige, meist bilaterale Kontakte festzustellen. Sie sind weder rechtlich verankert, noch verfügen sie über eine feste Form. Zu dieser *ad hoc* oder informellen Zusammenarbeit gehören beispielsweise Gespräche zur Information, zur Konsultation und teilweise auch zur Koordination. Je offener die Grenze, desto häufiger findet man regelmäßige Beziehungen in gefestigten Organisationen, sogenannte institutionelle Zusammenarbeitsformen. Grenzüberschreitende Zusammenarbeit ließe sich auch nach den beteiligten Akteuren – private oder öffentliche – unterteilen. Arbeiten öffentliche Akteure zusammen, müsste darüber hinaus bestimmt werden, welche Staatsebene und welche Behörde (Verwaltung, Regierung oder Parlament) an der Zusammenarbeit beteiligt ist (M. Lezzi 1994).

Eine Zusammenarbeit ist ferner erforderlich bei der Herstellung von grenzüberschreitenden Infrastrukturen. Der Bau jeder Straße, die im Nachbarstaat ihre Fortsetzung finden soll, hat diese Zusammenarbeit zur Voraussetzung. Jede Eisenbahn, die mit dem Nachbarstaat eine Verbindung ermöglichen soll, verlangt ebenfalls eine Zusammenarbeit. Dasselbe gilt für Grenzbrücken. Die Zusammenarbeit muss sich aber auch auf die Verkehrsregelung beziehen. Die Abfertigung auf einer Seite der Grenze hat nur einen Sinn, wenn der Nachbarstaat auf der anderen Seite ebenfalls zu einer Abfertigung von Personen oder Waren bereit ist. Abkommen über den Eisenbahnverkehr regeln die Verbindung des inländischen Eisenbahnnetzes mit den benachbarten Staaten. In den Abkommen wird eine Reihe von Fragen behandelt, wie z.B. Pass- und Zollabfertigung im Eisenbahnverkehr, Zahlung der Gebühren, Herstellung gemeinsamer Gebäude usw. Auf einer Reihe von Gebieten des internationalen Verkehrs konnte die zweiseitige Zusammenarbeit schon zu einer multilateralen Zusammenarbeit erweitert werden.

Eine große Rolle spielt auch die Zusammenarbeit in der Grenzregion und über dieselbe hinweg in der Verwaltungspraxis. Voraussetzung dafür ist, dass örtliche Dienststellen unter Ausschaltung des diplomatischen Verkehrs unmittelbar miteinander in Verbindung treten können. Dies erweist sich fast bei allen Grenzen als notwendig und wird deshalb auch meist vereinbart. Auch auf wirtschaftlichem Gebiet gibt es eine Zusammenarbeit über die Grenzen hinweg. Erinnert sei an Grenzhandel und -pendler, gemeinsame Elektrizitätswerke in Grenzflüssen oder an die Lieferung von elektrischem Strom über die Grenze. Weiter erfordert z.B. die Nutzung von Grenzwasserläufen eine solche Zusammenarbeit. Insbesondere ist dies der Fall für Nutz- und Schutzbauten an Grenzwasserläufen. Auch die Zusammenarbeit auf dem Gebiete der Seuchenbekämpfung gehört in jeder Hinsicht hierher. Es gibt auch die Zusammenarbeit über die Grenze hinweg bei der Rechtshilfe. Dies kommt in verschiedenen Formen vor. In erster Linie ist an der Grenze die Zollrechtshilfe von Bedeutung. Sie ist deshalb wichtig, weil Schmuggel immer über eine Grenze führt (H. Martinstetter 1952).

Die Hemmnisse der grenzüberschreitenden Zusammenarbeit sind vielfältig: unterschiedliche politische und wirtschaftliche Strukturen und Verantwortungen; unterschiedliche Rechtssysteme (z.B. Steuern, Regionalentwicklung, Umweltgesetze, soziale Verfassung) (J. Gabbe 2001); die Schwierigkeiten der Kooperation zwischen Firmen, denen es an Märkten mangelt; unterschiedliche Währungssysteme, Verkehrsplanungen, die die Anpassung an grenzüberschreitende Kontakte verhindern, unterschiedliche Bildungssysteme und Berufsausbildung. Eines der häufigsten Hemmnisse für die grenzüberschreitende Zusammenarbeit ist der Mangel an Interesse seitens der Zentralregierung. Die lokale Regierung macht häufig die Erfahrung, dass ihre Probleme von der Zentralregierung wegen der großen Entfernung vernachlässigt werden (V. MALCHUS 1975). Außerdem ist vielfach die Kompetenz der Zusammenarbeitspartner nicht kompatibel (N. HANSEN 1983; 1986). Wenn die Zentralregierung die grenzüberschreitenden Probleme in die Hand nimmt, insbesondere in zentral regierten Ländern, kommen diplomatische Beziehungen und Fragen der Souveränität ins Spiel. Um eigenständige Entscheidungen zu treffen, müssen vielfach hohe bürokratische Hürden überwunden werde. Anderseits kann die grenzüberschreitende Zusammenarbeit stark davon profitieren, dass häufig sprachlich oder ethnisch homogene Bevölkerungsgruppen auf beiden Seiten der Grenze leben, so z.B. am Oberrhein Menschen gemeinsamer alemannische Kultur oder in der Tumen-Region Bewohner, die beiderseits der Grenze der koreanischen ethnischen Gruppe angehören.

2 Die Grenze und grenzüberschreitende Zusammenarbeit als Forschungsobjekte der Geographie

Die Grenze als ein administratives Phänomen wird von verschiedenen wissenschaftlichen Disziplinen untersucht. Von diesen ist die Geographie diejenige, die wie kaum eine andere Disziplin, dieses Thema aufgegriffen hat (J. R. V. PRESCOT 1987). Angefangen hat die Grenzforschung im Feld der politischen Geographie; im Laufe der Zeit hat die Grenzforschung mit der Entwicklung der politischen Rahmenbedingungen der Grenze in fast alle geographische Forschungsrichtungen Eingang gefunden.

2.1 Die Grenze als Forschungsobjekt der politischen Geographie

Für die Grenzforschung hat die politische Geographie eine Schrittmacherrolle gespielt, jedoch wurde die Grenze hier im Sinne einer politischen Barriere behandelt. F. RATZEL (1897) hat als erster Geograph die Grenze systematisch untersucht. Er sah die Grenze wie auch den Staat als natürliche Organismen (Lebensraum) an, die verändert werden können. J. V. MINGHI (1963) hat in seinem Aufsatz „Die Grenzforschung in der politischen Geographie" zahlreiche wichtige Untersuchungen verschiedener Geographen zusammengefasst. Er stellt heraus, dass die Forschungsansätze je nach Grenzveränderung und –wahrnehmung von der Eigenschaft bis hin zu der Funktion der Grenze reichen. E. C. SEMPLE (1911) vertrat die Meinung, dass die Grenze ein künstliches Ödland sei; L. W. LYDE (1915) bezeichnete die Grenze als Barriere (*bonds*); N. J. BRIGHAM (1919) betonte die Funktion der Grenze als Hemmnis für die wirtschaftliche Entwicklung; S. W. BOGGS (1932) kritisierte, dass die früheren Untersuchungen zu einseitig seien, und forderte eine umfassende Untersuchung verschiedener Grenzarten. Allerdings war seiner Meinung nach die Grenze als Funktion eher negativ als positiv; R. HARTSHORE (1936) hat die Bedeutung der Kulturlandschaft für die Grenzklassifikation betont; N. J. SPYKMAN (1942) sah die Grenze als einen Index für das Machtverhältnis der Nachbarstaaten; R. PEATTIE und S. B. JONES (1944) waren der Ansicht, je schwächer die Grenze sei, desto besser sei es; E. FISCHER (1949) argumentiert, dass die Sprache und später auch die Einwohner als Faktoren der Grenzbestimmung wichtig seien. Zum Schluss kommt J. V. MINGHI zu dem Ergebnis, dass die bislang vorliegenden Untersuchungen nur Einzelfälle beträfen und eher subjektiv seien. Auch kann keiner der Ansätze als universale Theorie für die Grenze gelten. Eine systematische Untersuchung für die ausführliche Klassifikation und Kategorisierung von Grenzen fehlt bislang (J. V. MINGHI 1963). Nach dem Zweiten Weltkrieg war die Grenzforschung zeitweilig durch geopolitische Hypotheken belastet (W. GALLUSSER 1981; G. SANDNER und J. OSSENBRÜGGE 1992).

J. R. V. PRESCOTT (1987) hat die Entwicklung der Grenze und Grenzkonflikte analysiert. Für Geographen spielt die Wechselwirkung zwischen den Menschen und der Grenzlandschaft eine wichtige Rolle: auf der einen Seite steht der Einfluss der nationalen Regierung, z.b. bei der Konfliktlösung, der Regulation und der Markierung der Grenze; auf der anderen Seite steht das Verhalten der Grenzbewohner und ihre Wahrnehmung der Grenze. Damit versuchte er, den psychologischen und Verhaltensansatz in die Grenzforschung einzuführen (J. R. V. PRESCOTT 1987). Seiner Meinung nach sind die wichtigsten Forschungsaufgaben der politischen Geographie in der Grenzforschung: *"a) the political boundary as an element of the cultural landscape; b) the effect of the boundary upon the landscape and on economic activity; c) any impact the boundary might have on the attitudes of border inhabitants; and d) the effect of the boundary upon state policy"* (J. R. V. PRESCOTT 1987).

Die Mehrzahl der Untersuchungen stammen aus den zwei Weltkriegen und der Zeit des Kalten Krieges; daher konzentrierten sich die Forschungen auf die Markierung der Grenze sowie Grenzkonflikte und Feindseligkeiten als Folge der Grenze (D. RUMLEY und J. MINGHI 1991; W. LEIMGRUBER 1991; 1999; A. PAASI 1998). Ein Mangel dieser Untersuchungen war, dass sich die meisten Arbeiten nur deskriptiv auf den physischen Aspekt konzentrierten. J. MINGHI legt den Schwerpunkt der Forschung auf die Grenzlandschaft und -region (D. RUMLEY und J. V. MINGHI 1991).

2.2 Die Grenze als Forschungsprojekt der Wirtschaftsgeographie

Nach dem Kalten Krieg verwandelten sich die meisten Grenzen in eine Kontaktzone zwischen Nachbarstaaten. Die Wirtschaftsgeographie übernimmt die Hauptrolle in der Forschung über die internationale Zusammenarbeit.

2.2.1 Traditioneller Ansatz der Wirtschaftsgeographie

Im Sinne der traditionellen Theorie wirkt die Grenze als Barriere und ist undurchlässig. Sie übt periphere und penalisierende Effekte aus. Nach diesem Ansatz verhindert die Grenze die Ausbildung optimaler Wirtschaftsstandorte. Nach A. Niebuhr und S. Stiller ist eine der wichtigsten klassischen regionalen Untersuchungen über die Standortstruktur von A. LÖSCH (1944). In seiner Standortstrukturtheorie hat er die klarsten Aussagen zu den räumlichen Effekten der Integration entwickelt. Die grundlegende Annahme von Lösch ist, dass die politische Grenze einer zunehmenden Entfernung zwischen den Nachbarn entspricht. Es gibt Transportkosten, die sich proportional zu der Entfernung zwischen Konsumenten und Produzenten entwickeln, so dass die Produktpreise mit zunehmender Entfernung vom Produzenten steigen. Deshalb sind das Marktgebiet und somit die Zahl der Konsumenten, welche von einem bestimmten Standort bedient werden können, räumlich begrenzt. Lösch argumentiert, dass sich die Wirtschaftslandschaft, welche ein System der Marktgebiete für unterschiedliche Produkte ist, durch die Einführung von nationalen Grenzen verändert wird. Grenzen sind Hemmnisse für internationale Güterströme, teilen Marktgebiete und begrenzen deshalb die erreichbare Marktnachfrage, welche das Marktpotential eines Standortes ist. Eine Grenze reduziert den Absatz und Gewinn einer Firma, wenn sie ihren Standort in Grenznähe ansiedelt. Die mit der Grenzlage verknüpften ökonomischen Nachteile halten nach Gewinnmaximierung strebende Firmen davon ab, sich in Grenznähe anzusiedeln. Im räumlichen Gleichgewicht sind deshalb Firmen möglichst weit von der Grenze entfernt und möglichst nah zum geographischen Zentrum des Landes angesiedelt. Deshalb beschreibt Lösch Grenzregionen als eine Wüste, ein Ödland, in denen viele Produkte nur über eine weite Entfernung oder gar nicht bezogen werden können (A. LÖSCH 1944; D. BATTEN 1990; A. NIEBUHR und S. STILLER 2002). Eine ähnliche Meinung vertritt auch W. CHRISTALLER (1968) in seiner Theorie der zentralen Orte. Er argumentiert, dass eine internationale politische Grenze eine künstliche Barriere für die rationale Wirtschaftsorganisation des potentiellen Zusammenarbeitsgebiets bildet. Öffentliche und private Investoren vermeiden Investitionen in solchen Grenzregionen, in denen internationale Konflikte drohen. Zu einem ähnlichen Ergebnis kommt auch Giersch (H. GIERSCH 1949; N. HANSEN 1977; H. v. HOUTUM 2000). Auch die Theorie der Wachstumspole und die Zentrum-Peripherie-Theorie sehen die Grenze als eine künstliche Barriere für die rationale Wirtschaftsorganisation (N. HANSEN 1977; 1983; 1986; CAPPELLIN 1993). In diesem Zusammenhang entstand in der letzten Zeit der neue Begriff Geowirtschaft (oder Geoökonomie) mit starkem Grenzcharakter, d.h. die Wirtschaftsentwicklung in der Grenzregion wird von der Geopolitik beeinflusst. Würde die politische Situation kompliziert und instabil, wäre auch die Wirtschaftsentwicklung instabil (CHEN CAI 1996a; 1996b). In Grenzregionen, die von internationalen Konflikten bedroht werden, wird die Realität teilweise noch durch diese traditionellen Theorien wiedergespiegelt. In den Grenzregionen, die durchlässiger geworden sind, spielen solche Theorien nur noch eine untergeordnete Rolle.

2.2.2 Ansatz der neuen Wirtschaftsgeographie

Anders als die traditionelle Standorttheorie betrachtet der neue Ansatz der Wirtschaftsgeographie die Grenze eher als eine Chance für Integration und Kooperation denn als einen Auslöser für Konflikte (N. HANSEN 1983). Nach P. L. ELIZONDO und P. KRUGMAN (1996) sowie M. FUJITA (1999) zeigt sich, dass die Öffnung ausländischer Gütermärkte zu einer Veränderung der Ressourcenaufteilung zwischen den Regionen innerhalb eines Landes führen kann. Die grundlegende Überlegung in diesen Modellen ist, dass die internationale Liberalisierung des Güteraustauschs das relevante Marktgebiet für Käufer und Verkäufer verändert. Sinken internationale Handelskosten, dann verliert der Inlandsmarkt als Absatz- und Beschaffungsort an Bedeutung. Dass Integration die Wirtschaftsgeographie eines Landes verändert ist um so wahrscheinlicher, je stärker die internationalen Handelskosten sinken, je mobiler die Firmen und die Bevölkerung innerhalb eines Landes sind und je größer die Bedeutung des Auslandsmarktes im Vergleich zum heimischen Markt ist. Weiterhin zeigt sich, dass Integration einen unmittelbaren Anstieg der Wirtschaftsdichte in zentralen Grenzregionen bewirkt. Denn gerade zentrale Grenzregionen haben bedingt durch ihre geographische Lage geringe Zugangskosten zu den ausländischen Märkten. Dadurch haben sie zum Einen einen Kostenvorteil im internationalen Handel. Zum Anderen lässt die Nähe zu den ausländischen Absatz- und Beschaffungsmärkten erwarten, dass zwischen den Regionen diesseits und jenseits der Grenze intensive grenzüberschreitende Beziehungen im Konsum- und Produktionsbereich entstehen. Aufgrund intensiver grenzüberschreitender wirtschaftlicher Verflechtungen steigt das Marktpotential zentraler Grenzregionen. Die durch Integration ausgelöste Veränderung des Marktpotentials kann einen sich selbst verstärkenden Prozess industrieller Konzentration bedingen. Denn Arbeitskräfte wandern in die Regionen, wo ihre Verdienstmöglichkeiten am höchsten sind, also in Regionen mit hohem Marktpotential. Die Zuwanderung führt zu einem weiteren Anstieg des Marktpotentials und des Reallohnniveaus, was weitere Zuwanderung nach sich zieht. Für Firmen sind Regionen mit steigendem Marktpotential ebenfalls attraktive Standorte wegen des guten Zugangs zu Absatz und Beschaffungsmärkten, der ihren Gewinn positiv beeinflusst. Auch die Möglichkeit von grenzüberschreitenden vertikalen Verflechtungen im Produktionsprozess kann Anlass für die Standortwahl in Grenzregionen sein (A. Niebuhr und S. Stiller 2002). Die neue Wirtschaftsgeographie bietet eine gute Erklärung für die Wirtschaftsentwicklung in der Grenzforschung. Die Grenze übt aber noch zahlreiche andere Einflüsse auf die Grenzregion aus, z.B. im sozialen und kulturellen Bereich, die von der Theorie der neuen Wirtschaftsgeographie nicht erfasst werden.

Die grenzüberschreitende Zusammenarbeit bezieht sich auf mindesten zwei regionale Partner. Bevor ein öffentliches Projekt oder gemeinsames Projekt umgesetzt wird oder scheitert, müssen zahlreiche Verhandlungen zwischen den Partner geführt werden. Diese Entscheidungsphase folgt einem Verhaltensprinzip der jeweiligen Vertreter, und die Entscheidung der Vertreter spiegelt vor allem ihr eigenes Interesse wider. Um aber mit den Partnern zu verhandeln, müssen beide (oder auch drei) Parteien Kompromisse eingehen. Das Verhandlungsergebnis ist normalerweise eine Abwägung der Vor- und Nachteile für die beteiligten Partner. In diesem Verhandlungsablauf manifestiert sich das s.g. Gefangenendilemma (D. C. North 1990; R. Axelrod 1995). In Bezug auf die grenzüberschreitende Zusammenarbeit ist hierunter folgendes zu verstehen: Jeder der beteiligten Partner möchte so viele Vorteile wie möglich auf seine Seite ziehen, dadurch entsteht sowohl ein Koordinationskonflikt als auch ein eingeschränkter Spielraum zwischen den Partnern. Wenn die grenzüberschreitende Zusammenarbeit das Interesse von möglichst vielen Leuten und Gebietskörperschaft widerspiegelt und wenn alle darin eingebunden sind, bedeutet das eine gute Sache (Interview mit C. Haefliger 1999). Wenn die Aufgaben sowohl vertikal als auch horizontal gleichmäßig verteilt werden können, kann eine nachhaltige regionale Entwicklung gewährleistet werden.

Mit der Globalisierung und Regionalisierung stellt die Grenze eine neue Herausforderung und ein Testfeld für den Forschungsansatz über die grenzüberschreitende Zusammenarbeit dar. Der Bedeutung der Grenze ist eine reine Funktionsanalyse nicht angemessen, sondern sie bedarf statt dessen einer multidisziplinären und systematischen Analyse. Somit wird auch von einer Grenzforschung gesprochen (R. Ratti 1993; R. Cappellin 1993; H. v. Houtum 2000; C. Waack 2002). Die Untersuchungen über politische Grenzen, die von Geographen durchgeführt werden, weiten sich in jüngster Zeit auf den Bereich der klassischen geographischen Disziplinen aus, sie betreffen eine breite Palette von Themenkreisen. Unter dem Einfluss des *New Institutionalismus* spielen Institutionen eine Schlüsselrolle für die grenzüberschreitende Zusammenarbeit. Die Institutionen bestimmen sowohl die Regeln des formellen Verhalten als auch des informellen Verhaltens, die sich durch eine regionale Geschichtsentwicklung ausgebildet haben (R. H. Funck 1993). Seit den 1990er Jahren sind zahlreiche neue Konzepte und Prinzipien wie Netzwerk, lernende Region, Transaktionskosten, Pfadabhängigkeit, Einbettung, Allianz, Subsidiaritätsprinzip im Rahmen der Regionalforschung über die grenzüberschreitende Zusammenarbeit angewendet worden (O. E. WILLIAMSON 1986; M. STOPER 1992; 1993; 1997; F. TÖDTLING 1992; H. v. HOUTUM 1998). Dadurch wurde ein besseres Verständnis über die Grenze und grenzüberschreitende Zusammenarbeit geschaffen.

2.3 Die Grenze als Forschungsobjekt der Kulturgeographie

Wenn man die Wirkung der Grenze auf unser Leben und Verhalten besser verstehen möchte, z.B. wie die Grenze das Verkehrsnetz beeinflusst oder sich auf Erwerbs- und Absatzmöglichkeiten, auf die Wahl industrieller Standorte und das Vorhandensein kultureller Zentren auswirkt, müssen psychologische und soziologische Methoden zum Einsatz kommen (U. FICHTNER 1988). So hat sich in der letzten Zeit die Kulturgeographie der Grenzforschung angenommen. Hier versucht man, die Entwicklung und die Unterschiede der Grenzfunktion auf die psychologische Wahrnehmung einzubeziehen. Nach W. LEIMGRUBER (1980) wird die Grenze als soziales Konstrukt betrachtet, das man weiter nach unterschiedlichen Funktionen untergliedern kann. Rumley und Minghi konzentrierten sich auf den Einfluss der Grenze auf sozial-ethnische, kulturelle und politische Eigenschaften und Konflikte in der Grenzlandschaft. Sie versuchten, die Grenze nicht nur in geographischer Sicht, sondern auch unter Einbeziehung anderer Disziplinen zu betrachten (D. RUMLEY und J. V. MINGHI 1991).

Die psychologische Grenze ist gekennzeichnet durch ein allmähliches Ausdünnen des Wissens über die reale Welt. Aufgrund von vermehrter Information und erhöhter Mobilität sind wir in der Lage, die Wahrnehmungsgrenzen von uns weg nach außen zu verlagern; unser täglicher Aktionsraum wird dabei aber nicht größer, er beschränkt sich weitgehend auf den Raum zwischen Wohnen, Arbeiten und Einkaufen und allenfalls abendlicher Freizeitgestaltung. Wirtschaftliche Grenzen sind nicht stabil, ihre Ausrichtung auf Wachstum und Expansion und das Bekenntnis zur Konkurrenz, also zum freien Spiel der Marktkräfte, ändern diese Grenzen stetig. In der Grenzregion existiert sowohl eine Asymmetrie als auch eine Symmetrie der Kulturgeographie zwischen den Nachbarn (W. LEIMGRUBER 1991; 1999). Nach Leimgruber ist die Grenze eine Region mit zentripetalen und zentrifugalen Funktionen. H. v. HOUTUM (1999) geht von dem psychologischen Ansatz aus, dass es eine asymmetrische Distanz der menschlichen Kenntnisse und Erfahrungen in der Grenzregion gibt. Dazu stellt er den Begriff *mental learning process* auf, in dem die Unternehmen mit Erfahrungen in grenzüberschreitender Verflechtung eine positive Einstellung zur Grenze haben; Paasi stellt die räumlichen Institutionen vor und versucht, mit der Methode der *narrative geography* (persönliche Geschichten, Landkarten, Symbole, Fotos, Aufsätze usw.) eine Institutionalisierung der Nationen und ihrer Identitäten zu unterstützen (A. PAASI 1998; 1999). Angesichts der Komplexität der menschlichen Psychologie und der sozialen Konstrukte steht ein systematischer Ansatz sowie dessen Anwendung in der modernen Kulturgeographie noch aus.

Angesichts der vielfältigen Probleme der Grenze sind mehr Forschungsansätze aus unterschiedlichen Disziplinen erforderlich, eine gemeinsame und ausgereifte Theorie gibt es bisher noch nicht. In der Geographie ist die Anwendung von neuen sozialen Theorien stark in den Vordergrund gerückt. Bei solchen reinen Theoriemodellen fehlen allerdings bislang noch überzeugende empirische Beweise (A. PAASI 1998), weil bisher nur ein paar ausgewählte regionale Faktoren in Betracht gezogen wurden. Die Grenzregion ist ein komplexes soziales Konstrukt, und jede Region unterscheidet sich von anderen. Daher muß die Grenzforschung nach wie vor auf regionale geographische Ansätze verankert werden (J. W. HOUSE 1982; A. PAASI 1998; H. BATHELT 2001), d.h. alle regionalen Faktoren, die mit dem Grenzeinfluss zusammenhängen, müssen genau untersucht werden; erst dann kann ein sinnvolles Ergebnis in den regionalen Institutionsaufbau einfließen. Nur dadurch ist es möglich, vernünftige Entscheidungen für eine grenzüberschreitende Zusammenarbeit zu treffen.

Insgesamt kann man die Grenze als einen relativen Begriff betrachten, sie funktionieren je nach Zeit und Raum sowohl als eine Barriere als auch als eine Kontaktzone. Die Barrierefunktion für die grenzüberschreitende Zusammenarbeit ist komplizierter in den Zentralstaaten als in den föderalistischen Staaten. Die auf der Kontaktfunktion basierende grenzüberschreitende Zusammenarbeit ist auf zahlreiche Faktoren angewiesen. Die wichtigsten Faktoren sind erstens die politische Situation und die Rechtssysteme zwischen den beteiligten Nachbarländern, sie stellen eine Rahmenbedingung für den Aufbau der grenzüberschreitenden Organisationen dar; ist die politische Situation nicht stabil, fließen ausländische Investitionen nur langsam. In föderalistischen Staaten ist die Organisation der grenzüberschreitenden Zusammenarbeit sowohl mit den lokalen Ebenen als auch mit supranationalen Ebenen verflochten; zweitens die physische Infrastruktur, besonders die Verkehrs- und Kommunikationslage; drittens die Wirtschaftsentwicklung, je stärker die Wirtschaftsentwicklung in der Grenzregion ist, desto besser funktioniert die grenzüberschreitende Zusammenarbeit; jedoch spielt die regionale Identität eine entscheidende Rolle für die grenzüberschreitende Zusammenarbeit, die kulturelle Homogenität, die Ethnik, die Mentalität, die Geschichte usw.

3 Die grenzüberschreitende Zusammenarbeit in Westeuropa und in Nordostasien

Die Möglichkeiten der grenzüberschreitenden Zusammenarbeit sind von den regionalen politischen Rahmenbedingungen bzw. der Grenzsituation abhängig. Daher gibt es einen großen Unterschied zwischen Europa und Nordostasien. Im Vergleich mit Asien ist Europa flächenmäßig viel kleiner, aber wegen der zahlreichen Nationalstaaten entstehen so viele staatliche Grenzen, dass die Grenzregionen in der regionalen Entwicklung eine wichtige Rolle spielen (V. MALCHUS 1975; G. GORZELAK und B. JALOWIECKI 2002). In den letzten Jahrhunderten existierte aufgrund der Handelsentwicklung bereits eine grenzüberschreitende Zusammenarbeit in Europa (A. LÖSCH 1944), jedoch wurde dieser Prozess durch die zwei Weltkriege unterbrochen. Nach den Kriegen waren die Grenzen in Westeuropa zu Geschichtsnarben geworden (W. GALLUSSER 1981). Von den jeweiligen Staaten wurde die Grenzregionen aufgrund ihrer Entfernung, Geschichte und vergangenen Politik als Randgebiete und als die schwächsten Glieder der regionalen Netze betrachtet. Ihre Entwicklung wurde von den zentralen Regierungen meistens vernachlässigt. Seit der Entstehung der Europäischen Union bemüht man sich darum, die staatlichen Grenzen zugunsten einer regionalen Integration und Kohäsion zu überwinden. Daher stellen Grenzen die regionalen Bindeglieder für die europäische Regionalpolitik dar. Durch lokale und regionale Bemühungen wurden zahlreiche Aktivitäten für die grenzüberschreitende Zusammenarbeit in Europa in Gang gesetzt.

Die Integration Europas zielt darauf ab, die Grenzgebiete aus ihrer relativen und künstlichen Isolierung zu führen (V. MALCHUS 1975). Ob man Grenzschwierigkeiten überwinden kann oder nicht, ist auch ein Maßstab für den Erfolg oder Misserfolg der EU. Unter dieser Betrachtung sind die Grenzregionen ein ideales Versuchsfeld, um die Auswirkungen und die Grundsätze der Freizügigkeit und der gemeinsamen Politik zu testen. Das Ziel der grenzüberschreitenden Zusammenarbeit in Europa ist die Förderung der regionalen Integration der EU und der regionalen Entwicklung der vernachlässigten Grenzgebiete. Im Rahmen einer regionalen Demokratie muss jede Region gleiche Entwicklungschance haben, daher bedeutet die grenzüberschreitende Zusammenarbeit auch eine nachholende Aufgabe und wichtige Maßnahme für die Integration der EU (R. CAPPELLIN 1993; G. BRUNN und P. SCHMITT-EGNER 1997). Um die grenzüberschreitende Zusammenarbeit in der EU weiter zu fördern, wurde 1989 das INTERREG-Programm im Rahmen eines Strukturfonds, der die Grenzregionen fördern soll, eingeführt. Dadurch werden die Grenzregionen in ihrer Kontaktfunktion zwischen den Nachbarstaaten deutlich unterstützt (R. RATTI 1993). Inzwischen werden diverse grenzüberschreitende Projekte umgesetzt. Die grenzüberschreitenden Zusammenarbeit ist allmählich zum Motor für die europäische Integration geworden (C. SCHULZ 1998). Gute Beispiele sind die von lokalen Initiativen eingeführten EuroRegionen, die in der letzten Zeit reiche Erfahrungen in der grenzüberschreitende Zusammenarbeit gesammelt haben.

Unter den zahlreichen Beispielen bezeichnet man die EuroRegion Oberrhein als eine Pionierregion. Im Gegensatz zu den traditionellen Vorstellungen sind hier die Grenzregionen weiter entwickelt als zahlreiche andere Regionen der beteiligten Staaten. Gestützt von starker Wirtschaftsentwicklung, vernetzten Institutionen und zahlreichen Bürgerinitiativen weist die grenzüberschreitende Zusammenarbeit eine positive Resonanz bei den Grenzbewohnern auf. Die Grenzbewohner suchten ständig die Gelegenheit, mit anderen Gebietskörperschaftspartnern in Kontakt zu treten, um die Probleme gemeinsam zu lösen. Diese eher persönliche Tugend wird als freiwilliger Ansatz bezeichnet (H. v. HOUTUM 2000). Da institutionelle Unterschiede der Interessen und Kompetenzen zwischen den verschiedenen Kooperationspartnern und administrativen Ebenen eine entscheidende Rolle spielen (N. HANSEN 1983; M. LEZZI 2000), betreiben die Grenzregionen den Aufbau grenzüberschreitender Institutionen, Organisationen und Netzwerk.

Mit ihrer fast 40 jährigen Praxiserfahrung der grenzüberschreitenden Zusammenarbeit umfasst die EuroRegion Oberrhein nahezu alle Bereiche wie Infrastruktur, Wirtschaftsentwicklung, Umwelt, Kultur, Bildung und Forschung. Um den Integrationsprozess der EU-Länder zu fördern, hat die EU das Unterstützungsprogramm INTERREG in ihren Grenzregionen, darunter auch in der EuroRegion Oberrhein, gestartet. Im Rahmen dieser Gemeinschaftsinitiative werden zahlreiche grenzüberschreitende Projekte gefördert. Die Grenze der benachbarten Länder ist immer durchlässiger geworden und die grenzüberschreitende Zusammenarbeit ist inzwischen bei allen Bürgern verwurzelt. Nicht zuletzt berührt die Entwicklung der Region das Interesse aller Ebenen sowohl im Rahmen der EU als auch auf lokaler Ebene. Mit dem Aufbau der Institutionen und Organisationen wurde für alle horizontalen und vertikalen Beziehungen ein gemeinsames Forum geschaffen.

Im Gegensatz zu Europa steht die grenzüberschreitende Zusammenarbeit in Nordostasien nach dem Kalten Krieg erst am Anfang. Schwerpunkt der grenzüberschreitenden Zusammenarbeit in Nordostasien ist zur Zeit noch die Entwicklung der Infrastruktur- und Wirtschaft. Wegen der großen Unterschiede und der vergangenen Konflikte zwischen den Nachbarländern ist die grenzüberschreitende Zusammenarbeit hier viel schwieriger. Das Tumen-Projekt, eine neue Herausforderung für die grenzüberschreitende Zusammenarbeit, spiegelt diese Eigenschaft besonders wider. Von den jeweiligen nationalen Ebenen werden die Grenzregionen hier erheblich vernachlässigt. Es gibt zurzeit erst wenige gut funktionierte grenzüberschreitende Institutionen. Außerdem fehlen in der Tumen-Region noch weitgehend die Erfahrungen für eine grenzüberschreitende Zusammenarbeit.

Teil 2 Die grenzüberschreitende Zusammenarbeit am Oberrhein

1 Regionale Voraussetzungen am Oberrhein

1.1 Die geographische Lage

Die Oberrhein-Region liegt im Zentrum Westeuropas und bildet gleichzeitig die Grenzregion von drei Ländern, nämlich Deutschland, Frankreich und der Schweiz (vgl. Abb. 3). Topographisch gesehen ist diese Region ein Graben, der vom Rhein und von nationalen und subnationalen Grenzen durchschnitten wird. Dieser Graben verläuft von Basel, wo er weniger als 10 km breit ist, bis etwa auf die Höhe von Mülhausen. Ab dort gewinnt er seine volle Breite, die schließlich in Bingen 30 bis 40 km beträgt. Vor dem Hintergrund dieses geographischen Rahmens entwickelten sich die Verflechtungen einer grenzüberschreitenden Zusammenarbeit.

1.1.1 Die räumliche Aufteilung des Oberrheins

Unter dem Begriff grenzüberschreitende Zusammenarbeit am Oberrhein versteht man vier verschiedene Kooperationsperimeter. Diese unterschiedliche räumliche Aufteilung der grenzüberschreitenden Zusammenarbeit hat man mit dem Bild der russischen Puppen, die ineinander verschachtelt sind (Babuschka-Prinzip), anschaulich dargestellt (vgl. Abb. 4) (C. HAEFLIGER 1998).

Abb. 3 Die Grenzregion EuroRegion Oberrhein
Quelle: EIGENE DARSTELLUNG

1.1.1.1 Die Dreiländer-Agglomeration Basel

Der kleinste Perimeter ist die *de-facto*-Agglomeration Basel als raumplanerische Einheit mit rund 600 000 Einwohnern. Dieses fingerförmige Siedlungsgebilde am südlichen Rheinknie wird von Grenzen regelrecht durchschnitten. In der Mitte liegt der Schweizer Stadtstaat Basel, umringt von basellandschaftlichen, elsässischen und baden-württembergischen Agglomerationsgemeinden (M. LEZZI 2000). Eine Satellitenaufnahme verweist auf die Tatsache, daß diese zusammengewachsene Stadt wie das frühere Berlin aus mehreren Sektoren besteht. Um die Kernstadt Basel legen sich somit Mantelsektoren mit 34 000 französischen und über 90 000 deutschen Einwohnern, die zur EU gehören. Im schweizerischen Mantelsektor wohnen über 180 000 Einwohner (C. HAEFLIGER 1998). Diese extreme Grenzsituation führt zu jeweils stark eingeschränkten Aktionsradien und demzufolge zu großen Standortnachteilen im Vergleich zu Binnenagglomerationen wie Zürich und Frankfurt am Main. Zudem machen Verschmutzungen von Luft und Wasser auch nicht an den Grenzen halt, wie es die Agglomerationsbewohner schon mehrfach leidvoll erfahren mussten (z.B. Sandoz-Katastrophe von 1986) (M. LEZZI 2000).

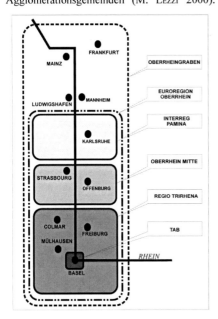

Abb. 4 Verschachtelte grenzüberschreitende Zusammenarbeit in der EuroRegion Oberrhein
Quelle: REGIO BASILIENSIS 2000

1.1.1.2 Die RegioTriRhena

Diese Region liegt am südlichen Oberrhein und ist das Kerngebiet der Dreiländerzusammenarbeit. Die ursprüngliche Initiative der grenzüberschreitenden Zusammenarbeit stammt von hier. „Regio" ist ein Begriff, der im Bewusstsein der Bevölkerung heute breit verankert ist. Am Oberrhein ist die „Regio" eine Grenzregion, wo die Schweiz, Deutschland und Frankreich aneinander grenzen. Die RegioTriRhena umfasst das Gebiet mit den Städten Basel (CH), Mulhausen (F), Colmar (F) und Freiburg (D). Man nennt es RegioTriRhena und manchmal auch „die klassische Regio" am südlichen Oberrhein, weil es das ursprüngliche und damit älteste „Kernland" der grenzüberschreitenden Zusammenarbeit war und ist. Auf schweizerischer Seite umfasst die RegioTriRhena die ganze Nordwestschweiz, also neben Basel-Stadt und Basel-Landschaft auch die Aargau-Bezirke Laufenburg und Rheinfelden, die Solothurn-Bezirke Dorneck und Thierstein sowie die Jura-Bezirke Delemont und Porrentruy. Auf französischer Seite gehört der Süden der Region Elsass, das Departement Haut-Rhin (Oberelsass) dazu und auf deutscher Seite Südbaden (von Waldshut bis in die Ortenau). Hier leben 2,1 Mio. Einwohner: 770 000 im französischen Oberelsass, 750 000 im deutschen Südbaden und 580 000 in der Nordwestschweiz (REGIO BASILIENSIS 1988). Dieses Gebiet ist seit 1995 das Wirkungsfeld des Rates der RegioTriRhena (REGIO BASILIENSIS 1998).

1.1.1.3 Die EuroRegion Oberrhein

In den vergangenen Jahrzehnten hat sich die oberrheinische Kooperation von Süden her über die klassische „RegioTriRhena", bis ins 180 km nördlich gelegene Karlsruhe und in die Südpfalz ausgedehnt (M. LEZZI 2000). Das 1975 gegründete Gebiet der offiziellen Oberrheinkooperation- auch unter dem Namen EuroRegion Oberrhein bekannt- ist fast doppelt so groß wie die RegioTriRhena. Der geographische Raum umfasst die Région Alsace in Frankreich; die Regionen Südpfalz, Mittlerer Oberrhein, Südlicher Oberrhein und Hochrhein in Deutschland; die Kantone Basel-Stadt, Basel-Landschaft, Aargau, Solothurn und Jura in der Schweiz. Die Gesamtfläche des Programmgebiets beträgt 19 562 km² (INTERREG SEKRETARIAT 1999; REGIO BASILIENSIS 1998). In diesem oberrheinischen Wirtschaftsraum leben rund 4,6 Mio. Menschen (C. HAEFLIGER 1998).

Abb. 5 Räumliche Aufteilung des Oberrheins
Quelle: B. Mohr 2000

1.1.1.4 Die INTERREG- Programmgebiete

Seit wenigen Jahren wird einer vierten Kategorie von Kooperationsräumen am Oberrhein große Aufmerksamkeit geschenkt, nämlich dem sogenannten Programmgebieten der EU – Förderinitiative INTERREG; hier unterscheidet man zwischen dem Programmgebiet „Oberrhein Mitte-Süd" und jenem nördlichen Programmgebiet, das sich PAMINA nennt (vgl. Abb. 5). Hier wohnen insgesamt 4,8 Mio. Menschen (M. LEZZI 2000).

1.1.2 Die physisch-geographische Lage

Das Gebiet des Oberrheins bildet zusammen mit den umrahmenden Gebirgszügen des Schwarzwaldes, der Vogesen und des Jura eine natürliche Einheit. In Süd-Nord-Richtung durchfließt der Rhein, der die Alpen mit der Nordsee verbindet; die Burgundische Pforte öffnet dem Verkehr den Weg zum Mittelmeer. Die Längsachse wird von Senken gequert, die sich nach Frankreich einerseits und zum süddeutschen Raum andererseits öffnen. So wird die Ebene zu einem Kernraum, der in der europäischen Geschichte stets eine wichtige Rolle gespielt hat, und auch in der Gegenwart weiterhin spielt; heute ist sie die Hauptachse des Transitverkehrs und ein bedeutendes Wirtschaftszentrum.

1.1.2.1 Die Landschaft

Die zwischen dem Jura, den Vogesen und dem Schwarzwald liegende Oberrheinische Tiefebene ist durch einen Einbruch der Erdkruste im Tertiär (vor etwa 45 Mio. Jahren) entstanden. Als im Alttertiär durch eine Zerrung quer zur Grabenrichtung die Rahmenschollen (z.B. Schwarzwald und Vogesen) seitlich zu weichen begannen, sank das Grabeninnere keilförmig ein. Zugleich wurden die Grabenflanken schulterartig gehoben. Die vielen leichten Erdbeben im Oberrheingebiet beweisen, dass Grabensenkung und Flankenhebungen noch nicht zur Ruhe gekommen sind. Der Oberrheingraben ist ein Gebiet erhöhter Aktivität der endogenen Kräfte. Die unzähligen Thermalquellen (z.B. Baden-Baden 69°C) sind Beweise für eine besonders starke Aufheizung. Außerdem bildet das Rhein-Gebiet zur Rheinebene hin steile Ränder, dagegen fallen Odenwald und Schwarzwald nach Osten, und Pfälzer Wald und Vogesen nach Westen ganz sanft ab. Die Grabensenkung beträgt insgesamt im Norden bis zur 3,5 km. Schwarzwald und Vogesen im Süden sind bis zu 2,2 km gehoben. Da die Deckschichten der Grabenschultern abgetragen und der Graben selbst aufgefüllt wurden, sind die Höhenunterschiede heute stark abgeschwächt.

Aufgrund der Unterschiede im Muster der morphologischen Formen lässt sich das Oberrheinische Tiefland in drei Abschnitte untergliedern. Den südlichsten Abschnitt bildet das sogenannte Südliche Oberrhein-Tiefland. Dieses beginnt bei Basel und endet im Norden am Kaiserstuhl. Hier hat das Land markantere Formenunterschiede aufzuweisen, wobei die niedrigen Randhügel und Vorberge die dominierende Rolle spielen. Zwischen dem Kaiserstuhl und der Gegend um Baden-Baden erstreckt sich das Mittlere Oberrhein-Tiefland. Hier bildet die breite, feuchte Stromaue die Hauptlandschaft. Die Vorbergzone ist hier nur als ein schmaler Streifen ausgebildet. Der Abschnitt nördlich der Renchmündung wird als Nördliches Oberrhein-Tiefland bezeichnet. Für diesen Abschnitt ist eine breite, nun wieder tief in die Niederterrasse eingeschnittene Stromniederung typisch. Außerdem fehlen am Rand des Kraichgaus die Vorhügel, und im Bereich des Odenwaldes sind sie auf den schmalen Streifen der Bergstraße beschränkt (C. BORCHERDT 1991).

Der Oberrheingraben hat mehrere natürliche Pforten und Zugänge, die einander gegenüberliegen, die Burgundische Pforte und das Hochrheintal im Süden, die Zaberner Steige und die Kraichgausenke in der Mitte, das Nahetal und das Maintal im Norden. Wichtige Verkehrslinien führen durch diese Pforten aus dem Oberrheingraben hinaus; ferner über Basel nach Süden und durch den Mittelrheingraben nach Norden.

1.1.2.2 Vogesen

Die Vogesen sind das Gegenstück zum Schwarzwald, jedoch wird ihre Eigenart entscheidend durch Längs- und Querkämme geprägt. Sie bilden das Rückgrat des Gebirges; flachgewölbte Bergkuppeln überragen sie, hochliegende Pässe erschweren den Verkehr über die Gebirge. Die Sprachgrenze folgt weitgehend dem Gebirgskamm. Der höchste Gipfel ist hier der Belchen mit 1 414 m. Die Hochweiden liegen über der Baumgrenze (1 100 m Höhe), darunter folgt dichter Bergwald mit Edeltannen und Buchen, während am Fuße Eichen- und Kastanienwälder stehen.

1.1.2.3 Schwarzwald

Wie die Vogesen ist der Schwarzwald eine Pultscholle, doch kehrt er die steile Front nach Westen, die sanft geböschte Abdachung nach Osten. Während sich die Täler tief in die zum Rhein gekehrte Stirn eingeschnitten und sich in ein Gewirr von Rücken aufgelöst haben, weist die östliche Abdachung ruhigere Formen mit breiten welligen Hochflächen auf. Einst war der Schwarzwald mit einer mächtigen Decke von Sedimentgesteinen bedeckt. Als die Oberrheinische Tiefebene einsank und der Schwarzwald nebst den anderen Randgebirgen emporstieg, wurde die Hülle abgetragen, und der kristalline Sockel trat zutage. Nur im Norden, wo die Hebung nicht so stark war, hat sich die unterste Sedimentschicht, der Buntsandstein, erhalten. So bekommt der Schwarzwald durch die beiden verschiedenen Gesteinsarten ein wechselndes Antlitz, er lässt sich in einen nördlichen Buntsandstein- und einen südlichen kristallinen Schwarzwald gliedern. Das ganze Gebirge ist in ein dunkles Waldkleid gehüllt, das durch ein überaus feuchtes Klima und einen kalkarmen, sandigen Boden begünstigt wird. Während früher die Eiche eine natürlicherweise bedeutende Rolle spielte, herrschen heute in den höheren Lagen die von Menschen gepflanzten Nadelhölzer, im Westen vor allem die Edeltanne und im Osten die Fichte, vor. An feuchten Stellen finden sich Hochmoore; die höchsten Gipfel (Feldberg: 1 493 m, Belchen: 1 414 m) ragen über den Wald empor. Der Schwarzwald ist außerdem eine vielbesuchte Erholungslandschaft. Am Rande des Gebirges sprudelt eine Reihe von Heilquellen, unter denen die von Baden-Baden, Badenweiler und Wildbad die bekanntesten sind.

1.1.2.4 Jura

Der Jura ist ein Gebirgsbogen aus Ketten, Tälern und Hochfläche. Seine Durchschnittshöhe beträgt 700 m, der höchste Gipfel ist im Kanton Waadt mit einer Höhe von 1 679 m. Es gibt drei Gebirgstypen: den Faltenjura im Süden, den Plateaujura und den Tafeljura im Norden bzw. im Osten. Die Jurafalten zeigen eine ziemlich regelmäßige, parallellaufende Wellenstruktur. Die Aufwölbung zahlreicher Falten ist erodiert und von Gewässern eingetieft. Die Gewässer, die zum Mittelland fließen, haben die Falten rechtwinklig durchschnitten und die für den Jura typischen, „Klusen" genannten Quertäler geschaffen, die natürlich ihrerseits die verkehrsmäßige Erschließung des Juras erleichtern (O. V. 1999).

1.1.2.5 Klima und Böden

Zahlreiche Universitäten und Institute am Oberrhein haben im Rahmen des Regio-Klima-Projekts (REKLIP) im Zeitraum von 1989 bis 1997 zusammengearbeitet, und schufen damit eine gute Informationsbasis für die weiteren Planungen. Die Regio am Oberrhein wurde damit zu einem der klimatologisch am besten untersuchten Räume Europas (E. PARLOW 1994).

Das Klima am Oberrhein liegt im maritimen Grenzbereich zwischen dem ozeanischen Westeuropa mit seinen milden, niederschlagsreicheren Wintern und seinen gemäßigten Sommern und dem kontinentalen Osten mit strengen Wintern und heißen, regenreicheren Sommern. Diese großräumigen Einflüsse werden dazu noch von dem Nebeneinander hoher

Bergländer und abgeschirmter Beckenräume abgewandelt. Diese Eigenschaft wird spezifisch als „oberrheinisches Klima" bezeichnet (B. SPEISER 1993).

Tab. 2 Temperatur und Niederschlag in den Ausgewählten Klimastationen in der EuroRegion Oberrhein von 1931-1960

Monatsmitteltemperaturen (° C)														
Stationen	Höhe über NN	Januar	Februar	März	April	Mai	Juni	Juli	August	September	Oktober	November	Dezember	Jahr
Feldberg	1486 m	-4,3	-4,1	-1,2	1,4	5,8	9,0	10,8	10,7	8,4	4,0	0,3	-2,8	3,2
Freiburg	269 m	1,1	2,1	6,3	10,3	14,5	17,7	19,4	18,8	15,6	10,1	5,4	1,9	10,3
Karlsruhe	114 m	0,8	1,8	6,0	10,1	14,4	17,7	19,5	18,6	15,2	9,8	5,3	1,7	10,1
Strasbourg*	149 m	0,4	1,5	5,6	9,8	14,0	17,2	19,0	18,3	15,1	9,5	4,9	1,3	9,7
Niederschläge (mm)														
Feldberg		163	154	116	111	126	164	164	170	147	144	152	120	1732
Freiburg		61	53	53	62	81	112	101	101	91	66	69	52	903
Karlsruhe		66	56	43	59	66	84	76	80	66	56	57	52	761
Strasbourg*		39	33	30	39	60	77	77	80	58	42	41	31	607

* bei Strasbourg keine Angabe von Jahreszahlen des Meßzeitraum.

Quelle: M. J. MÜLLER 1996

Klimatisch gehört das Oberrheinische Tiefland zu einem der begünstigen Räume Europas. Vor allem die Vorbergzone und der Kaiserstuhl weisen gute klimatische Bedingungen auf, die den Anbau von Intensivkulturen begünstigen. Die Rheinebene hat einen milden Winter vergleichbar mit dem norddeutschen Küstenbereich, dazu herrschen aber hohe Sommertemperaturen wie in Ost- und Südosteuropa, d. h. kontinentale Klimazonen. Eistage und bleibende Schneedecken sind selten. Das Januarmittel liegt über 0°C, das Julimittel überall nahe 20°C. Die Mitteltemperatur des Jahres beträgt 10,3°C (Station Freiburg) und liegt damit 1,2 °C über dem Mittel in ganz Deutschland und ist damit auch das höchste in Mitteleuropa (J. STADELBAUER 1983). Das Weinanbaugebiet am Kaiserstuhl verfügt über die wärmsten Orte Deutschlands; am wärmsten ist der Kaiserstuhl mit 10,5 °C. Auf dem Feldberg steigt aber selbst im Juli die Durchschnittstemperatur nicht über 11°C. Dies ist vor allem durch die topographischen Lageverhältnisse bedingt. Im Oberrheingebiet hält das Frühjahr am frühesten seinen Einzug in deutschen Landen. Schon in der ersten Hälfte des April blühen zuerst die Mandel- und Pfirsichbäume, dann die Kirsch- und Pflaumenbäume, und bereits Anfang Juni hat man reife Kirschen. Nur im Winter hat die Tiefebene zeitweise ein ungünstigeres Wetter als ihre Gebirgsumgebung. Sie ist manchmal kalt und in Nebel gehüllt, während auf den Höhen des Schwarzwaldes und der Vogesen strahlender Sonnenschein herrscht. Auf den nur 10 km vom Grabenrand entfernten Schwarzwaldhöhen ist der Winter dagegen erst Ende Mai endgültig vorüber. Dieses durch den Höhenunterschied bedingte unvermittelte Nebeneinander ganz verschiedener Klimate spiegelt sich auf den Märkten am Gebirgsrand wider.

Die Niederschlagsverteilung wird durch den Regenschatten der Vogesen und des Pfälzer Waldes auf der einen Seite und den Steigungsregen des Schwarzwaldes auf der anderen Seite charakterisiert. Die linksrheinische Seite ist trockener als die unter dem Einfluss der Steigungsregen gelegene rechte Rheinseite. Eingebettet zwischen niederschlagsreichen Mittelgebirgen mit prachtvollen Wäldern (z.b. Schwarzwald), wirkt die Talebene dank der besonderen Gunst des Klimas und dem dichtbebauten Boden in manchen Teilen wie ein Vorgarten Italiens. Im Regenschatten von Vogesen, Hunsrück und Haardt erreicht der Jahresniederschlag nicht einmal 700 mm (z.b. Colmar: 508 mm), während Steigungsregen am Ostrand bei Freiburg und Feldberg 900 bis 1 700 mm erbringen (vgl. Tab. 2). Es ist deshalb in weiten Teilen des Oberrheingrabens unbedingt notwendig, die Kulturen künstlich zu berieseln.

In der Niederung beiderseits des Rheines herrschen Wiesen vor. Seitlich davon gibt es auch Kiesböden und Flugsand mit Nadelwäldern. Insgesamt überwiegt im Oberrheingraben der Obstanbau. An den Gebirgsrändern bedeckt der Löß die Ebene und die sanften Hänge. Er bricht oft in senkrechten Wänden ab. Vielfach haben Bauern Vorratskeller in die Lößwände hineingegraben. Es ist ähnlich wie in Nordchina, dem größten Lößgebiet der Erde.

1.1.2.6 Der Rhein

Der Oberrhein ist ein wichtiger Navigationsweg in Europa und stellt über weite Abschnitte eine Staatsgrenze dar. Insgesamt hat der Rhein ein Einzugsgebiet von 185 000 km², die sich neun Länder auf einer Länge von 1 320 km teilen, davon haben Deutschland, Frankreich und die Schweiz den größten Anteil (Dt. IHP/OHP-Nationalkomitee 1996). Der Rhein lässt sich in sechs Abschnitte unterteilen: 1), Alpenrhein: St.Gotthard-Bodensee; 2), Seerhein: Bodensee-Stein am Rhein; 3), Hochrhein: Stein am Rhein-Basel; 4), Oberrhein: Basel–Bingen; 5), Mittelrhein: Bingen-Bonn; 6), Niederrhein: Bonn-Nordsee. Die Strecke des Oberrheins (Basel-Bingen) ist 300 km lang und im Durchschnitt 30-40 km breit. Seine Höhe nimmt von 250 m im Süden auf 80 m im Norden ab.

Der Rhein führt das ganze Jahr über reichlich Wasser und weist vergleichsweise geringe Abflussschwankungen auf. Oberhalb des Wiesezuflusses (bei Basel) beträgt die mittlere Wasserführung 1 010 m³/sec (J. Stadelbauer 1983). Er erreicht seinen höchsten Wasserstand in den Sommermonaten, wenn die Schmelzwässer der Alpengeltscher fließen und wenn es in seinem südlichen Einzugsgebiet besonders anhaltend regnet; dabei können auch Hochwasser entstehen. Früher schlängelte sich der Rhein in ungezählten Windungen und Schleifen durch die Niederungen und der Fluss wurde von den schäumenden Fluten überschwemmt. Auch für die Schifffahrt war ein so unruhiger Strom wenig geeignet. Nachdem seit der Mitte des 17. Jh. Überschwemmungen häufiger und katastrophaler geworden waren, hat der Ingenieur Johann Gottfried Tulla im Auftrag des Markgrafen Karl Friedrich von Baden im 1817 begonnen, den Fluss zu bändigen. Die Maßnahme hatte mehrere Ziele: Die Verkürzung der Laufstrecke, indem weite Mäanderschlingen durchstochen wurden, sollte die Fließgeschwindigkeit erhöhen, das Flussbett eintiefen und damit sowohl die Hochwasserstände als auch den

Grundwasserspiegel senken. Darüber hinaus wurden neue Flächen für die Landwirtschaft in der Rheinniederung gewonnen, und es sollten aufkommende Grenzstreitigkeiten zwischen Frankreich und Baden gemindert werden (S. LENTZ 2002). Bei der Rheinkorrektion wurde der Flusslauf begradigt, die Flussschlingen wurden abgeschnitten, an den Ufern wurden feste Dämme gebaut, die sumpfigen Stellen wurden trockengelegt, und flache Teile des Strombettes wurden ausgebaggert. Nach sechzigjähriger Arbeit wurde der Strom gebändigt und in eine Abflussrinne gezwungen. Dadurch wurde sein Lauf in ein künstliches Bett zwischen hohen Dämmen eingezwängt und um 82 km verkürzt, was zu Erhöhung des Gefälles führte. Dadurch wurde der Rhein von Mannheim bis Basel ganzjährig schiffbar. Diese wasserbaulichen Maßnahmen haben zur Rheinvertiefung um bis zu 8 Meter geführt. Zahlreiche Seitenarme und Flussschlingen sind als Altwasserseen noch heute erhalten. Der Grundwasserspiegel ist entsprechend gesunken; wo einst feuchter Auenwald gestanden hat, pflanzt man heute Kiefern an. Ferner haben die Franzosen seit dem Zweiten Weltkrieg den bereits in den 1930er Jahren begonnenen Bau des Rheinseitenkanals zwischen Basel und Breisach rasch vorangetrieben. Nach der Errichtung des Rheinseitenkanals wird der größte Teil des Rheinwassers nun bei Basel in diesen Rheinseitenkanal geleitet.

Dem Oberrhein fließen nur zwei schiffbare Flüsse zu: der Neckar und der Main. Alle anderen Nebenflüsse kommen mit kurzem Lauf aus den Randgebirgen. Der Rhein ist durch den Marne-Rhein-Kanal und den Rhone-Rhein-Kanal mit den Flüssen Frankreichs verbunden.

Schließlich wurde zwischen 1956 und 1977 zwischen Gambsheim und Iffezheim eine Kette von Laufkraftwerken zur Energieerzeugung gebaut. Zu diesem Zweck wurde jeweils der ganze Strom aufgestaut, wodurch weitere natürliche Überflutungsflächen in den Auen verloren gingen. Die Staaten Frankreich und Deutschland sind gesetzlich verpflichtet, den ursprünglichen Schutzzustand vor dem Ausbau wiederherzustellen (S. LENTZ 2002).

Der Rhein ist der meistbefahrenste Wasserweg Europas. Drei Viertel des deutschen Binnenschiffsverkehrs entfallen auf ihn und seine Nebenflüsse. Der Rhein ist aber auch eine internationale Wasserstraße, die von allen Anliegern nach der von der 1868 unterzeichneten Mannheimer Rheinschifffahrtsakte ohne Zollabgaben befahren werden darf. Von diesen Transportverhältnissen hat insbesondere die Schweiz profitiert, mehr als ein Drittel aller in die Schweiz eingeführten Waren wird in den Basler Häfen gelöscht (S. LENTZ 2002).

Nach der Flussregulierung ist diese Wasserstraße so tief, dass der Rhein von der Neckarmündung bei Mannheim bis nach Kehl mit 3 000 t Schiffen befahren werden kann. Auf dem Rheinseitenkanal können 1 000 t Schiffe bis Basel fahren. Zwischen den beiden Weltkriegen wurde der Rhein von Basel bis Straßburg zu einer Schifffahrtsstraße für Kähne bis zu 1 500 Tonnen ausgebaut; 60% der Kosten übernahm die Schweiz, die den größten Vorteil davon zu erwarten hatte.

1.1.2.7 Bodenschätze

Der Oberrheingraben ist ein rohstoffarmer Raum. Nennenswerte Vorkommen sind: Zu beiden Seiten des Rheines lagern zwischen Mülhausen und Freiburg in großer Tiefe Kalisalze, die im Tertiär entstanden. Im Elsass wurden sie vor, in Baden nach dem Ersten Weltkrieg erschlossen. Im mittleren Teil bei Pechelbronn im Elsass und bei Bruchsal auf der rechten

Rheinseite fand man Erdölfelder. In der Nähe, bei Worms und weiter südlich bei Landau, wurde auch Erdöl entdeckt.

1.2 Die kulturgeographische Entwicklung

1.2.1 Die Siedlungsentwicklung

Die natürliche Gunst des Raumes am Oberrhein hat schon seit der jüngeren Steinzeit die Menschen angelockt. Die ersten Bewohner des Oberrheins werden als Angehörige des keltischen Volkes angesehen. Zahlreiche archäologische Funde lassen auf ein zusammenhängendes, spätkeltisches Siedlungsgebiet mit einer gemeinsamen Kultur schließen. Die Idee des „Dreiländerecks" ist also gewissermaßen keltischer Herkunft (REGIO BASILIENSIS1965; B. SPEISER 1993). Der folgende Überblick zu einigen wichtigen Siedlungsentstehungsphasen im Oberrheingebiet kann nur allgemeine charakteristische Unterschiede der Siedlungen zu verschiedenen Zeiten hervorheben.

Die Römer hatten nahe des Rheinknies mit ihrer Kolonistenstadt Augusta Raurica ein Zentrum der lateinischen Kultur und Sprache geschaffen, von dessen Dominanz auch die alteingesessenen keltischen Untertanen berührt wurden. Augusta Raurica wurde im dritten nachchristlichen Jahrhundert von den vorrückenden Germanen zerstört. Den Rheinlauf hatte man als Grenzstrom, so gut es ging, durch Kastelle und Wachttürme gegen feindliche Überfälle abgesichert. Dennoch war die Macht Roms zu Ende gegangen. Etwa 500 n. Chr. drängten alemannische Neusiedler das Oberrheingebiet aufwärts und in den Jura hinein (E. SCHWABE 1986; W. MEYER 1989). Nach einer starken Beeinflussung der Region durch die römische Kolonisation erfolgte die Invasion des alemannischen und später des fränkischen Volkes. Mit letzteren wurde der Oberrhein maßgeblich von der germanischen Kultur geprägt. So gibt es noch heute Spuren der alemannischen Sprache in allen drei Teilgebieten der Region, wenn auch sehr unterschiedlich stark verbreitet.

Daher ist die Oberrhein-Region ein gemeinsamer historischer Kulturraum, der über Jahrhunderte gewachsen ist (C. HAEFLIGER 1998). Die Bewohner der Region bezeichnen ihn als ein verbindendes Element. Die Verbindung von Vergangenheit, Gegenwart und Zukunft spiegelt sich vielfältig wider in Sprache, Literatur, Folklore und Architektur.

Die alemannische Kultur prägte das gesamte Gebiet des Oberrheins. Die Wurzeln des alemannischen Volkstums, die Dialektsprache, das Brauchtum, die Traditionen in Heimatpflege, Volkslied und Tracht, das Erbe an Baudenkmälern, die historischen Stätten, der Besitz an epochemachender altdeutscher Literatur und europaweit renommierter Kunst- all dies und das gemeinsame Schicksal verbinden die Elsässer mit den oberrheinischen Südbadensern und mit den Baslern aufs engste (H. K. SCHNEIDER 1989).

Als Siedlungsform der Alemannen ist das Haufendorf vorherrschend. In den Vogesen, im Schwarzwald und im Odenwald finden sich auch Weiler, im Spessart Waldhufendörfer; im Schwarzwald treten außerdem Einzelhöfe auf. Das mitteldeutsche Gehöft überwiegt nicht nur im fränkischen Mundartbereich, sondern ist im Süden, vor allem in der Rheinebene und im Neckarbecken, ebenfalls weit verbreitet. Lediglich in den Vogesen und im Schwarzwald hat sich das oberdeutsche Haus (u.a. Schwarzwaldhaus) gehalten. Doch setzt sich auch hier die moderne Hausform immer stärker durch. Unter der Herrschaft Karls des Großen wurde das Oberrheingebiet in Gaue (Sundgau, Breisgau, Sisgau und Frickgau) aufgeteilt.

Im Mittelalter herrschten komplizierte Bündnissysteme. Es gelang nicht, eine politische Einheit am Oberrhein zu errichten. Im wirtschaftlichen Bereich erwies sich der Rhein dagegen als Verbindungselement. Ein besonders eindrucksvolles Beispiel hierfür ist der Rappenmünzbund (die „Genossenschaft der Rappenmünze") der vom Ende des 14. bis 16. Jhds. exsistierte. Dieser Bund war eine vertraglich vereinbarte Währungsunion (eine „europäische Währungsunion en miniature") die sich ziemlich genau über das ursprüngliche Bezugsgebiet der RegioTriRhena erstreckte. Die wirtschaftliche Vereinheitlichung brachte neuen Aufschwung im gesamten Geldverkehr und im Handelswesen. Der Rappenmünzbund führte zu einer Blütezeit des Dreiecklandes (B. SPEISER 1993). Damals galt Basel als wirtschaftliches Zentrum des Oberrheins. Es bestanden zahlreiche Handelsbündnisse oder Bündnisse zur gegenseitigen Unterstützung in Kriegszeiten oder zum Schutz der Ordnung und Straßensicherheit mit elsässischen Städten. Im Jahre 1501 trat dann Basel der Schweizerischen Eidgenossenschaft bei (B. SPEISER 1993).

Im Mittelalter nahm die Zahl der Siedlungen enorm zu, und das Oberrheingebiet wurde mit einem dichten Netz von Dörfern und Städten überzogen. Dennoch blieb die regelmäßig überschwemmte, feuchte Rheinaue praktisch siedlungsfrei. Die ab dem 16. Jh. entstandenen Siedlungen waren nicht mehr auf eine landwirtschaftliche Eigenversorgung ausgerichtet, so dass nun auch Gründungen in agrarischen Ungunsträumen erfolgten, so z. B. die Festungswerke entlang des Rheins (S. LENTZ 2001).

Im 20. Jh. wurden kaum noch neue Siedlungen gegründet. Die bestehenden Ortschaften wuchsen enorm, zunächst durch die seit dem 19. Jh. fortgesetzte Land-Stadt-Wanderung der Bevölkerung in die Industriezentren, später, d. h. insbesondere seit den 1960er Jahren, flächenmäßig durch die Suburbanisierung. Dies ist allerdings kein Prozess, der nur für das Oberrheingebiet kennzeichnend wäre. Regionstypisch sind vielmehr die großflächigen Industriegebiete in der Rheinaue, deren Erschließung erst durch die Flussbegradigung des 19. Jhds. möglich geworden ist. So ist zu erklären, dass Gemeinden, die bis dato nur geringe gewerbliche Aktivitäten vorzuweisen hatten, auf Grund des nun neuen Hochwasserschutzes, teilweise auch durch Grundwasserabsenkung große Gemarkungsteile neu inwertsetzten, was häufig durch die Ausweisung großer Industriegebiete geschah (S. LENTZ 2001).

1.2.2 Das Siedlungssystem

Am Oberrhein handelt es sich um einen Raum, in dem in den letzten Jahrhunderten die Bevölkerung stark zugenommen und in dem sich die Wirtschaft sehr dynamisch entwickelt hat. Dementsprechend haben die meisten Städte und inzwischen auch Dörfer ihre charakteristischen Grundrisse der Gründungszeit mehr oder weniger verloren. Für das Siedlungssystem ist am Oberrhein eine starke Verstädterung, hoher Bestand an Ober- und Mittelzentren sowie intensive Pendler- und Versorgungsverflechtungen kennzeichnend. Die Knotenpunkte städtischer Aktivitäten in der EuroRegion Oberrhein folgen einander in einer Dichte und inneren Differenzierung wie kaum in einer großen Stadt Europas. Anders als in den meisten großen Städten liegen die Brennpunkte ökonomischer Aktivitäten mit Verflechtungen in die angrenzenden Räume nicht in der Mitte, sondern an den nördlichen und südlichen Enden dieser Städtelandschaft. Und anders als in vielen großen Städten hat eine verwickelte Geschichte von Verwüstungen, Wiederaufbau und Neugründungen ein lebendiges Nebeneinander von Altem und Neuem, Wachstum und Schrumpfung, Umnutzung und Erneuerung geschaffen (J. STADELBAUER 1983).

Auch das zentralörtliche Gefüge weist markante räumliche Unterschiede auf. Als Durchgangsraum mit insgesamt deutlicher Bevölkerungsverdichtung, Siedlungswachstum und rascher Wirtschaftsentwicklung bei ausgeprägter Bündelung der Verkehrswege zeigt das Oberrheinische Tiefland einen hohen Bestand mit zentralen Orten höherer Stufe. Oberzentren sind Basel, Karlsruhe, Freiburg und Mülhausen; Mittelzentren mit Teilfunktionen von Oberzentren Colmar, Offenburg und Lörrach. Dabei wird das Zentralitätsgefüge im Rhein-Neckar-Raum durch die Nachbarschaft von Mannheim, Ludwigshafen und Heidelberg mit einer Reihe von Mittel- und Kleinstädten geprägt, die ebenfalls jeweils Teilfunktionen übernehmen, während im äußersten Süden der Einfluss von Basel über die Grenze reicht. Zwischen Karlsruhe und Lahr konnte außer Offenburg eine Reihe von Klein- und Mittelstädten aus ihrer Lage an der Landschaftsgrenze zwischen Oberrheingebiet und Schwarzwald Nutzen ziehen: Mit Rastatt, Baden-Baden, Bühl, Achern und Oberkirch teilen sich mehr städtische Siedlungen die zentralen Aufgaben, als es zwischen Emmendingen und Lörrach im Süden des Oberrheinischen Tieflandes der Fall ist. Teils beruht dies auf der alten Landkreiseinteilung, die bewirkte, dass ehemalige Kreisstädte einen Teil ihrer Funktionen behielten; teils hat die gezielte Industrieansiedlung auch Rückwirkungen auf die Siedlungsausstattung mit Dienstleistungseinrichtungen gehabt (J. STADELBAUER 1983).

In der Oberrheinischen Tiefebene liegen eine Reihe alter, berühmter Städte. Je nach Sehenswürdigkeiten oder Geschichte gibt es verschiedenen Funktionstypen bei den Städten. Einige davon haben originär metropolitane Funktionen, z.B. die europäischen Institutionen in Straßburg, die internationalen Messen, Bankenzentren und Flughäfen in Basel, die nationalen Hohen Gerichte in Karlsruhe. Historisch gesehen bestanden die Städte Basel, Straßburg, Worms, Speyer und Mainz schon zur Römerzeit vor fast 2000 Jahren. Straßburg ist schon von den Römern als Heerlager begründet worden, und in Baden-Baden kann man noch Reste römischer Badeeinrichtungen besichtigen.

1.3 Die Verwaltungssysteme

Die Beschreibung der grenzüberschreitenden Zusammenarbeit der einzelnen Teilgebiete gibt bereits einen Einblick in die unterschiedlichen nationalen Verwaltungsebenen und ihre hierarchischen Strukturen (vgl. Abb. 6). Die abweichenden administrativen Gliederungen und Kompetenzverteilungen erschweren bisweilen eine Kooperation. Nahezu alle vertikalen und horizontalen Kooperationsinstanzen werden von diesen Problemen berührt, daher ist eine Darstellung der Verwaltungsstrukturen notwendig.

Die grenzüberschreitende Zusammenarbeit in der EuroRegion Oberrhein wird durch zwei förderalistische (Deutschland und Schweiz) und ein zentralistisches (Frankreich) Verwaltungssystem beeinflusst. Der Begriff Föderalismus zeigt, dass dort, wo die Sachaufgaben eine einheitliche und planend abgestimmte Zusammenarbeit aller Ebenen und Träger der öffentlichen Verwaltung erfordern, eine Koordination und ein Zusammenwirken aller

Beteiligten, Bund, Länder und Gemeinden herbeigeführt werden muss, da grundsätzlich die öffentliche Tätigkeit in ihrem Zusammenspiel und ihrer gemeinsamen Verpflichtung für das

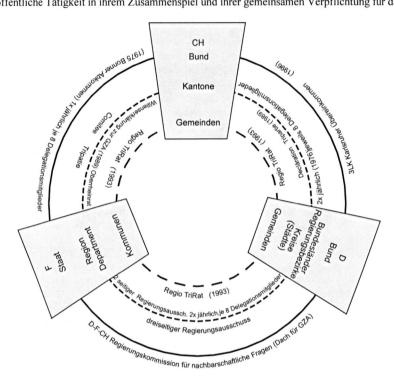

Abb. 6   Die Verwaltungsgliederung und grenzüberschreitende Zusammenarbeit in der EuroRegion Oberrhein

Quelle: EIGENE DARSTELLUNG

Wohl der Bürger gesehen werden muss (H. LAUFER 1985). In zentralistischen Staaten verfügt die Zentralregierung im Vergleich zu förderalistischen Staaten über die Macht, ihre eigenen Interessen gegenüber lokalen Akteuren durchzusetzen.

1.3.1   Deutschland

Wesentlich für einen Bundesstaat, wie es Deutschland und die Schweizerische Eidgenossenschaft im Gegensatz zu Frankreich sind, ist folgendes: die Länder als Glieder des Bundes sind Staaten mit eigener, nicht vom Bund abgeleiteter, sondern von ihm anerkannter staatlicher Hoheitsmacht. Sie verfügen über eine eigene Verfassungs- und Gesetzgebungsautonomie und unterscheiden sich so von bloßen Selbstverwaltungskörperschaften. Administrativ stehen die Landkreise und die Gemeinde unter der Bundeslandebene.

Das Bundesland

Die Länder verfügen über Organe der Legislative (Landtag), der Exekutive (vom Landtag gewählte Landesregierung mit dem Ministerpräsidenten an der Spitze) und der Judikative. Der Ministerpräsident ist für die Arbeit der durch den Landtag kontrollierten Landesregierung verantwortlich. Die sehr vielgestaltige Verwaltung der Bundesländer ist regelmäßig mehrstufig (im Regelfall dreistufig) aufgebaut; an der Spitze steht die Landesregierung und die Ministerien, deren Aufgaben sowohl in der Regierung wie auch in der Vollzugsverwaltung liegen. Ihnen nachgeordnet sind zentrale Bezirksverwaltungen (Regierungspräsidien) und Unterbehörden. Letztere sind die Nahtstelle zur kommunalen Selbstverwaltung (Landratsämter und Städte ab bestimmter Größe). Daneben gibt es eine Vielzahl von Sonderverwaltungen, wie Finanz- und Forstverwaltung. Auch diese sind Teil der unmittelbaren Länderverwaltung. Die Länder können aber auch als „Konkurrent" des Bundes auftreten, wenn diese eine Materie nicht oder nicht abschließend geregelt hat, z.B. im Bereich Personenstandswesen oder Aufenthaltsrecht für Ausländer (H. LAUFER 1985).

Der Landkreis

Der Landkreis hat eine Doppelfunktion: einerseits übernimmt er gemeindeüberschreitende Aufgaben als kommunale Aufgaben, andererseits ist er übergeordnete staatliche Behörde (Landratsamt als Unterbehörde), die Aufgaben des Landes vor Ort wahrnimmt. Außerdem hat der Landkreis die Kontrolle im Sinne einer Rechts- und Fachaufsicht über die ihm angehörenden Gemeinden. In hochverstädterten Regionen ist der Landkreis fast ein Randphänomen. Dem Landratsamt übergeordnet ist das Regierungspräsidium als Mittelbehörde. Die Zuständigkeiten des Landkreises als freiwillige oder Pflichtaufgaben sind die folgenden: überörtliches Straßennetz (Kreisstraßen), Kreissparkassen, Gesundheit (Kreiskrankenhäuser), Bildung und Erziehung (Berufsschulen, Sonderschulen, z.T. Gymnasien), Soziales (insbes. Sozialhilfe), Umweltaufgaben mit überörtlicher Problemlage (Müllentsorgung) (H. LAUFER 1985).

Die Gemeinde

Während die Länder Staaten sind, sind die Gemeinden und Gemeindeverbände bloße Selbstverwaltungskörperschaften, auch mittelbare Staatsverwaltung genannt. Selbstverwaltungsaufgaben können freiwillig übernommene oder s.g. Pflichtaufgaben sein. Dazu gehören z.B. Erziehungseinrichtungen wie Kindergärten und Schulen, Kultur- und Sporteinrichtungen wie Theater, Museen, Stadien, Versorgungs- und Erschließungseinrichtungen wie Wasserversorgung, Abwasseranlagen, die örtliche Planung wie Flächennutzungs- und Bebauungspläne, Gesundheits- und Jugendpflege, Grünanlagen, Jugendzentren, Friedhöfe (H. LAUFER 1985).

1.3.2 Schweiz

Der Aufbau des schweizerischen Staates ist das Resultat einer siebenhundertjährigen Geschichte. Der schweizerische Bundesstaat besteht heute aus 26 souveränen Kantonen und Halbkantonen (20 Vollkantone und 6 Halbkantone mit jeweils eigener Verfassung, Parlament und Regierung sowie Gemeinden) (M. BARATTA 1996), denen die föderalistische Struktur ein beträchtliches Maß politischer Entscheidungsfreiheit und Verwaltungsautonomie zuerkennt. An die Stelle der Selbstverwaltung trat für Gemeinden und Kantone die Funktion der stellvertretenden Verwaltungsinstanzen im Auftrag des Bundes (K. SCHUMANN 1971). Jeder Kanton verfügt über seine eigene Verfassung und seine eigenen Gesetze (das gilt sogar für manche Gemeinden) (O. V. 1999). Der starken Gliederung des Landes und der wechselvollen Geschichte entspricht eine große Vielfalt an Siedlungstypen. Eine starke Vielfalt herrscht nicht nur hinsichtlich der Fläche und der Einwohnerzahl, sondern auch strukturell. Es gibt ausgesprochene Landstädte und solche, die durch Industrie und Gewerbe geprägt sind, und schließlich Siedlungen mit großstädtischem Charakter. Es gibt Gemeinden, die an Fläche einen Kanton übertreffen, und solche, die kleiner sind als ein städtisches Wohnviertel (O. V. 1999). Der Föderalismus dient nicht nur dem gesamtstaatlichen Konsens bei politischen, wirtschaftlichen und sozialen Fragen im Rahmen des demokratischen Willensbildungsprozess. Auch die unterschiedlichen Sprach- und Volksgruppen sehen im Föderalismus die Wahrung ihrer Eigenständigkeit und den Schutz ihrer Minderheitenstellung (K. SCHUMANN 1971). Jeder Staatsebene sind gewisse Aufgaben übertragen, welche diese weitgehend souverän erfüllt. Die Aufgabenteilung zwischen Bund, Kantonen und Gemeinden lässt sich etwas vereinfacht wie folgt darstellen.

Der Bund

Die Kompetenzen des Bundes sind in der Bundesverfassung festgehalten. Er wacht über die innere und äußere Sicherheit, gewährleistet die Kantonsverfassungen und bestreitet den diplomatischen Verkehr mit den ausländischen Staaten; er ergreift Maßnahmen zugunsten der Wirtschaft (z.B. Schutz der Landwirtschaft) und zur Förderung der Wohlfahrt (z.B. Sozialversicherung, der Nationalstraßenbau, Post und Telefon). In vielen Bereichen behält sich der Bund nur Gesetzgebung und Aufsicht vor, überlässt die Ausführung jedoch den Kantonen. Als Regierungsform sieht die Bundesverfassung für Bund und Kantone die sogenannte halb direkte Demokratie vor. Die Organe des Bundes sind die Bundesversammlung mit National- und Ständerat, der Bundesrat und das Bundesgericht.

Die Kantone

Die Kantone und Halbkantone organisieren sich selbständig. Die Stimmberechtigten wählen ihre Behörden direkt und nehmen zu kantonalen Vorlagen Stellung. Ihre Exekutiven, die Kantonsregierungen, arbeiten nach dem Kollegialsystem. Das Kantonsparlament, der Kantonsrat oder Große Rat, besteht nur aus einer Kammer, deren Abgeordnetenzahl von Kanton zu Kanton stark variiert. Die Legislaturperiode beträgt im allgemeinen vier Jahre. Die Kantone verfügen frei über Bildungswesen, Raumplanung, Gesundheit, Kantonsstraßenbau und über ihre sozialen Einrichtungen; sie können frei Steuern erheben.

Zwar fällt die Außenpolitik gemäß Bundesverfassung in die alleinige Kompetenz des Bundes, die Kantone genießen jedoch eine beschränkte eigene Zuständigkeit, mit dem Ausland Verträge abzuschließen. Der Bundesrat handhabt dies in der Praxis liberal und fördert damit Ideen und Initiativen. Für die grenzüberschreitende Zusammenarbeit sind in erster Linie die Kantone zuständig. Die Ablehnung des EU Beitritts der Schweiz im Dezember 1992 hat in vielen Kantonen das Interesse für die grenzüberschreitende Zusammenarbeit erheblich gestärkt. Sie wollen damit die Türen zu den Nachbarn und zu Europa offen halten (DAS MAGAZIN FÜR INTERNATIONALE BEZIEHUNG DER SCHWEIZ 1996).

Die Zuständigkeit des Bundes in den genannten Bereichen bedeutet nun aber nicht, dass der Bund ohne Mitarbeit der Kantone handeln würde, ganz im Gegenteil. Die Kantone werden bereits in der Verhandlungsphase miteinbezogen, damit regionale Interessen von Anfang an gebührend berücksichtigt werden können. Im Rahmen der nachbarrechtlichen Verträge werden oft gemischte Kommissionen der beteiligten Regierungen eingesetzt. Deren Aufgabe es ist, die Durchführung der Verträge sicherzustellen, Informationen auszutauschen und Empfehlungen an die Regierungen für konkrete Maßnahmen oder Vertragsänderungen auszutauschen (M. LEZZI 2000).

Die Gemeinden

Die Bürgerinnen und Bürger wählen in den meisten eher kleinen Gemeinden direkt die Exekutivbehörde und geben ihre Zustimmung zu Gesetzesvorlagen (direkte bzw. halbdirekte Demokratie). Die Schweiz zählt heute 2 942 Gemeinden, die praktisch kleine „Republiken" darstellen, erfreuen sich doch viele von ihnen wie die Kantone eines hohen Grades an Autonomie. Auf Gemeindeebene zeigt sich die schweizerische Demokratie am unmittelbarsten. Die Aufgaben der Gemeinde sind vielfältiger Natur: Güterverwaltung (z.B. Wald), Wasserversorgung, Gas, Elektrizität, Brücken, Straßen, Verwaltungsgebäude, Schulen, Polizei, Feuerwehr, Sanitätsaufgaben, Zivilschutz usw. Hinzu kommen soziale und kulturelle Aufgaben sowie wirtschaftliche Maßnahmen im Kriegs- oder Krisenfall. Zu erwähnen ist schließlich noch, dass die Gemeinde direkte und indirekte Steuern erheben kann.

Die Aufgabenteilung Bund – Kantone - Gemeinden wurde nicht in einer Bewegung von oben nach unten vorgenommen, sondern von unten nach oben entwickelt. Die wachsende Komplexität von Staatsaufgaben, zusammen mit den veränderten finanziellen und politischen Rahmenbedingungen, hat zu einer verstärkten vertikalen Koordination (z.B. in den Bereichen Umwelt und Verkehr) geführt. Arbeitsmarktentwicklungen und Pendlerströme sprengen die althergebrachte Kleinräumigkeit und schaffen neue geographischen Tatsachen. Gewisse zeitgenössische Aufgaben wie Fachhochschulen, Spitalwesen und Spitzenmedizin sind derart kosten- und personalintensiv, dass sie ein einzelner Kanton häufig nur noch mit Verbund mit andern Kantonen (horizontale Kooperation) bewältigen kann. Neben dem Bund verfügen auch die Kantone und Gemeinden über weitreichende Kompetenzen. Ihnen obliegt zum einen auf ausgewiesenen Feldern die Aufgabe, den Vollzug des auf Bundesebene geschaffenen Rechtes zu sichern (Rechtsvollzug). Sie dürfen zudem in ihren eigenen Tätigkeitsfeldern selbst Recht setzen (Verfassung und Gesetze erlassen) und Recht sprechen. Sie besitzen eigene Finanzquellen (Steuern und Abgaben), über deren Verwendung sie frei bestimmen dürfen. Die Kantone und Gemeinden sind demnach keine dezentralisierten Verwaltungsstellen des Bundes. Sie verfügen über weitgehende Souveränität. Der schweizerische Föderalismus kann als Antwort auf die sprachliche, konfessionelle und naturräumliche Zersplitterung des Landes verstanden werden (M. LEZZI 2000).

1.3.3 Frankreich

Zentralismus und Gebietskörperschaft

Im Vergleich mit den zwei föderalistischen Nachbarn ist Frankreich ein typischer Zentralstaat in Europa. Die Untrennbarkeit der Begriffe Staat und Nation hat, im Unterschied zu Deutschland und der Schweiz, eine lange historische Tradition. Nach der Französischen Revolution wurde der Zentralismus verstärkt, so dass alle staatlich-politischen, rechtlichen und kulturellen Belange von der Zentrale Paris aus beherrscht wurden. Selbst die heutige Gestaltung der Verkehrsinfrastrukturen, die von Paris als dem Zentrum in das ganze Land ausstrahlen, spiegeln den Zentralismus deutlich wider. Die staatliche Hoheitsausübung liegt bei der Zentralgewalt. Aus dieser Grundstruktur ergab sich eine traditionell zentralisierte Verwaltung mit in den Ministerien in Paris angesiedelten Verwaltungsspitzen. Die wichtigste Verwaltungseinheit, das Departement, stand mittels des von der Regierung ernannten Präfekten bis zu der im Jahre 1982 eingeleiteten administrativen Dezentralisierung unter der Aufsicht des Zentralstaates. Der jeweilige Präfekt, der seinen Sitz in der Hauptstadt einer Région hat, vertritt als Repräsentant der Zentralregierung die Minister und ist mit der Durchführung der Regierungspolitik in seinem Raum beauftragt. Nur die lokale Selbstverwaltung der Gemeinden besaß seit jeher ein gewisses Eigengewicht (vgl. Kap. 2.2.1). Zudem können sich aus der mit der Dezentralisierung einhergehenden Umverteilung von Kompetenzen und Finanzen wie auch aus der Gleichwertigkeit der Regions- und Departementsebene Interessenkonflikte ergeben.

Im Gegensatz zu Deutschland und der Schweiz herrscht zwischen den französischen Gebietskörperschaften, d.h. den Regionen, den Departements und den Kommunen, keine Hierarchie, vielmehr bestehen sie nebeneinander und grenzen sich durch Aufgabenteilung voneinander ab (J. WOPPERER 1995). Sämtliche Gebietskörperschaften haben eine Doppelfunktion inne, d.h. sie sind sowohl zentralstaatliche Behörde als auch Selbstverwaltungskörper.

Die Région und ihre Verwaltungskörper

In Frankreich gibt es 22 Régions, die jeweils mehrere Départements umfassen. Früher war die Région lediglich eine „regionale Anstalt des öffentlichen Rechts", seit 1982 schufen die Reformgesetze eine echte Regionalstruktur.

Der Präfekt des Départements, in welchem sich der Verwaltungssitz der Région befindet, übernimmt zugleich die Rolle des Regionalpräfekten. Hier hat der Regionalpräfekt nur noch eingeschränkte Vollmachten. Er ist nicht mehr Exekutivorgan der Region; er vertritt nur in eingeschränktem Maße den Zentralstaat auf regionaler Ebene. Der Regionalpräfekt ist zuständig für die Verteilung der Staatskredite an die Verwaltungseinrichtungen. Im ökonomischen Bereich sind die Regionalpräfekten Direktoren der Unternehmen der öffentlichen Hand auf regionaler Ebene. Die Régions werden von einem Beschlussorgan verwaltet, dem

Regionalrat (*Conseil régional*), einem Exekutivorgan, dem Präsidenten des Regionalrates (*Président du Conseil régional*) und einer beratenden Versammlung, dem Wirtschafts- und Sozialausschluss (im Elsass: CESA-*Conseil Economique et Social d'Alsace*). Der Regionalrat setzt sich zusammen aus Abgeordneten der einzelnen Wahlbezirke (= Départements), und wird im Proporzverfahren gewählt. Der Präsident des Regionalrates ist oberster Dienstherr aller von der Région geschaffenen Dienststellen und verwaltet das Vermögen der Région. Die Régions sind verantwortlich für die Aufgaben der Raumordnung und der regionalen Wirtschaftsförderung, die Berufs- und Lehrlingsausbildung, den Bau, die Ausstattung und den Betrieb der Gymnasien (*lycees*) und Spezialschulen sowie für den Regionalverkehr (J. WOPPERER 1995).

Die Départements und ihre Verwaltungskörper

Die Départements sind in der Folge der französischen Revolution vor mehr als 200 Jahren zur Vereinfachung der Verwaltung entstanden. Entsprechend sind die Präfekturen eingerichtet worden. Die Verfassung von 1958 hat diese Verwaltungsinstanzen übernommen. Der Präfekt oder *Commissaire de la Republique* wird per Dekret vom Ministerrat ernannt. Seine Entscheidung hat normalerweise die Form einer Verwaltungsverfügung oder Verordnung. Er verfügt über ein Präfekturbüro. Der Präfekt kann einen Teil seiner Befugnisse an den Unter-Präfekten delegieren. Das Departement wird vom durch die Bevölkerung unmittelbar gewählten Generalrat (*Conseil general*), der beschließenden Instanz, sowie dem Präsidenten des Generalrats (*President du Conseil general*) verwaltet. Der Präsident des Generalrates ist oberster Dienstherr aller vom Departement geschaffenen Dienststellen und verwaltet das Vermögen des Departementes.

Auch wenn der Präfekt, wie oben bereits erwähnt, infolge der Dezentralisierung seit 1982 die Eigenschaft eines eigentlichen Exekutivorgans der Departementskörperschaft an den Präsidenten des Generalrats verloren hat, so vertritt er als *Commissaire de la Republique* den Zentralstaat im Département. In Vertretung des Premierministers hat er die Stimmungslage zu erkunden und Paris entsprechend zu informieren. Auch vertritt er den Zentralstaat im Departement in offiziellen Äußerungen, aber auch bei der Verwaltung des Grundbesitzes, bei Vertragsabschlüssen, der Rechtspflege usw.

Dem Präfekten untersteht die Verwaltungspolizei und er ist Vollstreckungsbeamter. Ferner leitet er unter der Aufsicht der jeweiligen Minister die Außenstellen der Ministerien in den einzelnen Départements, die s.g. Departementsdirektionen (*Directions departementales*). Im ökonomischen Bereich kann der Präfekt jetzt auch gewisse Investitionsentscheidungen treffen, die früher in Paris gefällt wurden.

Zu den bisherigen Zuständigkeiten kamen durch entsprechende Reformgesetze neue Kompetenzen für die Departements in folgenden Bereichen hinzu: Schulwesen (Schulbusbetrieb sowie Bau, Ausstattung und Betrieb der Sekundar- bzw. Realschulen), Sozial- und Gesundheitswesen, Förderung der örtlichen Entwicklung (Hilfen für Unternehmen, Hilfen für die Gemeinden).

Die Gemeinden und ihre Verwaltungskörper

Die Gemeinde ist als Erbin des römischen Gemeinwesens und der Lehensherrschaft des *Ancien Regime* die älteste Gebietskörperschaft in Frankreich. Die große Anzahl von Gemeinden (ca. 36 750) sowie ihr Widerstand gegen Zusammenlegungen erzwang die Schaffung von Zweckverbänden, Verwaltungsgemeinschaften und *Communautés Urbaines* (letztere durch Entscheidung des Zentralstaates geschaffen). Die Gemeinde ist zuständig für alle kommunalen Aufgaben im Allgemeinen (Müllbeseitigung, Wasserversorgung, Baugenehmigungen, Infrastruktur usw.), das kommunale Gesundheitswesen, die kommunalen Bibliotheken (Organisation und Finanzierung), die Kindergärten und Primarschulen (Bau, Einrichtung, Unterhalt und Betrieb), die kommunale Wirtschaftsförderung und die Ortsplanung.

Der Bürgermeister ist zugleich Vertreter des Zentralstaates und Exekutivorgan der Gemeinde als örtliche Gebietskörperschaft. In Frankreich ist es möglich und üblich, dass ein Bürgermeister neben seinen lokalen Funktionen gleichzeitig Abgeordneter oder Senator in Paris ist. Von einem solchen direkten Draht nach Paris kann die Gemeinde nur profitieren, können doch auf diese Weise wichtige Entscheidungen oft viel schneller gefällt werden. Der Bürgermeister vertritt die Gemeinde nach außen, ist Dienstvorgesetzter der Gemeindebediensteten und verwaltet das Gemeindevermögen. Als Vertreter des Zentralstaates ist der Bürgermeister verpflichtet, für die Bekanntgabe und den Vollzug der Gesetze Sorge zu tragen. Der Bürgermeister organisiert u.a. die Wahlen und überprüft die Wählerverzeichnisse. Im weiteren ist er Vollstreckungsbeamter. Der Bürgermeister ist dabei dem Präfekten für die Verwaltungsbelange bzw. dem Oberstaatsanwalt für die anderen Aufgaben unterstellt.

1.4 Wirtschaftsstrukturen am Oberrhein

1.4.1 Die EuroRegio Oberrhein in Europa

Unbestritten gehören die EuroRegion Oberrhein bzw. die RegioTriRhena durch ihre unmittelbare Lage an der der Rheinschiene folgenden „Wachstumsbanane Europas" (R. BRUNET 1989) zu den Kernräumen der EU, die sich von London über Frankfurt und Mailand bis zum Mittelmeer erstrecken. Diese Region ist durch zahlreiche nord-süd-verlaufende Trassen verkehrstechnisch sehr gut erschlossen. Mit hervorragender Infrastruktur, hochqualifizierten Arbeitskräften und kultureller Identität wird dieser Raum im europäischen Blickwinkel zu einer europäischen Zentrallage (Wirtschaft und Gesellschaft am Oberrhein, 1992, 10). Ihr einstiger Standortnachteil als nationaler Grenzraum am Scharnier der wichtigsten Länder des europäischen Kontinents kehrt sich heute nach Vollendung des Europäischen Binnenmarktes (1993) und der Euro-Zone zunehmend in einen Standortvorteil um (E. J. SCHRÖDER 2000). Damit ist hier *de facto* ein oberrheinischer Wirtschaftsraum entstanden. Der Raum wird durch Pendlerbewegungen, durch die Ansiedlung von Tochtergesellschaften und anderen Niederlassungen und durch den Einkaufstourismus über die Grenzen hinweg und damit durch eine gewisse gemeinsame ökonomische Basis geprägt.

Angesichts der unterschiedlichen Methode der Wirtschaftsstatistik der beteiligten drei Länder ist es schwer, eine gemeinsame Wirtschaftsregion nach dem Mandatsgebiet der Oberrheinkonferenz oder der RegioTriRhena darzustellen. Trotzdem bemüht sich der trinationale Begleitausschuss, der aus Vertretern verschiedener Behörden besteht, um einen jährlichen

Bericht über die grenzüberschreitende Wirtschaftsentwicklung sowie ihren Stärken und Schwächen.

Am Oberrhein gibt es weder umfangreiche Bodenschätze wie im Ruhrgebiet noch den günstigen Zugang zum Meer und zu europäischen Handels- und Wirtschaftszentren wie im Falle Amsterdams, die jeweils gute Voraussetzung für eine günstige Wirtschaftsentwicklung darstellen. Die Begradigung des Rheins und die guten Wirtschaftsbeziehungen zur Schweiz und zu Frankreich sind jedoch von Vorteil. Die Trassierung der Eisenbahn wurde durch die Geländebeschaffenheit des Landes teilweise vorgezeichnet; die Oberrheinische Tiefebene wurde verkehrsmäßig bereits früh in der Nord-Süd-Richtung erschlossen. Die ab 1920 einsetzende Motorisierung erzwang für den wachsenden Autoverkehr ein leistungsfähiges Verkehrsnetz (R. HILCHENBACH-BAUMHOF 1991). Neben der Infrastruktur gibt es noch andere dynamische regionale Antriebkräfte. Der wichtigste Faktor sind die gut ausgebildeten Fachkräfte (Humankapital). Auch ihre Integrationsfähigkeit und ihre Bereitschaft, für Unterschiede und andere Meinungen Toleranz und Akzeptanz aufzubringen, um die übergeordneten regionalen Ziele zu erreichen, zählt dazu. Außerdem gab es eine Reihe von Innovationen, die den weiteren Weg der Industrie bestimmen sollten, die aus dem Oberrheingebiet stammen. Namen wie Daimler, Benz, Bosch, Magirus, Lanz, Graf Zeppelin, Dornier u.a. stehen für führende Entwicklungen im Fahrzeugbau und Flugwesen (R. GROTZ 1992). Auch die mittleren und kleinen Unternehmen bringen Innovationen hervor. In der RegioTriRhena ist die gewerbliche Wirtschaft überwiegend mittelständisch strukturiert, mehr als die Hälfte der Unternehmen haben weniger als 250 Beschäftigte. Dem Abbau von Arbeitsplätzen in Industrie und Handwerk in den 1990er Jahren konnte ein höheres Stellenangebot seitens der Dienstleistungsbranchen und des Staates entgegengestellt werden. Obwohl die Beschäftigung insgesamt rückläufig ist, schneidet die RegioTriRhena im Vergleich zu den jeweiligen nationalen Verhältnissen gut ab (A. DENTZ und C. ZEEB 1998). Nicht zuletzt ist die Wirtschaftsentwicklung mit zahlreichen Kooperationspartnerschaften und Netzwerken von Hochschulen und Forschungseinrichtungen gekoppelt. Mit den hohen Ausgaben für Forschungs- und Entwicklung ist die EuroRegion Oberrhein zu einem der günstigsten Wirtschaftsstandorte Europas geworden.

1.4.2 Ein Überblick über die Wirtschaftssektoren

Als das wichtigste Teilgebiet für die grenzüberschreitende Zusammenarbeit erwirtschaftete die RegioTriRhena im Jahre 1996 eine Bruttowertschöpfung bzw. ein Sozialprodukt von 85,7 Mrd. CHF, das zu 41,5% auf die Nordwestschweiz, zu 36% auf Südbaden und zu 22,5% auf das Oberelsass entfällt (vgl. Tab. 3). Der Beschäftigtenanteil in den drei Teilräumen machte im Durchschnitt 2,4% für den primären, 36,4% für den sekundären und von 61,2% für den tertiären Sektor aus (E. J. SCHRÖDER 2000). Im Wachstumstrend ist der Dienstleistungssektor führend. Kennzeichnend ist, dass die Banken und der Großhandel zu den Wachstumsführern gehörten, während die Nahrungsmittel- und die Textilbranche sowie die Maschinen-/Apparate-/Fahrzeugbranche zur Zeit eher wachstumshemmend wirken (R. FÜEG 1995). In der Industriebranche ist RegioTriRhena stark von der chemisch-pharmazeutischen Industrie geprägt. Diese Leitbranche der Region ist eingebunden in international agierende Konzerne wie Novartis, Roche, Ciba Spezialitätenchemie, Clariant, Rhone Poulenc und Du Pont de Nemours, und beeinflusst direkt oder indirekt rund ein Viertel des regionalen Sozialprodukts.

Hinzu kommen noch die wichtigen Industriebranchen Maschinen-, Apparate- und Fahrzeugbau, Finanzdienstleistungen und die Verkehrswirtschaft (A. DENTZ und C. ZEEB 1998).

Tab. 3 Beschäftigte in der RegioTriRhena und ihren Teilräumen 1996

in Tausend

RegioTri Rhena	NW-Schweiz		Südbaden		Oberelsass (Dept.Haut-Rhin)		Regio TriRhena	
	absolut	%	absolut	%	absolut	%	absolut	%
Primärer Sektor	6,8	2,2	9,5	2,4	6,8	2,6	23,1	2,4
Sekundärer Sektor	114,6	37,6	139,4	34,7	96,5	37,5	350,5	36,4
darunter								
Textil	1,5	0,5	9,1	2,3	6,1	2,4	16,7	1,7
Chemie	32,0	10.5	12,4	3,1	2,0	0,8	46,5	4,8
Masch./Fahrzeugbau.	6,9	2,3	16,6	4,1	25,3	9,8	48,8	5,1
Elektronik	6,2	2,0	18,9	4,7	5,5	2,1	30,6	3,2
Tertiärer Sektor	183,7	60,2	252,7	62,9	154,0	59,9	590,5	61,2
darunter								
Finanzdienstleistungen	16,4	5,4	12,4	3,1	5,1	2,0	33,9	3,5
Verkehr	9,3	3,1	18,3	4,6	14,4	5,6	42,1	4,4
Gastgewerbe	14,3	4,7	21,8	5,4	8,2	3,2	44,3	4,6
Einzel-/Großhandel	35,5	11,6	53,2	13,2	30,9	12,0	119,6	12,4
absolut	305,1	100,0	401,6	100,0	257,3	100,0	964,1	100,0
%	37,1		41,7		21,2		100,0	

Quelle: R. FÜEG 1998 nach E.-J. SCHRÖDER 2000

1.4.2.1 Entwicklung im Verarbeitenden Gewerbe

Die wichtigsten Industriebranchen in der RegioTriRhena lassen sich in sechs Bereiche gliedern: Nahrungsmittel/Getränke/Tabak, Textil/Bekleidung/Schuhe/Leder, Chemie, Metall/EBM (Eisen-, Bleich- und Metallverarbeitend), Maschinen/Apparate/Fahrzeuge und Elektrotechnik/Elektronik/Uhren. Auf diese sechs Industriebranchen entfallen ca. 75% der erarbeiteten Wertschöpfung (R. FÜEG 1995). Von diesen sechs Branchen werden im folgenden nach Füegs Untersuchung (1995) drei Hauptindustrien, nämlich die Textilindustrie, die chemische Industrie und der Fahrzeugbau als traditionelle Beispiele näher behandelt.

Textilindustrie

Historisch gesehen ist die Textilbranche einer der ältesten industriellen Zweige überhaupt; sie hat vom 19. Jh. bis zum Ende des Zweiten Weltkrieges in allen drei Teilregionen zu den bestimmenden Wirtschaftsfaktoren gehört. 1935 waren noch rund 100 000 Personen, d.h. nahezu 10% aller heutigen Beschäftigten in der Regio, in der Textilindustrie beschäftigt. Angesichts der neuen kapitalintensiven Verfahren, des Strukturwandels und der vermehrten Konkurrenz auf dem Weltmarkt setzte in der Textilindustrie ein Schrumpfungsprozess ein, und die Beschäftigtenzahlen sanken rasch. Allein das traditionelle Textilindustriegebiet

Oberelsass verlor zwischen 1958 und 1985 mehr als 28 000 Arbeitsplätze in der Textilindustrie. 1991 zählte die Textilindustrie in der gesamten Region nur noch 27 800 Beschäftigte.

Für die einzelnen Teilregionen hatten diese Entwicklungen jedoch ungleiche Folgen. Am härtesten betroffen vom Rückgang der Textilindustrie war das Oberelsass (hier arbeiten heute nur noch etwa 5% der Industriebeschäftigten in der Textilindustrie), dessen gesamtwirtschaftliche Entwicklung dadurch in den letzten Jahren stark gebremst wurde. Die vergleichsweise hohe (im Durchschnitt Frankreichs jedoch geringe) Arbeitslosenrate mag teilweise auf diese Tatsache zurückzuführen sein. In den letzten Jahren wird in der Regio gegen die Textilkrise intensiv gekämpft. Ein gutes Zeichen ist die Ansiedlung von in- und ausländischen Hightech- und Pharmaunternehmen im Oberelsass.

Infolge der heterogeneren Wirtschaftsstruktur und infolge der Tatsache, dass sich einige größere Textilunternehmen Marktnischen (in denen sie zum Teil auf dem Weltmarkt führende Positionen innehaben) erschließen konnten, waren die Folgen der Textilkrise im gesamten Südbaden weniger stark ausgeprägt. Einzelne Teilgebiete (wie z.B. das Wiesental) hatten allerdings ebenfalls mit Schwierigkeiten zu kämpfen.

Chemisch-pharmazeutische Industrie

Die Textilindustrie ist eigentlich der Wegbereiter des heute stärksten Industriezweiges, der chemisch-pharmazeutischen Industrie. Aus der Textilbearbeitung entstand nämlich die Herstellung von Textilfarben, aus der sich die Produktion allgemeiner Chemikalien und schließlich die große Vielfältigkeit von chemisch-pharmazeutischen Produkten entwickelte, die heute in der Region für die weltweit verschiedensten Bedürfnisse im Chemikalien-, Agrar- und Gesundheitssektor produziert werden.

Als stärkste Branche erarbeitet 1991 die Branche Chemie/Pharma mit unterschiedlichen regionalen Schwerpunkten eine Bruttowertschöpfung von über 10 Mrd. DM oder knapp 12% des gesamten Bruttoinlandproduktes des Wirtschaftsraumes der Regio. Den stärksten Anteil an den Wertschöpfungsresultaten der Chemie hat immer noch die Nordwestschweiz (6 Mrd. CHF oder 2/3 der Gesamtregion). Dort haben namenhafte Großkonzerne ihre Hauptsitze (z.B. Sandoz, Novartis, Ciba und Hoffmann-La Roche). Zusammen mit den kleineren Unternehmungen beschäftigen sie gut 39 000 Mitarbeiter. Aber auch die in Südbaden und im Oberelsass registrierten Mitarbeiterzahlen (15 000 bzw. 12 000) und Wertschöpfungen (1,4 Mrd. bzw. 1,6 Mrd. CHF) sind beträchtlich. In Südbaden sind meist Tochtergesellschaften der nordwestschweizerischen Großchemie angesiedelt, daneben aber auch einzelne stark diversifizierte kleine Betriebe. Im Oberelsass befinden sich ebenfalls Niederlassungen der nordwestschweizerischen Konzerne und wichtige Produzenten der Basischemie, die hohe Wertschöpfungszahlen aufweisen. Nach und nach beginnen auch andere ausländische Konzerne sich hier niederzulassen.

Fahrzeugbau

Der Fahrzeugbau, eine Teilbranche der Sparte Maschinen/Apparate/Fahrzeug, gehört mit einer Bruttowertschöpfung von ca. 5 Mrd. DM ebenfalls zu den wichtigen Wirtschaftsfaktoren der Region. In den einzelnen Teilregionen sind die Verhältnisse allerdings unterschiedlich. Im Oberelsass ist der Fahrzeugbau ein Wirtschaftszweig von großer Bedeutung. Zu Beginn des 20. Jhds. hat das Elsass am Ursprung der Automobilkonstruktion partizipiert; die Firmen Dietrich, Mathis und Bugatti errichteten die ersten Automobilwerkstätten. In ihrem Umfeld entstanden Karosseriebaubetriebe, Werkzeughersteller usw. In der jüngsten Zeit sind es vor allem Automobilhersteller und Zulieferanten, die das wirtschaftliche Rückgrat der Branche Maschinen/Apparate/Fahrzeuge bilden. 26 600 Beschäftigte erarbeiteten 1991 im Oberelsass eine Wertschöpfung von ca. 2,9 Mrd. DM. In Südbaden existiert der eigentliche Fahrzeugbau kaum. Die großen Automobilproduzenten befinden sich außerhalb der Regio im nördlichen Teil Baden-Württembergs; im Süden haben lediglich einige Zulieferbetriebe ihren Standort. Ähnliche Dimensionen bestehen in der Nordwestschweiz. Dort sind es allerdings nicht Zulieferer der privaten Fahrzeughersteller, sondern Produzenten und Zulieferer von öffentlichen Verkehrsmitteln, die sich für gewisse Aktivitäten in diesem Sektor verantwortlich zeichnen.

Landwirtschaft

Obwohl die Entwicklung der Landwirtschaft eine untergeordnete Rolle in den drei Sektoren spielt, bietet der Oberrheingraben mit seinen ausgezeichneten Klima- und Bodenbedingungen hervorragende Bedingungen für Intensiv- und Sonderkulturen (Weinbau), die auch der Grund für die frühe Besiedlung dieses Raumes waren.

In der Oberrheinebene gedeihen auf den Lehmböden Weizen, Mais, Gerste und Zuckerrüben sowie Tabak; der Spargelanbau wird auf sandigem Untergrund (z.B. bei Schwetzingen) betrieben. Die lößbedeckten Hügel am Rande der Haardt sind das größte deutsche Weinbaugebiet („Weinstraße", „Liebfrauenstraße").

Aufgrund der Realerbteilung ist das Ackerland in viele kleine Parzellen zersplittert, von denen manche nicht breiter als 2,5 m sind. Auf den kleinen Betrieben kann ein Bauer nur leben, wenn er Feldfrüchte anbaut, die arbeitsintensiv aber auch ertragsintensiv sind. Durch die Felder ziehen sich Reihen von Obstbäumen, unter denen Getreide, Rüben oder Kartoffeln, vielfach aber auch Gemüse und Beerenobst wachsen. Im Umkreis des Marktes spezialisieren sich die Bauern auf bestimmte Sonderkulturen. In Rheinhessen und in der Rheinpfalz gibt es große Weingärten. Die Weinstraße führt mitten durch sie hindurch und nach Süden weiter bis zu den Weinbaugebieten des Elsass am Fuß der Vogesen. Die warmen Fallwinde, die von den Gebirgen herunterkommen, begünstigen den Weinbau. Eine weitere wichtige Sonderkultur ist der Tabakanbau. Er verlangt einen sehr starken Arbeitseinsatz, bringt dafür aber auch je Hektar etwa zwanzigmal soviel Erlös wie der übliche Ackerbau.

1.4.2.2 Regionalstrukturen der Wirtschaft

In der RegioTriRhena bietet die Wirtschaftsstruktur den verschiedenen funktionalen Anforderungen der Unternehmen eine breite Palette von Standortalternativen und Standortfaktoren an, wie sie innerhalb nationaler Wirtschaftsräume in der Regel nicht geographisch zusammenhängend zu finden sind.

Die Standorte des Wirtschaftsraums EuroRegion Oberrhein

Allgemein konzentriert sich die Industrieentwicklung in der EuroRegion Oberrhein auf drei Zentren: Basel/Mülhausen/Freiburg am südlichen Oberrhein (chemische Industrie, Nahrungsmittelindustrie, Textil- und Metallindustrie), Straßburg am mittleren Oberrhein (Zellstoff-, Nahrungsmittel-, Textil- und Metallindustrie) sowie Karlsruhe am nördlichen Oberrhein (Energiegewinnung und Hightech Industrie). Diese Zentren werden untereinander und mit den Nachbarräumen durch ein großräumiges Verkehrsnetz verbunden und bilden ein miteinander verknüpftes und durch Verstädterung sowie intensive Pendler- und Versorgungsverflechtungen verbundenes Industriegebiet in der EuroRegion Oberrhein.

Die regionale Arbeitsteilung stellt sich folgendermaßen dar. Mannheim tritt als Hafen-, Industrie- und Verwaltungszentrum hervor, während Heidelberg durch die Tradition der Universität bestimmt ist. Karlsruhe entstand als Residenz, konnte aber auch Industrie und Energiewirtschaft an sich ziehen; Offenburg kristallisierte sich in der Nachbarschaft Straßburgs als führende Stadt Mittelbadens heraus. Freiburgs Bedeutung beruht auf Regionalverwaltung und der Universität, doch förderte die Grenznähe auch das Bankenwesen und den Großhandel (J. STADELBAUER 1983). Mülhausen ist Standort einer Autofabrik und die Grenzagglomeration Basel Zentrum der chemischen Industrie und des Bankenwesens (B. MOHR und E. J. SCHRÖDER 2002).

Die jeweilige Wirtschaftsentwicklung

Nach einer Studie des Instituts für angewandte Wirtschaftsforschung aus dem Jahre 1998 ist die EuroRegion Oberrhein eine im Vergleich zu den jeweiligen Staaten überdurchschnittlich industrialisierte Region mit einer unterdurchschnittlichen Arbeitslosigkeit, deren wirtschaftliche Entwicklung sich in den einzelnen Teilräumen stark an den jeweiligen nationalen Besonderheiten orientiert und in der jede Teilregion über einen eigenen wichtigen Wirtschaftsstandort verfügt. Die Industriestruktur in der EuroRegion Oberrhein orientiert sich an Export und Hightech. In der Nordwestschweiz prägen große internationale Konzerne das Wirtschaftspotential. In Südbaden und im Elsass herrschen zahlreiche mittelgroße und Kleinunternehmen und Filialen vor (R. FÜEG 1995). Wenn man diese Region ökonomisch analysiert, so ist festzustellen, daß ihre wirtschaftliche Potenz (Wertschöpfungsvolumen) und die Entwicklungsmöglichkeiten (z.B. Chemie und Pharma in der ganzen Region, Elektronik im Elsass etc.) im Vergleich mit den jeweiligen Ländern überdurchschnittlich groß sind. Innerhalb der Regio ist die regionale Entwicklung aber unterschiedlich (R. FÜEG 1995).

Von der insgesamt 4,8 Mio. zählenden Gesamtbevölkerung wohnt gut die Hälfte in Deutschland, ein Drittel in Frankreich und gut zehn Prozent in der Schweiz. Die deutschen und französischen Anteile an der Gesamtfläche der EuroRegion Oberrhein betragen 43, 7% bzw. 50,9%. In wirtschaftlicher Hinsicht verschieben sich die Gewichte etwas. Dank der höchsten Bruttowertschöpfung pro Kopf trägt die mit 5,4% flächenkleinste Nordwestschweiz zu einem Fünftel zum regionalen Wohlstand bei, das Elsass zu einem Viertel und die badisch-südpfälzische Region 55,2% (M. LEZZI 2000). Nach den Wertschöpfungsverhältnissen in den drei Teilregionen steht die Nordwestschweiz an erster Stelle, dann folgt Südbaden, und an dritter Stelle das Oberelsass.

Nordwestschweiz

In der Nordwestschweiz besteht eine vielfältige Wirtschaft: die chemisch-pharmazeutische Industrie, die Metallindustrie, die Herstellung elektronischer und optischer Geräte, die Uhrenindustrie sowie die Verkehrswirtschaft. Diese sind stärker als in der übrigen Schweiz vertreten (OBERRHEIN STATISTISCHE DATEN 1999). In der Industriestruktur der Nordwestschweiz dominieren die Chemie- und Pharmakonzerne, auf die mit rund 32 000 Mitarbeitern etwa 11% aller Beschäftigten dieses Teilraumes direkt entfallen. Im tertiären Sektor zeigt sich die Funktion von Basel als internationales Finanzzentrum in der herausgehobenen Position dieser Branche in der Nordwestschweiz. Die wichtigen Firmen entstanden aus der Fusion von Sandoz mit Ciba-Geigy im Bereich der „Life Sciences" zur Novartis und UBS („United Bank of Switzerland"), und die Messgrätehersteller Endress+Hauser (E. J. SCHRÖDER 2000).

Baden-Württemberg

Baden-Wüttermberg, 35 751 km² mit 9,8 Mio. E. (1990), ist das zweitgrößte Bundesland Deutschlands. Der Wohlstand der Bevölkerung äußert sich u.a. in den folgenden Indikatoren: Bruttoinlandprodukt, Steuerkraft, Beschäftigung. Fast immer liegt Baden-Württemberg zusammen mit Bayern und Hessen in der Spitzengruppe der Flächenstaaten, daraus ergibt sich ein Süd-Nord-Gefälle. Die Arbeitskraftnachfrage führte zu einem Wachstum der Städte und deren Vororte.

Die Landwirtschaft als wichtiger Erwerbszweig diente bei fortschreitender Industrialisierung in Kleinstbetrieben in erster Linie der Selbstversorgung mit Kartoffeln, Getreide, Gemüse, Obst und der Erzeugung von Futtermitteln für die Viehhaltung. Das Wachstum der Städte seit Beginn der Industrialisierung wurde nach dem Zweiten Weltkrieg durch den Zustrom der Heimatvertriebenen verstärkt. Zusätzlich entwickelte sich die private Motorisierung: alle Faktoren zusammen führten zu wachsenden Einwohnerzahlen und einer engeren Verflechtung der Städte mit ihrem Umland. Die Industrie ist geprägt von mittelständisch strukturierten, arbeitsintensiven Spezial- und Veredlungsindustrien, die einen hohen Exportanteil aufweisen. Die Industrie verfügt bei den Investitionsgütern über eine Vorrangstellung: in den Branchen Maschinenbau, elektronische Industrie und Fahrzeugbau finden fast die Hälfte aller Industriebeschäftigten Arbeit. Die Verbrauchsgüterindustrie mit ca. 18% des Industrieumsatzes hat ihre Schwerpunkte in der Textil- und Bekleidungsindustrie, der Holz- und Kunststoffverarbeitung und im Druckereigewerbe (R. HILCHENBACH-BAUMHOF 1991).

Die heutige gewerbliche Struktur Baden-Württembergs ist durch einen überragenden Anteil an drei der vier Schlüsselindustrien Deutschlands gekennzeichnet: Etwas mehr als die Hälfte der Industriebeschäftigten entfallen auf die Branchen Maschinenbau, Elektrotechnik und Fahrzeugbau. Die Chemische Industrie ist mit weniger als 5% der Industriebeschäftigten demgegenüber- mit Ausnahme des Oberrheingebietes- nur von untergeordneter Bedeutung. Daneben gibt es eine breite Palette von Verbrauchsgüterindustrien. Hier sind die wichtigsten Zweige die Textil- und Bekleidungsindustrie mit zusammen 6% der Beschäftigten zu nennen. Eine besondere Stellung nimmt die Uhrenindustrie ein, über 90% des Umsatzes der deutschen Uhrenindustrie kommen aus Baden-Württemberg. Ihr Zentrum ist der Raum Villingen-Schweningen, Schramberg, St. Geogen und im Nordschwarzwald Pforzheim. Bis Anfang der 1970er Jahre beruhte das wirtschaftliche Wachstum in Baden-Württemberg in erster Linie auf der Stärke seines Verarbeitenden Gewerbes. Dafür war die Exportorientierung zu einem erheblichen Anteil verantwortlich (besonders die der drei Schlüsselindustrien) (K. ECKART 2001).

Bemerkenswert dabei ist, dass das Exportvolumen nicht nur von den Großunternehmen, sondern in hohem Maße auch von mittelständischen Betrieben getragen wird. In vielen mittelständischen Betrieben des Maschinenbaus werden Exportquoten von mehr als 50% erreicht. Diese Exportabhängigkeit des Verarbeitenden Gewerbes ist zugleich Wachstumschance aber auch Risiko. Seit den 1980er Jahren hat die Landesregierung von Baden–Württemberg daher auf das schon im 19. Jh. bewährte Instrumentarium der Exportförderung zurückgegriffen. Die besondere Bedeutung der Forschung und Entwicklung für die Exportstärke der Industrie darf nicht unerwähnt bleiben, so gehört Baden-Württemberg zu den forschungsintensivsten Regionen Europas. In der zweiten Hälfte der 1980er Jahre waren in den entsprechenden Einrichtungen der Industrie mehr als 60 000 Personen tätig, davon 40,6% in der Elektrotechnik und 41,4% im Maschinen- und Fahrzeugbau (K. ECKART 2001).

Charakteristisch für Baden-Württemberg ist die weite räumliche Streuung der Industriestandorte. Dennoch ragen einige Einzelstandorte heraus: Schwerpunkte der industriellen Entfaltung waren Mannheim, Karlsruhe, Heilbronn und Stuttgart (R. HILCHENBACH-BAUMHOF 1991).

Entwicklung in Südbaden

Südbaden ist zwar keine Ballungsregion in Baden-Württemberg, aber im Vergleich zum Elsass und der Nordwestschweiz konnte es die beste Entwicklung verzeichnen, und zwar sowohl was die Zunahme der Beschäftigung betrifft, als auch jene der Brutto – Wertschöpfung. Anders als die Monostruktur der Industrie in der Nordwestschweiz und im Oberelsass zeichnet sich der badische Teil der RegioTriRhena durch ein breites Strukturspektrum mit gewissen Schwerpunkten in den Bereichen Chemie, Maschinen-, Fahrzeugbau, Elektrotechnik und Textilindustrie aus. Groß- und Einzelhandel entwickelten sich in Südbaden ebenfalls besser als in der Nordwestschweiz und im Oberelsass.

Im südbadischen Landesteil rücken Branchen der Verbrauchsgüterindustrie stärker in den Vordergrund, z.B. die Kunststoffverarbeitung oder die Druckindustrie (Offenburg). Als Pendler kommen einige tausend Elsässer über den Rhein. Den stärksten Zuwachs verzeichnete der Landkreis Emmendingen, aber auch Freiburg und Lörrach weisen ansehnliche Zuwachsraten auf. In Südbaden geht die einst bedeutende und heute noch in Rudimenten vorhandene Textilindustrie im Raum Lörrach/Weil auf schweizerisches und französisches Kapital zurück. Die gegenwärtige Ansiedlungswelle von Schweizer Unternehmen in Südbaden steht in engem Zusammenhang mit dem 1992 (vorläufig) nicht erfolgten Beitritt der Schweiz zum Europäischen Wirtschaftsraum (EWR) und dient der langfristigen Marktzugangssicherung zur EU. Ebenso lassen sich auch verstärkt deutsche Unternehmen in der Nordwestschweiz nieder. Am südlichen Oberrhein arbeitet etwa die Hälfte der Beschäftigten in der Investitionsgüterindustrie. Die Stadt Freiburg wird zu einem bevorzugten Standort ausländischer, überwiegend amerikanischer und französischer Direktinvestitionen, entwickelt (B. MOHR und E. J. SCHRÖDER 2002). Im Tertiärsektor nimmt in Südbaden das Gastgewerbe durch den Fremdenverkehr im Schwarzwald mit einem Beschäftigtenanteil von 5,4% eine gesonderte Stellung ein (E. J. SCHRÖDER 2000).

Südpfalz

Die Wirtschaftsstruktur der Südpfalz wird durch den Standort Wörth am Rhein von einem großen Automobilwerk geprägt. Von den insgesamt 25 300 Beschäftigten im verarbeitenden Gewerbe und in der Gewinnung von Steinen und Erden sind nahezu zwei Drittel im Fahrzeugbau tätig. Von größerer Bedeutung für den Arbeitsmarkt der Region sind ferner die Möbelindustrie, der Maschinenbau, die Ernährungsindustrie, das Ledergewerbe, der Bereich Glas, Keramik und die Verarbeitung von Steinen und Erden, die Papierindustrie, die Herstellung von Metallerzeugnissen sowie das Verlags- und Druckgewerbe.

Elsass

Im Elsass erreichte das Bruttoinlandsprodukt (BIP) je Einwohner 1996 mit den höchsten Wert in Frankreich. Mit 6.8% zum Ende des Jahres 1998 ist die Arbeitslosenquote im Elsass nach wie vor die niedrigste im ganzen Land. Das Elsass ist auch von Industrie geprägt: mehr als 30% der Wertschöpfung werden in diesem Sektor erbracht gegenüber 23% auf nationaler Ebene (OBERRHEIN STATISTISCHE DATEN 1999). Im Elsass erfolgt eine regional überaus differenzierte Entwicklung der Industrie. Seit Anfang der 1960er Jahre hat sich die Dominanz der Textilindustrie im Raum Mülhausen durch den Zuwachs an metallverarbeitender Industrie und Betrieben im Bereich des Maschinenbaus vermindert, wobei die Automobilindustrie zu dieser dynamischen Entwicklung einen entscheidenden Beitrag geleistet hat. Dennoch lassen sich im Vergleich zum Bundesland Baden-Württemberg trotz der Ansiedlung einer Reihe amerikanischer und deutscher (Zweig-) Betriebe wirtschaftliche Disparitäten beobachten. Im Departement Bas-Rhin, insbesondere im Bereich um Straßburg, hat sich die Zahl der industriellen Arbeitsplätze inzwischen verdreifacht (J. MAIER und G. WACHERMANN 1990).

Die Ursprünge der elsässischen Textilindustrie gehen in das 18. Jh. zurück. Bis zum Jahre 1870 hatte sich das Gebiet um Mülhausen zu einem der bedeutendsten Zentren der Textilindustrie Frankreichs entwickelt. Die Annexion Elsass-Lothringens an das Deutsche Reich brachte dann eine entscheidende Zäsur. Zahlreiche Industrielle verließen Mülhausen und setzen sich im nicht annektierten Teil Lothringens, namentlich in Nancy, fest. Trotzdem entwickelte sich zwischen 1871 und 1918 die elsässische Textilindustrie weiter und stellte nach der Wiederangliederung an Frankreich am Ende des Ersten Weltkrieges eine starke Konkurrenz für die nationale Textilindustrie dar. Ein Viertel der Garnspindeln und ein Drittel der Webstühle des ganzen Landes standen im Elsass. Noch stärker war die Bedeutung der elsässischen Betriebe bezüglich der Stofffärbereien. Gegenüber 130 in übrigen Frankreich verfügte allein das Oberelsass über 160 Färber- und Stoffdruckerbetriebe (A. PLETSCH 1987).

Nach dem Zweiten Weltkrieg ist auch die elsässische Textilindustrie durch Krisen gekennzeichnet. Der ehemalige Vorteil der elsässischen Industriebetriebe, ein hohes Arbeitskräftepotential aus der Bevölkerung ziehen zu können, ist im Zeitalter der Automation kaum mehr wirksam. Während noch im Jahre 1936 über ein Drittel aller Industriebeschäftigten des Elsass in der Textilbranche beschäftigt war, fiel der Anteil kontinuierlich bis auf knapp 10% im Jahre 1984. Allein im Zeitraum 1954 bis 1974 sank die Zahl der Beschäftigten dieser Branche von 54 000 auf 26 000 ab (A. PLETSCH 1987). Die Textilindustrie ist im Elsass fast gänzlich verschwunden, dagegen haben ausländische Investoren Branchen wie Maschinenbau und Nahrungsmittelindustrie aufgebaut (R. KLEINSCHMAGER 1999). Neben der Textilindustrie ist nach dem Zweiten Weltkrieg die Metallverarbeitung zum bedeutendsten Zweig geworden. Sie beschäftigte im Jahre 1984 fast 83 000 Personen, das sind 37,4% der Industriebeschäftigten der Gesamtregion. Allein im Zeitraum 1970 bis 1974 stieg die Zahl um ein Viertel an. Diese Betriebe nahmen häufig die aus der Textilindustrie freigesetzten Arbeiter auf (A. PLETSCH 1987).

Vor allem dem Aufschwung der Automobilindustrie ist es zuzuschreiben, dass die Région Elsass nach dem Krieg relativ stark angewachsen ist. Die Wanderungsgewinne der Région gehören zu den höchsten im Lande. Auch in der Erwerbsstruktur kommt die Bedeutung der Industrie deutlich zum Ausdruck. Die Landwirtschaft, die durch strukturelle Probleme in besonders starkem Maße gezeichnet ist, beschäftigte 1982 nur noch 3,8% der Erwerbstätigen. Demgegenüber lag der Anteil der Industriebeschäftigten bei 42,1% (A. PLETSCH 1987).

Die elsässische Industrie kann aufgrund der jüngeren Entwicklung in drei große Gruppen unterteilt werden, nämlich in die beiden traditionellen Branchen Textilindustrie und Kaliindustrie, zu denen in jüngerer Zeit der Fahrzeugbau durch die Ansiedlung einiger Zweigbetriebe der Automobilherstellung getreten ist (A. PLETSCH 1987).

Entwicklung im Oberelsass

Das Oberelsass war seit dem 19. Jh. ein traditionelles Industriegebiet. Vor allem die Textilindustrie nahm einen schnellen Aufschwung und entwickelte sich zu einem der bedeutenden Produktionszentren Frankreichs. Heute ist das Oberelsass im Vergleich mit den beiden anderen Nachbarn sowohl bei der Entwicklung der Beschäftigtenzahl als auch bei der Entwicklung der Bruttowertschöpfung das Schlusslicht dieser drei Teilregionen.

In der Industriestruktur des Oberelsass dominieren die Maschinen- und Fahrzeugbaukonzerne mit 25 000 Beschäftigten. Größter industrieller Arbeitgeber ist hierbei mit 14 000 Beschäftigten (1999) das Peugeotwerk in Mülhausen. Im Großraum Mülhausen ist die durch den Niedergang des Kalibergbaues ausgelöste Strukturkrise durch eine offensive Ansiedlungspolitik von Unternehmen aus der Fahrzeugbaubranche weitgehend überwunden worden (E. J.

SCHRÖDER 2000). Innerhalb des tertiären Sektors führt die Rolle des Oberelsass als europäische Verkehrsdrehscheibe zu einem starken Anstieg der in Speditionen und Logistikunternehmen sowie im Verkehrsgewerbe Beschäftigten. Der EuroAirport, dessen Frachtaufkommen sowohl in Frankreich als auch in der Schweiz an zweiter Stelle steht, verzeichnet mit gegenwärtig 4800 Angestellten den größten Zuwachs (CONSEIL DE LA REGIOTRIRHENA 1998 nach E. J. SCHRÖDER 2000).

Seit 1960 entwickelt sich das Oberelsass zu einem bevorzugten Standort von ausländischen, überwiegend deutschen und schweizerischen Unternehmen. Größte Arbeitgeber unter ihnen sind die Tochtergesellschaften der Basler Großchemie im Raum St. Louis, der deutsche Baumaschinenproduzent Liebherr und der amerikanische Kugellagerhersteller Timken mit jeweils über 1000 Beschäftigten in Colmar. Verstärkt ließen sich seit den achtziger Jahren im Südelsass auch japanische Firmen (u.a. Sony, Sharp, Ricoh, Mitsui Chemicals) nieder, die heute rd. 3 400 Menschen beschäftigen (E. J. SCHRÖDER 2000).

1.4.3 Grenzüberschreitende Verflechtungen: eine logische Folge der unterschiedlichen Regionalentwicklung

In der EuroRegion Oberrhein führen die Ungleichgewichte der regionalen Entwicklung zu alltäglichen grenzüberschreitenden Verflechtungen. Dazu gehören Grenzgänger, Grenzeinkäufe und Grenzbewohner. Grenzgänger ist jener Arbeitnehmer oder Selbstständige, der seine Berufstätigkeit im Gebiet eines Staates ausübt und im Gebiet eines anderen Staates wohnt, in das er in der Regel täglich, mindestens aber einmal wöchentlich zurückkehrt (S. EDER und M. SANDTNER 2000; B. MOHR 2000). Die Unterschiede in den Löhnen, Wohn- und Arbeitsplätzen, und anderen sozialen Bedingungen fördern diese Tendenzen noch weiter. Die allgemein höheren Löhne in der Schweiz und niedrigeren Lebenshaltungskosten in Deutschland und Frankreich wirkten sich in den vergangenen Jahren gleichermaßen günstig aus für die Grenzgänger und vermochten selbst Nachteilen großer Anfahrtswege aufzuwiegen. Dabei bildeten auch die relativ niedrigen Arbeits- und Immobilienkosten, Anreize sich im Elsass niederzulassen (R. KLEINSCHMAGER 1999).

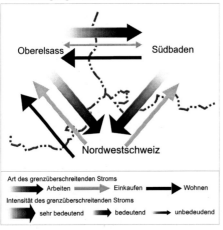

Abb. 7 **Die Grenzgänger in der RegioTriRhena**
QUELL: S. EDER und M. SANDTNER 2000

Die Hauptgrenzgängerströme kommen aus Frankreich und Deutschland, der Zielort ist Basel (vgl. Abb. 7). Das südliche Südbaden (südlich des Breisgau) ist überwiegend Quellgebiet für Arbeitswanderungen (1991 rd. 36 700 Grenzgänger aus Südbaden in die Schweiz, 1000 in entgegengesetzter Richtung; ca. 7000 Elsässer nach Südbaden), während die Region Mittlerer Oberrhein Zielgebiet für rd. 13 000 Grenzgänger aus dem Unterelsass ist. Dort sind die grenznahen Kantone von Seltz und Lauferburg am

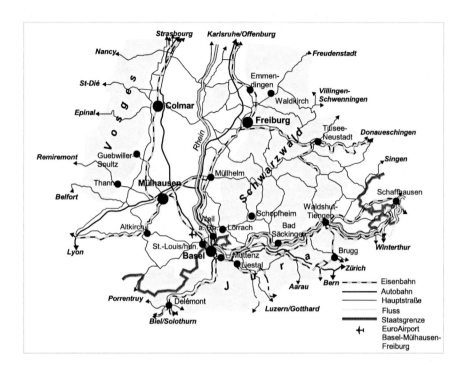

Abb. 8 Die Verkehrsinfrastruktur in der RegioTriRhena
Quelle: E.-J. Schröder 2000

deutlichsten auf Deutschland ausgerichtet (Zielgebiet für jeweils rd. 40% der Erwerbstätigen), wobei das Daimler-Zweigwerk von Wörth, das auf der rheinland-pfälzischen Rheinseite zum Verdichtungsraum Karlsruhe gehört, ein starker Magnet für die Pendler aus diesen beiden Kantonen ist. Die Lage von Gewerbestandorten in der Nähe der Grenzübergänge (Neuenburg/Müllheim, Breisach/Freiburg, Kehl/Offenburg, Karlsruhe/Rastatt/Wörth) orientiert sich zumindest partiell am Arbeitsmarkt des Nachbarlandes (J. STADELBAUER 1992).

Deutsche Immobilieninteressen richten sich über den Oberrhein ins Elsass. Der Kapitalfluss aus der Schweiz nach Südwestdeutschland ist die wichtigste internationale Verflechtung der regionalen Finanzströme. So verdrängen andere Branche die Textilindustrie im Wiesental in zunehmenden Maße (J. STADELBAUER 1992). Als das repräsentativste Beispiel für die im Wege grenzüberschreitender Firmenverflechtungen in der zu einem einheitlichen Wirtschaftsraum zusammenwachsenden RegioTriRhena gilt der im Kanton Basel-Landschaft ansässige renommierte Messgerätehersteller Endress+Hauser, der mehrere Tochterunternehmen im badischen Maulburg, Schopfheim und Weil sowie im elsässischen Huningue und Cernay errichtete und sich im besonderen Maße der wirtschaftlichen Entwicklung des Dreiländerecks verpflichtet fühlt (E. J. SCHRÖDER 2000).

1.5 Die Infrastruktur am Oberrhein

In der EuroRegion Oberrhein hat sich in der letzten Zeit deutlich gezeigt, dass die entscheidende Grundlage einer positiven wirtschaftlichen Entwicklung nicht im Vorhandensein von Bodenschätzen liegt, sondern dass andere Gründe dafür verantwortlich sein müssen. Für das günstige Wirtschaftsklima im Oberrheingraben spielt eine ausgebaute Infrastruktur eine wesentliche Rolle. Im folgenden wird hauptsächlich auf die Verkehrs- und Kommunikationsinfrastruktur und auf die Ausbildung und Forschung eingegangen.

1.5.1 Verkehr

Der Oberrheingraben verfügt über eine hohe verkehrsgeographische Lagegunst, dabei hat er sich zu einer europäischen Transitachse sowie Verkehrsdrehscheibe entwickelt (vgl. Abb. 8) (E. J. SCHRÖDER 2000). Die Verkehrsinfrastruktur ist so ausgebaut, dass die RegioTriRhena mit allen Verkehrsmitteln gut erreichbar ist. Auf beiden Uferstreifen des Rheins verlaufen viele wichtige Autostraßen und Eisenbahnlinien. Nördlich und südlich der Vogesen münden die Hauptverkehrswege aus Frankreich in die Ebene ein. Von Norden kommen die Verkehrswege durch das Mittelrheintal und die Wetterau und führen weiter durch die Schweiz über den Gotthard nach Italien und durch die Burgundische Pforte nach Südfrankreich, mainaufwärts oder durch den Kraichgau nach Stuttgart, München oder Wien.

1.5.1.1 Straßenverkehr

Bei der Erschliessung der Region für den Straßenverkehr ist der Nord-Süd-Verkehr von großer Bedeutung. Fast alle wichtigen Städte werden mit Autobahnen erreicht. Die EuroRegion Oberrhein wird im Autobahnnetz in Nord-Süd-Richtung auf der badischen Seite von der A5 Hamburg-Basel und auf der elsässischen Seite von der parallel verlaufenden A35 Strasbourg-Basel erschlossen, die in Basel auf der A2 durch den Jura in Richtung Gotthard bzw. Bern oder Zürich zusammengeführt werden. Am Autobahndreieck Neuenburg zweigt die A36 als zweite Nord-Süd-Magistrale über Mülhausen und Lyon in Richtung Südfrankreich und Spanien ab. Während im Ost-West-Verkehr auf der deutschen Seite die Vollendung der Hochrheinautobahn noch aussteht, ist auf der Schweizer Hochrheinseite mit der A3 eine Direktverbindung von Basel nach Zürich durch den Jura gegeben (E. J. SCHRÖDER 2000). Auch auf den elsässischen Sektor strahlen drei Hauptstraßen aus. Zwei davon laufen in der Rheinebene: die Nr. 68, die der alten römischen Heerstraße folgend den Rhein entlang nach Straßburg führt, und die Nr. 66, die dem Rande des Sundgauer Hügellandes folgt, nach Mülhausen und Colmar. Beide vereinigen sich nördlich von Basel.

1.5.1.2 Schienenverkehr

Als wichtiger Punkt bezüglich der interregionalen Erschließung sind zu nennen: der vierspurige Ausbau der Rheintalschiene von Basel bis Mainz rechts und links des Stromes. So wie dem gut ausgebildeten Autobahnnetz gelang es auch dem Hauptschienennetz der RegioTriRhena einen hochwertigen Personenverkehr mit stündlichen IC/EC- bzw. ICE-Verbindungen bzw. mit dem geplanten TGV Rhin-Rhone zu schaffen. Seit der Einstellung des Personenverkehrs im Abschnitt Müllheim-Mülhausen besteht kein unmittelbarer Anschluss mehr zu der nach Südfrankreich führenden Hauptstrecke. Die Vollendung des Europäischen Binnenmarktes (1993) und die Öffnung des Ostens ließen die Güterströme, insbesondere den grenzüberschreitenden und reinen Transitverkehr auf Schiene und Straße, bis an den Rand ihrer Kapazitätsgrenzen anschwellen (E. J. SCHRÖDER 2000). Nach dem schweizerischen Entscheid für eine NEAT (Neue Eisenbahn-Alpen-Transversale) durch den Gotthard hat die Oberrhein-Schiene als hauptsächliche Zulaufstrecke im alpenquerenden Nord-Süd-Verkehr eine außergewöhnlich große Bedeutung (L. WIEDERHOLD 1991).

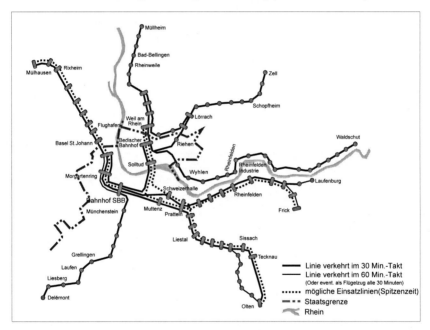

Abb. 9 Regio-S-Bahn Linie in der RegioTriRhena

Quelle: REGIO BASILIENSIS 1997

1.5.1.3 Das Projekt der „Regio-S-Bahn"

Seit Jahren diskutiert man die Einführung eines leistungsfähigen grenzüberschreitenden öffentlichen Nahverkehrssystems, welches auf Basel zentriert ist und die Agglomerationsgemeinden des Baseler Umlandes und des Aargaues, den Kreis Lörrach, das südliche Elsass sowie den binationalen französisch-schweizerischen Flughafen in Basel-Mülhausen durch ein Regio-S-Bahn-System miteinander verknüpft (vgl. Kap. 2.5.1 und vgl. Abb. 9).

1.5.1.4 Binnenhäfen

Mit dem Rhein und seinen Häfen verfügt die RegioTriRhena über einen weiteren leistungsfähigen Güterverkehrsträger mit noch freien Kapazitäten. Während die Oberrheinhäfen Breisach, Neufbrisach-Colmar, Mülhausen-Ile Napoleon, Mülhausen-Ottmarsheim, Weil, Huningue und Rheinfelden allenfalls regionale Bedeutung haben, stellen die „Rheinhäfen beider Basel" mit einem wasserseitigen Umschlag von 8,0 Mio. t (1995) das internationale Eingangstor zur Schweiz dar. Etwa 10% des Gütervolumens verbleiben in der Region, während 90% in die übrige Schweiz oder in den Transitverkehr gehen, wie überhaupt ca. 15% des schweizerischen Außenhandels - bei flüssigen Brennstoffen sogar 35-40% - über die Basler Rheinhäfen abgewickelt werden. Der 1995 eröffnete Rheinhafen Mülhausen-Ottmarsheim (1995: 3,1 Mio. t) verdankt seinen Aufstieg zum drittgrößten Binnenhafen Frankreichs den seit jenem Jahr erfolgten Betriebsansiedlungen, insbesondere der Chemie- und Düngemittelindustrie in der ihm angeschlossenen rd. 800 ha großen Industriezone „Mülhausen-Rhin" (E. J. Schröder 2000). Weitere wichtige Rheinschifffahrtshäfen am Oberrhein sind die Häfen Straßburg und Karlsruhe.

1.5.1.5 Flughafen

Auch an die internationale Luftfahrt ist die RegioTriRhena über den 1946 angelegten binationalen Flughafen Basel-Mülhausen gut angebunden, der mit 3,8 Mio. Passagieren (2000) aus allen Teilräumen einen stürmischen Aufschwung nahm und *de facto* ein trinationaler ist. Die Umbenennung in EuroAirport Basel-Mülhausen-Freiburg war vor dem Hintergrund dieser Entwicklung nur konsequent (E. J. Schröder 2000; B. Mohr und E. J. Schröder 2002). Das ist wohl das einzige Beispiel für eine gemeinsame geplante und genutzte Infrastruktur auf der Welt. Als zweitgrößter Flugplatz der Schweiz und siebtgrößter Flugplatz Frankreichs hat er Anfang der neunziger Jahre deutliche Fortschritte sowohl im Passagier- als auch im Frachtverkehr gemacht und der Rezession getrotzt.

Aufgrund der guten Verkehrsbedingungen werden sich Güter- und Personenverkehr im Oberrheinischen Tiefland zu einem der wichtigsten Transiträume Europas entwickeln (J. Stadelbauer 1992). Basel liegt hier in einem Brennpunkt des mitteleuropäischen Verkehrsnetzes, an der Kreuzung zweier internationaler Verkehrsadern, was zu einer entscheidenden Bedeutung für die kulturelle und wirtschaftliche Entwicklung der Stadt führt (J. F. Jenny 1969). Außerdem gilt Basel als ein bedeutendes Speditionszentrum Europas, in dem sich die führenden Speditionsfirmen der Schweiz, meist mit ihrem Hauptsitz, inmitten eines weiten Geschäftsbereiches Seite an Seite mit ausländischen Unternehmungen niedergelassen haben.

1.5.1.6 Telekommunikation

Die Telefondichte und die Qualität der Netze sind überdurchschnittlich hoch und in allen drei Teilräumen geht der Ausbau mit modernster Infrastruktur intensiv voran. Insbesondere im Oberelsass ist dank der weiten Verbreitung des „Minitels" auch die interaktive Vernetzung der Privathaushalte bereits weit fortgeschritten, während in der Nordwestschweiz dank der hohen PC-Dichte in den privaten Haushalten für den Anschluss an die neuen Kommunikationsnetze sehr gute Voraussetzungen bestehen, auch wenn die effektive Nutzung noch gering ist.

Als Investition in die Zukunft des Wirtschaftsstandorts Regio ist weiterhin eine grenzüberschreitende Breitbandverbindung zwischen Basel-Freiburg-Karlsruhe-Colmar-Mülhausen-Basel erwünscht, auch wenn infolge der Mangellage die grenzüberschreitend tätigen Unternehmen in der Zwischenzeit brauchbare Ersatzlösungen gefunden haben. Insbesondere der Abschnitt zwischen Mülhausen und Basel genügt modernen Anforderungen noch nicht.

1.5.2 Ver- und Entsorgung

Die Ver- und Entsorgung der regionalen Wirtschaft - vornehmlich durch staatliche oder halbstaatliche Betriebe - in den Bereichen Energie, Wasser und Abfall ist weder von der Quantität noch von der Qualität her ein Problem - im Gegenteil. Vor allem in der Nordwestschweiz hat die Einführung mengenabhängiger Entsorgungskosten und die Auslagerung von Produktionsprozessen in anderen Ländern durch die Großindustrie die vorhandenen (Entsorgungs-) Kapazitäten in jüngster Zeit zu groß werden lassen. Aus heutiger Sicht sind mehrere neue Anlagen zu groß dimensioniert worden. Das Verbot grenzüberschreitender Entsorgung anderer Teilräume (und die damit erzwungene Projektierung zusätzlicher Kapazitäten in der Regio) wirkt sich in dieser Situation doppelt unsinnig aus.

Bezüglich der Versorgung mit Energie und Wasser stellt sich (bis zum Jahre 2010, wenn die Lieferverträge der Schweiz für Elektrizität aus Frankreich auslaufen) in keinem Teil der Regio ein Mengenproblem. Anders sieht es in Bezug auf die Kosten der Belieferung aus, welche in den drei Teilräumen höchst unterschiedlich sind, und wo das Oberelsass gegenüber Südbaden und der Nordwestschweiz markante Standortvorteile aufzuweisen hat.

Ausbildungs- und Forschungsinfrastruktur

Schließlich muss als weitere Standortattraktion der trinationalen Region die in Europa fast einzigartige Konzentration hochrangiger Forschungs- und Technologieeinrichtungen hervorgehoben werden, die die Qualität ihres Arbeitskräftepotentials entscheidend anhebt. Die EuroRegion Oberrhein zeichnete sich in ganz Europa durch eine hohe Anzahl an Hochschulen und eine ausgesprochen rege Forschungstätigkeit aus. An erster Stelle ist die am Ende der achtziger Jahre eingeleitete Europäische Konföderation der Universitäten am Oberrhein (EUCOR) zu nennen, in der die Universitäten Freiburg, Basel und Mülhausen zusammengeschlossen sind und die bereits mehrere gemeinsame Studiengänge anbieten. Anzuführen sind ferner die zahlreichen regionalen Forschungseinrichtungen und die mit dem Technologietransfer befassten Institutionen, die die Strukturelemente eines grenzüberschreitenden Forschungs- und Technologieverbundes erkennen lassen. Dieser hat zum Ziel, in der mittelständischen Wirtschaft aller drei Anrainerregionen die zur Bewältigung des gegenwärtigen Strukturwandels dringend gebotenen Produkt- und Prozessinnovationen auszulösen. Auch in der Berufsausbildung werden neuerdings durch die Verleihung des „Regiozertifikats" grenzüberschreitende Aspekte des Arbeitsmarktes berücksichtigt, wie sich auch das trinationale Managementinstitut CENTRE in Colmar auf die zunehmende

Internationalisierung der Wirtschaft vorbereitet (E. J. SCHRÖDER 2000). Nicht zuletzt verfügt die RegioTriRhena mit einer Kulturlandschaft von Weltniveau auch über einen hohen Wohn- und Freizeitwert, der für High-Tech-Betriebe oft standortentscheidend ist.

2 Entstehung und Aufbau der grenzüberschreitenden Zusammenarbeit am Oberrhein

2.1 Die Grenze als Einschränkung

2.1.1 Die Schweizer Situation

Die Schweiz hat eine über 700 jährige Geschichte der Konföderation. Im Rahmen der nachbarrechtlichen Verträge verfügen die Kantone über eine vergleichsweise hohe Souveränität und können diese - unter Mitwirkung des Bundes – in Nachbarschaftsfragen ausüben (W. MEYER 1989). In der letzten Zeit wird der Begriff Regionalismus im Zusammenhang mit Subsidiaritätsprinzip in den Grenzregionen verstärkt angewandt. Daher wird einerseits die Forderung nach besseren Mitspracherechten der Kantone in der „großen" eidgenössischen Außenpolitik, und anderseits in der Ausweitung und Vertiefung der „kleinen" grenzüberschreitenden Außenpolitik betont (M. LEZZI 2000).

Geographisch ist die Schweiz ein kleines Binnenland in der Alpenregion Europas, hat kaum Bodenschätze und einen begrenzten Binnenmarkt. Das Land bedeckt knapp 0,03% der Erdoberfläche (41 284 km^2) und ihre Bevölkerung von rund 7 Mio. Einwohnern hat einen Anteil von 0,12% der Weltbevölkerung. Topographisch ist das Land stark zersplittert. Große Teile sind mit unbewohnbaren Gebirgen bedeckt. Zahllose Täler zerschneiden das Territorium. Um die Nachteile des Landes zugunsten ihrer Wirtschaftsentwicklung zu mildern, ist die regionale Erschließung des Binnenlandes (u.a. die Infrastruktur) und die Zusammenarbeit mit den Nachbarn sehr intensiv und umfangreich. Der wichtigste Faktor sind die hochqualifizierten Fachkräfte. Angesichts der föderalistischen politischen Landschaft und der kulturellen Vielfalt verfügen die mehrsprachigen Schweizer mit ihrem reibungslosen Nebeneinander von Deutsch, Französisch, Italienisch und Rätoromanisch über Verständigungsvorteile für die grenzüberschreitende Zusammenarbeit. Die Entwicklung der Wirtschaftsgeschichte hat gerade ein erfolgreiches Beispiel gezeigt. Im weltweiten Vergleich liegt die Schweiz auf Platz 6 bezüglich der internationalen Wettbewerbsfähigkeit. Das Bruttoinlandsprodukt (BIP) der Schweiz betrug im Jahre 1999 247 Mrd. Euro. Das durchschnittliche Einkommen pro Person belief sich auf 35 303 US$. Neben einem stark entwickelten tertiären Sektor (Banken, Versicherungen, internationale Holdings, Tourismus) verfügt die Schweiz über eine dynamische Industrie (Chemie/Pharmazie, Biotechnologie, Maschinenindustrie, Mikrotechnik, Uhrenindustrie, Nahrungsmittel), auf die rund 30% aller Arbeitsplätze entfallen. Mit 53% Außenhandelsquote ist die Schweiz eines der in den Weltmarkt am stärksten integrierten Länder der Welt. Jeder zweite Schweizer Franken wird im Ausland verdient. Die Schweiz gehört zu den wichtigsten Exportländern von Dienstleistungen (fünfter Platz weltweit) und von Gütern (neunter Platz). Sie ist der drittgrößte Lieferant der EU, hinter den Vereinigten Staaten und Japan, und sie ist der zweitgrößte Kunde der EU, hinter den Vereinigten Staaten, aber weit vor Japan. Konsequenterweise setzt sich die Schweiz für den europäischen Freihandel (Beitritt zum Europäischen Freihandelsabkommen

1960, Beitritt Europarat 1963, bilaterales Freihandelsabkommen mit der EG 1972) und für die Liberalisierung des Welthandels (Beitritt zum Internationalen Währungsfonds und zur Weltbank 1992 sowie zur WTO 1995) ein (M. LEZZI 2000).

Obwohl die Schweiz noch nicht EU-Mitglied ist, hat die Schweiz bilaterale Verträge mit den 15 Mitgliedsstaaten der Europäischen Union geschlossen. Die bilateralen Verträge bestehen aus sieben Teilabkommen: freier Personenverkehr, Liberalisierung des Luft- und Landverkehrs, Beseitigung technischer Handelshemmnisse, gegenseitige Öffnung im Bereich des öffentlichen Beschaffungswesens und der Landwirtschaft sowie Zusammenarbeit in der Forschung (M. FRIESECKE und E. JAKOB 2001).

2.1.2 Der Oberrheinraum und das Dreiländereck um Basel

Geographisch gesehen ist der Oberrheingraben eine physische Einheit. Historisch gesehen war in der Vergangenheit der Oberrheingraben ein gemeinsamer Raum der alemannischen Familie. Wegen seiner strategisch wichtigen Lage im Zentrum Europas ist der oberrheinische Kulturraum stets in die Wirren der wechselvollen europäischen Geschichte hineingezogen worden. So wird der südliche Oberrhein, eingerahmt von den Vogesen im Westen, dem Jura im Süden und dem Schwarzwald im Osten, heute gleich von drei Staatsgrenzen durchschnitten. Drei nationale Gebiete haben sich hier geformt und unter der einengenden Zergliederung gelitten. Diese Grenzen behindern die weitere Verkehrs- und Siedlungsplanung in den jeweiligen Ländern. Die Kontakte zwischen den Menschen in den Nachbarstaaten werden durch unterschiedliche Staatsgestaltung und durch Grenzen vielfach behindert. Zollvorschriften, Gesetze, unterschiedlicher Arbeitsmarkt und vieles andere sind Ausdruck der jeweils eigenständigen Staaten. Dadurch können für die Bewohner einer Grenzregion Nachteile entstehen. Ferner ist die wirtschaftliche Entwicklung im Oberrheingraben im Vergleich zu den übrigen Ballungsräumen in Europa infolge der politischen Umstände vernachlässigt und benachteiligt. Wer die Agglomeration Basel aus der Luft betrachtet, blickt auf ein schweizerisch-deutsch-französisches Häusermeer, Grenzen sind kaum auszumachen. Hier sind Gemeinden dreier Staaten zu einem Ganzen verschmolzen (INTERREG NEWS, MAI 2001). Grenzen beeinträchtigen die zentralörtlichen Einzugsbereiche und vor allem die Wirtschaft, zumal die schweizerische Seite bzw. den baslerstädtischen Teil (REGIO BASILIENSIS 1988).

Traditioneller und geographischer Mittelpunkt dieser Region um das Rheinknie ist die Stadt Basel. Die territoriale Basis für Basels Größe bleibt somit auf 37 Quadratkilometer beschränkt. Doch die Umgebung von Basel in der Nordwestschweiz ist durch die Gebirge von anderen Teilen der Schweiz getrennt. Als Grenzstadt hat Basel einen paradoxen Doppelcharakter: einerseits ist sie eine weltoffene Stadt mit zahlreichen internationalen Firmen; andererseits liegt sie aber in bezug auf ihre Metropolen an der Peripherie der Schweiz (K. BECKER-MAX 1992). Auch die Dreiländeragglomeration Basel (rd. 500 000 Einwohner) ist von Grenzen durchgezogen. Im französischen Teil der Stadtregion leben rund 35 000 und im deutschen Teil rund 9 000 Einwohner. Dieser „Leidensdruck der Vergrenzung" wird anschaulich als die letzte Sektorstadt (nach Berlin) in Europa dargestellt (C. HAEFLIGER 1998). Wohl in wenigen Gebieten ist Raumplanung dringlicher als im weiteren Umkreis der Agglomeration Basel und nirgends dürfte sie schwerer zu verwirklichen sein. So werden die folgenden Fragen von den Einwohnern Basels gestellt: „Soll unser Gemeinwesen sich hinter seinen eigenen Grenzen verschanzen, den Blick lediglich nach dem schweizerischen Territorium jenseits des Juras gerichtet, nach jenem Raum also, in dem ohnehin Zürich einerseits und Lausanne/Genf anderseits als entscheidende Schwerpunkte dominieren? Soll sich unsere Stadt mit ihrer heutigen, rein schweizerischen Randstellung zufrieden geben und tatenlos zusehen, wie ihre Bedeutung mehr und mehr schwindet? Oder aber: soll sich Basel angesichts der neuen weltpolitischen Situation auch zu einer neuen Haltung aufraffen, indem es sich bewusst wird, welche Kraftlinien hier an der historischen Dreiländerecke sich vereinigen, welche Entwicklungschancen für unsere Stadt sich nicht nur in der schweizerischen, sondern auch in der elsässischen und badischen Nachbarschaft eröffnen, welche Möglichkeiten aus ihrer verkehrsgeographischen und wirtschaftlichen Stellung am Oberrhein für ihre Zukunft erwachsen könnten, wenn sie in richtiger Weise genützt würden?" also, „Basels Grenzlage ist Basels Schicksal" (BASELER NACHRICHTEN 19.09.1980 nach B. SPEISER 1993).

Unter dem Leidensdruck der Vergrenzung muss die Schweiz mit ihren nationalen Partnern zusammenarbeiten. Die Schweizer sehen die Region am Oberrhein bzw. die Basler Region nicht als isolierte Einzelregion, sonder betrachten den ganzen Oberrheingraben als eine der bedeutendsten Wirtschaftsräume. Deshalb strebt die Regio an, durch geschickte Verknüpfungen der Elemente, die ihnen zur Verfügung stehen oder die sie mit grenzüberschreitenden Anstrengungen erarbeitet haben, insbesondere die Probleme der räumlichen Distanzen für den Transport von Personen, Gütern und Informationen zu überwinden. Um echte Nachbarschaftlichkeit zu pflegen und zu fördern hat man bereits 1963 den Regionalgedanken aufgegriffen (E. SCHWABE 1986; H. BRINER 1989). Die Nachbarn in den schweizerischen Grenzagglomerationen haben sich dadurch nicht entmutigen lassen. Die Notwendigkeit zur Zusammenarbeit bei bestimmten Aufgaben ist so offensichtlich, dass die betroffenen Gemeinden aus der Not eine Tugend machten. Sie gingen mit erstaunlichem Pragmatismus und Beharrungsvermögen gemeinsame Projekte an (INTERREG NEWS MAI 2001).

2.1.3 Erster Impuls: Gründung der REGIO BASILIENSIS

2.1.3.1 Entstehung der REGIO BASILIENSIS

Um die Nachteile abzubauen und das Gedeihen der Grenzregion zu fördern, hat der Pionier grenzüberschreitender Zusammenarbeit, Dr. Hans Briner, mit anderen jungen Leuten nach dem schweizerischen Zivilgesetzbuch 1963 in Basel den Verein „Arbeitsgruppe Regio Basiliensis" ins Leben gerufen. An der Gründung mitbeteiligt waren Organe des Staates (Kantone Basel-Stadt und Basel-Landschaft), der Wirtschaft (Firmen) und der Wissenschaft (Universität). Die Zielsetzung war die Mitwirkung vor Ort bei der Planung und der Förderung der wirtschaftlichen, politischen und kulturellen Entwicklung des als „Regio" bezeichneten Raumes. Zweck der REGIO BASILIENSIS ist es, von schweizerischer Seite Impulse für die Entwicklung des oberrheinischen Raumes zu einer zusammengehörigen europäischen Grenzregion zu geben und bei deren Realisierung mitzuwirken. Dabei sollen die spezifischen Funktionen und Belange der Teilgebiete partnerschaftlich berücksichtigt werden. Parallel dazu wurde am 13. Dezember 1963 die „Gesellschaft zur Förderung der Arbeitsgruppe

REGIO BASILIENSIS" gegründet, welche die moralische und finanzielle Unterstützung der REGIO BASILIENSIS bezweckte. Sie setzte sich aus zahlreichen einflussreichen Persönlichkeiten aus Politik und Wirtschaft zusammen (REGIO BASILIENSIS JAHRESBERICHT 1965). 1969 schufen die beiden Halbkantone Basel-Stadt und Basel-Landschaft die Internationale Koordinationsstelle der REGIO BASILIENSIS (IKRB). Diese Stelle sollte die „Organe der Regionalplanung und der staatlichen Planungsstellen bei Aufgaben der Koordination und Information, die sich aus der Regionalplanung im schweizerischen Teil der Region Basel über die Landesgrenzen hinweg ergeben, unterstützen" (REGIO BASILIENSIS JAHRESBERICHT 1969). Anders als bei den deutschen und französischen Partnern, wo staatliche und private Grenzüberschreitungsorgane strikt getrennt voneinander agieren, steht die REGIO BASILIENSIS als „Schweizer Partnerin für die Oberrhein-Kooperation" auf einem Standbein im Staatsauftrag und einem Spielbein in privater Initiative. Beide Komponenten, die „Außenstelle der Kantone" und die Geschäftsstelle des Vereins, bilden demzufolge eine betriebliche Einheit mit sich überschneidenden Aufgaben (REGIO BASILIENSIS JAHRESBERICHT 2000/2001). In der Praxis wird der Aufbau der „REGIO BASILIENSIS" bewusst flexibel gehalten. Daher gibt es zwei Funktionen, einerseits ist sie privatrechtlich der Verein REGIO BASILIENSIS und andererseits die staatliche Stelle IKRB für alle fünf Nordwestschweizer Kantone (Basel-Stadt, Basel-Land, Aargau, Solothurn, Jura).

2.1.3.2 Verein REGIO BASILIENSIS

Der Verein unterhält neben dem rund viermal jährlich tagenden Vorstand eine Arbeitsgruppe, die häufig zusammenkommt, und eine ständige Geschäftsstelle. Die Geschäftsstelle ist das Ausführungsorgan des Vereins. Sie stellt Kontakte her und ist um deren Ausbau und Pflege bemüht. Sie lanciert Studien, Untersuchungen und Aktionen und koordiniert vom Verein Projektgruppen. In der ersten Linie erfüllt die REGIO BASILIENSIS als Verein etwa ein Drittel der Aufgaben der REGIO BASILIENSIS. Wirkungsperimeter ist dabei in erster Linie das „klassische" Regio-Gebiet am südlichen Oberrhein (RegioTriRhena, 2,3 Mio. Einwohner). In zweiter Linie betreut die Geschäftsstelle die Felder „Außen-Schweiz" und EuroRegionen. Partner sind somit zum einen die Regio-Gesellschaften in Mülhausen und Freiburg sowie kommunale und Wirtschaftsinstanzen, zum anderen die übrigen Grenzkantone und Bundesinstanzen sowie die Interessensorgane der europäischen Binnen- und Grenzregionen. Daraus ergeben sich folgende Kernaufgaben (REGIO BASILIENSIS JAHRESBERICHT 2000/2001):

- Betreuung der Vereinsorgane (Generalversammlung, Vorstand und Begleitgruppe)

- Ko-Geschäftsführung RegioTriRhena-Rat (Plenum, Vorstand, Projekte)

- Mitträgerschaft INFOBEST Palmrain

- Mitwirkung in den „Euro-Feldern" (AGEG, VRE etc.)

- Public Relations (Publikationen, Vorträge, Tagungen)

2.1.3.3 Organe der REGIO BASILIENSIS

Organe der REGIO BASILIENSIS sind die Generalversammlung (GV), der Vorstand, der Vorstands-Ausschuss (VA), die Begleitgruppe (BG), der Begleitausschuss (BA) und die Kontrollstelle. Der Vorstand ernennt einen Geschäftsführer. Er leitet die Geschäftsstelle und die Internationale Koordinationsstelle als betriebliche Einheit und besorgt die laufenden Geschäfte. Der Vorstand besteht aus dem Präsidenten und mindestens sechs weiteren Mitgliedern. Dabei steht den Regierungen der Kantone Basel-Stadt und Basel-Landschaft je mindestens ein Sitz zu. Der Vorstand vertritt die REGIO BASILIENSIS nach außen und ist deren oberstes geschäftsführendes Organ. Er trifft die im Interesse der REGIO BASILIENSIS liegenden Maßnahmen, legt das Arbeitsprogramm und Budget fest und ist außerdem befugt, über alle Angelegenheiten endgültige Beschlüsse zu fassen, die nicht durch Gesetz oder Statuten ausdrücklich der Generalversammlung vorbehalten sind (B. SPEISER 1993).

Der Vorstand bestellt aus seiner Mitte einen Vorstands-Ausschuss, welchem je ein Vertreter der Kantone Basel-Stadt und Basel-Landschaft sowie der Wirtschaft angehören müssen. Außerdem gehören ihm *ex officio* der Präsident sowie der Vorsitzende der Begleitgruppe an. Ferner nimmt an den Sitzungen der Geschäftsführer mit beratender Stimme teil. Der Vorstands-Ausschuss überwacht und unterstützt die Geschäftsstelle und die IKRB, wirkt bei der Vorbereitung der Vorstandssitzungen sowie der verschiedenen oberrheinischen Konferenzen mit und übernimmt alle Aufgaben, die ihm vom Vorstand übertragen werden. Die Begleitgruppe besteht aus höchstens 24 Mitgliedern. Diese werden unter Berücksichtigung einer paritätischen Besetzung aus Politik, Wirtschaft und Staat alljährlich vom Präsidenten oder von der Begleitgruppe und dem Geschäftsführer ernannt. Die Begleitgruppe ist konsultativ tätig, um der Geschäftsführung Impulse zu geben, sie aktiv zu unterstützen und zu beraten und hat das Recht, über ihren Vorsitzenden Anträge in den Vorstands-Ausschuss einzubringen. Aus den Mitgliedern der Begleitgruppe wird ein höchstens 15-köpfiger Ausschuss gebildet. Er wird alljährlich vom Geschäftsführer im Einvernehmen mit dem Präsidenten und dem Vorsitzenden der Begleitgruppe zusammengestellt. Der Begleitausschuss soll den Geschäftsführer laufend beraten und unterstützen. Er tagt in der Regel einmal pro Woche. Der Geschäftsführer wird vom Vorstand ernannt. Er ist für die Leitung der Geschäftsstelle und der Internationalen Koordinationsstelle als „betriebliche Einheit" sowie für die Besorgung der laufenden Geschäfte zuständig (B. SPEISER 1993).

Ende des Jahres 2000 weist die REGIO BASILIENSIS knapp 600 Kollektiv- und Einzelmitglieder auf, worunter sich neben zahlreichen Einzelpersonen verschiedene Industriebetriebe, Banken und auch öffentliche Körperschaften wie Gemeinden sowie die Kantone Basel-Stadt, Basel-Landschaft, Bern, Jura und Solothurn befinden.

2.1.3.4 Interkantonale Koordinationsstelle der REGIO BASILIENSIS (IKRB)

Neben der Geschäftsstelle verfügt die REGIO BASILIENSIS seit 1970 über eine zweite Ausführungsstelle, nämlich die oben erwähnte IKRB als „Außenstelle der Kantone Basel-Stadt und Basel-Landschaft für grenzüberschreitende Zusammenarbeit am Oberrhein". Gemäß Staatsvertrag zwischen den Kantonen Basel-Stadt und Basel-Landschaft ist die IKRB als halbstaatliche Stelle der REGIO BASILIENSIS angegliedert. Ihre Aufgabe ist es, die

Kantone bei grenzüberschreitenden Aufgaben der Koordination und Information zu unterstützen. Durch ihren halbstaatlichen Status ist es der Koordinationsstelle möglich, von Fall zu Fall „offiziell" oder „inoffiziell" aufzutreten, ganz wie es der Sachlage dienlich ist.

Mit der IKRB erfüllt die REGIO BASILIENSIS im Auftrag beider Basel und des Aargaus etwa zwei Drittel ihrer Aufgaben (ab 1.1.2003 auch Jura und Solothurn). Wirkungsraumperimeter ist dabei das große Mandatsgebiet der staatlich geprägten Kooperation von der Nordwestschweiz bis in die Südpfalz (EuroRegion Oberrhein, 5,7 Mio. Einwohner). Partner sind somit die staatlichen Instanzen (Kantonsregierungen, Präfekturen, Regierungspräsident etc.) sowie die öffentlich-rechtlichen Körperschaften (z.b. *Région Alsace*). Daraus ergeben sich folgende Kernaufgaben (REGIO BASILIENSIS JAHRESBERICHT 2000/2001):

- Koordination Oberrheinkonferenz (ORK) (Plenum, Arbeitsgruppen und Expertenausschüsse, ORK-Sekretariat, Schweizer OR-Runde)

- Koordination INTERREG „Oberrhein Mitte-Süd" (Begleitender Ausschuss, Arbeitsgruppe, Projektgruppen, Nordwest-Schweiz-Runde mit Bund)

- Koordination Drei-Länder-Kongresse (Plenum, Organisationskomitee, Fachgruppen)

- Information nach außen (Berichte, Auskünfte)

Der schweizerische Teil des als RegioTriRhena bezeichneten Raumes, insbesondere die beiden Kantone Basel-Stadt und Basel-Landschaft, soll mit einer Stimme gegenüber ausländischen Partnern auftreten. Die IKRB führte bis zur Gründung des Oberrheinkonferenz- Sekretariats 1996 die Regierungskommission und weitere Kooperationsgremien (wie etwa Drei-Länder-Kongress, EG-Entwicklungskonzept).

2.1.3.5 *Entwicklung der REGIO BASILIENSIS*

Mit Blick auf die Herausforderung der europäischen Einigungsbewegung hat sich die REGIO BASILIENSIS 1991-1992 selbst überprüft. 1991 wurden Leitgedanken artikuliert und darauf aufbauend die Reorganisation für 1992 vorgenommen. Diese Leitgedanken beinhalten die Konsolidierung des Erreichten, die Überprüfung bestehender Projekte und Arbeitsgremien, die Konzentration auf Pilotprojekte und schließlich die Umsetzung bis zu sichtbaren Veränderungen im Alltag (REGIO BASILIENSIS JAHRESBERICHT 1992).

Darunter gibt es drei konkrete Thesen:

- Die EU ist im Wandel begriffen, die Schweiz muss sich öffnen, die REGIO BASILIENSIS hilft europäische Brücken zu schlagen. Während also die Makrointegration (durch das Referendum von 1992) blockiert scheint, belebt sich mehr und mehr die Mikrointegration an den Landesgrenzen, wo die REGIO BASILIENSIS seit den 1970er Jahren nicht einfach eine abstrakte Europa-Idee verfolgt, sondern Wege zu konkreten Beiträgen für die Stärkung der föderalistischen Idee eines Europas der überschaubaren Lebensregionen beschritten hat (REGIO BASILIENSIS JAHRESBERICHT 1996). Mit Blick auf die Schweiz ist hierbei zwischen dem Bund mit seiner Integrationssuche (Erhaltung der Eidgenossenschaft) und der „Außen-Schweiz" aller Grenzkantone zu unterscheiden.

• Abkehr vom Monozentrum der Regio mit dem Kern Basel hin zum Polyzentrum der „Euregio Oberrhein". Zwar wurde in den 1960er Jahren alles Grenzüberschreitende vor allem von Schweizer Seite aus entwickelt und zunächst im klassischen Regio-Raum am südlichen Oberrhein konsolidiert. Doch Ende der 1970er Jahre ist immer deutlicher geworden, dass seit 1975 ein lückenloses Netz grenzüberschreitender Kooperation vom Jura bis zur Südpfalz Alltagspraxis geworden ist. Basel, Straßburg und Karlsruhe sind demnach heute die übergeordneten Zentren der europäischen Grenzregion am Oberrhein. Innerhalb dieser großräumigen „Euregio" behält aber die „RegioTriRhena" im Süden für spezifische Interessen genauso ihre Daseinsberechtigung wie die Bereiche Mitte und Nord.

• Das staatliche Dach des Regio-Hauses ist errichtet, jetzt begehrt die Bevölkerung Einlass ins kommunal einzurichtende Regio-Haus. Neben der gut eingespielten, staatlich geprägten Kooperation (Oberrheinkonferenz) drängt die kommunale Ebene nach, wiederum zunächst aus dem Süden mit der Bürgermeisterkonferenz. Aber auch Parlamentarier, Handelskammern und Verbände wollen und sollen in verschiedenen Gremien mitwirken. Dies bedeutet vermehrte Auseinandersetzung mit den Problemen und Wünschen der Menschen im Regio-Alltag (H. E. ARRAS 1989), bedeutet folglich Mitwirkung beim Aufbau komplementärer Organe (REGIO BASILIENSIS JAHRESBERICHT 1992).

Als nicht mehr wegzudenkende Entwicklungsmoderation muss die REGIO BASILIENSIS ihren Konstruktionsvorzug als Zwei-Komponenten-Gebilde mit einer „freien" Vereins-Geschäftsstelle und einer halbstaatlichen Umsetzungs-Koordinationsstelle um jeden Preis beibehalten, das ist ihre unvergleichliche Stärke. Unabhängigkeit muss ihre Tugend sein und Pluralismus ihre Voraussetzung (REGIO BASILIENSIS JAHRESBERICHT 1992). Im Rückblick auf die vor 10 Jahren geschriebenen Reformideen scheinen sie immer noch erfrischende Gültigkeit aufzuweisen.

2.1.3.6 „Außen-Schweiz" und EURO-Regionen

Die Aufgaben der REGIO BASILIENSIS beschränken sich nicht auf das Oberrheingebiet. Als Anlaufstelle in der Nordwestschweiz ist sie mit den anderen Kantonen entlang der Grenzen interessensmäßig verbunden. Dazu gehört die Mitgliedschaft in der „Groupe de Concertation" der neun Grenzkantone gegenüber Frankreich ebenso wie die Beteiligung an den Bemühungen der Kantone für eine abgestimmte kleine Außenpolitik sowie für die Interessenswahrung gegenüber der EU (REGIO BASILIENSIS JAHRESBERICHT 1993).

Als Mitglied der „Arbeitsgemeinschaft Europäischer Grenzregionen (AGEG)" sowie ausgestattet mit einem Mandat des Kantons Basel-Stadt für die „Versammlung der Regionen Europas (VRE)", leistet die REGIO BASILIENSIS ihren Beitrag an die Aktivitäten der zahlreicher gewordenen EuroRegionen, die sich als föderalistische Gegenbewegung zu den zentralistischen Tendenzen der europäischen Integration verstehen. Im neuen Ausschuss der Regionen der EU scheint sich bereits der geforderte Ausgleich anzubahnen. Seit den 1990er Jahren koordiniert die REGIO BASILIENSIS die INTERREG-Geschäfte für die fünf Kantone der Nordwestschweiz, einerseits mit den Oberrheinpartnern, andererseits mit den Bundesbehörden (REGIO BASILIENSIS JAHRESBERICHT 1997).

2.1.3.7 Bisherige Tätigkeiten des Vereins REGIO BASILIENSIS und der IKRB

Die bisherige Entwicklung der REGIO BASILIENSIS kann in zwei große Phasen unterteilt werden, nämlich die Pionierphase von den 1960er Jahren bis zum Ende der 1980er Jahre und die Umsetzungsphase nach Einführung der INTERREG-Programme. Während der Pionierphase beschränkten sich ihre Tätigkeiten hauptsächlich auf die Herausgabe von Publikationen und den Aufbau von Institutionen, wie z.B. Studien, Kontakte, Tagungen, Kooperationsgremien und Programme; in der Umsetzungsphase konzentrierte sie sich stärker auf praktische Projekte.

Als einen ihrer Schwerpunkte hat die REGIO BASILIENSIS 1984 eine Stiftung unter dem Namen „Kulturstiftung der REGIO BASILIENSIS" gegründet, um auch im Bereich der freischaffenden Künstler und deren Publikum grenzüberschreitende Kontakte aufzubauen; sie wurde umbenannt in Regio-Kulturstiftung. Um sie kümmert sich ein paritätischer trinationaler Stiftungsrat, zusammengesetzt aus Vertretern der Kulturarbeit, der Wirtschaft und der Politik, um die Realisierung der Aktivitäten voranzutreiben (REGIO BASILIENSIS JAHRESBERICHT 1/1997) (Ende der 1990er Jahre wurde diese Stiftung aufgelöst).

Einer der Höhepunkte in der Entwicklung der REGIO BASILIENSIS war anlässlich ihrer 25-Jahr-Feier am 15. Dezember 1989 die Unterzeichnung einer gemeinsamen Erklärung durch den französischen Staatspräsidenten, den deutschen Bundeskanzler und den schweizerischen Bundespräsidenten, die in der dreiseitigen Zusammenarbeit ein Modell eines möglichen Weges zu einem föderalen Europa der Regionen sah. Nach dieser gemeinsamen Erklärung sollen folgende Ziele umgesetzt werden:

- Vereinfachung des Grenzübertritts und Beschleunigung der Grenzabfertigung

- Aufwertung der Region als internationaler Messeplatz und Ort der wirtschaftlichen Begegnung

- Förderung des neugegründeten Europäischen Unternehmerzentrums

- Verbesserung des öffentlichen Verkehrs, vor allem durch eine Regio-S-Bahn

- Verknüpfung der Hochgeschwindigkeitssysteme der Eisenbahnen in der Region

- Ausbau der Infrastruktur für den kombinierten Verkehr Schiene/Straße

- Intensivierung der Zusammenarbeit in den Bereichen Umweltschutz und Raumordnung

- Vertiefung der regen kulturellen Zusammenarbeit, besonders durch das Erlernen der Sprache des Nachbarns

- Erweiterung der Zusammenarbeit zwischen den Universitäten Basel, Freiburg im Breisgau, Karlsruhe, Mülhausen und Straßburg, die sich erst vor kurzem zur europäischen Konföderation der Oberrheinischen Universitäten zusammengeschlossen haben

- Gegenseitige Anerkennung von Studienzeiten und Berufsabschlüssen

Die Erklärung wurde im März 1991 durch eine gemeinsame Erklärung über Umweltzusammenarbeit am Oberrhein ergänzt (REGIO BASILIENSIS 1990; L. LÖTSCHER 1991).

Ein weiterer Meilenstein in der Regio-Geschichte war im Juni 2000 die große Tagung „Rendezvous der europäischen Grenzregionen" für Erfahrungsaustausch und gemeinsames Erarbeiten von Perspektiven für die Zukunft, die unter der Federführung der REGIO BASILIENSIS in Basel stattfand. An der Tagung haben sich rund 500 Personen aus 23 Ländern beteiligt.

2.1.3.8 Bewertung

Die REGIO BASILIENSIS gehört zu dem Schrittmacher der unabhängigen europäischen Regionalbewegungen (REGIO BASILIENSIS JAHRESBERICHT 1997). Nach dem ersten Anstoß wird die REGIO BASILIENSIS dann ins zweite Glied treten (REGIO BASILIENSIS JAHRESBERICHT 1998). Mit ihren umfangreichen Knoten, flexiblen Organisationsformen, hochqualifizierten Fachkräften und finanzieller Ausstattung hat die REGIO BASILIENSIS durch Vernetzung mit verschiedenen Partnern und Organen, die mit grenzüberschreitender Zusammenarbeit am Oberrhein beschäftigt sind, eine hervorragende Leistung erbracht und sich einen guten Namen gemacht. Daher wird die REGIO BASILIENSIS als ein Vorbild am Oberrhein angesehen. Die Gründung der Gesprächspartner „*Regio du Haut-Rhin*" und „Freiburger Regio-Gesellschaft" sowie die tatsächliche Entwicklung der grenzüberschreitenden Zusammenarbeit am Oberrhein haben diesen Erfolg bestätigt.

2.1.4 Der Beginn der grenzüberschreitenden Zusammenarbeit

Trotz der Grenze am Oberrhein gab es hier schon lange eine grenzüberschreitende Zusammenarbeit. Angefangen hat die grenzüberschreitende Zusammenarbeit am Oberrhein schon im 19. Jh.. August Lösch hat in seinem Buch „Die Räumliche Ordnung der Wirtschaft" (1944) schon die damaligen grenzüberschreitenden Beziehungen dargestellt und bewertet: „Die weitere Umgebung der Dreiländerecke war durch den Pendelverkehr von Arbeitern und Unternehmern, durch Kapitalverflechtungen und Tochtergründungen, und vor allem durch einen starken Veredelungsverkehr ohne Rücksicht auf die Landesgrenzen zu einem schon durch die Natur abgegrenzten einheitlichen Erzeugungsgebiet, insbesondere von Textilien, vollständig verfilzt. Seinen Mittelpunkt bildete, namentlich finanziell, Basel, wie überhaupt Schweizer in der Entwicklung dieses Gebietes die Führung hatten. (...) Bis zum Ersten Weltkrieg hatte die Landesgrenze wohl in vielen Fällen die Standortwahl beeinflusst, aber an der Einheit des Gebietes dank der Begünstigung des Grenz- und Veredelungsverkehrs nichts geändert". Diese Keimzelle der grenzüberschreitenden Zusammenarbeit wurde jedoch durch die zwei Weltkriege in Europa unterbrochen (A. LÖSCH 1944).

Bald nach dem Zweiten Weltkrieg wurde die übergreifende Zusammenarbeit beiderseits der Grenze am Oberrhein wieder aufgenommen. Zunächst waren es visionäre Politiker, die erste Schritte der Wiederannäherung gingen, etwa durch die Begründung von Städtepartnerschaften wie im Falle von Kandel/Südpfalz und Reichshoffen/Elsass. Der Deutsch-Französische Freundschaftsvertrag von 1963, von Adenauer und De Gaulle unterzeichnet, stellt eine entscheidende Grundlage für die Kooperation zwischen den Grenzregionen beider Staaten dar. Besonders hervorzuheben sind die Regionalplaner, die schon früh und informell Kontakte auf der Arbeitsebene suchten und Überlegungen anstellten, wie man den gemeinsamen Naturraum sinnvoll nutzen und entwickeln bzw. schützen könnte (T. KÖHLER und J. SAALBACH 2001).

Mit den Bemühungen um Verbesserung der politischen Beziehungen wurde die Idee grenzüberschreitender Zusammenarbeit am Oberrhein wieder aufgebaut. Die Gründung des privaten Vereins REGIO BASILIENSIS im Jahre 1963 wurde als Neubeginn der grenzüberschreitenden Zusammenarbeit am Oberrhein bezeichnet. Das Ziel war die Planung und Förderung der wirtschaftlichen, politischen und kulturellen Entwicklung in der Regio (W. MICHAL 1988). Nach zwei Jahren wurde im Elsass auf der französischen Seite eine Schwesterorganisation, die *„Regio du Haut Rhin"* mit dem gleichen Ziel, ins Leben gerufen. Auf deutscher Seite wurde erst im Jahre 1985 eine vergleichbare Organisation, die Freiburger Regio-Gesellschaft, gegründet. Während der 1960er Jahre begannen auch die lokalen Behörden sich der grenzüberschreitenden Zusammenarbeit zuzuwenden. Die ersten regelmäßigen Kontakte waren die Periodischen Internationalen Koordinationsgespräche (PIK) für die Raumplanung seit 1969. Auf der Schweizer Seite übernahm die Internationale Koordinationsstelle (IKRB) der REGIO BASILIENSIS diese Aufgaben von den beiden Basel (Stadt/Land).

Um die Verflechtung der grenzüberschreitende Zusammenarbeit weiter zu vertiefen, wurde 1971 die *„Conference tripartie permanente de coordination regionale"* (Conference tripartite) gegründet. Die *Conference tripartite* war die Grundlage für die zukünftige Institutionalisierung der grenzüberschreitenden Kooperationsbeziehungen zwischen den öffentlichen Stellen in der Regio. Im Jahre 1975 wurden die ersten offiziellen Institutionen, die Dachorganisation „Deutsch-französisch-schweizerische Regierungskommission für Nachbarschaftliche Fragen" (Regierungskommission) sowie der „Dreiseitige Regionalausschuss" (Nachfolgeorgan der *Conference Tripartite*, Mandatsgebiet: Regio) und der „Zweiseitige Regionalausschuss" (Mandatsgebiet: Unterelsass-Südpfalz-Mittlerer Oberrhein), durch einen Notenaustausch zwischen Bonn, Paris und Bern geschaffen. Dadurch wurde das Gebiet der grenzüberschreitenden Zusammenarbeit von der Regio auf den ganzen Oberrhein ausgedehnt. 1991 wurde die Regierungskommission in „Oberrheinkonferenz (ORK)" und das ganze Zusammenarbeitsgebiet in EuroRegion Oberrhein umbenannt.

Im Jahr des Treffens der drei Staatschefs Frankreichs, Deutschlands und der Schweiz wurde auch das INTERREG-Programm als Fond für die finanzielle Förderung grenzüberschreitender Regionen bildet, von der europäischen Union ins Leben gerufen (REGIO BASILIENSIS JAHRESBERICHT 1990). Im Namen der EuroRegion Oberrhein wurden zwei operationelle Programme vom INTERREG-Programm gefördert, nämlich INTERREG PAMINA im nördlichen Teil des Oberrheins und INTERREG Oberrhein Mitte-Süd. Das Jahr 1990 brachte zwei weitere lokale Gremien. Im Mai 1990 fand zum ersten Mal die Konferenz der oberrheinischen Bürgermeister statt, an der die Bürgermeister von 21 größeren Städten der drei Länder beteiligt waren. Im September wurde der Koordinationsausschuss der Regio-Gesellschaften (KAR) von den drei Regio-Gesellschaften gegründet. Im Oktober 1994 wurden die beiden Gremien mit der Gründung des Regiorats aufgelöst. Der Einzugsbereich des Regiorats entspricht der „klassischen" Regio. Seit 1997 nennt sich die durch den Regiorat repräsentierte Region am südlichen Oberrhein offiziell RegioTriRhena. Das im Jahre 1996 verabschiedete Karlsruher Übereinkommen, das die grenzüberschreitende Zusammenarbeit auf der kommunalen Ebene erleichtern soll, und die Schaffung des Oberrheinrats 1997 konnten als parlamentarisches Gegengewicht zur Oberrheinkonferenz angesehen werden. Angesichts der langwierigen Entwicklung und komplizierten Verflechtungen der Institutionen in der EuroRegion Oberrhein wird in den folgenden Kapitalen versucht, nur einen Kurzüberblick über die grenzüberschreitende Zusammenarbeit am Oberrhein zu entwerfen (vgl. Abb. 10).

Ein Meilenstein der Kooperation war die Regierungsvereinbarung zwischen Deutschland, Frankreich und der Schweiz von 1975, die die Einrichtung der offiziellen deutsch-französisch-schweizerischen Regierungskommission mit ihren beiden Regionalausschüssen Nord und Süd zur Folge hatte. Inzwischen ist dieses Fundament erheblich ausgebaut worden. Die Regionalausschüsse sind im Jahr 1992 zur deutsch-französisch-schweizerischen Oberrheinkonferenz weiterentwickelt worden, und das Mandatsgebiet wurde im Jahre 2000 um zusätzliche schweizerische Gebiete erweitert. Seit 1996 verfügt die Oberrheinkonferenz über ein ständiges, trinational besetztes Sekretariat in Kehl. Sie bietet den organisatorischen Rahmen für mittlerweile neun themenbezogene Arbeitsgruppen (z. B. AG Raumordnung, AG Wirtschaft, AG Jugend) mit weiteren sogenannten Expertenausschüssen, die befristet konkrete Teilaufgaben bearbeiten. So sind nunmehr sowohl ein dichtes Beziehungsgeflecht zwischen den jeweiligen Verwaltungen als auch enge Kontakte auf der Arbeitsebene zwischen dem dort beschäftigten Personal entstanden (T. Köhler und J. Saalbach 2001).

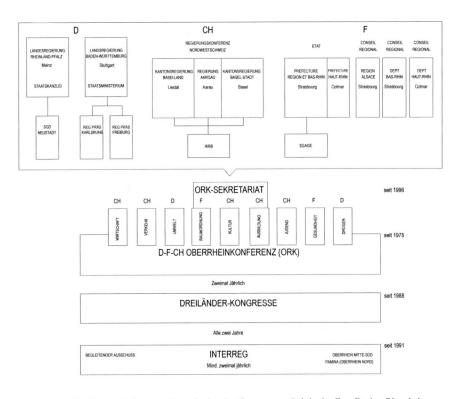

Abb. 10 Das Netzwerk der grenzüberschreitenden Zusammenarbeit in der EuroRegion Oberrhein

Quelle: REGIO BASILIENSIS 2000

2.2 Das Netzwerk der nicht-staatlichen Kooperation (RegioTriRhena)

Um jeden Verdacht zu vermeiden, die Stadt Basel dominiere die Regio, und um eine grenzüberschreitende Zusammenarbeit auf gleicher Ebene zu erreichen, bemühte sich die „Arbeitsgruppe Regio Basiliensis", entsprechende Partner in den anderen Staatsgebieten der Regio zu finden (vgl. Tab. 4). Schon 1965 wurde in Mülhausen als elsässische Partnerin die „*Regio du Haut-Rhin*" mit gleicher Zielsetzung gegründet. 1985 folgte die Gründung der „Freiburger Regio-Gesellschaft", welche in den Landkreisen des südlichen Oberrheins und des westlichen Hochrheins wirkt.

2.2.1 Oberelsass: Der Verein *Regio du Haut-Rhin*

1965 wurde der „Arbeitsgruppe Regio Basiliensis" in Mülhausen eine „Schwester" geboren, die „*Regio du Haut Rhin*". Mit der gleichen Zielsetzung wie die REGIO BASILIENSIS sollte sie deren Gesprächspartnerin auf französischer Seite sein. Die *Regio du Haut Rhin* beschäftigt sich mit dem südlichen Teil des Oberrheins. Die Freude auf schweizerischer Seite darüber war umso größer, als damit die gelegentlich geäußerten Befürchtungen eines „modernen Baslerischen Kolonialismus im Elsass" besänftigt werden konnten. Zweck des Vereins ist die Förderung sämtlicher kontaktfördernder Maßnahmen zwischen der Bevölkerung in den Bereichen der Wirtschaft, Kultur und Raumplanung sowie die Zusammenarbeit mit den Nachbarn in der Region (REGIO BASILIENSIS JAHRESBERICHT 1965). Sein Tätigkeitsbereich umfasst den gesamten Schulbereich, die Umwelt-, Raumplanungs- und Verkehrsprobleme, den kulturellen Bereich, die Grenzgängerprobleme sowie Bemühungen zur Koordination touristischer Aktivitäten über die Grenzen hinweg (B. SPEISER 1993). Die *Regio du Haut Rhin* ist bei der Industrie- und Handelskammer Mülhausen angesiedelt.

2.2.2 Südbaden: Die Freiburger Regio-Gesellschaft

1985 erhielten die REGIO BASILIENSIS und die *Regio du Haut- Rhin* auch auf deutscher Seite in Freiburg ihre Gesprächspartnerin mit dem gleichen Ziel, die Freiburger Regio-Gesellschaft. Jedoch pflegt und fördert der Verein die grenzüberschreitende Zusammenarbeit mit den benachbarten Gebieten in der Schweiz und im Elsass. Seither finden sich in allen drei Staaten, auch auf privater Ebene, Gesprächspartner für Belange der grenzüberschreitenden Zusammenarbeit. Zu ihren Tätigkeiten gehörten in jüngster Zeit vor allem Umwelt-, Raumplanungs- und Verkehrsprobleme (EuroAirport Basel-Mülhausen, Regio-S-Bahn, Messer u.a.), die Beteiligung an den Periodischen Internationalen Koordinationsgesprächen (PIK) und am INTERREG-Programm Oberrhein (B. SPEISER 1993).

2.2.3 Zusammenschluss zur RegioTriRhena

2.2.3.1 Bürgermeisterkonferenz

Mit dem Ziel einer Intensivierung der kommunalen grenzüberschreitenden Zusammenarbeit fand im Mai 1990 in Freiburg erstmals eine Konferenz der oberrheinischen Bürgermeister statt. Die Initiative kam aus den Städten Freiburg und Mülhausen. Mit ihr sollte unterhalb der staatlichen Ebene die kommunale Mitwirkung für die grenzüberschreitenden Fragen verstärkt werden. 21 Städte fanden sich in der Folge in größeren Abständen zusammen, d.h. höchstens einmal jährlich(T. PFEIFFER 2000).

2.2.3.2 Koordinationsausschuss der drei Regio-Vereine (KAR)

Seit 1990 haben die drei Regio-Vereine in Basel, Mülhausen und Freiburg im Rahmen einer gemeinsamen Erklärung den Koordinationsausschuss der drei Regio-Gesellschaften (KAR) gegründet und damit eine kontinuierliche Zusammenarbeit aufgenommen (REGIO BASILIENSIS JAHRESBERICHT 1993). Seitdem gab es auf privater Ebene eine gemeinsame Plattform. Der Koordinationsausschuss wurde alternierend für jeweils zwei Jahre von einem der drei Gesellschaftspräsidenten geleitet (B. SPEISER 1993).

2.2.3.3 Rat der RegioTriRhena

Seit 1995 besteht auf Initiative der drei Regio-Vereine in Mülhausen, Freiburg und Basel der Regiorat (heute: RegioTriRhena), das gemeinsame Kooperationsorgan für den Süden der EuroRegion Oberrhein. Er versteht sich als Bündelungsinstanz für die Kooperationsräume der drei Regio-Gesellschaften. Mit der RegioTriRhena steht jetzt eine kommunal geprägte und privatrechtlich verfaßte Begegnungsplattform zur Verfügung, welche komplementär zur staatlich vereinbarten und viel weiträumigeren Oberrheinkonferenz (vgl. Kap. 2.3.2) die Vertiefung der „unteren" Nachbarschaftsbeziehungen im Dreiländereck ermöglicht (REGIO BASILIENSIS JAHRESBERICHT 1997).

Der Rat der RegioTriRhena ist ein praktisches Beispiel des europäischen Subsidiaritätsprinzips am südlichen Oberrhein (REGIO BASILIENSIS JAHRESBERICHT 1995). Es steht erstmals in der Geschichte der Oberrhein-Kooperation ein neues kräftiges Gremium für die drei schwächeren Vereine zur Verfügung, mit einem gemeinsamen Präsidenten, einem/einer gemeinsamen Sekretär/in und einem gemeinsamen Budget. Dies sind drei Schritte auf einmal, wenn man es mit dem damaligen Delegationsleiter-Prinzip und den getrennten Kassen der Oberrheinkonferenz vergleicht. Seitdem hat die RegioTriRhena auch die zwei früheren Organisationen, Koordinationsausschuss (KAR) und Bürgermeister-Konferenz, ersetzt (INTERVIEW MIT C. HAEFLIGER 1999).

2.2.3.4 Organe

Zu Ende des Jahres 2000 hatte der Rat der RegioTriRhena nahezu 198 Kollektiv- und 394 Einzelmitglieder. Staatliche Vertreter der Oberrheinkonferenz sind auch „konsultative" Mitglieder im Rat der RegioTriRhena, während dessen Vertreter die gleiche Rolle in der Oberrheinkonferenz spielen (s.g. Reziprozitätsprinzip). Die Vertreter kommen aus der Kommunalpolitik, der Wirtschaft und der Wissenschaft und haben das Ziel, gemeinsame Projekte durchzuführen und bürgernahe grenzüberschreitende Aktivitäten zu entwickeln. Seither tagen die Mitglieder mindestens zweimal jährlich im Ratsplenum, während ein 15-köpfiger Vorstand die Geschäfte vorbereitet. So sollen eben auch Geschäfte, welche unterhalb der staatlichen Ebene die Gemüter erhitzen, erstmals unter den direkt Betroffenen verhandelt werden (REGIO BASILIENSIS JAHRESBERICHT 1997, 2000, 2001).

2.2.3.5 Tätigkeit

Die Arbeit der RegioTriRhena konzentrierte sich zu Beginn auf die Erarbeitung eines Leitbildes. Danach wurden einzelne Fokusthemen ausgewählt. Das Projekt BioValley Oberrhein ist zum Synonym für einen erfolgreichen Biotechnologie-Standort geworden. Die Vernetzung durch Informationseinrichtungen und gemeinsame Messe- und Kongressauftritte haben zu mehreren Firmengründungen geführt. Das zweite Fokusthema „EuroAirport Basel-Mülhausen-Freiburg" ist ein Bekenntnis der Region zum gemeinsamen Flughafen. Der begonnene Ausbau des EuroAirports ist eine dringliche Baumaßnahme. Neben dem Leitbild wurden weitere neue Projekte unter dem Dach des Rates der RegioTriRhena ins Leben gerufen. Hervorzuheben sei hier die Projektgruppe Tourismus, die bestehende Initiativen aufnehmen soll, um gemeinsame Resultate zu erzielen. Auch im Bereich der Solarenergie sollen die Potentiale in der RegioTriRhena zusammengeführt werden (REGIOTRIRHENA ZEITUNG 03.03.1999). Um die Arbeit des Rates bürgernäher darzustellen, arbeitet eine weitere Projektgruppe an möglichen Kommunikationsmaßnahmen unter Einsatz und Nutzung der bestehenden Kommunikationsinstrumente, wie Logo und Name RegioTriRhena, Leitbild und Leporello RegioTriRhena und der Fahne. Im Moment sind Überlegungen im Gange, dem RTR-Rat eine geeignete juristische Form zu geben.

Tab. 4 Die Institutionen der grenzüberschreitenden Zusammenarbeit am Oberrhein

Kooperationsebene	Namen	trinational	einseitig	Staatliche Vereinbarung	Satzungsgeschäftsordnung	Informelle Grundlage	Staatliche Akteure	Private Akteure	gemischt
national	D-F-CH Regierungskommission	+		+			+		
regional	REGEIO BASILIENSIS		+		+		+	+	+
	Regio du Haut Rhin		+		+		+		
	Freiburger Regio-Gesellschaft		+		+		+		
	Interkant. Koordinationsstelle der RB		+	+	+		+		+
	D-F-CH Oberrhein-Konferenz	+		+			+		
	Drei-Länder-Kongress	+					+	+	+
	Oberrheinrat	+		+			+		
	INTERREG-Gremien	+				+	+		
kommunal	Rat der RegioTriRhena	+				+			+

Quelle: R. ZOLLER-SCHEPERS 1998, verändert

2.3 Der Aufbau des Netzwerks der staatlichen Kooperation der EuroRegion Oberrhein

Die oberrheinische Kooperation hat sich in den vergangenen Jahrzehnten von Süden her über die klassische RegioTriRhena bis ins nördlich gelegene Karlsruhe und in die Südpfalz ausgedehnt. In dieser großen EuroRegion Oberrhein wirken vor allem Regierungen und Verwaltungen in den grenzüberschreitenden Gremien mit (vgl. Abb. 10 und vgl. Tab. 4). Neue Akteure wie Parlamente, Wirtschafts- und Sozialpartner sowie die Wissenschaft sind noch dazu gestoßen und haben zu einer breiteren Abstützung der Kooperation geführt. So gibt es heute neben der staatlich geprägten Oberrheinkonferenz den Drei-Länder-Kongress, die INTERREG-Begleitausschüsse Oberrhein Mitte-Süd und PAMINA sowie den Oberrheinrat (M. LEZZI 2000).

2.3.1 Von Conférence Tripartite am südlichen Oberrhein zur D-F-CH Oberrheinkonferenz (ORK)

Nach zahlreichen Vorbereitungen fand 1971 erstmals die „*Conférence tripartite permanente de coordination règionale*" (nachfolgend „*Conférence Tripartite*") statt. Sie wurde als Koordinationsinstrument auf politischer Ebene in Form einer ständigen deutsch-französisch-schweizerischen Konferenz für regionale Koordination eingerichtet. Dieser historische Akt der Schaffung eines Koordinationsorgans auf trinationaler Regierungs- bzw. höchster regionaler Verwaltungsebene bildet einen ersten erfolgreichen Abschnitt im Rahmen der Ingangsetzung eines internationalen Planungsinstrumentariums im Dreiländereck. Der Regierungspräsident von Freiburg, der Landrat von Lörrach, der Präfekt und der Generalratspräsident des Departements Haut-Rhin sowie je ein Mitglied der Regierungen der Kantone Basel-Stadt und Basel-Landschaft sollten sich mit Experten jährlich zweimal treffen. Die von der REGIO BASILIENSIS ins Leben gerufenen „Periodischen Internationalen Koordinationsgespräche (PIK)" fungierten als Sekretariat der *Conference Tripartite* (bis 1975). Die Ziele dieser Konferenz waren ein langfristiges Koordinationsprogramm sowie eine Liste der gegenwärtig wichtigsten Koordinationsprobleme. Neue Wege der direkten Zusammenarbeit in den betroffenen Grenzregionen sollten gefunden und somit eine Verbesserung des gemeinsamen Klimas am Oberrhein angestrebt werden (REGIO BASILIENSIS JAHRESBERICHTE 1971-1994).

2.3.2 Die Oberrheinkonferenz (ORK)

Die deutsch-französisch-schweizerische Oberrheinkonferenz ist das Kerngremium der staatlichen grenzüberschreitenden Zusammenarbeit am gesamten Oberrhein von Basel bis Karlsruhe. Als regionale Ebene der deutsch-französisch-schweizerischen Regierungskommission basiert sie auf den seit 1970 aufgebauten Behördenkontakten am südlichen Oberrhein, namentlich zwischen den Regierungen beider Basels, der oberelsässischen Präfektur und dem Regierungspräsidium Freiburg im Rahmen der seinerzeitigen *Conference Tripartite*. Die Behördenkontakte der *Conference Tripartite* führten im Jahr 1975 durch Notenaustausch zwischen Bonn, Paris und Bern zu der „Regierungskommission" sowie den zwei Regionalausschüssen (die *Conférence Tripartite* für das Regio-Gebiet im Süden und dem Zweiseitige Regionalausschuss *Comité Bipartite* für das Gebiet Unterelsass-Südpfalz-Mittlerer Oberrhein).

Die D-F-CH Regierungskommission kann für die Vertragsparteien Empfehlungen oder Entwürfe von Übereinkünften ausarbeiten. Sie hat aber keine Entscheidungskompetenzen und verfügt über kein eigenes Budget (B. SPEISER 1993). Sie bietet den regionalen Partnern am Oberrhein seit 1975 die Möglichkeit, Probleme, die nur auf nationaler Kompetenzebene gelöst werden können, aufzugreifen und per Empfehlung einer Lösung zuzuführen. Als Ergebnis dieser Zusammenarbeit konnte u.a. die Unterzeichnung des Karlsruher Abkommens (1996) verbucht werden (A. DENTZ und C. ZEEB 1998 und REGIO BASILIENSIS JAHRESBERICHT 1996). Seit 1991 tagen die beiden Regionalausschüsse mit der Bezeichnung „Oberrheinkonferenz" zusammen unter dem Dach der Regierungskommission. Während die Regierungskommission nur alle paar Jahre unter Leitung von Botschaftern aus Bonn bzw. Berlin, Bern und Paris zusammenkommt, um Empfehlungen zu Oberrhein-Fragen zu artikulieren, welche die nationale bzw. Bundesebene berühren, tagt die Oberrheinkonferenz zweimal jährlich abwechselnd in den drei Ländern des großen Mandatsgebiets der EuroRegion Oberrhein. Mit rund 5 Mio. Einwohnern hat sich das Mandatsgebiet nun gegenüber dem bisherigen Kooperationsraum RegioTriRhena mehr als verdoppelt. Die ORK ist für die konkrete Lösung der Probleme der zuständigen nationalen oder internationalen Gremien gedacht. Die Oberrheinkonferenz soll fördern, koordinieren und informieren, nicht hingegen verhandeln oder entscheiden. Das bezeichnet eine praktische Vertiefung der grenzüberschreitenden Zusammenarbeit (A. DENTZ und C. ZEEB 1998; C. HAEFLIGER 1998).

Im Unterschied zu allen anderen staatlichen Kooperationsgremien hat die Oberrheinkonferenz ein grundsätzliches, für alle Arbeitsgebiete offenes Selbstbefassungsrecht und ist somit das Haupt- und Koordinationsgremium für die grenzüberschreitende regionale Zusammenarbeit der staatlichen Exekutive am Oberrhein. Ihr obliegt die Begleitung und Auswertung der Drei-Länderkongresse sowie auch der INTERREG-Programme (vgl. Kap. 2.3.3), wofür spezielle Gremien geschaffen wurden (die begleitenden Ausschüsse „PAMINA" für das nördliche Vertragsgebiet und „Mitte-Süd" für den südlichen Bereich des Mandatsgebietes). Die Oberrheinkonferenz besteht aus 9 Arbeitsgruppen für die Themenfelder Umwelt, Regionale Verkehrspolitik, Raumordnung, Wirtschaftspolitik, Kultur, Erziehung und Bildung, Jugend, Katastrophenhilfe und Gesundheit. Unterhalb der Arbeitsgruppenebene sind verschiedene Expertenausschüsse zur Aufbereitung und Lösung fachspezifischer Probleme eingesetzt (INFOBEST PALMRAIN 1998).

Seit 1996 gibt es ein gemeinsames Sekretariat der Oberrheinkonferenz, welches mit Hilfe von INTERREG-Mitteln in Kehl (D), vis-à-vis von Straßburg gegründet wurde. Dadurch konnte die Effizienz der Konferenzarbeit wesentlich gesteigert und die Bedeutung sowie die Öffentlichkeitsarbeit dieses Gremiums gefestigt werden. Die Koordination der Arbeit von mehr als 40 Arbeitsgruppen und Expertenausschüssen, d.h. rund 500 Fachleute aus allen drei Ländern aus allen Sachgebieten erfordert eine ständige Begleitung. Das gemeinsame Sekretariat besteht aus je einem/er Delegationssekretär/in aus den drei Ländern sowie einer Assistentin. Das gemeinsame Sekretariat der Oberrheinkonferenz ist die gemeinsame Adresse der drei Länder am Oberrhein geworden und stellt die Ergebnisse dieser Konferenz in einem regelmäßig erscheinenden „Bulletin" der Öffentlichkeit vor (INTERREG SEKRETARIAT 1999).

Das in der Stadt Kehl eingerichtete gemeinsame Sekretariat zielt darauf hin, die grenzüberschreitende Zusammenarbeit noch enger zu gestalten, auf wichtige Fragen schneller zu reagieren und deren Lösung umzusetzen. Die Aufgaben des gemeinsamen Sekretariats sind:

- Vorbereitung der Oberrheinkonferenz und Umsetzung der Beschlüsse. Es hilft bei der Überwindung von Schwierigkeiten und stellt die Verbindung mit den Delegationsleitern sicher.

- Ständige Kontakte mit den Arbeitsgruppen der Konferenz, Erledigung der Arbeitsaufträge und Koordination mit den Expertenausschüssen.

- Herstellung der Kontakte zwischen der Konferenz und den anderen an der grenzüberschreitenden Zusammenarbeit beteiligten Akteure, Verbesserung des Informationsflusses und Prüfung neuer Vorschläge.

- Unterstützung des Präsidenten/der Präsidentin der Konferenz und Öffentlichkeitsarbeit für die übrigen Gremien der grenzüberschreitenden Zusammenarbeit.

- Jährlicher Bericht über die Tätigkeiten der Konferenz und Erstellung des Weißbuches über die wichtigsten Konferenzbeschlüsse.

Die Projektträger des Sekretariats sind von 1996 - 2001, mit Unterstützung durch das INTERREG-Programm der EU, die deutschen Bundesländer Baden-Württemberg und Rheinland-Pfalz, der französische Staat, die Région Elsass und die Départments Bas-Rhin und Haut-Rhin, die Kantone Basel-Stadt, Basel-Landschaft und Aargau sowie die REGIO BASILIENSIS (GEMEINSAMES SEKRETARIAT O. J.).

2.3.3 Die Drei-Länder-Kongresse

In den 1970er Jahren hatte man am Oberrhein erkannt, dass die grenzüberschreitende Zusammenarbeit in den Bereichen der Universitäten und der privaten Wirtschaft bislang sehr schwach ausgebildet war. Unter dem Vorsitz des Ministerpräsidenten Baden-Württembergs, des Präsidenten des elsässischen Regionalrates und je einem Mitglied der Regierungen der Kantone Basel-Stadt und Basel-Landschaft begegneten sich Vertreter der oberrheinischen Hochschulen und der Wirtschaft und setzten mit Hilfe verschiedener Projektgruppen ein Innovationsprogramm in Gang. Im Jahre 1975 fand das erste Symposium „Universität und Region" in Freiburg statt (W. MEYER 1989). In den darauffolgenden Jahren fanden noch zwei weitere Symposien unter dem gleichen Motto statt, nämlich 1986 in Straßburg und 1987 in Basel. Als Ergebnis dieser Symposien darf die „Europäische Konföderation der Oberrheinischen Universitäten" (EUCOR), eine Vereinbarung der Konferenz der Rektoren und Präsidenten der oberrheinischen Universitäten vom 19. Oktober 1989 bezeichnet werden (B. SPEISER 1993).

1988 wurden die Symposien durch die Drei-Länder-Kongresse abgelöst. Diese ermöglichten den Arbeitsgruppen und den weiterbestehenden Projektgruppen der Symposien, ihre Arbeiten auf einem öffentlichen Kongress mit breiter politischer Beteiligung vorzustellen. Die Kongresse finden seit 1988 in der Regel alle zwei Jahre in wechselndem Turnus in den drei Ländern statt. Die Kongresse sollen mit breiter Beteiligung (500-800 Personen) die Vertiefung des jeweiligen Generalthemas erlauben und im Ergebnis neue Impulse für den Kooperationsalltag vermitteln (C. HAEFLIGER 1998). Als Nachfolgeorgan unter staatlicher bzw. öffentlich-rechtlicher Trägerschaft (hier ist auf französischer Seite nicht die Präfektur, sondern die *Région* federführend) sind seither 8 Drei-Länder-Kongresse zu den Schwerpunktbereichen Verkehr, Kultur, Umwelt, Wirtschaft, Jugend - Bildung - Beruf, Handwerk, Gewerbe, Raumordnung sowie „Bürger sein am Oberrhein" abgehalten worden.

2.3.4 Der Oberrheinrat (ORR)

Ergänzend zur Oberrheinkonferenz als Gremium der staatlichen Legislative wurde im Jahre 1997 der Oberrheinrat gegründet. Diesem gehören kommunale und regionale Parlamentarier aus deutschen, französischen und schweizerischen Gebietskörperschaften des Oberrheingebiets sowie aus den Landtagen an. Ziele des Oberrheinrates sind es, den Austausch auf dem Gebiet der politischen Zusammenarbeit zu fördern und zu vertiefen, Initiativen für gemeinsame Projekte zu entwickeln, eine harmonische und kohärente Entwicklung der oberrheinischen Gebiete zu fördern und zu unterstützen sowie die Aktivitäten der Oberrheinkonferenz hinsichtlich der Ziele und Maßnahmen zu begleiten (P. STRAUB 1998). Seine Aufgabe ist es, grenzübergreifende Fragen und Projektinitiativen zu beraten und mit seinen Empfehlungen die Oberrheinkonferenz zu unterstützen und damit der Exekutive-orientierten Oberrheinkonferenz einen parlamentarisch geprägten Rat gegenüberzustellen. Der Oberrheinrat bildet damit ein politisches Pendant zur Oberrheinkonferenz, die sich aus Vertretern der Exekutive und Verwaltungen zusammensetzt. Er muss seine Schwerpunkte im politischen Bereich setzen.

Im Gegensatz zur Oberrheinkonferenz setzt sich der Oberrheinrat nicht aus drei gleichgroßen Delegationen zusammen, sondern er spiegelt die Bevölkerungszahlen des Mandatsgebiets wider: 34 deutsche (davon 8 aus Rheinland-Pfalz), 26 elsässische und 11 nordwestschweizerische Mitglieder treffen sich analog zur Oberrheinkonferenz zweimal jährlich im Rahmen einer Plenarversammlung unter Vorsitz einer jährlich wechselnden Präsidentschaft (erstmals im April 1998). Dabei sind unter dem Sammelbegriff „Gewählte" auf deutscher und französischer Seite zwar in erster Linie Abgeordnete, aber auch Bürgermeister vertreten, während auf schweizerische Seite nur Mitglieder der fünf beteiligten Kantonsparlamente teilnehmen. Der Vorbereitung dienen sowohl ein Vorstand als auch derzeit vier thematische Kommissionen (C. HAEFLIGER 1998). Kooperation findet inzwischen auf zwei Ebenen statt, nämlich einerseits gesamträumlich, auf das Oberrheingebiet bezogen, und andererseits intraregional. In der Sitzung des Rates sind drei regionale Arbeitsgemeinschaften verankert, die im Süden die RegioTriRhena, im Gebiet Straßburg-Ortenau den Raum *Centre* und im Norden den PAMINA-Raum umfassen (T. KÖHLER und J. SAALBACH 2001). Im Unterschied zur ORK fußt der Oberrheinrat auf keiner rechtlichen Basis. Er ist primär ein „loser" Zusammenschluß von Gewählten, wie v.a. französische Partner immer wieder betonen.

2.3.5 Das INTERREG-Programm und PAMINA

INTERREG ist eine s.g. Gemeinschaftsinitiative im Rahmen der EU-Strukturfonds zur Förderung der wirtschaftlichen Entwicklung von Grenzregionen und deren grenzüberschreitender Zusammenarbeit. Das INTERREG-Programm wurde 1989 mit dem Ziel gegründet, die wirtschaftliche Entwicklung von Randregionen an den Binnen- und Außengrenzen der EU und deren grenzüberschreitende Zusammenarbeit zu fördern. INTERREG basiert auf der damals erfolgten Einsicht der EU, dass die sozioökonomische Situation der Grenzregionen in der Folge nicht automatisch verbessert würde. Vielmehr sah die EU den innergemeinschaftlichen Zusammenhalt zwischen Zentren und Peripherie gefährdet und beschloss entgegenzuwirken. Abgesehen von diesen mehr EU-internen regionalpolitischen Überlegungen, beabsichtigt die EU mit der INTERREG-Offerte unter anderem, die Negativwirkungen einer allfälligen Festung Europas an der EU-Außengrenze zu mildern. Drittland-Nachbarn, wie zum Beispiel die Schweiz, können deshalb auch an INTERREG partizipieren (M. LEZZI 2000). Die trinationale und von der EU mitunterstützte Entwicklungskonzeption, welche auf eine gemeinsame Willenserklärung der regionalen Regierungen vom Oktober 1989 zurückgeht, bildete die Grundlage für die Beteiligung der Oberrhein-Partner am INTERREG-Programm. Das Programm sieht die Förderung von Projekten grenzüberschreitender Zusammenarbeit öffentlicher oder privater Institutionen in einer Höhe von bis zu 50% der Kosten vor, dabei spielt das Partnerschafts- und Kofinanzierungprinzip eine wesentliche Rolle.

Die EU verlangt von ihren Mitgliedstaaten die Vorlage von s.g. „Operationellen Programmen" für jede einzelne Grenzregion, die die wesentlichen gemeinsamen grenzüberschreitenden Entwicklungsziele und Aktionsfelder festlegen. Die Genehmigung des Operationellen Programms ist Voraussetzung für die Freigabe der Fördermittel durch die EU. Für die Programmabwicklung und -überwachung schreibt die EU sogenannte „Begleitende Ausschüsse" vor, in denen die EU-Mitgliedstaaten und Vertreter der Grenzregionen zusammenarbeiten. Der jeweilige Begleitende Ausschuss entscheidet über die Aufteilung der EU-Fördermittel auf die von ihm festgelegten Aktionsfelder und bestimmt, welche Einzelprojekte gefördert werden.

Der Begleitende Ausschuss für die Oberrheinregion besteht aus Regierungsvertretern aller drei Länder und EU-Vertretern und tagt in der Regel zweimal jährlich; der Vorsitz für das Programm Oberrhein Mitte-Süd liegt zur Zeit (2002) beim Freiburger Regierungspräsidenten. Auf der organisatorischen Koordinationsebene tagt in monatlichem Turnus eine trinationale Arbeitsgruppe unter Vorsitz der *Région Alsace*, bei der auch das gemeinsam finanzierte INTERREG-Sekretariat in Straßburg angesiedelt ist. Dazu kommen die Projektgruppen für jedes einzelne INTERREG-Projekt: Sie sind aus den Kofinanzierungspartnern zusammengesetzt und können auch unter schweizerischer Federführung stehen (INFOBEST PALMRAIN 1998).

Prioritär werden dabei Maßnahmen behandelt, die in Zusammenarbeit mit den regionalen und lokalen Gebietskörperschaften entwickelt wurden oder die den Ausbau gemeinsamer institutioneller und administrativer Strukturen der grenzüberschreitenden Zusammenarbeit umfassen. Im weiteren wird Wert darauf gelegt, dass die Maßnahmen sich unmittelbar auf die Bevölkerung auswirken. Im Verhältnis zur Schweiz soll die Anpassung der EU-Gebiete an den Außengrenzen an ihre neue Rolle als Grenzgebiete eines einheitlichen integrierten Marktes unterstützt werden. Gefördert werden können auch Studien, die zu einer baldigen Realisierung solcher Projekte beitragen sollen. Allerdings werden mit INTERREG keine Luxusprojekte gefördert, Doppelspurigkeiten beiderseits der Grenzen sollen vermieden werden (der schweizerische Bundespräsident Jean-Pascal Delamuraz, nach M. LEZZI 2000).

Das Operationelle Programm „Oberrhein Mitte-Süd" nennt folgende Aktionsfelder für eine Projektförderung:

- Strukturen und Dienstleistungen grenzüberschreitender Zusammenarbeit

- Raumordnung und Umwelt

- Wirtschaft, Berufsbildung und Verkehr

- Forschung, Lehre und Telekommunikation

- Gesundheit und Soziales

- Kultur und Bildung

- Technische Hilfen für die Programmabwicklung

Am Oberrhein bestehen seit 1991 zwei INTERREG-Programmgebiete, der PAMINA-Raum im Norden und Oberrhein Mitte-Süd (OMS) im Süden. Die beiden Programme werden eigenständig verwaltet. Als Grundlage für die Förderung mit EU-Mitteln sind die Stärken und Schwächen, die Entwicklungsziele, die geplanten Maßnahmebereiche, die Finanzausstattung und die administrativen Strukturen darzustellen. Nach Bewilligung des Förderantrages wird für das jeweilige Programm ein Begleitausschuss eingerichtet. Die Anträge werden von unterschiedlichen Projektträgern vorgelegt und nach Genehmigung eigenverantwortlich umgesetzt. Sie füllen somit den durch das Operationelle Programm gesetzten Rahmen aus. Dank dieses EU-Förderinstruments konnten bis zum Jahr 2000 über 250 Projekte am Oberrhein auf den Weg gebracht und kofinanziert werden. Ein besonders erfolgreiches Projekt sind die vier Informations- und Beratungsstellen (INFOBEST) für grenzübergreifende Fragen in Lauterbourg, Kehl, Vogelgrun und Palmrain (T. KÖHLER und J. SAALBACH 2001).

Die letzten Projekte unter INTERREG II wurden bis Ende 2001 abgeschlossen, und das Nachfolgeprogramm INTERREG III schließt sich für die Jahre 2000 bis 2006 an. Insgesamt 99 Projekte wurden im Zeitraum von 1995 bis 1999 durch den trinationalen INTERREG-Begleitausschuss unter Vorsitz des Freiburger Regierungspräsidenten genehmigt. Damit sind im Programmgebiet Oberrhein Mitte-Süd seit 1991 insgesamt rund 140 Mio. Schweizer Franken in grenzüberschreitende INTERREG-Projekte investiert worden. Zahlreiche Projekte, wie die trinationale Ingenieurausbildung, der Dreiländer-Ferienpass, die INFOBEST Palmrain für grenzüberschreitende Fragen, der Oberrheinische Museumspass, das Euregio-Zertifikat für Lehrlingsaustausch oder das grenzüberschreitende Schulbuch sind durch INTERREG II zustande gekommen (JAHRESBERICHT 2000/2001).

Mit INTERREG hat man neue Erfahrungen sammeln können. Man musste sich nun innerhalb eines vorgegebenen Zeitrahmens mit den Partnern aus den drei Ländern auf den Inhalt und die Finanzierung von gemeinsamen Projekten einigen. Dadurch wurden formelle Verträge für Einzelvorhaben unter den Partnern geschlossen (H. M. TSCHUDI 2001). Dieser Prozess hat neue Spielregeln und Arbeitsweisen entstehen lassen, d.h. INTERREG führte zu einem Lernprozess zwischen den verschiedenen Kooperationspartnern.

Der PAMINA-Raum liegt zwischen Schwarzwald, Nordvogesen und Pfälzerwald und umfasst Südpfalz (PA), die Region Mittlerer Oberrhein (MI) und das Nordelsass (NA) mit einer Fläche von 6 000 km². Die Zahl der Einwohner beträgt rd. 1,5 Mio. Die Zusammenarbeit dieser Grenzregionen begann schon bald nach dem Zweiten Weltkrieg mit ersten kleinen aber wichtigen Aktivitäten. Hier ist die Bedeutung der frühen Städtepartnerschaften hervorzuheben, wie bspw. zwischen Kandel (Pfalz) und Reichshoffen (Elsass). Auf nationaler Ebene war es der deutsch-französische Freundschaftsvertrag von 1963, der die Entwicklung einer vertrauensvollen Zusammenarbeit gefördert und begünstigt hat. Die persönlichen Begegnungen von Akteuren aus Politik, Verwaltung und Wirtschaft waren es schließlich, die die weitere konkrete Ausgestaltung der Kooperation in dem, was wir heute als PAMINA-Raum bezeichnen, ermöglicht haben. Seit Ende der 1960er Jahre wurden erste Kontakte der regionalen Regierungen der Südpfalz, des Mittleren Oberrheins und des Nordelsass geknüpft. Fortschritte bei der europäischen Einigung, der heranrückende Binnenmarkt und die Vielzahl grenzübergreifender Verflechtungen zwischen den Räumen Südpfalz, Mittlerer Oberrhein und

Nordelsass waren ein zusätzlicher Motivationsschub für die engere Zusammenarbeit. Alle Partner waren bereit, dabei auch Neuland zu betreten.

Die 1963 gegründete und inzwischen in partnerschaftlicher Zusammenarbeit vorbildlich entwickelte REGIO BASILIENSIS regte an, dass eine gemeinsamen Willenserklärung für eine grenzüberschreitende Entwicklungskonzeption im Jahre 1988 im PAMINA-Raum von Vertretern der beteiligten drei Räume unterzeichnet wurde (E. SCHALLHORN 1997). Zentraler Punkt dieser Willenserklärung war die Aussage, die grenzüberschreitende Zusammenarbeit intensivieren zu wollen. Dazu sollte zunächst eine grenzüberschreitende Entwicklungskonzeption für den PAMINA-Raum erarbeitet werden, um als Plattform für weitere konkrete grenzüberschreitende Maßnahmen und Projekte zu dienen. Die Unterzeichnung dieser Willenserklärung war ein Auftakt für die Entwicklung und Ausgestaltung verschiedener Kooperationsformen und grenzüberschreitender Aktivitäten. Diese Absicht ist in der Zwischenzeit als gelungen zu bezeichnen. Nicht nur sind allein im PAMINA-Raum rund 100 kleine Projekte realisiert worden, es konnten zudem auch erhebliche Verbesserungen und Intensivierungen der Kooperation in politischer und struktureller Hinsicht erreicht werden (T. KÖHLER und J. SAALBACH 2001).

2.4 RegioTriRhena und EuroRegion Oberrhein im Europäischen Umfeld

2.4.1 Arbeitsgemeinschaft Europäischer Grenzregionen (AGEG)

2.4.1.1 Gründung

Im Jahre 1971 erfolgte auf Initiative der EUREGIO in Gronau (deutsch-niederländische Grenze) und der REGIO BASILIENSIS die Gründung der Arbeitsgemeinschaft Europäischer Grenzregionen (AGEG). Es handelt sich dabei um einen nicht eingetragenen Verein mit Sitz in Bonn/Straßburg, in welchem sich „europäische Grenz- und grenzüberschreitende Gebiete" zusammengeschlossen haben. Die Zielsetzung der AGEG ist, den genannten Regionen einen Erfahrungsaustausch zu ermöglichen, um dadurch ihre gemeinsamen Interessen formulieren und koordinieren zu können. Um dieses Ziel zu erreichen, besteht die Aktivität aus Veranstaltungen, aktiver Mitwirkung bei der Lösung spezifischer Probleme der Grenzregionen, Herausgabe eines Informationsblattes sowie Durchführung gemeinsamer Aktionen der Grenzregionen. Die Mitglieder der AGEG sind Vertreter der Grenzregionen. Sie wahren die Gesamtinteressen der Regionen gegenüber nationalen und internationalen Behörden, Organen und Institutionen, durch Unterstützung der gewählten politischen Vertreter der Grenzregionen in allen Parlamenten sowie durch die Mitwirkung bei dem Europäischen Zentrum für Grenzregionen (B. SPEISER 1993; AGEG 1996).

Die AGEG hat zwei Organe, die Mitgliederversammlung und den Vorstand. Die Mitgliederversammlung setzt sich zusammen aus den ordentlichen Mitgliedern, die aus den europäischen Grenzregionen kommen. Die Mitgliederversammlung ist das oberste Organ und wählt aus ihrer Mitte den Vorstand. Dieser besteht aus dem Vorsitzenden, zwei Stellvertretern, mindestens sieben weiteren Mitgliedern sowie je einem Mitglied der Parlamentarischen Versammlung des Europarates und des Europäischen Parlamentes, dem Schatzmeister sowie dem Vorsitzenden der Beiräte und dem Geschäftsführer. Er erledigt die laufenden Angelegenheiten, soweit sich die Mitgliederversammlung diese nicht vorbehalten hat (B. SPEISER 1993).

Der Raum Oberrhein ist bei der AGEG durch folgende ordentlichen Mitglieder vertreten: die *Région Alsace*, die REGIO BASILIENSIS für den RegioTriRhena-Rat, den Regionalverband Hochrhein-Bodensee, den Regionalverband Mittlerer Oberrhein, die Planungsgemeinschaft Rheinpfalz sowie den Regionalverband Südlicher Oberrhein. Außerdem wird er durch zwei beratende Mitglieder, nämlich die Interessengemeinschaft Moyenne Elsass-Breisgau (CIMAB) und die Freiburger Regio-Gesellschaft e. V. vertreten.

2.4.1.2 Bisherige Tätigkeiten

Die AGEG soll den Erfahrungsaustausch zwischen den Grenz- und grenzüberschreitenden Gebieten ermöglichen und sich um die Vertretung derer Gesamtinteressen auf nationaler und europäischer Ebene bemühen. Der Erfahrungsaustausch wird primär durch die Vorstandssitzungen sowie durch die Mitgliederversammlungen ermöglicht; ferner auch durch die Verbreitung von Erfahrungsberichten, Materialien und Rundschreiben der Grenzregionen, durch die Herausgabe eines Informationsblattes sowie durch die Unterstützung von Tagungen, Kongressen oder Symposien zum Thema Grenzregion.

Seit Anbeginn findet eine enge Zusammenarbeit zwischen der AGEG und dem Europarat einschließlich seiner Gremien statt. So erfolgte die Vorbereitung und Durchführung der Europäischen Konferenzen der Grenzregionen gemeinsam mit der Ständigen Konferenz der Gemeinden und Regionen Europas (KGRE) und der Parlamentarischen Versammlung des Europarates. Ferner beteiligte sich die AGEG seit ihrer Gründung an sämtlichen Fachkonferenzen und Symposien des Europarates, was schließlich das Ministerkomitee des Europarates im Jahre 1978 dazu bewog, die AGEG als Nichtregierungsorganisation (NGO) mit beratender Stimme aufzunehmen. Als solche sind sie nun berechtigt, an der Konferenz der Gemeinden und Regionen sowie anderen Veranstaltungen des Europarates teilzunehmen, wo sie überall auf die spezifischen Probleme der Grenzregionen hinweisen und deren Gesamtinteresse vertreten können. Ferner ist die Mitwirkung der AGEG bei der Schaffung des Europäischen Rahmenübereinkommens zu erwähnen. Schließlich ist sie Gründungsmitglied der Versammlung der Regionen Europas (VRE). Seit einigen Jahren versucht die AGEG auch bei der EU und beim Europäischen Parlament Einfluss zu nehmen. So ist sie im „Beratenden Ausschuss Generaldirektion Regionalpolitik" vertreten und ist wiederholt durch den „Ausschuss für Raumordnung und Regionalpolitik des Europäischen Parlaments" angehört worden. Schließlich hat die AGEG in Zusammenarbeit mit der EU im Rahmen der INTERREG-Initiative das Pilotprojekt „Beratung und Informationsaustausch zwischen den europäischen Grenzregionen (LACE)" ins Leben gerufen. Dieses Projekt verfolgt folgende Ziele: technische Unterstützung für Grenzgebiete, Einrichtung einer Datenbank für grenzüberschreitende Informationen, Förderung der Vernetzung zwischen Grenzregionen sowie Informations- und Öffentlichkeitsarbeit (B. SPEISER 1993)

Ferner wird die Organisation der AGEG als unentbehrlich für die Förderung der Integration Europas angesehen. Sie kann dazu beitragen, die Grenzgebiete aus ihrer relativen und künstlichen Isolierung zu führen. Während sie in ihren Staaten häufig als Randgebiete betrachtet werden, sind sie für Europa Mittelpunkt. Im europäischen Rahmen können sie wieder zu ihrer Einheit zurückfinden, die durch die Grenzen künstlich zerstört worden ist. Sie sind ein ideales Versuchsfeld, um die Auswirkungen und die Grundsätze der Freizügigkeit und der gemeinsamen Politik zu beweisen. Für sie hat der AGEG eine ganz besondere Bedeutung (G. Fischer 1980).

2.4.2 Lobby-Organisation: Versammlung der Regionen Europas (VRE)

2.4.2.1 Gründung

Die Versammlung der Regionen Europas (VRE) wurde 1985 in Straßburg als Verein gegründet. Die Gründung war eine Reaktion auf eine durch die lokalen Gebietskörperschaften erwirkte Neutralisierung innerhalb der Ständigen Konferenz der Gemeinden und Regionen Europas (KGRE). Die Zielsetzung der VRE ist: die Organisation und die Weiterentwicklung des gemeinsamen Dialogs, der gegenseitigen Abstimmung, der gemeinsamen Forschung und des gemeinsamen Handelns der Regionen in Europa unter Beachtung der Verträge und Verfassungen der jeweiligen Staaten; die Verstärkung der Vertretung der Regionen bei den europäischen Institutionen und das Erleichtern ihrer Beteiligung am Aufbau Europas sowie am Entscheidungsprozess auf der Ebene der Gemeinschaft; die Zusammenarbeit mit den europäischen Zusammenschlüssen lokaler Gebietskörperschaften; die Unterstützung der Tätigkeit der Regionalen Zusammenschlüsse oder derjenigen Organisationen, die später der VRE beitreten können. So verfolgte sie mit großer Aufmerksamkeit die Einsetzung des Beirats der lokalen und regionalen Gebietskörperschaften durch die europäische Kommission.

2.4.2.2 Organisation

Oberstes Organ der VRE ist die Hauptversammlung, die sich aus Delegationen der Mitgliederregionen zusammensetzt. In der Hauptversammlung treten die obersten politischen Repräsentanten der Regionen zusammen. Jede Region verfügt über zwei Sitze, wobei es Sache der einzelnen Mitglieder ist, über die Zusammensetzung ihrer Delegation zu befinden. Unabhängig von ihrer Bevölkerungszahl verfügt jede Region über eine Stimme. Sie tritt mindestens einmal jährlich zusammen und beschließt insbesondere die Annahme von Resolutionen zur politischen Strategie der VRE. Ferner wählt sie die Vorstandsmitglieder sowie den Präsidenten der VRE. Exekutivorgan der VRE ist der Vorstand. Dieser wird aus dem Kreis der ordentlichen Mitglieder gewählt und zählt zwischen 30 bis 40 Mitglieder. Von diesen müssen der Präsident, der Schatzmeister sowie mindestens die Hälfte der Mitglieder der EU angehören. Dem Vorstand obliegt die laufende Verwaltung. Schließlich arbeitet die VRE mit verschiedenen anderen Organisationen zusammen, insbesondere mit dem Europäischen Zentrum für Regionale Entwicklung (CEPRE). Die Finanzierung der VRE erfolgt durch die Beiträge der Mitglieder, Zuschüsse von öffentlichen und privaten Organisationen, Einnahmen aus eigenen Tätigkeiten, Einnahmen aus dem Vermögen sowie aus sonstigen gesetzlich zugelassenen Einnahmen.

Ähnlich wie die AGEG hat die VRE ebenfalls eine doppelte Zielsetzung. Sie soll einerseits zwischen den einzelnen Regionen und interregionalen Organisationen einen Informationsaustausch ermöglichen sowie deren Anliegen koordinieren und anderseits die Vertretung ihrer gemeinsamen Interessen bei den verschiedenen europäischen Institutionen gewährleisten, und, wenn möglich, verstärken. Anders als die AGEG vertritt die VRE nicht bloß Grenz- und grenzüberschreitende Gebiete, sondern sämtliche ihrer Organisation beigetretenen Regionen. Es ist festzuhalten, dass die VRE im Gegensatz zur KGRE nur Regionen und nicht auch Gemeinden vertritt. Dafür ist die VRE von der Basis her aufgebaut worden, wohingegen die KGRE ein „Kind" des Europarates ist und sich aus nationalen Delegationen zusammensetzt (B. SPEISER 1993).

2.5 Die erfolgreichen grenzüberschreitenden Projekte

Durch die Entwicklung der Institutionen in der EuroRegion Oberrhein sind nicht nur die Aktivitäten der grenzüberschreitenden Zusammenarbeit zur alltäglichen Routine geworden, vielmehr sind es auch zahlreiche grenzüberschreitende Projekte, besonders mit der Kofinanzierung durch INTERREG, entstanden und umgesetzt worden. Unter thematischer Bearbeitung und gemeinsamer Betreuung ist das ursprüngliche Ziel erreicht worden. Im folgenden werden einige Projekte vorgestellt, die europaweit als vorbildlich betrachtet werden können.

2.5.1 Die Regio-S-Bahn

Der Gedanke „Regio-S-Bahn" ist zum ersten Mal im Jahre 1969 bei der REGIO BASILIENSIS aufgetaucht. Nach vielen Jahren „Inkubationszeit" wurde die Idee im Jahre 1986 von der ORK zur Verwirklichung der Regio-S-Bahn aufgegriffen. In der Idee der Regio-S-Bahn spiegelt sich eine Grundproblematik wider, denn im Gebiet der Stadt und Basel-Agglomeration ist der Schienennahverkehr überwiegend nach nationalen Gesichtspunkten gestaltet und die Verkehrsverbindungen sind kaum miteinander verknüpft und aufeinander abgestimmt. Die insgesamt sieben Schienenstränge, auf denen Regionalzugverkehr aus Frankreich, Deutschland und der Schweiz Richtung Basel betrieben wird, enden in den drei unterschiedlichen Basler Bahnhöfen. Im Gegensatz zu anderen innerstaatlichen Ballungsräumen verfügt Basel infolgedessen über kein in sich geschlossenes S-Bahn-Netz mit einem hohen Bedienungsstandard. Gleichzeitig blieb Basel aber von den für Ballungsräume typischen Entwicklungen wie einer Zunahme der Pendlerströme und den damit verbundenen Verkehrsproblemen nicht verschont. Daher lag die Idee, die existierenden Regionalzuglinien zu einem einheitlichen Netz zu verknüpfen, nahe. In den folgenden Jahren wurde ein erstes Planungskonzept von den beteiligten Partnern durch Nachfrageuntersuchungen, Kosten-/Nutzenanalysen und Machbarkeitsstudien verfeinert. 1995 genehmigten die Regierungen und Parlamente aller vier Partner (*Région Alsace*, Kantone Basel-Stadt, Basel-Landschaft und Aargau) die Kredit- und Vertragsvorlagen. Am 1. Juni 1997 hat die erste Linie der Regio-S-Bahn, die s.g. „Grüne Linie", mit acht täglichen Verbindungen zwischen Mülhausen (Elsass) und dem Schweizer Kanton Aargau ihren Betrieb aufgenommen. Damit wurde eine Idee der REGIO BASILIENSIS nach 20 Jahren in die Realität umgesetzt. Aufgrund ihres großen Erfolges wird ihr Betrieb auf heute 28 tägliche Verbindungen ausgeweitet, mit denen nahezu ein Stundentakt erreicht wird. Von einer bilateralen Arbeitsgruppe zwischen Deutschland und der Schweiz wurde eine zweite Regio-S-Bahnlinie, die s.g. „Rote Linie" entwickelt (die Strecke Zell im Schwarzwald bis Badischer Bahnhof). Die orange Linie von Offenburg über Freiburg bis Basel wurde kürzlich eröffnet. Weitere grenzüberschreitende S-Bahn-Linien sind in Planung (vgl. Abb. 9) (INTERVIEW mit C. HAEFLIGER 1999; T. PFEIFFER 2000). Dank der Regio-S-Bahn können nun die Menschen in der Basler Agglomeration sich freier bewegen und begegnen - sei es bei der Arbeit, dem Einkauf oder den Freizeitvergnügen, dabei wird Wir-Gefühl gefördert, ganz nach dem Motto der 150-Jahr-Feier der Badischen Revolution: „Freiheit verbindet, Nationalismus trennt" (M. LEZZI 2000).

2.5.2 INFOBEST

Mangelnde Information führt oft zur Verunsicherung und im schlimmsten Falle zu gegenseitigen Vorurteilen. Hier helfen die vier Informations- und Beratungsstellen (INFOBEST), die entlang des Oberrheins eingerichtet wurden, den jeweiligen staatlichen Verwaltungen und Gebietskörperschaften der drei Länder bei grenzüberschreitenden Fragen. Vertreter aus Frankreich, Deutschland und der Schweiz unterhalten gemeinsam die bi- bzw. trinationalen Stellen und sind beauftragt sich um die verschiedenen Anliegen der Grenzbewohner zu kümmern und ihnen gegenseitige Kenntnisse über die Gesetzgebung, die Wirtschaft und die sozialen Beziehungen sowie über Zuständigkeiten und Kompetenzen der Verwaltungen im Nachbarland kostenlos zu vermitteln und sie über Neuerungen, in Verbindung mit der Öffnung der europäischen Grenzen, zu informieren. Die INFOBEST bildet zwischen den drei Grenzregionen (PAMINA, Centre und RegioTriRhena) eine Drehscheibe, deren Hauptaufgabe es ist, einerseits generelle Informationen zu vermitteln - sei es an Bürger, Unternehmen, Verwaltungen oder Vereine - und andererseits diese an die kompetenten nationalen Fachstellen (Fachverwaltungen, Kammern, Institutionen) weiterzuleiten. Parallel beraten die INFOBEST über den Zugang zu EU-Fördermitteln, insbesondere über das INTERREG-Programm (INTERREG SEKRETARIAT 1999). Weitere wichtige Anlaufstelle ist das „Euro-Institut" für regionale Zusammenarbeit und europäische Verwaltung mit Sitz in Kehl. Es dient im wesentlichen der Fort- und Weiterbildung von Bediensteten Deutschlands und Frankreichs in Fragen der grenzüberschreitenden europäischen Zusammenarbeit.

2.5.3 Trinationale Ingenieurausbildung

Um die Ausschöpfung von Synergien in der Ausbildung voranzutreiben, wurde zum Wintersemester 1997/98 an der Berufsakademie Lörrach (D), der Fachhochschule beider Basel (CH) und der Université de Haute-Alsace Mülhausen (F) ein trinationaler Ingenieur-Ausbildungsgang in „Mechatronik" mit der Unterstützung durch INTERREG II begonnen. Ziel des Studienganges ist es, Generalisten auszubilden, die sich auch im internationalen Geschäft durchsetzen können (INTERREG III). Es handelt sich um eine Spezialisierung in der Richtung Mechanik, Elektronik und Informatik mit zusätzlicher Ausbildung in Projektmanagement und Kommunikation sowie Sprachkursen in deutscher, französischer und englischer Sprache. Der innovative Aspekt dieses integrierten Studiengangs besteht darin, dass die Studierenden der drei Länder von Anfang an in einem gemeinsamen Kurs zusammengefasst werden, der an allen drei Standorten stattfindet (WIRTSCHAFT AM OBERRHEIN 1998). Inzwischen wurde dieses trinationale Erfolgskonzept auf andere Fachrichtungen übertragen, z.B. Internationales Management, Bauingenieurwesen oder Lehrausbildung.

2.5.4 „Euregio-Zertifikat" und die Heimat „EuroRegion Oberrhein"

Lehrlinge, die mindestens vier Wochen in zwei grenznahen Nachbarländern respektive sechs Wochen in einem Nachbarland ein Berufspraktikum absolvieren, erhalten am Ende ihrer Ausbildung das sogenannte „Euregio-Zertifikat". Das Euregio-Zertifikat ist somit eine Zusatzqualifikation und bescheinigt den Inhabern internationale Firmenerfahrung, grenzüberschreitende Mobilität und Sprachkenntnisse (Deutsch und Französisch). Seit 1997 wurde dieses Projekt durch INTERREG II kofinanziert und von dem Expertenausschuss „Berufsbildung" begleitet. Um die Grenzregion selbst und sich gegenseitig kennen zu lernen, hat die Arbeitsgruppe „Erziehung und Bildung" der Oberrheinkonferenz mit der Unterstützung durch INTERREG II-Mittel das Oberrheinschulbuch entwickelt, das über Natur, Geschichte, Arbeiten, Wohnen, Freizeit und Bräuche usw. aus allen drei Teilregionen berichtet. Die Texte fördern die Zweisprachigkeit. Mit den Schülern wird der eigene oberrheinische Lebensraum in natura entdeckt, es werden Klassen im Nachbarland besucht oder gemeinsame Projekte durchgeführt. Die junge Generation soll frühzeitig lernen, Grenzen zu überwinden und mobil zu werden (M. LEZZI 2000).

2.5.5 Museumspass

Die EuroRegion Oberrhein verfügt über zahlreiche sehenswerte Museen ihres Kulturerbes und ihrer Natur. Die ORK-Arbeitsgruppe „Kultur" zielt darauf ab, ein Bewusstsein einer gemeinsamen oberrheinischen Identität aufzubauen. Im Jahre 1999 wurde das Projekt Museumspass am Oberrhein eingeführt. Es umfasst folgende Leistungen: Freier Eintritt in Dauerausstellungen und Sonderausstellungen, Zutritt zu Führungen, Vorträgen und Veranstaltungen, Informationen über das aktuelle Angebot der Museen sowie weitere Dienstleistungen durch Sonderangebote usw. Nun kann man mit einem Museumspass alle 150 Museen und damit verbundene Veranstaltungen in drei Ländern besuchen.

2.5.6 Das BioValley-Projekt

Die BioValley-Initiative bezweckt den Aufbau eines „Life Sciences"-Netzwerks mit einer flachen Struktur von Unternehmen und Institutionen verschiedener Art und Größe in Industrie, Gewerbe, Dienstleistung und Forschung durch die gemeinsame Koordination in der RegioTriRhena. Die BioValley ist eine Vernetzung der bestehenden Partner mit Gleichberechtigung von Institutionen, Transferstellen, Universitäten, großen, mittleren und kleinen Unternehmen (KMU) mit grenzüberschreitenden und interdisziplinären Aktivitäten. Auf der Grundlage von mehr als 300 Unternehmen in den Bereichen Medizin und Biologie sowie vier Universitäten mit insgesamt rund 78 000 Studierenden verfügt die EuroRegion Oberrhein über ein großes Potential an Wissen, Können und existierenden Strukturen für ein BioValley.

Um die EuroRegion Oberrhein zu einem global konkurrenzfähigen Biotechnologie-Standort Europas mit einzigartig vernetzter Industrie-, Forschungs- und Sozialkultur (für Erfinder- und Entdeckergeist und Risikobereitschaft für Investitionen und grenzüberschreitende Zusammenarbeit) auszubauen und um die Investoren aus der ganzen Welt anzuziehen, hat sich die Arbeitsgruppe für Wirtschaft durch das Promotion-Team über die Fortschritte des Biovalley-Projekts unterrichten lassen. Seit Dezember 1996 tagt das BioValley-Promotion Team mindestens einmal im Monat. Die Biotech-Jungunternehmer treffen sich regelmäßig zu Roundtable-Gesprächen und zum Erfahrungsaustausch. Im Rahmen des BioValley-Projektes wurde zudem ein Paket von insgesamt 34 Dienstleistungen für die Nutzer des Netzwerkes am Oberrhein geschaffen, beispielsweise das „BioValley-Easy-Access System", der „BioValley Guide", BioValley Universities Partnership sowie eine Internet-Homepage. Eine der wichtigsten Unterstützungen, die das BioValley den Unternehmen und Start-ups bieten konnte, war der s.g. „BioValley Incubation Fund". Insgesamt 24 Unternehmen wurden bis dato mit bei der Erarbeitung eines Business Plans für ihre zukünftige Aktivität, bzw. bei der Firmengründung unterstützt (WIRTSCHAFT AM OBERRHEIN 1998).

3 Die Bewertung der Entwicklung der grenzüberschreitenden Zusammenarbeit

3.1 Die zeitliche Zusammenfassung der grenzüberschreitenden Zusammenarbeit am Oberrhein

Die Entwicklung der grenzüberschreitenden Zusammenarbeit am Oberrhein kann in drei Zeitabschnitte unterteilt werden. Die erste Phase, die s.g. Pionierphase, dauerte von 1963 bis 1975. In diesem Zeitraum konzentrierte man sich auf erste informelle Kontakte und die Gründung der Institutionen für die grenzüberschreitende Zusammenarbeit am Oberrhein. Mit der Regierungsvereinbarung von 1975 begann die zweite Phase. Dieser Entwicklungsabschnitt war geprägt durch den Aufbau der Institutionen für die grenzüberschreitende Zusammenarbeit am Oberrhein. Das INTERREG-Programm der EU zur Förderung der grenzüberschreitenden Zusammenarbeit setzte 1989 den Auftakt zum dritten Entwicklungsschritt. Dieser Zeitraum von 1989 bis heute ist charakterisiert durch eine Intensivierung der grenzüberschreitenden Kontakte und durch die Umsetzung der gemeinsamen Projekte (R. ZOLLER-SCHEPERS 1998).

Insgesamt zeigt sich in der EuroRegion Oberrhein, dass die grenzüberschreitende Zusammenarbeit im Vergleich mit anderen Grenzregionen in Europa weit fortgeschritten ist. Dass sich dabei auch ein Nichtmitgliedsland der EU, nämlich die Schweiz, mit ihren grenznahen Kantonen intensiv und mit großem Engagement beteiligt, ist eine Besonderheit, die vor dem Hintergrund der anstehenden Erweiterung der EU beachtenswert ist (T. KÖHLER und J. SAALBACH 2001). Am Anfang wurde nicht damit gerechnet, dass sich die grenzüberschreitende Zusammenarbeit am Oberrhein so gut entwickeln würde (INTERVIEW mit C. HAEFLIGER 1999).

3.2 Die Erfolgsfaktoren der grenzüberschreitenden Zusammenarbeit am Oberrhein

3.2.1 Günstiger Ausgangspunkt

In der EuroRegion Oberrhein gibt es zahlreiche günstige Bedingungen, welche die Hindernisse für eine grenzüberschreitende Zusammenarbeit schrumpfen lassen. Die naturräumliche Einheit hat eine Zusammenarbeit gefordert und gefördert. Hinzu kommen gemeinsame historische und kulturelle Wurzeln und eine regionale Identität. Die räumlichen Gemeinsamkeiten bieten gute Grundlagen für die herausragende Infrastruktur, wie z.b. der trinationale EuroAirport Basel-Mülhausen-Freiburg. Nicht zuletzt brachte die zentrale Lage in Europa verkehrstechnische Vorteile. Handel und andere enge wirtschaftliche Verflechtungen machten die „periphere" EuroRegion Oberrhein zu einer führenden Wirtschaftsregion Europas.

3.2.2 Finanzkraft und INTERREG

Obwohl die EuroRegion Oberrhein einen der wettbewerbfähigsten Wirtschaftsstandorte in Europa darstellen kann, bildet das INTERREG-Programm eine weitere Grundlage für die Umsetzung der grenzüberschreitenden Zusammenarbeit. Seit dem INTERREG-Programm ist die grenzüberschreitende Zusammenarbeit am Oberrhein von verbalen Deklarationen zu materiellen Umsetzungen gekommen. Das INTERREG-Programm kann als ein Meilenstein für die grenzüberschreitende Zusammenarbeit am Oberrhein bezeichnet werden. Es ist nicht nur eine finanzielle Basis für die Projekte, es führt vielmehr alle Kräfte am Oberrhein zusammen, was die Gesamtentwicklung beschleunigt und vorwärts treibt. Das INTERREG-Programm hat durch Projekte die grenzüberschreitende Zusammenarbeit zur institutionellen Vernetzung gebracht und die Grenzen durchlässiger gemacht. Es hat die Grenzgebiete vom Rand der nationalen politischen Landkarte mehr in die Mitte gerückt (S. UNGERN-STERNBERG 2001).

INTERREG hat nicht nur finanzielle Aspekte, sondern es verstärkt auch viele eigenständige Initiativen. Bei der Durchführung der Projekte ist es auch von Bedeutung, auf welche Weise sie umgesetzt werden. Die rege Zusammenarbeit bei der Projekt-Umsetzung mit Personen und Institutionen von beiderseits der Grenze schafft neue Kontakte, hilft Vorurteile abbauen, gibt den Partnern neue Ideen und verhilft zu einer gemeinsamen Plattform zur Weiterentwicklung der Grenzregion. Diese Partnerschaft wurde insbesondere auf kommunaler und übergemeindlicher Ebene geschaffen und stellt eine entscheidende Säule für die Pflege und den Ausbau der grenzüberschreitenden Zusammenarbeit am Oberrhein dar, vor allem bezüglich der Kofinanzierung gemeinsamer Projekte. Letztlich wird durch das INTERREG-Programm die Schaffung eines eigenen rechtlichen Rahmens und durch die institutionalisierte Kooperation ein dauerhaftes Fundament geschaffen.

3.2.3 Rechtliche Gründe, Föderalismus und das Subsidiaritätsprinzip

Der Madrid-Vertrag und das Karlsruhe-Abkommen, welche Modellverträge und -abkommen für supranationale und grenzüberschreitende Zusammenarbeit als rechtliche Rahmenbedingungen darlegen. Daneben bilden die jeweiligen außenpolitischen Kompetenzen für die grenzüberschreitende Zusammenarbeit in der EuroRegion Oberrhein.

Die föderalistischen Systeme in Deutschland und der Schweiz stellen eine günstige Rahmenbedingung für den Aufbau der grenzüberschreitenden Institutionen in der EuroRegion Oberrhein dar. Hier existieren bereits freiwillige Assoziationen und Vereine mit Beteiligung von unterschiedlichen Akteuren. Von der Forderung nach regionaler Verflechtung über die Grenzen bis hin zur Etablierung eines alltäglichen Institutionsnetzwerkes wurden hier Interessen artikuliert, die dann von den bürgerlichen Initiativen umgesetzt wurden. Der Föderalismus wird durch das Subsidiaritätsprinzip weiter verstärkt. Um zu vermeiden, dass die EU zu großen Einfluß ausübt, wurde das Subsidiaritätsprinzip im Maastricht-Vertrag im Jahre 1991 als ein Prinzip für die regionale Integration der EU aufgenommen. Nach diesem Prinzip werden die Funktionen auf die optimale Organisationsstelle verlagert. Politische Entscheidungen sollen nur dann auf EU-Ebene getroffen werden, wenn es unumgänglich ist. Durch dieses Prinzip wird die Macht der Zentralregierung der EU stark beschränkt. Stattdessen liegt die Entscheidungskompetenzen in den Bereichen Raumplanung, Infrastruktur und Umwelt, Ausbildung und Forschung, sowie Industrie- und Innovationspolitik für KMU (kleine und mittlere Unternehmen) bei den regionalen Ebenen. Für die gemeinsamen Probleme an der Grenze sind zwar die nationalen Organisationen zuständig, aber die besten Initiativen und Lösungen kommen meist von den regionalen Ebenen vor Ort. In diesem Zusammenhang werden also der Bottom-Up-Ansatz, Dezentralisierung, und grenzüberschreitende Zusammenarbeit gefördert (R. CAPPELLIN 1993; R. RATTI 1993).

3.2.4 Die angesehenen Persönlichkeiten und hochqualifizierten Fachkräfte

Viele Ideen, die heute in die Realität umgesetzt worden sind, kamen spontan von einzelnen Persönlichkeiten. Die Bedeutung von Einzelpersonen liegt darin, dass sie Überzeugungsarbeit leisten können. Es sind immer Einzelpersonen, die in der konkreten Zusammenarbeit, bei der Absprache grenzüberschreitender Aktivitäten, die Sache an die Hand nehmen und sich für ein gemeinsames Vorgehen stark machen. Zweitens beeinflussen und prägen Einzelpersonen durch ihr persönliches Engagement die Kooperationsatmosphäre: Charismatische Personen - wie beispielsweise der Gründer der REGIO BASILIENSIS und langjährige Motor dieser Entwicklung hin zur grenzüberschreitenden Zusammenarbeit, Hans Briner, - geben den Beziehungen eine persönliche Dimension. Dies ist vor allem entscheidend, wenn die Arbeit von Konflikten dominiert wird und ins Stocken zu geraten droht (R. ZOLLER-SCHEPERS 1998). Selbstverständlich spielen auch die „normalen" Mitarbeiter mit ihrer Qualifikation und ihrem Engagement eine bedeutende Rolle. Bei der grenzüberschreitenden Zusammenarbeit werden besonders ihre Sprach- und Verhandlungsfähigkeit gefordert.

3.3 Die anstehenden Probleme

Obwohl der grenzüberschreitenden Zusammenarbeit am Oberrhein unverkennbare Erfolge gelungen sind, fordern die Akteure auch die Selbstkritik heraus. Neben allgemeinen Schwierigkeiten, wie in anderen Grenzregionen auch, gibt es institutionelle Probleme wie z.B. zu viele Gremien, fehlende Öffentlichkeit und eine begrenzte Kompetenz.

Nicht zuletzt gibt es auch zahlreiche Hürden und Hemmnisse, die die Existenz der nationalen Grenzen nach wie vor deutlich werden lassen. Schließlich haben wir es bei den am Oberrhein aufeinander treffenden drei Staaten mit souveränen Gebilden zu tun, die jeweils eigene und oft voneinander abweichende Gesetze, Regelungen, Verwaltungsstrukturen und Verfahren aufweisen. Hinzu kommen Unterschiede in Sprache, Kultur und Mentalität, die nicht vernachlässigt werden dürfen. Zudem wirken die Narben der Vergangenheit oftmals nach und zeigen immer wieder, welch eine schwierige Geschichte dieses Gebiet bis heute zu verarbeiten hat. Wenn auch die Relikte der Kriege heute zu touristischen Attraktionen geworden sind, wie z.B die Maginot-Linie mit ihren teilweise gut erhaltenen unterirdischen Verteidigungsanlagen, so führen sie doch gleichzeitig vor Augen, welche Konflikte dieser Landstrich im Laufe der Geschichte aushalten musste. Insbesondere vor diesem Hintergrund ist die Selbstverständlichkeit, mit der die Staatsgrenze heute von Personen, Waren, Kapital und Dienstleistungen überschritten werden kann, beeindruckend (T. KÖHLER und J. SAALBACH 2001).

Bürokratische Hemmnisse stammen an erster Stelle aus der EU-Ebene in Brüssel. Es wird bemängelt, dass es zu viele Sitzungen, zu wenig Transparenz, zuviel Ineffizienz europäischer Räte und Debatten, zu wenig demokratische Legitimation und wenig Klarheit für die grenzüberschreitende Zusammenarbeit am Oberrhein gibt (W. SCHÄUBLE 2001). In der zweiten Linie wirken die Fülle der grenzüberschreitenden Strukturen, Gremien und Initiativen für die anderen, insbesondere für Nicht-Insider verwirrend. Es gibt zuviel Unkenntnisse über die Institutionen, z.B. sind manche Institutionen eher formaler Natur als funktionsfähig und arbeiten parallel und unabgestimmt. Diese Hemmnisse schaden der Entscheidungsfähigkeit und verlangsamen den Umsetzungsprozess. Je mehr es parallele Institutionen gibt, desto schwerer kann ein gemeinsamer Konsens erreicht und im Projekt umgesetzt werden, weil jeder möglichst seine Interessen und Vorteile ausnutzen will und Nachteile vermeiden möchte (T. PFEIFFER 2000). Am Oberrhein gibt es zu viele Gremien und Sitzungen, die auch zu viele Entwürfe, Gutachten, Pläne, Lageskizzen und Termine beanspruchen. Letztendlich entstehen viele Auseinandersetzungen, die in lange Entscheidungsprozesse münden. Außerdem wird geklagt, dass gewisse Gremien nur große abstrakte Entwürfe produzieren und keine konkreten Resultate sowie Problemlösungen anbieten (M. LEZZI 1994). Beispielsweise sind die Beschlüsse der Regierungskommission, der Oberrheinkonferenz und des Drei-Länder-Kongress nur von moralischer Bedeutung, rechtlich aber nicht verbindlich. Deshalb müssen die Kooperationsgremien mit mehr Kompetenzen und Finanzen ausgestattet werden. Langfristig muss die grenzüberschreitende Zusammenarbeit über die Regierungs- und Verwaltungsebene hinaus auch in der Bevölkerung verankert und demokratisch abgestützt werden (R. ZOLLER-SCHEPERS 1998).

Zurzeit sind meisten grenzüberschreitenden Projekte zu stark vom INTERREG-Programm abhängig. Man muss in der Zukunft damit rechnen, dass das INTERREG-Programm eines Tages auslaufen könnte. INTERREG gibt bloß vorübergehende Impulse für die grenzüberschreitende Zusammenarbeit am Oberrhein. Wichtiger ist es, dass eine Zusammenarbeit aller betroffenen Behörden und Körperschaften, unabhängig von der Ausstattung mit finanziellen Mitteln, entsteht und weiterlebt (K. ARHENS 2001).

3.4 Der Ausblick auf die zukünftige grenzüberschreitende Zusammenarbeit am Oberrhein

Aufgrund der vergangenen Bemühungen und des INTERREG-Programms wird die grenzüberschreitende Zusammenarbeit am Oberrhein sich weiter vertiefen und konkretisieren. Zuerst werden die anstehenden Probleme gezielt gelöst werden müssen. Die Institutionen der grenzüberschreitenden Zusammenarbeit müssen vereinfachter, durchsichtiger und damit gleichzeitig leistungsfähiger werden. Die Intensität der grenzüberschreitenden Kontakte wird in der nächsten Zeit zunehmen und die Beziehungen in allen Bereichen - Wirtschaft, Verkehr, Umwelt, Raumplanung, Gesundheit, usw. enger und verflochtener werden (R. ZOLLER-SCHEPERS 1998). Wenn das INTERREG-Programm ausläuft, wird die grenzüberschreitende Zusammenarbeit am Oberrhein auch mit eigenen Mitteln fortgeführt (Regio-Klima-Projekt REKLIP, Regio-S-Bahn) werden müssen. Die Rahmenbedingungen, die vom INTERREG-Programm eingeführt worden sind, könnte in einer Art grenzüberschreitender Selbstverwaltung verankert werden. Weitere positive Trends sind die stärkere Bürgerverständlichkeit und Bürgernähe bei allen Programmen, Strategien und Projekten; Einbeziehung von Politikern aller politischen Ebenen (europaweit, national, regional und lokal) in die grenzüberschreitende Politik und Einschaltung aller Akteure beiderseits der Grenzen (V. MALCHUS 1981, 1997).

Mit der Einführung der Euro-Zone haben zwei von drei Partnern eine gemeinsame Währung. Damit steht die grenzüberschreitende Zusammenarbeit in der EuroRegion Oberrhein vor einer guten Zukunft, in denen das regionale Bewußtsein, die Wirtschaftsverflechtungen, die Grenzorganisationen und das gemeinsame Leben weiter gefördert werden können. Da die Grenze am Oberrhein immer durchlässiger und die Kontakte enger geworden sind, kann man diesen Prozess als ein Modell der grenzüberschreitenden Zusammenarbeit für die anderen Grenzregionen auf der Welt betrachten.

Teil 3 Die Entwicklung der grenzüberschreitenden Zusammenarbeit in der Tumen-Region

1 Die Tumen-Region – Lage und regionale Rahmenbedingungen

Die Entwicklung der grenzüberschreitenden Zusammenarbeit in der Tumen-Region wird hauptsächlich durch das Tumen-Projekt gefördert. Das Tumen-Projekt, namentlich *The Tumen River Area Development Programme* (TRADP), ist ein regionales Projekt des United Nation Development Programme (UNDP). Das Projekt zielt darauf ab, die Entwicklung der Tumen-Region durch multilaterale Zusammenarbeit zwischen den Anliegerländern in Nordostasien zu beschleunigen (vgl. Abb. 11). Wie soll das Tumen-Projekt zur Entwicklung der Tumen-Region beitragen? Welche Maßnahmen sollen vom Tumen-Projekt ergriffen werden? Um diese Fragen beantworten zu können, ist es notwendig, die regionalen Voraussetzungen in der Tumen-Region, sowie die Entstehung und die Funktion des Projektes zu analysieren. Im folgenden wird diesen Fragen nachgegangen.

Abb. 11 Das „Goldene Dreieck" in der Tumen-Region
Quelle: EIGENE DARSTELLUNG

Angesichts der verschiedenen politischen Systeme in der Tumen-Region kann die Untersuchung der Wirtschaftsstrukturen in den Teilregionen nicht nach einheitlichen Maßstäben erfolgen. Außerdem ist jeder Teil unterschiedlich in das jeweilige Verwaltungshierarchiesystem des Landes eingeordnet. Die Teilgebiete der Tumen-Region werden von ihren dahinterliegenden großen Wirtschaftsregionen beeinflusst. Um die Bedeutung der verschiedenen Teile der Tumen-Region zu verstehen, ist es daher nötig, die regionale Wirtschaftskulisse darzustellen. Anschließend wird eine ausführliche Analyse der Tumen-Region durchgeführt.

1.1 Die Abgrenzung der Region

Nordostasien und die Tumen-Region werden von verschiedenen Experten aus unterschiedlichen Disziplinen jeweils anders definiert. Eine klare und einheitliche Definition gibt es bisher noch nicht. Häufig fallen solche Begriffe wie Nordostasien, Tumen-Region, Tumen-Dreieck, Tumen-Projekt und FEZ (*Free Economic Zone*). Sie alle werden je nach den Belangen der Untersuchung und der zuständigen Gebietskörperschaften definiert. Allen Definitionen ist allerdings gemeinsam, dass Nordostasien als Großraum den politischen und wirtschaftlichen Hintergrund bildet, und dass das Gebiet am Unterlauf des Tumen-Flusses als geographischer Mittelpunkt dieses Großraumes auch eine zentrale Rolle für das Tumen-Projekt spielen soll.

1.1.1 Nordostasien

Nordostasien wird je nach der Disziplin oder der Sichtweise der Studien unterschiedlich definiert. Manchmal umfasst es die geographischen Teilräume der jeweiligen nordostasiatischen Länder, manchmal aber alle betroffenen Länder insgesamt, z.B. werden ganz China, die Halbinsel Korea, Japan und die Mongolei einbezogen (G. ROZMAN 1997). Nach Chen Cai (1996) stellt Nordostasien die Küstenregion mit dem Mündungsdelta des Tumen Flusses in das Japanische Meer als geographischen Mittelpunkt dar (CHEN CAI 1996a; 1996b) (vgl. Abb. 11). Dies ist ein physisch-geographisch einheitlicher und relativ abgeschlossener Bereich. In der Vergangenheit war hier die Hauptbühne der politischen Verflechtungen Nordostasiens. In der Zukunft zielt man darauf hin, dass hier eine mögliche regionale Zusammenarbeit um die Mündung des Tumen-Flusses geschaffen wird. Diese Region soll den Russischen Fernen Osten, die Koreanische Halbinsel, Japan und Nordost-China umfassen. Angesichts der Transportverbindungen soll Nordostasien auch die Mongolei einschließen. Daher beträgt die Fläche von Nordostasien 9,6 Mio. km² (mit dem Japanischen Meer 10,61 Mio. km², das entspricht ungefähr der Fläche Europas). Die Bevölkerungszahl liegt bei 300 Mio. Einwohnern. Abgesehen von Japan und Südkorea sind die anderen Regionen Nordostasiens wirtschaftlich rückständig entwickelt (diese Regionen umfassen 9,13 Mio. km² mit 150 Mio. Einwohnern). Aufgrund ihrer regional komplementären Eigenschaft von Arbeitskraft, Know-how, Naturressourcen, Technologie und Kapital ist Nordostasien ein natürliches Wirtschaftsterritorium (M. J. VLENCIA 1999). Deshalb hofft man, eine regionale Integration in Nordostasien zu erzielen. Die gesamte Region Nordostasiens wird auch als Wirtschaftshinterland für das Tumen-Projekt gesehen.

1.1.2 Die Tumen-Region

In dem vom UNDP vorgestellten Tumen-Projekt versteht man unter der Tumen-Kernregion das Gebiet entlang des Unterlaufes des Flusses Tumen, nämlich die Grenzregion der drei Länder China, Russland und Nordkorea. Sie umfasst die Bezirke von Hunchun und Jingxin in China, Rajin-Sŏnbong in Nordkorea sowie Kraskino, Posjet und Zarubino in Rußland mit insgesamt 1000 km². Hier soll eine intensive wirtschaftliche Entwicklung vorangetrieben werden und nach der Vorstellung des UNDP eine Freihandelszone (FEZ in Tumen) entstehen, damit die Region in Zukunft zu einer wirtschaftlichen Drehscheibe für Nordostasien werden kann. Die vergrößerte Entwicklungsregion mit einer Fläche von ca. 10 000 km² umfasst die Kernregion und wird von den wichtigen Grenzstädten Yanji, Wladiwostok und Chŏngjin eingerahmt (DING SHICHENG 1993) (vgl. Abb. 11).Unter Verwaltungsgesichtspunkten geht man davon aus, dass die Tumen-Region die chinesisch-koreanische Autonome Präfektur Yanbian, den russischen Primorskij kraj und die nordkoreanische Provinz Hamgyŏng-pukto beinhaltet. Angesichts ihrer möglichen Benutzung des in Zukunft ausgebauten Transitsweges in der Tumen-Region wird die östliche Mongolei auch in dem Tumen-Projekt einbezogen.

Die Tumen-Region hat das Potential, sich von einer politisch unbekannten Grenzregion in Nordostasien in eine dynamische Region mit großem Wirtschaftspotential zu entwickeln. Im folgenden wird ein Überblick der wichtigsten Indikatoren der Region gegeben (vgl. Tab. 5).

Tab. 5 Ein Überblick der Tumen-Region

	Präfektur Yanbian	Rajin-Sŏnbong Sonderwirtschaftszone	Östliche Mongolei[1]	Primorskij kraj
Fläche (km²)	42 700	746	287 500	165 900
Einwohner	2 200 000	150 000	223 000	2 223 000
Kernstädte	Yanji	Rajin	Choibalsan	Wladiwostok
Einwohner	340 000	67 000	46 000	650 000
wichtige Wirtschaftszweige	Leichtindustrie, Holzwirtschaft, Tourismus, Landwirtschaft, pharmazeutische Industrie	Leichtindustrie, Fischindustrie, Tourismus, Transport	Bergbauindustrie, Viehzucht, Tourismus	Fischindustrie, Holzwirtschaft, Maschinenbau
Durchschnittsarbeitslöhne (US$)	60	80	60	70-100
BIP pro Kopf(US$)	619	491[2]	417	1 398

[1] Provinzen Dornod, Hentii and Sukhbaatar. BIP pro Kopf bezieht sich auf die gesamte Mongolei.
[2] BIP pro Kopf bezieht sich auf ganz Nordkorea (1997).

Quelle: UNDP 2001

Die Tumen-Region wird schematisch gerne in drei Kreisen dargestellt: den Kernkreis bildet das oben genannte große Städtedreieck (Yanji, Wladiwostok und Chŏngjin); der Mittelkreis besteht aus den drei Nachbarländern Japan, Südkorea und der Mongolei (das oben genannte Nordostasien); zum Aussenkreis gehören alle anderen Länder, die Interesse am Tumen-Projekt haben (CHEN CAI 1996a).

Die Tumen-Region ist geographisch das Zentrum von Nordostasien, wirtschaftlich bleibt es jedoch noch relativ unbedeutend. Die nordostasiatischen Länder könnten hier einen potentiellen Wirtschaftsblock bilden, stehen allerdings zurzeit nur sehr locker in Verbindung. Wenn aber die Tumen-Region analysiert werden soll, ist Nordostasien ein unentbehrlicher Hintergrund, der ebenfalls betrachtet werden muss. Die Tumen-Region soll hier daher als flexibler Begriff verstanden werden, d.h. aufgegliedert in die Kern-Region (Projekt-Region) und in die Umgebungsregion (Nordostasien als Wirtschaftshintergrund). Die unmittelbar beteiligte Region soll als Wachstumspol intensiv behandelt werden. Im Zusammenhang mit ganz Nordostasien soll die Tumen-Region als Drehscheibe und in ihrer Bedeutung als mögliches Transithandelszentrum untersucht werden. Die Untersuchung soll je nach den unterschiedlichen Funktionen der Region vorgenommen werden. Einheitliche Parameter gibt es hier nicht.

China

Über die Flächenausdehnung der Tumen-Region auf chinesischer Seite gibt es unterschiedliche Auffassungen. Die Größe der Fläche ergibt sich schließlich aus unterschiedlichen Aufteilungen der jeweiligen Mandatsregion, z. B. gibt es in dem chinesischen Teil mindestens drei Einteilungen:

- Die Tumen-Region entspricht der Präfektur Yanbian (CHEN CAI 1996a; 1996b);
- Sie entspricht vier Kreisen der Präfektur Yanbian, die am Tumen-Flusses liegen, nämlich die Kreise Yanji, Hunchun, Tumen und Longjing (YANG QINGSHAN 1995);
- Sie ist gleichzusetzen mit dem Kreis Hunchun oder sogar nur mit der Gemeinde Jingxin, die unmittelbar mit dem Tumen-Projekt zusammenhängt (DING SHICHENG 1993).

Wenn man sowohl an das Projekt als auch an das Hinterland denkt, ist Einteilung Nr. 2 am geeignetsten. Hier umfasst das Gebiet eine Fläche von 10 225 km². Die Bevölkerung beträgt 943 000 Einwohner (1993); das entspricht einer Bevölkerungsdichte von 92 Ew/km². Die Zahl der im sekundären und tertiären Sektor beschäftigten Bevölkerung liegt bei 642 000 (68% der gesamten Bevölkerung). Das BIP hatte 1995 einen Wert von 3,88 Mrd. RMB (485 Mio. US$). Das Prokopf-Einkommen betrug 4 114 RMB (514 US$) und lag damit höher als das Prokopf-Einkommen in der Provinz Jilin oder in ganz China. Die Verhältnisse der Wirtschaftssektoren zueinander liegen bei 5,0% : 55,2% : 39,8%. Diese Werte entsprechen ungefähr einem Verhältnis der Industrieländer (LANG YIHUAN und SONG XINYU 1998). Jedoch ist die wirtschaftliche Situation nicht mit der in den Industrieländern vergleichbar. Der Grund liegt darin, dass der geringe Anteil des primären Sektors auf die geringe Ausdehnung der landwirtschaftlich nutzbaren, ebenen Flächen zurückführen ist. Der sekundäre Sektor wird von der Schwerindustrie dominiert und im Dienstleistungssektor gibt es relativ wenig High-Tech und Know-how.

Russland

Bei der Betrachtung Nordostasiens bzw. der Tumen-Region wird der Russische Ferne Osten einbezogen. Der Russische Ferne Osten, eine der 10 Wirtschaftsregionen in Russland, besitzt mit 6,2 Mio. km² einen Anteil von 36% an der gesamten Fläche Russlands, hat mi 7,4 Mio. Einwohner aber nur 5% der Bevölkerung. Die regionale Entwicklung ist wegen des ungünstigen Klimas, der großen Entfernungen vom Hauptzentrum Russlands (Moskau) und des Infrastrukturmangels schwierig. Angesichts seines Reichtums an Ressourcen und der verbesserten politischen Situation könnte der Russische Ferne Osten sein Potenzial durch die Zusammenarbeit mit den Nachbarländern besser nutzen. Die Bodenschätze belaufen sich auf 15% des ganzen Landes, die Nichteisenmetalle auf 13%, und Fisch auf 50%. Die Region liefert 30% des russischen Holzes, 7,3% des nationalen Erdgases, 5,5% der Eisenerze und 5,2% der Kohlenvorräte. Der am Tumen-Projekt direkt beteiligte Primorskij kraj gilt im Russischen Fernen Osten als ein relativ wirtschaftskräftiges Gebiet, sein großer Vorteil ist ebenfalls das natürliche Potenzial an Rohstoffen.

Nordkorea

In Nordkorea ist die neu gegründete Sonderwirtschaftszone Rajin-Sŏnbong direkt an dem Tumen-Projekt beteiligt. Rajin-Sŏnbong, das eine Fläche von 764 km² umfasst, gehört zur Provinz Hamgyŏng-pukto, genießt aber ummittelbaren Stadtstatus (wie Pyŏngyang). Sie umfasst 11 Gemeinden (*ri*), 2 Arbeiterviertel, 1 *ŭp* und 13 Stadtviertel (*dong*) mit insgesamt 150 000 Einwohnern (ZHANG YING 1998).

Das Ziel der nordkoreanischen Sonderwirtschaftszone besteht darin, dringend benötigtes Kapital und Know-how speziell aus Japan und Südkorea anzuziehen. Als Standortvorteile kann Nordkorea disziplinierte, niedrig entlohnte Arbeitskräfte bieten (Lohnniveau in Nordkorea: 50 US$/Monat, soll in der Freihandelszone auf 100-140 US$/Monat festgesetzt werden). Dem stehen allerdings schwerwiegende Investitionshemmnisse, wie die geringe Kreditwürdigkeit Nordkoreas und die bislang ungeklärte Frage gegenseitiger Inspektionen der Nuklearanlagen als Hindernis für die Entwicklung zwischenstaatlicher Beziehungen, gegenüber (E. DEGE 1996).

1.2 Physisch-geographische Charakterisierung

Im Zusammenhang mit dem Tumen-Projekt versteht man unter der physisch-geographischen Tumen-Region das Einzugsgebiet im Bereich von Mittel- und Unterlauf des Tumen-Flusses. Die Region liegt im nordöstlichen Bergland der Changbaishan-Kette (wörtlich „Langer weißer Berg"; kor. Paektu-san). Das Tumen-Becken mit seinem Einzugsgebiet von 41 243 km² liegt etwa zwischen 128°17' - 131°12' östlicher Länge und 41°14' - 44°01' nördlicher Breite (DING SHICHENG 1993; FANG MIN und JIN MINXIONG 1993). Geographisch gesehen befindet sich das Tumen-Delta damit im Mittelpunkt der nordostasiatischen Länder. Zu diesem Einzugsgebiet gehören die koreanische autonome Präfektur Yanbian im östlichen Teil der Provinz Jilin von China, die Provinz Hamgyŏng-pukto in Nordkorea und der Rajon Khasan im Primorskij kraj Russlands.

1.2.1 Die Landschaftsstruktur

Die Tumen-Region gehört morphologisch gesehen zu der SW-NO streichenden Changbaishan-Gebirgskette. Die Changbaishan-Kette bildet eine Sperre zum jeweiligen Hinterland der angrenzenden Länder. Die Tumen-Region befindet sich also aus Sicht aller Anliegerländer in einer Randlage. Man bezeichnet diese Region auch als Übergangsgebiet, da es sich geomorphologisch nicht einfach von den benachbarten Gebieten abgrenzen lässt, denn es hat viele Gemeinsamkeiten sowohl mit dem nördlichen Korea, als auch mit dem Ussuri-Gebiet in Russland. Das Gleiche gilt auch für die klimatischen Verhältnisse und die Vegetation.

Die Tumen-Region ist überwiegend gebirgig und befindet sich in Höhen von 500 bis 1 000 Metern. Nur 10% der Gipfel sind über 1000 m hoch; die höchste Spitze ist der Paektu-san mit 2 749 m Höhe. Alle Gebirgszüge in der Changbaishan-Kette verlaufen von Südwesten nach Nordosten. Zwischen den Bergen und Tälern hat sich eine abwechslungsreiche Landschaft gebildet. Auf der koreanischen Seite fallen die Berge steil zum Japanischen Meer hin ab, so dass nur an wenigen Küstenabschnitten Alluvialebenen anzutreffen sind. Auf der russischen Seite hat der Tumen keinen Nebenfluss und das Küstengebiet in der Tumen-Mündung ist sehr schmal. Im Gegensatz dazu verfügt die chinesische Seite im breiten Einzugsgebiet des Flusses über vulkanische Gebirgslandschaften und fruchtbare Becken mit ausgedehnteren Flächen für eine agrare Nutzung an den Mittelläufen der Tumen-Nebenflüsse. Dreiviertel der Fläche der Tumen-Region besteht aus Gebirgs- und Hügelland. Der übrige Teil bildet eine Perlenkettenform aus Tal- und Beckenlandschaften, die in einer Höhe von 200 - 300 m liegen. Die Hauptsiedlungen leben von den landwirtschaftlich nutzbaren Flächen, die sich auf die Becken und begrenzt vorhandenen Talebenen konzentrieren. Die Gebirge sind von sekundärem Nadel- und Laubwald bedeckt, dessen Fläche 75% der Tumen-Region ausmacht.

1.2.2 Der Paektu-san

Zu den Naturschönheiten der Tumen-Region zählt das vulkanische Ringgebirge des Paektu-san („Weißkopfberg"), das großartig an der nordkoreanisch-chinesischen Grenze, inmitten einer ausgedehnten Basalthochfläche mit 26 400 km^2 gelegen ist. Die Koreaner bezeichnen ihn als den heiligen Ausgangspunkt ihrer Heimat und Symbol der nationalen Wiedervereinigung des Volkes. Auch in der Mythologie der Chinesen nimmt er als ihren Ursprungsort der Qing-Dynastie eine besondere Stellung ein. Sowohl die Koreaner als auch die Chinesen betrachten ihn als heiligen Berg. Daher sind zahlreiche Gründungsmythen und Gedichte über den Berg entstanden (K.-D. SCHOLZ 2002). An der Ostflanke des Paektu-san entspringt der Tumen-Fluss, der nach Osten zum Japanischen Meer hin abfließet und an seiner Südflanke der Yalu, der sich nach Südwesten zum Gelben Meer hinwendet. Diese beiden Flüsse markieren die chinesisch-koreanische Grenze westlich und östlich des Paektu-san. Aus dem Abfluß der Kaldera des Paektusan wird der Songhuajiang, gespeist, der als Hauptfluß der Provinz Jilin nach Norden zum Amur (chin. Heilongjiang) fließt.

Es wird angenommen, dass der zur Zeit nicht aktive Vulkan hauptsächlich im Quartär entstanden ist (LEE JEONG-SIK 2000). Nach wiederholten Ausbrüchen stürzte der Vulkan ein, so dass sich eine große Kaldera bildete. Die Kaldera wird vom Tian Chi (kor. Ch'ŏn-ji), einem außergewöhnlich großen und tiefen See erfüllt. Auf dem Gipfel des Paektu-san variiert sein

Rand in Höhen zwischen 2 450 und 2 749 m. Die höchsten Kraterwände umschließen einen Durchmesser von maximal 4,5 km und erreichen einen Umfang von rund 16 km; nach Innen fallen die Wände steil über 400 m tief zu dem schimmernden See ab, der in einer Höhe von etwa 2 257 m gelegen ist und einen Umfang von über 12 km hat. Das Wasser dieses „Himmlischen Sees" ist außerordentlich klar, hat keine Farbe und keinen Geruch. Es ist als Trinkwasser besonders gut geeignet. China exportiert es als Mineralwasser in Flaschen nach Hongkong. Das ganze Jahr über ist der Wasserstand des Kalderasees, der keine äußerlichen Zuflüsse hat, relativ konstant. Der Großteil des Wassers entsteht durch geschmolzenen Schnee, außerdem fallen auf dem Paektu-san reiche Niederschläge (1 333 mm an durchschnittlich 207 Tagen mit Regen oder Schneefall im Jahr). Das Wetter auf dem Berg ist sehr wechselhaft. Selbst an einem Tag wechseln sich Sonnenschein und Regen mehrmals ab. Die Jahresdurchschnittstemperaturen liegen auf diesem Berg bei -8,3°. Während des Sommers steigt das Thermometer auf maximal 18°, im Winter sinkt das Thermometer auf bis -48° Celsius (Tab. 6). Die Oberfläche des Tian Chi ist im Winter (Oktober bis Juni) zugefroren und trägt mitunter bis in den Juli hinein Eisschollen. Im Frühsommer nähren ihn die schmelzenden Schneefelder, im Hochsommer die Regengüsse, welche die Tiefdruckwirbel mit sich bringen. Der Winterschnee und die gut erhaltene Waldbedeckung im Umland des Paektu-san führen zu einem relativ gleichmäßigen Abfluss im Jahre, was eine gute Voraussetzung für den Wasserkraftwerksbau darstellen könnte.

Der größte Teil der Hochfläche in der Umgebung des Paektu-san ist von Primärwald bedeckt. Bis zu Höhen von 1 100 m kommen in diesem Wald noch Eichen, Ulmen und Walnussbäume vor. Auch über 1 100 m überwiegt noch der Mischwald, aber die Laubbäume sind hier nur noch durch Birke und Ahorn vertreten. Als Koniferen kommen vor allem kräftige Fichten, Tannen und Lärchen vor. Über 1 500 m Höhe verschwinden die restlichen Laubbäume nebst der sehr klimaempfindlichen koreanischen Zirbelnusskiefer, und es stellt sich ein reiner Nadelwald ein. Über 1 700 m bleibt nur die Daurische Lärche übrig. Die Bäume sind hier in relativ weiten Abständen über einem schwellenden Teppich aus der schneeweißen Rentierflechte, kräftig grünen Moosen, Preisel-, Krähen- und Heidelbeeren, sowie Zwergrhododendren u.a. verteilt. Besonders farbenprächtig ist dieser Teppich im Herbst, wenn sich die Blätter vieler Zwergsträucher gelbgrün, tiefrot, rosa und violett verfärben. Da und dort finden sich in diesen Wäldern herrliche Wiesen mit einer unbeschreiblichen Farbenfülle von Schwertlilien, Akeleien, Butterblumen und eingestreuten Orchideen. Auf dem Paektu-san blühen die Blumen nicht nach den vier Jahreszeiten auf. Alle Blumen öffnen ihre Blüten in einem Zeitabschnitt von 100 Tagen. Es wachsen etwa 1 800 Arten von Blumen. Gegen Mitte Juni beginnt der Schnee zu schmelzen. Die Blumen sprießen dann aus dem Schnee und Eis. Die etwa 400 km² große Hochebene die sich auf etwa 1 750 Meter befindet, wird von Blumen lückenlos bedeckt. Interessant ist, dass sich die Blumen sehr schnell verändern. Etwa drei Tage nachdem sie ausgeblüht sind, nehmen sie eine andere Farbe an. Auf dem sehr wasserdurchlässigen Bimssteinsand bilden die genannten Lärchen, in nur 1 900 bis 1 950 m Höhe die Waldgrenze, auf der Nordseite (China) bilden Birken die Baumgrenze. Über 2 000 m werden die Hänge des zentralen Ringgebirges von der alpinen Stufe eingenommen. Von den Gipfeln des Kraterrandes her bietet sich ein herrlicher Ausblick. Nach außen schweift der Blick über die weiß gefleckten Hänge hinab auf die ungeheure Hochfläche mit ihren unermesslich dunkelgrünen Wäldern. Nach innen schaut das Auge über den 500 m tiefen Abgrund hinunter auf den weiten Seespiegel, der unbeweglich erscheint, selbst wenn auf der Höhe Stürme toben. Bei klarem Wetter strahlt er tiefblau, und die Formen und Farben der

Kesselwände werden in voller Deutlichkeit zurückgeworfen. Die Gegensätze, die diese zweifache Schau vereint, machen nach dem Zeugnis aller Reisenden die Aussicht des Paektu-san zu einer der packendsten der Erde (H. LAUTENSACH 1945). Angesichts der wertvollen Flora und Fauna sowie des großen ökologischen Wertes wurde der Paektu-san im Jahre 1980 von der UNESCO als Biosphärenreservat anerkannt (K.-D. SCHOLZ 2002).

Die Klarheit des „himmlischen Sees", die Wasserfälle, die Schönheit und die unberührte Eigenart der umgebenden Natur sowie der Mythos und die alten Märchen ziehen zahlreiche Touristen aus Nordost-China und Korea an. Von Chinesen wird der Paektu-san über die Ortschaft Erdaobaihe in der Präfektur Yanbian bestiegen. Die Nordkoreaner benutzen für den Aufstieg den Hyesan-Pass. Ausländische Touristen in Nordkorea überbrücken die Strecke zwischen Pyöngyang und Samjiyon per Charterflug. Südkoreaner müssen jedoch angesichts der gespannten Beziehung mit Nordkorea den Umweg über Yanbian machen, um den chinesischen Weg zu benutzen. In der letzten Zeit bemüht sich die Nordkorea um eine Erschließung des Paektu-san-Gebietes für den Skisport (K.-D. SCHOLZ 2002).

1.2.3 Das Klima

Nordostasien wird überwiegend durch kontinentales Klima geprägt. Bestimmend für dieses Klima ist der monsunale Charakter der Windverhältnisse, doch spielen auch wandernde Tiefs eine beachtliche Rolle im Wettergeschehen. Während der Ausbreitung der sibirischen Kaltluft (Kältehoch) im Winter nur geringe Widerstände entgegenstehen und der Wintermonsun recht kräftig entwickelt ist, erscheint der Sommermonsun (Hitzetief über Hawaii) weniger ausgeprägt. Wenn die winterliche Antizyklone zur Wirkung kommt, herrschen in Nordostasien nordwestliche Winde vor. Diese kontinentalen Winde bringen winterliche Kälte und Lufttrockenheit. Die westlichen und nordwestlichen Strömungen nehmen von September an überhand und herrschen gewöhnlich bis Anfang Mai. Der größte Teil des Jahres steht also unter dem Einfluss der trockenen und kalten kontinentalen Strömungen, die einen deutlichen Nord-Süd-Gradienten der durchschnittlichen Jahrestemperatur zur Folge haben (G. FOCHLER-HAUKE 1941). Im Sommer herrschen dagegen die warm-feuchten südöstlichen Winde vom Pazifik vor.

Wegen der geographischen Lage ist das Klima der Tumen-Region sowohl durch den eurasischen Kontinent, als auch durch das Japanische Meer geprägt. Das typische Klima besteht aus einem ausgeprägten Monsun: trocken und windig im Frühling, warm, feucht und regnerisch im Sommer, kühl und neblig im Herbst und langanhaltend kalt im Winter. Am Japanischen Meer weist die Region jedoch aufgrund des Küsteneinflusses ein stärker ozeanisch geprägtes Klima auf, d.h. in der Nähe des Meeres sind die Temperaturschwankungen geringer. Darüber hinaus zeigt sich im Klima der Tumen-Region aufgrund ihres gebirgigen Charakters auch eine deutliche Höhenabstufung.

Die Präfektur Yanbian hat im allgemeinen 2 300 bis 2 500 Sonnenstunden im Jahr, die Jahresdurchschnittstemperatur liegt bei 4,8° C. Der kälteste Monat ist in der Regel der Januar, der eine durchschnittliche Monatstemperatur von −14,2° C aufweist; der wärmste Monat ist der Juli mit einer Durchschnittstemperatur von 20,6° C, wobei in den Bergen wesentlich niedrigere Temperaturen gemessen werden (z.B an der Station Tian Chi). Die stärkste

Schwankung der Jahrestemperaturen liegt bei 35,2° C. Die Jahreswärmesumme (über 10° C) beträgt 1 500° C bis 2 200° C, frostfreie Tage gibt es etwa 133-148 (Frostzeit von November bis März). In den Beckenlandschaften steigt die Temperatursumme über 2 200° C, in den tieferen Beckenlagen gar über 2 600° C an; im höheren Bergland werden weniger als 1 500° C, in den höheren Lagen des Paektu-san weniger als 1 000° C erreicht.

In der Nähe des Küstengebietes herrscht ein stärker ozeanisches Klima vor. In Hunchun in der Nähe des Japanischen Meeres zum Beispiel beträgt die Jahresdurchschnittstemperatur bei. 5,6° C, die stärkste Schwankung der Jahrestemperaturen beträgt ca. 33,4° C; der heiße Sommer hat im August seinen Höhepunkt mit 21,6° C. Im Januar weist die Monatsmitteltemperatur −11,8° C auf, es gibt 222 frostfreie Tage (April bis September); der durchschnittliche Niederschlag pro Jahr beträgt ca. 617,5 mm (vgl. Tab. 6). Die Zeit des Bodenfrostes dauert von Ende November bis Anfang April. Die relative Luftfeuchte liegt bei über 80% (Li Shangshi u. a. 1983; Ding Sicheng 1993).

Tab. 6 Die Klimaverhältnisse in ausgewählte Stationen der Präfektur Yanbian (Periode: 1951-1980)

Monatsmitteltemperaturen (° C)													
Stationen	Höhe über NN	Januar	Februar	März	April	Mai	Juni	Juli	August	September	Oktober	November	Dezember	Jahr
Tian Chi	2 670,0 m	-23,2	-21,5	-16,6	-8,1	-0,9	4	8,6	8,1	1,5	-5,5	-13,6	-20,6	-7,3
Yanji	176,8 m	-11,3	-7,7	-2,9	7,5	13,3	18,9	23,2	22,4	15.8	6,7	-2,6	-9,6	6,1
Hunchun	36,5 m	-11,8	-8,6	-1,2	6,4	12,5	16,2	20,2	21,2	15,4	7,9	-1,2	-8,9	5,7
Niederschläge (mm)														
Tian Chi		12,7	14,5	36	73,2	106,5	186,7	346,2	307,3	138,6	51,2	41,5	18,3	1 332,6
Yanji		2,4	4,9	16,9	39,5	73,3	98,2	147,5	56,4	38,0	25,8	8,7	2,3	513,9
Hunchun		6,2	9,4	11,8	40,2	50,8	92,2	111,4	163,1	75	30,4	18,6	8,8	617,9

Quelle: E. Dege 1992

Betrachtet man den jährlichen Niederschlag, so nimmt dieser von den höchsten Bergen zum Tiefland hin immer mehr ab. Während im Hochgebirge pro Jahr mehr als 900 mm Niederschlag fallen (Changbai Shan: 1 300 mm), kommt es in den Hügelregionen zu 600-800 mm und im Beckenland beträgt die jährliche Niederschlagsmenge nur noch 500-600 mm. 60% des Jahresniederschlags konzentrieren sich auf die Monate Juni, Juli und August. Zusammen mit den höheren Temperaturen erweist sich dies als eine günstige Voraussetzung für das Wachstum der Pflanzen und den Ackerbau, insbesondere für Reis und Mais. Nicht selten treten im Sommer Taifune auf, die Starkregen verursachen. Im Winter und in der Frühlingszeit herrschen Frost und Trockenheit. Frühjahrsdürren, Überschwemmungen im Sommer und Frosteinbrüche im Herbst können die agrare Nutzung beeinträchtigen. Angesichts der kurzen Zeitspanne für das Wachstum der Pflanzen und der günstigen Niederschläge unterscheiden sich die Voraussetzungen für die Landwirtschaft von denen im übrigen Nordost-China. Es kommt zwar zu weniger trockenheitsbedingten Ernteausfällen, aber es können nur Pflanzen angebaut werden, die schnell wachsen, da die für das Wachstum günstige Zeit nur bis zu 125 Tage andauert. Der Regen fällt ca. 120 Tage im Jahre, und die gesamte Niederschlagsmenge ist etwas höher als der Durchschnitt Nordost-Chinas.

Die ozeanische Komponente des Klimas der Tumen-Region ist auf koreanischer und russischer Seite noch deutlicher ausgeprägt. Auf der Koreanischen Halbinsel herrscht ein gemäßigtes Klima mit vier ausgeprägten Jahreszeiten vor. Die heißesten und zugleich niederschlagsstärksten Monate sind Juli und August, die kältesten Dezember und Januar. Frühling und Herbst sind mild und überwiegend trocken, von Oktober bis März fallen nur etwa 10% der jährlichen Niederschlagsmenge von etwa 1 500 mm. Entlang der koreanischen Küste ist das Japanische Meer ganzjährig eisfrei, während es nördlich der Tumen-Mündung von Dezember bis April mit Eis bedeckt ist (W. ARLT 2001).

Der Russische Ferne Osten weist allein aufgrund seiner Größe unterschiedliche klimatische Bedingungen auf. An der Küste finden sich aufgrund warmer Strömungen relativ günstige Klimabedingungen. Auch die Hafenstadt Wladiwostok weist relativ milde Winter auf. Die durchschnittliche Jahrestemperatur liegt dort bei 4,3° C, im kältesten Monat sinkt die Temperatur auf -15,1° C, im wärmsten Monat steigt sie auf 20,8° C. Die Jahresschwankung der Temperatur beträgt 35,9° C (E. THIEL 1953).

1.2.4 Der Tumen

Der Tumen-Fluss (kor. Tuman-gang) entspringt am Paektu-san und hat eine Länge von 516 km. Auf fast seiner gesamten Länge bildet er die Grenze zwischen China und Nordkorea. Nur auf den letzten 15 km wird er zur Grenze zwischen Nordkorea und Russland, die hier an der Küste des Japanischen Meeres aufeinanderstoßen und damit China den direkten Zugang zum Meer versperren. Alle anderen Flüsse im chinesischen Teil der Tumen-Region münden in den Tumen, während die Flüsse im russischen und koreanischen Teil in den küstennahen Bergregionen entspringen und relativ schnell und auf kurzem Wege ins Meer fließen.

Der Fluss fließ zuerst von den Osthängen des Paektu-san in Nordostrichtung; bei der Kreisstadt Tumen ändert der Fluss mit einem scharfen Knick die Richtung, um bis zur Mündung einem Südsüdostverlauf zu folgen. In seinem Oberlauf ist der Fluss überwiegend in Basaltdecken oder in paläozoische Gesteine eingeschnitten und wird streckenweise von steilen Felswänden eingeengt, die von scharfen Kerbeinschnitten gegliedert werden. Immer wieder pendelt der Fluss im geröllgefüllten Bett von einem Ufer zum anderen und ist in den Ausweitungen von Sand- und Kiesinseln durchsetzt. In manchen Engen fallen die Talflanken weit über 100 m jäh und unmittelbar zum Fluss ab. Bei der nordkoreanischen Stadt Musan ist das Tal in eine Basaltdecke eingeschnitten, wenn auch zunächst streckenweise noch besonders am rechten Ufer alte Gesteine, insbesondere Gneise, die unmittelbaren Talflanken bilden. Die Flussbreite beträgt hier ca. 80-100 m. In verschiedenen Höhen sind Terrassen erhalten. Die Flanken bilden ein scharfes Kerbtal. Bis zum Grenzübergang Sanhe zwischen China und Nordkorea ist die Tumen-Schlucht mit Holzflößen belebt, die in rascher Fahrt über die Schnellen schießen. Bis dahin verfügte der Fluss auch über ein großes Potenzial für die Nutzung der Wasserkraft. Unterhalb Sanhe ist der Fluss nicht mehr flößbar. In der schmalen, von groben Geröllen bedeckten Talsohle gibt es auf den kleinen Schwemmlandstreifen immer noch kaum Möglichkeiten für Ackerbau und Siedlungen. Im Unterlauf des Tumen-Flusses liegt die durchschnittliche Höhe der Landoberfläche knapp bei 10 m über dem Meeresspiegel (beim chinesischen Dorf Fangchuan) (DING SHICHENG 1993). In den letzten 15 km fließt der

Strom durch flaches Land. Das Mündungsgebiet des Tumen-Flusses, das ein vom Fluss aufgeschüttetes Delta darstellt, wird rechts von Hügelland in Nordkorea, links von großer flacher Marsch in Russland beherrscht.

Die Wassertiefe des Tumens liegt zwischen 1 und 4 m. Am Oberlauf beträgt das Gefälle durchschnittlich etwa 15 ‰, am Mittellauf noch 1,5 ‰ und auf den letzten 122 km des Unterlaufs nur noch 0,35 ‰. Die jährliche Durchflussmenge beträgt etwa 7 Mrd. m³ (Station Quanhe). Im Tumen-Delta aus kann der Fluss bei Hochwasser bis zu 1 800 m breit werden. Pro Jahr ist der Fluss durchschnittlich 129 Tage lang zugefroren. Im 20. Jh. fanden sechs größere Überschwemmungen statt, die letzte davon 1986 (DING SHICHENG 1993; W. ARLT 2001). Die Schiffbarkeit des Flusses ist wegen des Gebirgscharakters und des Eisverschlusses stark eingeschränkt, lediglich der Unterlauf des Flusses Tumen ist für Schiffe bis 300 BRT befahrbar.

Seine wichtigsten Nebenflüsse sind auf chinesischer Seite der Gayahe und der Hunchunhe. Auf koreanischer Seite sind es die Flüsse Yŏnmuŏn-su, Sangchang-ch'ŏn und Oryong-ch'ŏn. Zum Zweck der Siedlung und des Ackerbaus hat der Tumen aufgrund seiner schmalen Talbreite wenig Bedeutung. Im Gegensatz dazu liegen an den Nebenflüssen die wichtigsten Siedlungs- und Ackerbauflächen in den intramontanen Becken. Der größte Nebenfluss ist der Hunchunhe mit einer Länge von 187,4 km (FANG MIN und JIN MINXIONG 1993). Bis zur Gemeinde Hadamen bildet er einen schnellen und schmalen Fluss auf Geröllsohlen, von da an tritt der Hunchunhe in eine breite Beckenfläche ein, wodurch hier ein wichtiges Ackerbaugebiet mit der Stadt Hunchun als Zentrum entstanden ist. Am Gayahe sind ausgedehntere Ackerflächen nur in seinem Quellgebiet, dem Becken von Wangqing, ausgebildet; am Mittel- und Unterlauf ist er von steilen Talflanken umrahmt. An der Einmündung des Gayahe in den Tumen-Fluss liegt die Stadt Tumen, die mit ihren Siedlungs- und Industrieflächen den schmalen Talgrund völlig ausfüllt. Auch der Buerhatonghe ist ein wichtiger Zufluss des Tumen, er mündet allerdings nicht direkt in den Tumen, sondern in den Gayahe, kurz bevor dieser sich mit dem Tumen vereinigt. Von Tumen über Yanji nach Antu verläuft ein Großteil der Straßen und Bahnlinien durch das Tal des Buerhatonghes. An seinem Mittellauf in der Umgebung von Yanji und seinem Oberlauf in der Nähe von Antu gibt es intramontane Becken mit Siedlungen und Ackerbau. In den Buerhatonghe mündet unterhalb von Yanji noch ein wichtiger Fluss, der Hailanhe, an dessen Mittellauf die Straßen und Bahnlinien von Longjing nach Helong verlaufen. Er entwässert das ausgedehnte intramontane Becken von Longjing, das eine wichtige Agrargebiet und den Ansatzpunkt der koreanischen Besiedlung dieses Raumes darstellt. Auf der koreanischen Seite des Tumen sind die Flüsse aufgrund des gebirgigeren Charakters der Landschaft tiefer eingeschnitten und haben eine höhere Fließgeschwindigkeit, weshalb die agrare Nutzung dort stärker eingeschränkt ist.

Die Wasserführung des Tumen hängt in erster Linie von der Niederschlagsverteilung ab, aber auch durch die Wirtschaftserschließung und durch die Abholzungen im Mittellauf drohen Überschwemmungen. So beträgt z.B. im Einzugsgebiet des Buerhatonghes die Waldbedeckung nur 45%, während das Einzugsgebiet des Hunchunhe hat noch eine Waldbedeckung von 80% aufweist. Es ergibt sich also eine Überschwemmungsgefahr während der sommerlichen Regenzeit, wobei es zu Erosion im Unterlauf kommen kann. Nicht zuletzt werden die Flüsse durch die Schwerindustrieanlagen in der letzten Zeit erheblich verschmutzt.

1.2.5 Die Naturressourcen und Bodenschätze

Insgesamt verfügt ganz Nordostasien über eine große Zahl an bedeutenden Rohstoffvorkommen, große Flächen fruchtbaren Bodens, mineralische Ressourcen (Eisen, Kohle, Gold, etc.), Wälder, Sonderkulturen (Ginseng, Pilze, etc.) und reiche Fischgründe. Im Folgenden wird die Situation in den verschiedenen Ländern je nach Datengrundlage ausführlicher oder allgemeiner dargestellt.

Auf chinesischer Seite stellen die drei Provinzen Nordost-Chinas mit 1,24 Mio. km² etwa 14% der Fläche der heutigen Volksrepublik China dar. Davon sind rund 30% bewaldet. Die ertragreichen landwirtschaftlichen Nutzflächen vor allem in der zentralen Ebene repräsentieren fast ein Fünftel der gesamten Ackerfläche und ein Zehntel der gesamten Weidefläche Chinas. Die Hälfte aller bekannten Erdölvorkommen, 1/4 des Eisenerzes, 1/5 des Goldes, 1/6 der Erdgasvorkommen und 10% der Kohle Chinas befinden sich in Nordost-China. Für Molybdän und Graphit sind die hier lagernden Vorkommen sogar die Hauptvorkommen der Erde. Bedeutend sind ebenfalls die Lagerstätten von Chrom, Magnesium, Mangan, Nickel, Wolfram, Aluminium, Antimon, Blei, Zink, Kupfer, Kobalt, Phospor, Eisensulfid, Quecksilber, Titan, Uran, Bor, sowie von Diamanten, Jade, Marmor, Basalt, Kieselerde, Bimsstein, Talkum, Kieselgur und Zeolith (W. ARLT 2001).

Der Russische Ferne Osten weist ebenfalls einen großen Reichtum an Bodenschätzen und Meeresressourcen auf. Sehr bedeutende Erdöl-, Gas- und Kohlevorkommen sind ebenso vorhanden wie Gold, Diamanten, Zinn, Zink, Eisenerz, Antimon, Kupfer, Quecksilber, Wolfram, Phosphor und Fluorspan. Ihre Förderung setzt jedoch große Investitionen voraus. Angesichts der weiten Entfernungen zum Weltmarkt und der schlechten Infrastrukturausstattung bleiben die großen Ressourcenvorkommen noch weitgehend unerschlossen. Außerdem sind die Ackerflächen aufgrund der klimatischen Verhältnisse sehr gering.

Die nordkoreanische Seite verfügt über Eisenerz-, Magnesium-, Kohle-, Gold- und Graphitvorkommen, die allerdings sowohl an Bedeutung wie an aktueller Förderung hinter denen Chinas und Russlands zurückstehen (W. ARLT 2001).

In der Tumen-Region sind auch zahlreiche Bodenschätze vorhanden (vgl. Abb. 12). Die Vorkommen sind jedoch im Vergleich zum übrigen Nordostasien relativ gering und zu unbedeutend, um in größeren Mengen ausgeführt zu werden. Aus der Sicht der Einheimischen sind die Ressourcen wirtschaftlich sehr bedeutend. Die einheimische Bevölkerung nennt es "fünffach gesegnet" (Metall, Holz, Wasser, Feuer und Boden).

Die Präfektur Yanbian verfügt über Vorkommen an Gold, Nichteisenmetallen wie Blei, Zink, Kupfer, Mangan und Molybdän, Braunkohle, Erdöl, sowie Kalkstein, Marmor, Silizium, Graphit und Quarz. Ihre Waldfläche wird auf rund 3,47 Mio. ha. mit einer Holzmenge von mehr als 332 Mio. m³ geschätzt. Von den Bäumen sind die koreanische Kiefer und die Lärche am wichtigsten. Der größte Waldstandort befindet sich in den Kreisen Wangqing, Hunchun und Helong. Früher wurde aus diesen Gebieten viel Holz in die russische Küstenprovinz exportiert (G. FOCHLER-HAUKE 1941). Doch nahm der Ertrag des Holzeinschlages in den letzten Jahrzehnten ab. Zahlreiche Maßnahmen wurden ergriffen, um die immer wertvolleren Waldbestände zu pflegen und zu erhalten.

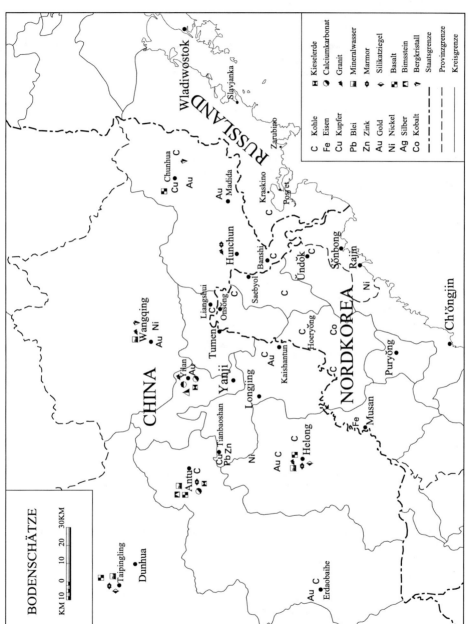

Abb 12. **Bodenschätze in der Tumen - Region**
Quelle: EIGENE DARSTELLUNG

Der Kreis Hunchun, der unmittelbar im Zentrum des Tumen-Projektes steht, verfügt über die bedeutendsten Kohlevorkommen der Provinz Jilin. Nach Angaben des Bodenschatzamtes betragen die nachgewiesenen Kohlevorkommen über 1,2 Mrd. t. Steinkohle. Die Kohle wird für Heizzwecke und zur Verstromung verwendet, teilweise wird sie auch an andere Regionen der Provinz Jilin geliefert. Die meisten Förderstandorte befinden sich in Hunchun, Chunhua und Jingxin. Weiterhin gibt es Kohlevorkommen im Kreis Helong, die auf ca. 30 Mio. t geschätzt werden. Zu nennen ist im Kreis Hunchun noch das Goldvorkommen, das in der Provinz Jilin die zweite Stelle einnimmt. Es handelt sich bei fast allen Tälern des Hunchunhe um Goldseifen mit hohen Prozentwerten, insgesamt wird das Goldvorkommen auf 4,7 Mrd. t geschätzt. Mit einer jährlichen Produktion von 1000 kg gilt dieser Förderbezirk als eines der wichtigsten Goldbergwerke in ganz China. In den Kreisen Wangqing und Antu sind weitere Lagerstätten vorhanden. Nicht zuletzt sollte der neue Fund der roten Stangensteine (oder rote Druidensteine) in der Nähe von Chunhua erwähnt werden. Der rote Stangenstein wird aufgrund seiner Hitzeresistenz, Korrosions- und Formbeständigkeit als feuerhemmendes Material und für technisches Porzellan benutzt. Es wird geschätzt, dass die wirtschaftliche Bedeutung dieser Steine einem Geldwert von 200 Mio. RMB entspricht. Ferner ist noch der Marmor in Zhonggangzi im Kreis Hunchun mit einem Vorkommen von 5,98 Mio. t und Kupfer in Xiaoxinan bei Hunchun von 120 000 t. zu nennen. In Tianbaoshan im Kreis Longjing sind Vorkommen von Kupfer, Zink und Blei vorhanden. Im Kreis Antu gibt es große Vorkommen von Kalk, die für die Zementherstellung geeignet sind. In Taipingling im Kreis Dunhua gibt es Quarzsand (FANG MIN und JIN MINXIONG 1993; INTERNER REGIERUNGSBERICHT VON 2000; UNDP 2000; 2001).

Die Region Primorskij kraj verfügt über noch größere Vorkommen an Bodenschätzen. Die Hauptabbauprodukte sind Bitumen, Braunkohle, Zinn und Brom, sowie große Reserven von Blei, Zink und Wolfram. Kohle liefert den Großteil der Energie für die Region und sorgt für 11% der industriellen Produktion (UNDP 2001).

Ein weiteres, jedoch vom Vorrat her nicht sehr bedeutendes Lager, liegt an der Posjet-Bucht, direkt an der Küste des Japanischen Meeres 50 km von Wladiwostok entfernt. Es handelt sich um Magnetitsande mit einem Fe-Gehalt von 31%-63% und einen Gesamtvorrat von 1,3 Mio. t (E. THIEL 1953).

Die nordkoreanische Provinz Hamgyŏng-pukto ist reich an natürlichen Ressourcen, insbesondere hochkonzentriertem Eisenerz in Musan. Auch Kohle, Nickel, Kristall und Keramikton sind hier vorhanden. In der Rajin-Sŏnbong Zone gibt es dagegen kaum wertvolle Ressourcen zu erschließen.

Mit einer so großen Walddecke (Yanbian 76%, Primorskij 75% und Rajin-Sŏnbong 65%) sind Flora und Fauna ungewöhnlich artenreich, auch weil die Region während der letzten Eiszeit zum größten Teil nicht im Einflussbereich der Vergletscherung lag und noch heute über weitgehend unberührte Feuchtgebiete verfügt.

Die Wälder bilden die Grundlage sowohl für die Bauindustrie, als auch für den Erhohlungstourismus, sowie medizinische Pflanzen, Wildbeeren, Bienenzucht, medizinischen Schlamm und die Mineralwasserindustrie. Das Gebiet um Rajin-Sŏnbong ist mit seinem sauberen Wasser und den Sandstränden ideal für den Tourismus geeignet (UNDP 2001).

Nördlich der Tumen-Mündung stoßen im Küstenbereich das kalte Wasser des Sibirischen Stroms mit dem wärmeren Wasser des Koreanischen Stroms im Japanischen Meer zusammen und schaffen damit die Grundlage für einen außerordentlichen Fischreichtum. So fanden sich vor allem Sardinen, Hering, Lachs, Garnelen, Schellfisch und Seegras. Jährlich konnten 2 000 t Fisch gefangen werden und viel wird auch exportiert, vornehmlich Seeigel, Tintenfisch, Krabben, Austern und Garnelen. Vor 1949 lebten fast 40 verschiedene Fischarten im Tumen-Fluss und seinen Nebenflüssen, z.b. der nur hier vorkommende Buckellachs (LI SHANGSHI u. a.1983). Seit den 1980er Jahren ist der Fluss wegen der Einleitung von Industrieabwässern biologisch tot (W. ARLT 2001). Heute ist die Fischerei am Tumen-Fluss kaum noch erwähnenswert.

1.3 Ein historischer Überblick über Nordostasien

In den vergangenen Jahrhunderten geschahen in Nordostasien eine ganz Reihe an Weltereignissen. Die Nachbarländer erlebten eine wechselreiche Geschichte und gleichzeitig eine engere Verflechtung der wirtschaftlichen, bevölkerungspolitischen und sozialen Umwälzungen miteinander. Aufgrund der geographischen Randlage wurden jedoch die Länder in Nordostasien häufig von der Außenwelt vergessen (H. MAIER 1930). Im folgenden wird ein Überblick, überwiegend anhand der Geschichte Chinas, gegeben.

Ursprünglich war das Gebiet nördlich des Flusses Amur (chin. Heilongjiang) und östlich des Flusses Ussuri bis zur Küste am Japanischen Meer unter dem Einfluss von China ein unbesiedeltes Waldsteppengebiet (G. FOCHLER-HAUKE 1941). Seit dem ersten Jahrtausend v. Chr. ist die Mandschurei von verschiedenen Völkern umkämpft worden, indem immer wieder von Westen her kriegerische mongolische Reiterhorden, von Norden paläoasiatische Stämme und von Süden und Osten her höherstehende Ackerbauvölker das Land in Besitz nahmen. Die Mandchu-Dynastie, die seit 1644 den chinesischen Kaiserthron innehatte, bezeichnete die Mandchuren als ihre heiligen Vorfahren und brauchte die Mandchubevölkerung als zuverlässige Stütze ihres Thrones. Für chinesische Einwanderer war die Mandchurei jahrhundertlang gesperrt (H. MAIER 1930). In dieser Zeit gab es kaum Landwirtschaft, kaum feste Siedlungen und praktisch keine Verkehrswege. Die Region wurde lediglich von einigen Ginsengsammlern durchstreift, die diese geheimnisvolle Heilpflanze für den kaiserlichen Hof suchten. Eine Verbindung mit der Außenwelt gab es fast nicht.

Ab dem 16. Jh. expandierten die russischen Zaren nach Asien. Im 17. Jh. erreichten die Russen die Grenze Chinas bzw. den Pazifik. 1689 wurde die Grenzziehung zwischen Russland und China im Vertrag von Nerchinsk festgelegt, in dem die beiden Länder ihre Einflussbereiche im Einzugsgebiet Amur gegenseitig anerkannten (DING SIBAO und WANG LI 1994; GU JIEGANG und SHI NIANHAI 1999). Hundert Jahre später führte die russische Expansion zu Konflikten mit China. In der Mitte des 19. Jhds. nutzten die Zaren die Schwäche Chinas zugunsten ihrer territorialen Ansprüche aus.China war zu dieser Zeit geschwächt durch Angriffe von Großbritannien und Frankreich, die Niederlagen in zwei Opiumkriegen und die Rebellion der Taiping Tianguo. In den folgenden Jahrzehnten hatten die Russen durch die ungleichen Verträge, den Aigun-Vertrag im Jahre 1858 und den Vertrag von Peking im Jahre 1860, die Küstengebiete von Nordost-China mit insgesamt 1 Mio. km^2 Fläche annektiert (was ca. einer Größe von Deutschland und Frankreich zusammen entspricht) (KUNGTU. C. SUN

1973). Im Vertrag von Peking wurde in der Tumen-Region als Grenzlinie im südlichen Abschnitt die Wasserscheide auf der Küstenkette zwischen den linken Tumen-Zuflüssen (chinesisch) und den direkt in das Japanische Meer fließenden Flüssen (russisch) festgelegt (E. DEGE 1996). Dadurch hatte China seinen Zugang zum Japanischen Meer verloren. Auf den letzten 15 km bildet der Tumen seither die Grenze zwischen Russland und Korea. Die Küstenprovinz Jilin war seitdem vom Meer abgeschnitten. Im Gegensatz zu China begannen die Zaren, Einfluss auf Nordostasien zu nehmen, indem sie die Transsibirische Eisenbahn bauen ließen, um somit ihre eroberten Territorien zu sichern und um weitere Territorien hinzugewinnen zu können.

Seit dem Ende des 19. Jhds. waren Nordost-China und die Halbinsel Korea Schlachtfeld und Opfer der zwei mächtiger gewordenen Nachbarstaaten Japan und Russland geworden. Zuerst kam es in ganz Nordostasien zu einem Wettlauf zwischen den Kolonialmächten beim Bau von Eisenbahnlinien. Der Bau der russischen Transsibirischen Eisenbahn, der Ostchinesischen Bahn (*Chinese Eastern Railway*, CER) von Manzhuli über Harbin und Suifenhe bis Wladiwostok, und der Südmandschurische Eisenbahn (*South Manchuria Railway*, SMR, 1897-1903) von Harbin nach Dalian, der Bahn von Changchun über Yanji, Tumen bis Chŏngjin, der von Tumen bis Mudanjiang (hier Anschluss an die Ostchinesische Bahn), sowie die Gründung des Hafens Port Arthur (heute Dalian) weisen auf einen weiteren großen Schritt der russischen und japanischen Expansion in China hin. Über die Eisenbahnen und die neuen Häfen wurden in großem Maße Agrarprodukte und Rohstoffe aus Nordostasien nach Europa, Japan und Amerika exportiert. Jedoch kam es bald zu einem Interessenkonflikt in Nordostasien zwischen Japan und Russland. Mit der schnellen Industrialisierung und Modernisierung war Japan wirtschaftlich und militärisch stärker geworden. Aufgrund seiner begrenzten Naturressourcen und seines knappen Lebensraumes versuchte Japan, seine Position in Nordostasien auszubauen. Im Jahre 1894 griff Japan Chinas Schutzland Korea an, was den Sino-Japanischen Krieg auslöste. Durch den Sieg gegen China erhielt Japan die Schutzherrschaft über Korea und die militärische Herrschaft über Taiwan. Zahlreiche Verträge über Landverpachtung und Konzessionen zugunsten Japans wurden unterzeichnet. Japans aggressives Vordringen und das zaristische Interesse in Nordostasien deuteten auf einen unvermeidlichen Krieg zwischen den beiden Mächten hin. Das 20. Jh. stellte eine sehr turbulente Phase in Nordostasien dar. Nach dem zweiten erfolgreichen Krieg im Jahre 1905 gegen Russland gelang Japan durch den Vertrag von Portsmouth, auch die Verwaltung der Südmandschurei von Russland zu übernehmen (CHEN CAI 1996a; FANG MIN und JIN MINXIONG 1993; K. LATOURETTE 1950). Dadurch begann die Herrschaft der zwei Nachbarmächte über die Mandschurei, die ein halbes Jahrhundert anzudauern sollte. Während dieser Zeit erwarben die Russen mit Harbin als Zentrum und die Japaner mit Changchun als Zentrum die Rechte für den Bau der Eisenbahnlinien und die Erschließung der reichhaltigen Bodenschätze und Rohstoffe in der Mandschurei. China entwickelte sich nach dem Ende des Kaiserreiches zu einem Spielball der Warlords. Von 1931 bis 1945 wurde die Mandschurei zu einem japanischen Satellitenstaat, dem Kaiserreich Mandschukuo, das militärisch von Japan besetzt und wirtschaftlich ausgebeutet wurde. In dieser Zeit wurden die gesamte Industrie, das Bankwesen, der Handel usw. von Japan kontrolliert. Daneben wurde die Infrastruktur rasch ausgebaut.Bis um das Jahr 1945 wurde ein dichtes Verkehrsnetz in der Mandschurei errichtet, das durch zahlreiche Bahnverbindungen mit der Koreanischen Halbinsel verknüpft wurde. Nach dem Ende des Zweiten Weltkriegs kämpften auch in der Mandschurei die Kuomintang und die kommunistische Partei gegeneinander. Nach vierjährigem Bürgerkrieg wurde von der kommunistischen Partei nach dem Sieg über die Kuomintang die Volksrepublik China ausgerufen.

Mit dem Koreakrieg in den Jahren von 1950-1953 und dem Bruch zwischen China und der Sowjetunion in den 1960er Jahren begann der Kalte Krieg. Anfang der 1960er Jahre kam es wegen des Verlaufs der Grenze am Paektu-san zwischen den Quellgebieten des Tumen und des Yalu zu Grenzauseinandersetzungen zwischen Nordkorea und China, die durch Neuregelung des Grenzverlaufs beigelegt wurden (E. DEGE 1996). Zu der Zeit blieb die Wirtschaftsentwicklung der Tumen-Region rückständig und unbeeinflusst von den schnell aufsteigenden Nachbarländern Japan und Südkorea. Dabei blieben die Spannungen zwischen den beiden koreanischen Staaten ungelöst.

Erst nach dem Untergang der bipolaren Weltordnung und dem Zusammenbruch der UdSSR kam Bewegung in diese lang erstarrte Region. In den 1990er Jahren bekamen die chinesischen Küstenregionen auf der Grundlage ihrer Öffnungspolitik und der Russische Ferne Osten infolge des Transformationsprozesses positive Impulse für die Wirtschaftsentwicklung. Städte wie Hunchun und Wladiwostok, die selbst für Inländer in der Zeit des Kalten Krieges nur mit Sondergenehmigung zu betreten waren, stehen seit 1992 allen Besuchern offen. Sonderwirtschaftszonen, die ausländische Kapital anziehen sollen, wurden 1991/92 in allen angrenzenden Gebieten des Tumen-Flusses gegründet, in Yanji und Hunchun (China), Nakhodka und Wladiwostok (Russland) und sogar in Rajin-Sönbong (Nordkorea) (CHEN CAI 1996a; E. DEGE 1996).

Die Geschichte der Tumen-Region

Ungeachtet der gesetzlichen Zuzugsbeschränkungen für Nordost-China durch die Mandschu-Dynastie war die Tumen-Region aufgrund ihres fruchtbaren Landes und der reichlichen Naturressourcen sehr attraktiv für die Inlandchinesen, die stark unter den Hungerkatastrophen litten, die vor allem in den Gebieten der heutigen Provinzen Shandong und Hebei heimsuchten. Mitte des 18. Jhds. kamen die ersten chinesischen Zuwanderer aus Shandong und Hebei nach Nordost-China, weil sie in ihren Heimatregionen wegen der Ausbeutung durch die Landbesitzer stark verarmt waren. Ein Teil von ihnen siedelte in der heutigen Präfektur Yanbian. In den 1860er Jahren kamen koreanische Bauern, welche vor allem von Hungersnöten aus ihrer Heimat getrieben wurden, in diese Region. Die mandschurischen Landbesitzer griffen gerne auf koreanische Zuwanderer als Siedler zurück, da die Koreaner als Reisbauern in der Lage waren, die großen versumpften Becken im Waldland der Mandschurei zu meliorieren und hier den Reisanbau einzuführen, während die chinesischen Zuwanderer Trockenfeldbauern waren, die vor allem vom ertragsarmen Hirseanbau lebten.

Im Laufe der Zeit musste die Qing-Dynastie wegen ihrer politischen Schwäche immer größere Teile ihres Territoriums an Russland abtreten. Um die ihnen verbliebene Region in Nordost-China zu sichern, hob China das Einwanderungsverbot auf und bemühte sich, diesen Raum selbst zu besiedeln. Zu diesem Zweck gründete die Regierung Rekrutierungsbüros, wodurch die ersten festen Siedlungen entstanden (E. DEGE 1996; FANG MIN und JIN MINXIONG 1993; M. FREEBERNE 1993). Mit der Erschließung durch bäuerliche Zwanderer und der gemischten Besiedlung durch Koreaner, Chinesen und Urmandschuren begann die Entwicklung der ersten wirtschaftlichen Keimzellen in der Tumen-Region.

Nach dem erfolgreichen Krieg gegen Russland 1905 und der Kolonisierung Koreas 1910 dehnte Japan seinen Einfluss in Nordostasien aus. Dadurch erhielt Japan die Verwaltungsherrschaft in der Tumen-Region. Die Japaner verschafften sich Bahnkonzessionen für den Verkehr von der Provinz Jilin nach Nordkorea und brachten allmählich den Finanzmarkt unter ihre Kontrolle. In den 1930er Jahren wurde die Tumen-Region ein japanisches Besatzungsgebiet. Angesichts der reichen Naturressourcen sicherte sich Japan hier zahlreiche Bergbaukonzessionen. Kohle und Gold wurde beispielsweise in großer Menge von den Japanern ausgebeutet. Außerdem setzte Japan eine gewaltige japanische Einwanderungswelle in die Tumen-Region in Gang, um seine Kontrolle über das Gebiet zu festigen(G. FOCHLER-HAUKE 1941). Nach dem Sino-Japanischen Krieg 1945 wurde die Tumen-Region ein strategischer Punkt für die Kommunisten im Kampf gegen die Kuomintang. In Hunchun hatten die Kommunisten zahlreiche Rüstungsfabriken gebaut. Nach dem Sieg gegen die Kuomintang und der Gründung der Volksrepublik China im Jahre 1949 wurden diese Fabriken geschlossen (FANG MIN und JIN MINXIONG 1993; M. FREEBERNE 1993).

Zu erwähnen ist noch die kurze Geschichte des Grenzhandels in der Tumen-Region. Das Gebiet Tumen war lange Zeit eine chinesische Küstenregion am Japanischen Meer, und seit der Tang-Dynastie (6. Jh.- 9. Jh. A.D.) gab es schon Handelsverbindungen zwischen der Provinz Jilin und Japan. Hunchun war damals die Drehscheibe der Transporte, rund 50 Schiffe zwischen der Provinz Jilin und Japan wurden zu jener Zeit gemeldet. Nach dem Vertrag von Peking wurde das Gebiet Tumen durch die neue Grenzziehung von einer Küstenregion zum Binnenland, jedoch genoss China noch das Navigationsrecht auf dem Tumen und hatte somit weiterhin Zugang zum Japanischen Meer. Mit der Markierung der russisch-chinesischen Grenze 1886 und ihrer Öffnung für den Warenverkehr wurde Hunchun (1886 chinesisches Verwaltungszentrum für das Yanbian-Gebiet) ein wichtiges Zentrum für den russisch-chinesischen Grenzhandel sowohl über Land, als auch per Schiff über den Tumen in das Japanische Meer. 1911 wurde die Landgrenze allerdings von Russland wieder geschlossen, da das Gebiet um Wladiwostok zur militärischen Sperrzone erklärt wurde. Der Zugang zum Meer über den Tumen blieb jedoch offen (1929 hatte der Flusshafen von Hunchun einen Umschlag von 25 000 t, gut 1 000 kleine Handelsschiffe und Fischereifahrzeuge befuhren jährlich den unteren Tumen). 1938 kam es zu einer Reihe von sowjetisch-japanischen Grenzgefechten bei Zhanggufeng am Dreiländereck bei Fangchuan. Die unterlegenen Japaner sperrten daraufhin die Tumen-Mündung mit eingerammten Pfählen. Zur Zeit der japanisch dominierten Mandschurei (1934-1945) verlor die Tumen-Mündung ihre verkehrswirtschaftliche Bedeutung, da die Mandschurei ihre Exporte nach Japan (insbesondere Sojabohnen) über die Bahnbrücke bei der Stadt Tumen und dann über die nordostkoreanischen Häfen Rajin (bester Naturhafen Koreas) und Sönbong (1921 eröffnet) verschiffen konnte (DING SHICHENG 1993; E. DEGE 1996).

Die nachfolgenden historisch-politischen Rahmenbedingungen (westliche Seeblockade nach der kommunistischen Machtübernahme in Peking, Koreakrieg, chinesisch-sowjetische Gegensätze in den 1960er Jahren, chinesische Kulturrevolution) verhinderten eine Wiedereröffnung des Schifffahrtsweges auf dem unteren Tumen (DING SHICHENG 1993; E. DEGE 1996; M. FREEBERNE 1993). Während dieser Zeit wurde die Tumen-Region als eine politische Grenzregion bezeichnet. Sowohl für die Chinesen als auch für die Ausländer war eine Sondergenehmigung zum Besuch dieser Region erforderlich. Erst 1988, unter dem Einfluss Chinas neuer „Politik der offenen Tür", kam es zur Aufnahme von Verhandlungen über den kleinen Grenzverkehr und die Öffnung der Tumen-Mündung für den Schiffsverkehr. Im

Jahre1989 wurden die Stadt Hunchun (China) und das 46 km entfernte Kraskino (Russland) für den Grenzhandel geöffnet, in Changlingzi wurde ein neuer Grenzübergang eingerichtet. Im Mai 1991 erlangte China auf einem chinesisch-russischen Gipfeltreffen die Navigationsrechte auf dem Tumen-Fluss zurück. Im selben Jahre wurde das Tumen-Projekt durch das United Nation Development Program (UNDP) ins Leben gerufen. In diesem Zusammenhang gründeten die drei angrenzenden Länder auf ihrer jeweiligen Seite Sonderwirtschaftszonen und sprachen sich für eine grenzüberschreitende Zusammenarbeit aus.

1.4 Siedlungsgeographische Charakterisierung

In der Tumen-Region beschränkt sich die besiedelte Fläche aufgrund der peripheren geographischen Lage und der starken morphologischen Kammerung auf die fruchtbaren Täler, Becken und schmalen Küstenregionen. Im Jahre 1998 betrug die Einwohnerzahl in der Tumen-Region 4,57 Mio. (Yanbian, Primorskij und Rajin-Sŏnbong) auf einer Fläche von 209346 km². Es ergibt sich eine durchschnittliche Bevölkerungsdichte von 21 Ew/km². Durch diese geringe Einwohnerdichte wird die bevölkerungsgeographische Randlage der Region im Vergleich zu den durchschnittlichen Niveaus der jeweiligen Staaten deutlich. Angesichts der zukünftigen Wirtschaftsentwicklung weist sie auch auf ein begrenztes Potenzial für Arbeitskräfte hin. Innerhalb dieser Region ist die Bevölkerung allerdings außerordentlich ungleichmäßig verteilt. Die höchste Einwohnerdichte ist in der nordkoreanischen Sonderwirtschaftszone Rajin-Sŏnbong mit 200 Ew/km² zu finden, an zweiter Stelle steht die Präfektur Yanbian mit 50 Ew/km², und die am dünnsten besiedelte Region ist die russische Küstenregion Primorskij mit nur 13 Ew/km². Man kann daher davon ausgehen, dass sich auch Möglichkeiten einer Bevölkerungswanderung innerhalb dieser Region entwickeln könnten, wenn es ein gemeinsames Wirtschaftserschließungskonzept gäbe.

1.4.1 Die Präfektur Yanbian

Zum Vergleich zu Chinas Zentrum ist die Siedlungsgeschichte in der Präfektur Yanbian relativ jung. Der Großteil der Besiedlungsentwicklung beruht auf relativ junger Zuwanderung. Noch im 17. Jh. gehörte die Tumen-Region zur „Verbotenen Zone" in der Mandschurei (vgl. Kap. 1.3). Zu Anfang der Qing-Dynastie gab es in der Mandschurei rund zwei Mio. chinesische Einwohner, die Mandschuren und andere Stämme machten knapp eine Mio. aus (KUNGTU C. SUN 1973). Aufgrund der Hungerkatastrophen in den südlich der Mandschurei gelegenen Provinzen waren viele Chinesen gezwungen, nach Nordost-China auszuwandern. Die chinesischen Siedler, die in diese Region in den vorigen Jahrhunderten eindrangen, ließen sich teils mit, teils ohne Erlaubnis der Behörden nieder. Seit der Aufhebung der Beschränkung oder der Verbote der Niederlassung in der Mandschurei in der letzten Hälfte des 19. Jhds. durch die Qing-Regierung erfolgte ein Großteil der chinesischen Einwanderung nach Nordost-China (vgl. Kap. 1.3 *Die Geschichte der Tumen-Region*). Zuerst wurde das Tiefland in Nordost-China besiedelt, hingegen kamen wegen der gebirgigen Landschaft und der großen Entfernung von Chinas Zentrum nur wenige chinesische Einwanderer in die Tumen-Region. Hier kamen die meisten Zuwanderer aus der angrenzenden Halbinsel Korea. Am Anfang haben sich diese als Ginsengsucher, Jäger oder Pächter in dieser Region niedergelassen. Im Jahre 1916 betrug die Gesamt-Einwohnerzahl in der heutigen Präfektur Yanbian (ohne die Kreise Dunhua und Antu) 264 983 (LI SHANGSHI u. a. 1983). Durch die neue Bahn Jilin-Tumen und deren Fortsetzung nach Korea sowie den großen wirtschaftlichen Aufstieg der Mandschurei während der japanischen Besetzung stieg die Bevölkerungszahl sprunghaft an, so dass im Jahre 1949 die Einwohnerzahl bereits 835 278 betrug. Nach der Gründung der Koreanischen Autonomen Präfektur Yanbian wurde eine dritte Phase eingeleitet. In den letzten 50 Jahren hat sich die Einwohnerzahl in der Präfektur mehr als verdoppelt, und im Jahre 1999 betrug sie 2,18 Mio bei einem durchschnittlichen Jahreswachstum von 19‰. Seit der chinesischen Öffnungspolitik erlebte die Präfektur einen starken Verstädterungsprozess, im Jahre 1980 betrug der Anteil der Stadtbevölkerung erst 50%, bis zum Jahre 1999 ist er auf 96,7% steil angestiegen und erreicht heute eine mit Industrieländern vergleichbare Zahl (STATISTISCHES JAHRBUCH VON YANBIAN 2000).

Die ursprünglich kleinen Städte hatten durch den wirtschaftlichen Aufschwung seit der Mitte der 1980er Jahre ihre Einwohnerzahl stark vermehrt, aber die Entwicklung vollzog sich harmonisch in geregelter Weise und im richtigen Zusammenwirken mit der Umgebung. Der grundlegend bäuerlichen Wirtschaft wuchsen in guter Planung jene Betriebe in Gewerbe und Industrie zu, welche auf der Grundlage der bodenständigen Wirtschaftskräfte und des Fremdenverkehrs solide Grundlagen im Lande selbst hatten.

1.4.2 Die Siedlungen

Die Entstehung der Siedlungen in der Präfektur Yanbian beruht überwiegend auf der Erschließung reicher Bodenschätze und der Transportlinien. In den ländlichen Siedlungen unterscheiden sich die Han-chinesischen Dörfer in ihrer Bauweise sehr stark von der koreanischen Minderheit, wobei die koreanischen Dörfer häufig am Rande der Reisebenen liegen.

In der Präfektur Yanbian war die Stadt Longjing, die im Jahre 1999 263 131 Einwohner zählte, ursprünglich Verwaltungshauptstadt und kulturelles Zentrum dieser Siedlungskammer. Sie verlor diese Funktionen jedoch mit der Verlegung der Verwaltung an die von den Japanern erbaute Bahnlinie Jilin-Tumen. Hier entstand mit Yanji das neue Verwaltungs- und Kulturzentrum der Präfektur. Mit 386 000 Einwohnern ist Yanji heute nicht nur der Sitz der Präfekturverwaltung und Standort der koreanischen Minderheitsuniversität, sondern auch das wirtschaftliche Zentrum der Präfektur. Am Süd- und Westrand der Siedlungskammer von Yanji-Longjing liegen zwei Siedlungen, die von Bergbau geprägt werden. In Helong wird Steinkohle gefördert. Eine weitere Siedlungskammer entstand ebenfalls bereits mit der koreanischen Zuwanderung zu Ende des vergangenen Jhds. am Unterlauf des Hunchunhe. Zentrum dieser Siedlungskammer, die an Russland und Nordkorea grenzt, ist die Stadt Hunchun. Der Kreis Hunchun hatte im Jahre 1999 210 000 Einwohner, es wird für 2005 ein Anstieg auf 400 000 erwartet. Eine dritte, jüngere Siedlungskammer entstand mit Wangqing in einer Talerweitung des Gayahe, eines von Norden in den Tumen entwässernden Nebenflusses. Die Stadt Tumen an der Einmündung des Gayahe in den Tumen entstand erst zu Beginn der 1930er Jahre mit dem Bau der Eisenbahnbrücke über den Tumen. Sie ist heute eine reine Industriestadt mit 136 844 Einwohnern. Die vierte, erst relativ spät der Autonomen Koreanischen Präfektur angegliederte Siedlungskammer befindet sich im Nordwesten in einem weit gespannten Becken am Oberlauf des Mudanjiang, der nicht mehr zum Tumen, sondern über den Songhuajiang zum Amur entwässert. Diese Siedlungskammer ist überwiegend von Han-Chinesen besiedelt; die in ihrem Zentrum gelegene Stadt Dunhua ist mit 479 479 Einwohnern die größte Stadt der Präfektur. Zwischen Dunhua und Yanji liegt die Kreisstadt Antu mit 219 987 Einwohnern. Ihr Verwaltungsbezirk erstreckt sich nach Süden bis zum Paektu-san und umfasst damit noch weite, unberührte Waldgebiete, in die heute die Forstwirtschaft vordringt. Temporäre Waldarbeitercamps sind die Vorhut der Erschließung. Zentrum der Forstwirtschaft ist die Kleinstadt Erdaobaihe, Standort eines großen Spanplattenwerkes. Wieder ist es der koreanische Bevölkerungsteil, der versumpfte Senken melioriert und den Reisanbau gegen die Siedlungsgrenze vorschiebt, während sich die Han-chinesische Bevölkerung mit extensiverem Trockenfeldbau zufrieden gibt. Auf koreanische Initiative geht auch die Anlage großer Ginsengplantagen und die Kultur von Speisepilzen zurück (E. DEGE 1996).

1.4.3 Die koreanische Minorität

Eine bevölkerungsgeographische Besonderheit der Präfektur Yanbian ist die Besiedlung durch die koreanische Minderheit. Die Hauptsiedlungen der Koreaner befinden sich in den Kreisen Longjing, Yanji, Tumen und Helong in den intramontanen Becken am Mittel- und Unterlauf der Tumen-Zuflüsse.

Die meisten koreanischen Siedler sahen sich trotz des Verbots durch die Qing-Regierung aus wirtschaftlichen und politischen Gründen gezwungen in die Tumen-Region zu fliehen. In den 60er und 70er Jahren des 19. Jhds. kamen die ersten Gruppen aufgrund von Hungersnöten nach China. Bis 1881 hatten sich bereits 10 000 Koreaner hier niedergelassen. Sie sind ein wertvoller Bevölkerungsteil und zeigen besonderes Geschick im Anbau von Reis, Hirse und Bohnen. Zuerst besiedelten sie die Tal-Gebiete des Hailanhe, Buerhatonghe und Gayahe und betrieben Nassfeldanbau. Allmählich entschied die Qing-Regierung, ihre Grenze gegen Russland zu festigen, indem sie mehr chinesische oder koreanische Zuwanderer hier ansiedelte. Im Jahre 1885 wurde ein Vertrag für die Rekrutierung der Koreaner erlassen, eine Sonderzone nördlich des Tumen-Flusses mit einer Ausdehnung von 350 km Länge und 25 km Breite wurde festgelegt, in der den Koreanern eine freie Niederlassung erlaubt war. Durch die Pachtangebote der Chinesen dehnte sich das koreanische Siedlungsgebiet im Laufe der Zeit vom Buerhatonghe und Gayahe auch nach Westen und Norden aus. Im Jahre 1907 betrug die koreanische Einwohnerzahl in Yanji 50 000, nur 25% waren Chinesen. Unter dem Druck der japanischen Herrschaft über Korea (1905 bzw. 1910) flohen immer mehr Koreaner nach China. 1916 waren es schon 200 000 koreanische Einwohner (LI SHANGSHI u.a.1983), im Jahre 1928 bereits 380 000 (G. FOCHLER-HAUKE 1941), und 1949 schließlich 530 000, womit sie 63% der gesamten Bevölkerung ausmachten. Seit der Gründung des neuen Chinas haben sich die Verhältnisse zwischen Han-Chinesen und Koreanern jedoch grundlegend geändert. Anfang der 1950er Jahre nahm die koreanische Minderheit in dieser Region noch über 60% der gesamten Einwohner ein. Angesichts des schnellen Bevölkerungswachstums der Han-Chinesen umfasst die koreanische Minderheit heute mit 830 000 Einwohnern nur noch 38% der gesamten Bevölkerung. Diese Tendenzen lassen sich zum einen durch Wanderungsbewegungen erklären (vgl. Kap. 1.3), zum anderen liegen sie in der unterschiedlichen natürlichen Bevölkerungsentwicklung begründet. Während die koreanische Minorität sich in der Regel an die Zwei-Kinder-Ehe hält, befolgen Angehörige anderer Minoritäten und selbst Han-Chinesen, für die die Ein-Kind-Ehe gilt, diese Vorgaben weniger streng.

Im Gegensatz zu den mit Satteldach gedeckten chinesischen Häusern handelt es sich in den koreanischen Dörfern in der Präfektur Yanbian um Häuser mit Krüppelwalmdach. Ein weiteres Merkmal ist, dass die koreanischen Wohnräume durch die Bodenheizung (*ondol*) warm gehalten werden, während die chinesischen Wohnräume durch das Bett (*Kang*) bewärmt werden (E. DEGE 1992). In den gebirgigen Landesteilen gibt das Relief oft die Veranlassung zu einer linienhaften und eng gedrängten Anordnung der Bebauung. Aus praktischen Gründen sind verschiedene Einrichtungen und Vorteile der Koreaner beim Hausbau in den letzten Jahren auch von der Chinesen übernommen worden.

Die koreanische Minderheit gilt in China als ausgesprochen bildungsbeflissen. Es wird in vorbildlicher Weise für ausreichende Bildungsmöglichkeiten gesorgt. Bereits mit den ersten koreanischen Siedlungen entstanden hier in guter konfuzianischer Tradition koreanische Schulen, deren weiterer Ausbau durch geflüchtete Intellektuelle und christliche Missionen gefördert wurde. In der Präfektur Yanbian waren es besonders amerikanische protestantische Kirchen und die deutsche Mission der Benediktiner von St. Ottilien, die auch in der schwersten Unterdrückung durch die Japaner auf der koreanischen Seite standen und auf dem Gebiet des Bildungs- und Gesundheitswesens wertvolle Beiträge leisteten. Neben Grundschulen entstanden bereits vor dem Zweiten Weltkrieg Mittelschulen und höhere Schulen sowie eine Pädagogische und eine Landwirtschaftliche Hochschule. 1952 wurde in der Präfektur der Grundschulbesuch und 1958 auch der Sekundarschulbesuch Pflicht. Auch heute noch ist die Unterrichtssprache bis zum Abschluss der höheren Schule Koreanisch. Die erste Universität der Präfektur Yanbian wurde im Jahre 1949 gegründet. Anfang der 1990er Jahre wurde die neue Technische Hochschule in Yanji, die von protestantischen Kirchen in Südkorea gestiftet wurde und die erste private Hochschule Chinas darstellt, aufgebaut. Bemerkenswert ist, dass der Unterricht in koreanischer und englischer Sprache gehalten wird (E. DEGE 1996). In seiner Wirkung für die Bildung und Kultur nicht zu unterschätzen ist auch der koreanischsprachige Rundfunk- und Fernsehsender in Yanji. In Nordost-China ist die koreanische Minderheit darüber hinaus die einzige Minderheit, die über einen eigenen Verlag verfügt, der *Yanbian People's Press*, der in den letzten 30 Jahren 150 Mio. Bücher in koreanischer Sprache veröffentlicht hat. Ergebnis des typisch koreanischen Bildungshungers und des entsprechenden Ausbaus des Bildungssystems ist ein Bildungsniveau, mit dem sich die koreanische Minorität deutlich von den Han-Chinesen oder gar von den anderen Minderheiten Chinas absetzt. Während in ganz China 73 Hochschulabsolventen und bei sämtlichen Minderheiten gar nur 32 Hochschulabsolventen auf 10 000 Einwohner über 6 Jahre kommen, hat die koreanische Minorität 303 Hochschulabsolventen pro 10 000 Angehörige in der Altersklasse über 6 Jahre (HUANG SHUO 1998). Das bedeutet eine gute Voraussetzung für die Aufnahme neuer Technologien und Managementformen. Dieses Humankapital der koreanischen Minderheit kann nicht hoch genug eingeschätzt werden. Für die Autonome Koreanische Präfektur hat es jedoch auch eine negative Seite. Da die hoch ausgebildeten Koreaner in ihrer nordostchinesischen Heimat keine ihrem Bildungsniveau angemessene Tätigkeit finden, wandern sie in die Aktivräume Chinas ab, wodurch die koreanische Minderheit im Nordosten des Landes langsam aber sicher ausblutet. Gleichzeitig wandern aus dem Süden Chinas ungelernte Arbeitsmigranten in die Koreanische Präfektur, wo sie sich erst als Bauarbeiter verdingen, dann aber häufig dableiben (E. DEGE 1996).

1.4.4 Die Russen

Geschichtlich gesehen müssen die Russen als Fremde in Fernost bzw. in der Tumen-Region betrachtet werden, und die russische Besiedlung ist hier nicht viel älter als 100 Jahre (E. THIEL 1953). Vor dem 19. Jh. stand das ganze Land nördlich des Amurs bis zu der Tumen-Mündung unter chinesischer Oberhoheit. Im Jahre 1860, in dem die Russen aufgrund der Schwäche Chinas mit dem ungleichen Vertrag von Peking die nordöstlichen Territorien von China abgetrennt hatten, gab es insgesamt nur 15 000 russische Einwohner in diesem Raum. Russlands Interesse an diesem Gebiet lag im Zugang zum Meer begründet. Aus strategischen und geopolitischen Gründen wurden zuerst Hafenstädte wie Wladiwostok und Transportwege wie die Transsibirische Eisenbahn gebaut. Der Hauptteil der Russen war anfänglich mit Ackerbau und Viehzucht beschäftigt. Aufgrund der Abgelegenheit und der Entfernung zu den russischen Wirtschaftzentren war weiterhin die Erschließung der dort reichlich vorhandenen Bodenschätze von großer Bedeutung und schaffte somit einer größeren Bevölkerung Erwerbsmöglichkeiten. Ferner boten der Handel und das Verkehrswesen sowie Fischfang und Jagd zusätzliche Betätigungsfelder. Nicht zuletzt waren die Siedler zum Schutz der Grenze militärisch organisiert. Seit den 1950er Jahren ist der Anteil der in der Industrie Beschäftigten in starkem Steigen begriffen (E. THIEL 1953).

Trotz der seit über hundert Jahre währenden industriellen Erschließung bleibt der Russische Ferne Osten heute noch einer der am dünnsten besiedelten Bereiche Russlands, in dem ganze Regionen fast menschenleer sind. Selbst im verkehrsmäßig am besten erschlossenen und klimatisch günstigen Süden überschreitet die Einwohnerdichte nicht die der Nachbarländer. Der Russische Ferne Osten leidet damit unter Bevölkerungsarmut und Arbeitskräftemangel, was ein stark hemmender Faktor für die wirtschaftliche Entwicklung dieser Region ist. In den 1930er Jahren vollzog sich angesichts des strengen Regimes ein erster Bevölkerungsrückgang. In den 1950er und 1960er Jahren nahm die Bevölkerung mit der Entwicklung der Fischerei und Agrarwirtschaft wieder zu. In den letzten Jahrzehnten ist die Bevölkerungszahl in Primorskij um 10% gesunken, was vor allem in der Umstrukturierung der sozialen und wirtschaftlichen Infrastruktur begründet liegt. Im Zeitraum von 1992 bis 1999 ist die Geburtenrate um 60-69% gefallen, während die Sterbrate um 24-45% gestiegen ist. Hinzu kommt noch die Abwanderung in Primorskij in der letzten Zeit. 1993 sank die Bevölkerungszahl in Primorskij um 15 000 Personen, zwei Drittel davon durch natürliche Entwicklungen und ein Drittel durch Auswanderung. Im Vergleich mit den angrenzenden Nachbarn weist die Region eine positive Bilanz im Bezug auf das Ausbildungsniveau auf. Die Rate der Hochschulabsolventen betrug im Jahre 1999 5-6%, die der Absolventen einer Technikerausbildung etwa 12-14% der Einwohner.

Der Schwerpunkt von Siedlung und Wirtschaft des Russischen Fernen Ostens liegt in seinem äußersten Süden. Hier leben in den Rändern der Talungen von Amur und Ussuri, im Hinterland der Peter der Große-Bucht des Japanischen Meeres und in Südsachalin etwa zwei Drittel der Bevölkerung des Russischen Fernen Ostens. Die Mehrzahl der Bevölkerung lebt in einigen wenigen großen Städten und kleineren Bergbauorten (N. WEIN 1985). Die Erschließung der Siedlungen ist zunächst punktuell, mit dem Ausbau des Eisenbahnnetzes dann zunehmend linienhaft erfolgt. Die Umgebung von Wladiwostok ist hier als dichter bevölkert besonders zu erwähnen. Der Name der Stadt Wladiwostok („Beherrsche den Osten") ließ keinen Zweifel am russischen Programm, eine führende Rolle im Russischen Fernen Osten gegen China durchzusetzen. Wladiwostok wurde 1860 als Hafenstadt gegründet. 1872 wurde der Stützpunkt der russischen pazifischen Kriegsflotte von Nikolajewsk am Amur hierher verlegt, und seitdem ist Wladiwostok der Mittelpunkt der militärischen Macht des Landes am Pazifik. Wirtschaftlich entwickelte sich die Stadt jedoch langsam. 1882 wohnten in der Stadt erst 5 000 Menschen. Der Bahnbau erfolgte durch schwierigstes Gelände (Dauerfrostboden, seismische Gefahren, Sümpfe, senkrecht zur Trasse verlaufende Gebirgsriegel und Flussläufe), was viele technische Bauwerke (Tunnels, Brücken, Dämme) erforderlich machte. In der gleichen Zeit etwa wurde der Schiffsverkehr zwischen Wladiwostok und den Schwarzmeerhäfen Russlands aufgenommen. Doch der Aufstieg zum wirtschaftlichen Mittelpunkt der Region begann erst nach dem Bau der Ussuri- und Mandschurischen Bahn. Durch sie erst wurde Wladiwostok zu einem bedeutenden pazifischen Hafen, vor allem im Transitverkehr und hierin auch für die gesamte Nordmandschurei. Gleichzeitig setzte auch die neue Entwicklung zu Industriestadt ein. 1897 hatte die Stadt eine Bevölkerung von 21 000, 1914 waren es 59 000, 1926 107 980 und 1939 206 400. In den 1950er Jahren wurden es mehr als 300 000 (E. THIEL 1953). In den 1980er Jahren erreichte die Stadt Wladiwostok eine Einwohnerzahl von 585 000 (N. WEIN 1985). Im Jahre 2000 betrug die Einwohnerzahl 660000 (UNDP 2001).

Im Süden des Primorskij krajs leben 55 700 Einwohner in zehn Hauptsiedlungen, was einen Anteil von 2,6% der gesamten Einwohner in Primorskij kraj darstellt, darunter befinden sich sechs Siedlungen im Bezirk Khasan. Ca. 54% der Einwohner leben in den Städten. Die wichtigsten Siedlungen sind Slavanka mit 17 400 Einwohnern, Zarubino mit 4 700 Einwohnern und Kraskino mit 4 300 Einwohnern.

Erwähnenswert ist auch die Geschichte der koreanischen Einwanderung im Russischen Fernen Osten. Anfang der 1860er Jahre begannen die Koreaner in den Russischen Fernen Osten, der damals noch weitgehend unbesiedelt war, einzuwandern. Sie gingen entweder über den Grenzfluss Tumen oder über das Japanische Meer oder auf dem Landweg durch die Mandschurei nach Russland. Im Jahre 1870 gab es bereits 8 400 koreanische Einwanderer im Russischen Fernen Osten. Unter dem Druck von Hungersnöten und instabiler politischer Situation in den 1860-70er Jahren in Korea entwickelte sich diese Wanderungsströme so schnell, dass die Zahl der Einwanderer am Ende des 19. Jhds. über 27 000 betrug. In der zweiten Hälfte der 1920er Jahre wurde die Zahl der Koreaner im Russischen Fernen Osten auf ca. 250 000 geschätzt. Ungeachtet des winterkalten Klimas verfolgten die meisten koreanischen Einwanderer den Reisanbau; so wurde ein großer Teil des südlichen Russischen Fernen Ostens von den Koreanern in Reisfelder umgewandelt. Der Reisanbau konzentrierte sich auf das Gebiet südlich des Khanka-Sees und auf die Umgebung von Posjet. Im Jahr 1937 wurden die im Russischen Fernen Osten lebenden Koreaner aus wahrscheinlich politischen Gründen von der sowjetischen Regierung nach Zentralasien deportiert. Heute gibt es lediglich ca. 53 900 Koreaner im ganzen Russischen Fernen Osten, davon leben 65% auf Sachalin (KHO, SONGMOO 1987; YI, JAE-HYUK 2002).

1.4.5 Die Nordkoreaner

Für die Betrachtung der allgemeinen Entwicklung der Bevölkerung auf nordkoreanischer Seite steht im Vergleich mit dem Russischen Fernen Osten noch weniger statistisches Material zur Verfügung. Nordkorea weist insgesamt eine Bevölkerungsdichte von ca. 200 Ew/km² auf, dagegen sind die nördlichen Berglandprovinzen, einschließlich Hamgyŏng–

pukto, äußerst dünn besiedelt. Hier ist die landwirtschaftliche Nutzung auf kleine Rodungsinseln beschränkt und der Reisanbau aus klimatischen Gründen praktisch ausgeschlossen (H.-U. PEWS 1987; E. DEGE 1992). In der Sonderentwicklungszone von Rajin-Sŏnbong beträgt die Einwohnerzahl zurzeit 150 000.

Im Gegensatz zu Südkorea leiden die nordkoreanischen Städte nicht an den Problemen einer unkontrollierten Verstädterung, da die Bevölkerungsbewegung streng kontrolliert den jeweiligen ökonomischen Bedürfnissen angepasst wird. Auch die Struktur der Dörfer hat sich stark gewandelt, die alten strohgedeckten Lehmhäuser sind vielerorts kleinen weiß verputzten Steingebäuden mit roten Ziegeldächern gewichen. Durch den Bau großer, mehrstöckiger Schulgebäude und der Einrichtungen von Kinderkrippen, Krankenstationen, Kulturhäusern und Kinos wird versucht, das traditionelle und auch heute noch lange nicht beseitigte Gefälle zwischen Stadt und Land abzubauen. Dabei werden ähnlich wie in Südkorea Musterdörfer errichtet, die jedem ausländischen Besucher vorgeführt werden; dabei ist es hier, im Gegensatz zu Südkorea, jedoch praktisch unmöglich, abzuschätzen, inwieweit derartige Musterdörfer auch nur entfernt als typisch anzusehen sind (E. DEGE 1996).

1. 5 Struktur und Entwicklung der Wirtschaft

1.5.1 Ein Wirtschaftsüberblick über die Tumen-Region

1.5.1.1 China

Die Wirtschaftsentwicklung in Nordost-China

Die Wirtschaftsstruktur in der Tumen-Region ist in erster Linie von der Situation in Nordost-China geprägt und soll daher anhand dessen wirtschaftlicher Entwicklung dargestellt werden. Nordost-China ist einer der Konzentrationspunkte der Schwerindustrie Chinas (vgl. Tab. 7). Vor dem 18. Jh. war hier nur sehr dünn besiedeltes Waldland (vgl. Kap. 1.3). In den folgenden Jahrhunderten geriet Nordost-China mehrfach unter die Kontrolle ausländischer Mächte. Ende des 19. Jhds. wurde die Region japanische Kolonie. Während der Besatzung durch die Japaner, die das Gebiet Mandschurei nannten, wurde die Region zu einer Rohstoffbasis für Japan. Von dieser Zeit an entstanden die an den Rohstoffvorkommen orientierten Industrieansiedlungen. Um diesen Prozess zu beschleunigen, entwickelten die Japaner das Eisenbahnnetz. In den 1950er Jahren hatte China seinen regionalen Wirtschaftsschwerpunkt weitestgehend hierher gelegt. Mit Hilfe der damaligen Sowjetunion sind große Teile der gesamten Industrieinvestitionen hierhin geflossen. Innerhalb von fünf Jahrzehnten entstand in Nordost-China ein starker Wirtschaftsraum. Die Wirtschaftsstruktur wird von der Schwerindustrie dominiert. Von dieser nehmen die Metall-, Chemie-, und Bauindustrie einen Anteil von 60% ein (vgl. Tab. 7). Viele bedeutende Industriekonzerne Chinas befinden sich im Nordosten, allerdings stecken die meisten großen Konzerne wegen veralteter Technologien und Einrichtungen in wirtschaftlichen Schwierigkeiten. Entsprechend ist die ganze Industriebranche betroffen. Die Folge ist, dass viele Millionen Menschen arbeitslos sind und soziale Unruhen entstehen.

Tab. 7 Die Entwicklung der Wirtschaftsstrukturen in Nordost-China

Anteil am BSP in %

Jahr	Wirtschaftssektoren			Landwirtschaft	Leichtindustrie	Schwerindustrie	Leichtindustrie		Schwerindustrie		
	Prim. Sektor	Sek. Sektor	Tert. Sektor				LW als Rs.[1]	nicht LW als Rs.	Bergb.- ind.	Rohst.- ind.	Verarb.- ind.
1952	31.2	56.6	12.2	42.8	26.7	30.5	80.6	19.4	21.1	36.5	42.4
1957	22.4	65.1	12.5				68.8	31.2	16.4	40.5	43.1
1965	15.7	74.3	10.0				66.7	33.3	12.3	46.1	41.6
1978	15.1	77.0	7.9	18.6	24.4	57.0	67.9	32.1	17.0	41.4	41.6
1980	16.9	75.0	8.1	17.5	27.5	54.8	65.0	35.0	16.8	43.3	39.9
1985	14.9	76.5	8.6	23.3	26.1	50.6	70.2	29.8	17.2	39.8	43.0
1989							66.1	33.9	15.2	39.1	45.2
1990	15.8	76.1	8.1								

[1] Produkte aus der Landwirtschaft, die als Rohstoffe für die Leichtindustrie benötigt werden

Quelle: YUAN SHUREN und HUANG YANJUN 1996

Topographisch gesehen besteht ein Drittel der Fläche Nordost-Chinas aus Tiefland. Es ist das größte zusammenhängende Tieflandgebiet in China und stellt zugleich ein Drittel des gesamten Tieflandes Chinas dar. Angesichts der Fruchtbarkeit der Böden ist Nordost-China ein bedeutendes Agrargebiet (LI ZHENQUAN und SHI QINGWU 1988). Die Ernte steuert einen großen Teil zu der landwirtschaftlichen Produktion in China bei. Wichtige Getreide sind Mais, Sojabohnen, Reis, und Weizen. Von großer Bedeutung sind weiterhin Sonderkulturen wie Sonnenblumen, Ginseng, Obst und Leinen (FANG MIN und JIN MINXIONG 1993).

Seit der Gründung der Volksrepublik China ist die Produktion im sekundären Sektor stark gestiegen. Gleichzeitig ist der prozentuale Anteil der Produktion des primären Sektors bis 1990 um 50% gesunken. Der Anteil des tertiären Sektors ist dabei nur wenig zurückgegangen. Die von der Schwerindustrie dominierten Verhältnisse verändern sich nur leicht. Die wichtigsten Industriebranchen sind Metallurgie, Maschinenbau, Rohölverarbeitung und Chemie, welche beinahe 60% der gesamten industriellen Produktion umfassen. Der Hauptteil der Rohstoffe, die in der Leichtindustrie verarbeitet werden, stammen aus der Landwirtschaft.

Im Hinblick auf die regionalen Strukturen liegt der Schwerpunkt im Zentrum und im Süden Nordost-Chinas. Diese Gebiete liegen im Tiefland und sind mit guter Infrastruktur ausgestattet. Die peripheren Regionen Nordost-Chinas bleiben dabei wirtschaftlich rückständig.

Anfang der 1980er Jahre hat China mit einer Reform- und Öffnungspolitik begonnen, in dem sich die Umsetzung der Reformen durch eine Transformation von einer planwirtschaftlichen in eine marktwirtschaftliche Wirtschaftsweise vollzieht. Als Ausgangsbedingungen wurden die familienbezogene Verpachtung in der Landwirtschaft, die Verlagerung von Entscheidungskompetenzen auf untere Verwaltungsebenen sowie die Einrichtung von Sonderwirtschaftszonen in den Küstenregionen eingeführt. Nach 20 Jahren sind die Anfangsziele dieser Politik erfolgreich umgesetzt worden. So betrug z.B. das jährliche Wirtschaftswachstum in dieser Zeit durchschnittlich mehr als 7% und ausländische Investitionen sind erwartungsgemäß in großem Umfang eingeworben worden.

Der Nordosten Chinas konnte mit einiger Verspätung das *Northeast Phenomenon* (CHEN CAI und YUAN SHUREN 1996), d.h. langsame Entwicklung, starre Strukturen dominiert von Schwerindustrie und die Senkung der Wirtschaftskraft, teilweise abschütteln. Die Wachstumsraten des BIP der Provinzen Jilin, Liaoning und Heilongjiang zeigen jedoch, dass die Entwicklung nicht wesentlich über dem Landesdurchschnitt lag und somit der Entwicklungsrückstand der 1980er Jahre gegenüber den Küstenprovinzen nicht aufgeholt werden konnte, sondern sich sogar noch vergrößerte. Der überdurchschnittliche Anteil der veralteten schwerindustriellen Betriebe ist geblieben. Für Jilin benennt eine Studie der Japan International Cooperation Agency (JICA) von 1998 deutlich die wichtigsten Schwachpunkte der veralteten industriellen Struktur der Provinz (ERINA 2000), die in ähnlicher Weise auch für Heilongjiang und Liaoning, die beiden anderen Provinzen des chinesischen *rust belt*, gelten. 1997 war mit 48% fast die Hälfte aller staatlichen Unternehmen in Jilin defizitär. Der Anteil nichtstaatlicher Betriebe an der Industrieproduktion stieg in Jilin von nur 4% im Jahre 1993 auf bereits 22% im Jahre 1997. Nach der Umwandlung von staatlichen Unternehmen in Aktiengesellschaften stieg der Anteil solcher Firmen an der Gesamtindustrieproduktion bis 1999 auf 25%. Der Grund ist in der Langsamkeit im Umdenken der Führung des Nordosten zu sehen. Zu diesem Zeitpunkt stammten in Jilin noch 65% der Industrieproduktion aus staatlichen Betrieben, während diese Zahl für ganz China bereits auf 43% gesunken war. Nordost-China verharrte mehr noch als in den 1980er Jahren in der Rolle des zurückgebliebenen, verdreckten und unbedeutenden Landesteiles. Der in der öffentlichen Wahrnehmung in den 1970er Jahren nach dem Planwirtschaftssystem zum Vorbild für das ganze Land erklärte Modellcharakter ist längst verklungen.

Die Präfektur Yanbian

Im Verlauf der geschichtlichen Entwicklung hat sich das gesamte Wirtschaftsvolumen in der Präfektur Yanbian um ein Mehrfaches erhöht. 1999 erreichte das BIP 12 Mrd. RMB (1,5 Mrd. US$). Seit 1980 hat es sich um das 10-fache erhöht. Die Wirtschaftsstruktur hat sich in diesem Zeitraum entsprechend verändert: 1980 lag das Verhältnis der drei Wirtschaftssektoren bei: 23,6 : 51,2 : 25,2 und 1995 bei: 16,3 : 42,1 : 41,6. Die Dienstleistungsbranche erreichte im Jahre 1999 in der Präfektur Yanbian einen Anteil am BSP von 40,4% (STATISTISCHES JAHRBUCH VON YANBIAN 2000). Die schnelle Wirtschaftsentwicklung liegt v.a. in der umfassenden Öffnungspolitik und der Privatisierung der Unternehmen begründet. In den Jahren von 1992 bis 1995 betrug das durchschnittliche jährliche Entwicklungswachstum mehr als 8%. Dieser Aufschwung ist dank Chinas Öffnungspolitik überwiegend auf umfassende ausländische Investitionen zurückzuführen. Verglichen mit anderen Küstenregionen wie Shanghai und Kanton bleibt die Präfektur Yanbian jedoch immer noch eine rückständige Region. Die Wirtschaft zeichnet sich aufgrund ihrer Funktion zu Zeiten der Planwirtschaft durch einen ressourcen- und inlandorientierten Charakter aus, der durch die Schwerindustrie beherrscht wird (CHEN CAI 1996b). Seit 1995 ist die Wirtschaftsentwicklung ins Stocken geraten. Das wirtschaftliche Wachstum ist während der letzten vier Jahre gegenüber dem Landesdurchschnitt deutlich niedriger ausgefallen. Diese Rezession spiegelt zum einen die

Finanzkrise in ganz Asien wider, zum anderen wurde sie durch Kürzung der Mittelzuweisungen seitens der Zentralregierung verursacht.

Angesichts der geographischen Randlage liegt die Wirtschaftsentwicklung der Präfektur Yanbian verglichen zum Zentrum der Provinz Jilin noch weiter zurück. Die lokale Regierung bemüht sich, die von der Zentralregierung zugeteilte Kompetenz auszunutzen. Sie ist aktiv, um ausländische Investitionen anzuziehen, außerdem betreibt sie bei der zentralen Regierung regelmäßig Lobby für das Tumen-Projekt, um mehr Förderungsmittel und Vergünstigungen zu bekommen.

1.5.1.2 Nordkorea

Unter dem „großen Führer" Kim Jong II hält Nordkorea weiter am orthodoxen, von der ehemaligen Sowjetunion übernommenen und autozentrischen Planwirtschaftsystem fest. Selbstgenügsamkeit und Autarkie (*Chuch'e*) sind die obersten Ziele. Dieses Festhalten führte zur Stagnation in der Wirtschaftsentwicklung (vgl. Tab. 8). Neben natürlichen Katastrophen erschwert somit die veraltete Wirtschaftsstruktur, das erstarrte Verwaltungssystem, mangelnde Energie für die Industrie, zunehmende Schulden gegenüber dem Ausland, die Senkung des Handelsvolumens sowie der Zusammenbruch der früher für Nordkorea günstigen Wirtschaftsbeziehungen mit den sozialistischen Nachbarn das Überleben des Landes. Dies hat zu Hungersnöten und sozialen Unruhen geführt, die eine Flüchtlingswelle nach Nordost-China ausgelöst haben. Trotz der Reform- und Öffnungspolitik in China und ungeachtet der politischen und wirtschaftlichen Umwälzungen in den Nachbarländern zeigt sich Nordkorea unbeeinflussbar und hält beharrlich am althergebrachten System fest. Im Gegensatz zu China hat Pyöngyang die zentrale Lenkung der Wirtschaft nicht aufgegeben. Nordkorea wurde auf den Stand eines Entwicklungslandes zurückgeworfen, in dem nicht nur Lebensmittel, sondern auch Maschinen, Düngemittel und Benzin fehlen (A. LORENZ 1999).

Nachdem von 1985-1990 das BIP-Wachstum mit jeweils ca. 2-3% nach südkoreanischen Schätzungen noch in etwa ein gleichbleibendes BIP pro Kopf sichern konnte, hat die Krise in den 1990er Jahren eine abwärtsführende Spirale in Gang gesetzt. Die Wirtschaftsentwicklung sank in den letzten zehn Jahren von Jahr zu Jahr um jeweils etwa 3 bis 5%. Nach der Einschätzung der südkoreanischen Bank of Korea sank das BSP von Nordkorea in den Jahren von 1989 bis 1995 um 25%. 1999 betrug das BIP nur noch 130 Mrd. US$, kaum mehr als die Hälfte des Betrages von 1989. Nach ausländischen Schätzungen (Nordkorea hat keine offiziellen statistischen Angaben) lag das BSP 1989 bei 24 Mrd. US $. 1990 sank das BSP auf 23,1 Mrd. US $ und 1995 auf 20,9 Mrd. US $ (YANG CHAOGUANG und ZHANG BAOREN 2000). Wegen der verschlechterten Wirtschaftsbedingungen ist auch Nordkoreas Handelsentwicklung schnell gesunken. Das Wachstum des Handels lag von 1990 bis 1995 bei: -3,1%, -41,4%, -2,2%, -0,8%, -20,1%, -2,7%. Die gesamte Handelssumme betrug 1990 4,64 Mrd. US $ und ist bis 1995 auf 2,05 Mrd. US $ gesunken. Gleichzeitig ist das Schuldenvolumen von 1990 bis 1995 schnell gestiegen, im Jahre 1995 lag die Verschuldung sogar bei über 50% des gesamten BSP.

Auch innerhalb des sozialistischen Lagers geriet Nordkorea in den letzten Jahren immer stärker in die Isolation. Durch den Zusammenbruch des Ostblocks und der Sowjetunion verlor das Land wichtige Handelspartner in Osteuropa und die Unterstützung durch die ehemalige Sowjetunion. China verlangt mittlerweile harte Devisen für seine Produkte, und Russland hat die Handelsbeziehungen mit Nordkorea kaum aufrecht erhalten. Vor dem Koreakrieg war Nordkorea wirtschaftlich stärker als der Süden. Heute besitzt der Norden mit der Hälfte der Bevölkerungszahl nur ein Zwanzigstel des BIP des Südens (EDWARD K. Y. CHEN 1997). Angesichts der Abgeschlossenheit des Landes ist es für die Außenwelt schwer, die zukünftige Entwicklung vorherzusagen.

Ein großer Teil der Industrieinfrastruktur und der damit verbundenen Technologie Nordkoreas waren in den 1950er Jahren mit der Unterstützung der ehemaligen Sowjetunion, Chinas und Osteuropas entstanden. Die Schwerpunkte lagen auf der Schwer- und Militärindustrie und sind bis heute unverändert. Zum Beispiel hat die Regierung ein besonderes Interesse an der Nichteisen-Metallindustrie (A. TIMONIN 1996). Wichtige Industriezweige sind Bergbau, Edelmetallverhüttung und Chemie. Die Industrie ist inzwischen veraltet und ineffizient. Der Mangel an Energie und Engpässe im Transport führen u.a. dazu, dass nur 30-40% der Industrieanlagen betrieben werden können (OH SEUNG-YUL. 1996). Zusätzlich führen Naturkatastrophen zu Ernteausfällen und verursachen Hungersnöte in der Bevölkerung.

Tab. 8 Die Wirtschaftsentwicklung Nordkoreas (1990 – 1995)

Mrd. US $ und Veränderung in %

	1990		1991		1992		1993		1994		1995	
BSP	23,1	-3,70		-5,10		-7,70		-4,20		-1,80	20,90	-4,60
Handel	4,64	-3,10	2,72	-41,40		-2,20		-0,80	2,23	-20,10	2,05	-2,70
Verschuldung	7,86		9,28		9,72		10,32		10,66		11,83	

QUELLE: ZHANG YING 1998

Die Haupthandelspartner Nordkoreas waren die sozialistischen Länder wie die ehemalige Sowjetunion, China und der Ostblock. Vor den 1970er Jahren beschränkte der Außenhandel Nordkoreas hauptsächlich auf die Sowjetunion und China. Während der 1980er ging dieser Teil auf 60% zurück. Traditionell war Nordkorea vom Import von Erdöl, Getreide und Maschinen aus China und Russland abhängig. Im Jahre 1993 importierte Nordkorea 75% seiner Erdölimporte, 88% seiner Kohleimporte und 88% seiner Getreideimporte aus China. Mit dem Ende des subventionierten Exports von China nach Nordkorea sind die Handelsbedingungen für Nordkorea härter geworden. Zwischen 1990 und 1993 sind die Importe aus Russland wegen des Zusammenbruches der Sowjetunion und der damit verbundenen Beendigung der staatlichen Unterstützung von 1,7 Mrd. US$ auf ein Zehntel gesunken.

Alles scheint darauf hin zu deuten, dass Nordkorea sich ohne Hilfe von außen kaum aus seiner Wirtschaftsmisere befreien kann. Daher beginnt die Regierung langsam und vorsichtig, mit den Nachbarländern zusammenzuarbeiten. Mittlerweile sind die Handelsbeziehungen zwischen Nord- und Südkorea angesichts ihrer gelockerten Beziehungen besser geworden (Die Entwicklung des Handelsvolumens zwischen Nord- und Südkorea: 1988: 1,03 Mio. US$; 1989: 22,30 Mio. US$; 1990: 25,08 US$; 1991: 192 Mio. US$; 1992: 214 US$; 1993: 199 Mio. US$; 1994: 229 Mio. US$; 1995: 310 Mio. US$). Mit 14% der drittgrößte Handelspartner ist Südkorea nach China (26,8%) und Japan (29%) (ZHANG YING 1998).

Weitere wichtige Handelspartner sind Indien (6,2%), Russland (4,1%), Hongkong (4%) und Deutschland (3,9%). Hauptexportgüter sind Maschinen, Stahlprodukte, Beton, Tabak, Ginseng und Textilien, wichtigste Importgüter Öl, Kohle, Maschinen, Baumwolle, Bohnen (YANG CHAOGUANG und ZHANG BAOREN 2000). Mit der Einrichtung einer Sonderwirtschaftszone in Rajin-Sŏnbong Anfang der 1990er Jahre hoffte Nordkorea, einerseits ausländische Investitionen ins Land holen zu können, andererseits war es aber nicht wie beispielsweise im Falle der Sonderwirtschaftszone Shenzhen in China beabsichtigt, Lernprozesse aus diesen Versuchszonen auf das ganze Land zu übertragen. Im Gegenteil sollten kapitalistische Wirtschaftweisen in der Sonderwirtschaftszone Rajin-Sŏnbong isoliert werden (W. ARLT 2001). Zwar gibt es hier zahlreiche Standortvorteile, vor allem die nichtexistente Konkurrenz anderer Produzenten im Lande und die Möglichkeit der - teilweise zollfreien - Exporte nach China, Südkorea und in andere Nachbarstaaten sowie die geringen Lohnkosten. Jedoch war das Ausmaß ausländischer Investitionen aus Südkorea und Japan in den 1990er Jahren aufgrund des schwierigen Zugangs nur unbedeutend.

Der Kalte Krieg ist auf der Korea Halbinsel noch nicht vorüber. Nordkorea ist anders und mit keinem Land vergleichbar. In Nordkorea existiert eine Gesellschaft, deren Lebensgrundlagen rigorose innere Unterdrückung, weitgehende Isolation und Abgrenzung gegenüber allem Fremden und Andersartigen sind.

1.5.1.3 Russland

Seit dem Zusammenbruch der Sowjetunion befindet sich Russland in einem schnellen Transformationsprozess, der in seinem Umfang, seiner Geschwindigkeit und Radikalität keine historischen Vorbilder kennt, im Ausgang aber als ungewiss bezeichnet werden muß. Das BIP sank seit 1989 in jedem Jahr mit Ausnahme von 1997 und 1999 und stand am Ende des Jahrzehnts bei nur noch etwa 55% des Niveaus von 1989. Das Investitionsvolumen erreichte 1998 nicht einmal ein Fünftel des Wertes von 1989. Etwa ein Drittel der Bevölkerung lebte zu Beginn des 21. Jhds. unterhalb der Armutsgrenze, die durchschnittliche Lebenserwartung sank vor allem in der ersten Hälfte der 1990er Jahre deutlich ab. Hunger, Streiks, Energiemangel sowie Missmanagement gehören heute zum Alltag. Während der Rückgang des BIP für ganz Russland zwischen 1991 und 1996 bei durchschnittlich 7,7% lag, musste der Russische Ferne Osten im gleichen Zeitraum eine Schrumpfung um jährlich durchschnittlich 17,1% hinnehmen (W. ARLT 2001).

Die regionale Entwicklung des Russischen Fernen Ostens hängt mit der strategischen Gesamtgliederung Russlands zusammen. Während des Kalten Krieges stand im Mittelpunkt des wirtschaftliches Interesses der Russen an Nordostasien die Rohstofferschließung; außerdem verlagerten sie wichtige militärische Anlagen und Rüstungsindustrien in den Russischen Fernen Osten. In den 1970er Jahren begann der Russische Ferne Osten mit Japan eine Zusammenarbeit bei der Rohstofferschließung aufzubauen. Seit der Einführung der *Perestroika* in den 1980er Jahren bekam die regionale Regierung mehr Entscheidungsfreiheit, ihre eigene Entwicklung zu planen. Aber auch die russische Zentralregierung wandte sich langsam der regionalen Entwicklung in Russischem Fernen Osten zu, in erster Linie um verstärkt ausländische Investitionen ins Land zu locken (HA YONG-CHOOL 1999).

Im Russische Fernen Osten sind zahlreiche Naturressourcen wie Erdöl, Erdgas, Kohle, Holz und Fisch vorhanden. Die Grundlagen der Wirtschaft wurden zu Zeiten der Sowjetunion in der Breschnew-Ära aufgebaut. Die Wirtschaftsstruktur der Region wird durch die Rohrstofferschließung und von der Ausrichtung auf die russische Binnenwirtschaft charakterisiert. Wichtige Industriezweige sind Holz-, Papier-, Bergbau-, Fisch-, Energie-, und Maschinenbauindustrie. Davon machen die Bergbau-, Holz- und Fischindustrie über 40% des Wertes der Wirtschaftsproduktion aus. Bemerkenswert ist im Russischen Fernen Osten der Goldabbau, der 50% der gesamten Produktion des Landes einnimmt. Die Landwirtschaft ist dagegen aufgrund der ungünstigen Klimaverhältnisse unbedeutend, Agrarprodukte müssen importiert werden. In letzten Jahrzehnten hat sich die Wirtschaftsentwicklung wegen der veralteten Infrastruktur und der ungünstigen Rahmenbedingungen rückläufig entwickelt. Der erzwungene rasche Übergang von einer kolonialen zu einer Grenzlandwirtschaft sorgte für einen Bevölkerungsrückgang im Russischen Fernen Osten, dessen extreme Lebensbedingungen nicht mehr durch staatliche Hilfen und hohe Löhne ausgeglichen wurden, sondern in dem im Gegenteil erstmals statt Arbeitskräftemangel ein Rückgang der Arbeitsmöglichkeiten auftrat. Während in den 1980er Jahren die Bevölkerungszahl noch um über 100 000 Menschen anstieg und 1991 mit 8,1 Mio. Menschen ihren Höhepunkt hatte, ging die Einwohnerzahl bis 1998 auf 7,4 Mio. zurück. Für den Primorskij kraj werden 1992 2,31 Mio. angegeben, 1996 sind es nur noch 2,24 Mio. Einwohner (RAS INSTITUTE'S RESEARCH SCIENTISTS 1994; I. KORKUNOV 1994). Die abnehmende Bevölkerungszahl führt zu einem Mangel an Arbeitskräften, was wiederum ein Hindernis für die weitere Entwicklung des Russischen Fernen Ostens und für das Tumen-Projekt darstellt.

Während die zentrale Regierung viel an Einfluss verliert, gewinnen die lokalen Instanzen erheblich mehr administrative Macht und Entscheidungsfreiheit für ihre Mandatsgebiete. Gleichzeitig verloren sie aber auch die nötige Substanz für die Infrastruktur und für die Lebensbedingungen. Im Russischen Fernen Osten ist v.a. das Militär, welches die Region dominiert hat, von der Kürzung der Regierungsbudgets betroffen, was selbstverständlich auch die gesamte Industriestruktur beeinträchtigt. Inzwischen haben Korruption und Verbrechen auch auf lokaler Ebene enorm zugenommen. Obwohl die zentrale Regierung viele Vergünstigungen für ausländische Investitionen geschaffen hat, wurde in Primorskij kraj in den letzten Jahren auf das niedrige Niveau ausländischer Investitionen hingewiesen. Zwar ermöglicht die lokale Regierung den Grenzhandelsaustausch mit den Nachbarn. Trotzdem hat man in der letzten Zeit den Eindruck, dass die lokale Regierung aus Angst vor einer chinesischen Expansion nicht gern mit den Nachbarn zusammenarbeitet, so dass sie sich in einem Dilemma befindet (G. ROZMAN 1997).

1.5.2 Die landwirtschaftliche Entwicklung

1.5.2.1 China

Grundzüge der Agrarwirtschaft

In der Präfektur Yanbian ist die Landwirtschaft im Vergleich zu den anderen beiden Teilen der Tumen-Region am weitesten entwickelt. In der nordkoreanischen Provinz Hamgyŏngpukto ist die Möglichkeit zur landwirtschaftlichen Nutzung aufgrund der natürlichen

Gegebenheiten sehr eingeschränkt. In dem russischen Bezirk Khasan gibt es zwar mehr flaches Land, das aber wegen der dünnen Besiedlung weniger für die Landwirtschaft als für die Weidewirtschaft genutzt wird. Anhand der begrenzten Informationen (STATISTISCHES JAHRBUCH VON YANBIAN 2000) kann hier nur auf die Präfektur Yanbian eingegangen werden. Im folgenden werden die wichtigsten Grundzüge der Landwirtschaftsentwicklung erläutert.

Die von den physischen Voraussetzungen geprägte Struktur der landwirtschaftlichen Nutzflächen stellt einen wichtigen Ausgangspunkt für die Entwicklung der Agrarwirtschaft in der Präfektur Yanbian dar (vgl. Abb. 13). In einer alten Redensart der einheimischen Bauern heißt es „Acht Berge, ein Stück Gras, halbes Wasser und ein halbes Ackerland" (LI SHANGSHI u.a. 1983), d.h. 80% des Gebietes ist Gebirge, 10% Grasland, 5% Wasserflächen und 5% Ackerflächen. Von der insgesamt 42 700 km² Fläche entfallen tatsächlich mehr als 60% auf das gebirgige Land. Nur 12% sind ebene Flächen, Talböden und Hügelland machen je 13% der gesamten Fläche aus, so daß die landwirtschaftlichen Nutzflächen nur 5,2% der Gesamtfläche einnehmen. Diese Zahl ist viel niedriger als der Durchschnitt in Nordost-China (15%). Außerdem wurde die Anbaufläche in den vergangenen 20 Jahren wegen der Ausdehnung der Industrie-, Straßen- und Wohnflächen um 35 023 Hektar reduziert, dies entspricht 12% der gesamten Ackerbaufläche (vgl. Tab. 9 und Tab. 10). Durchschnittlich kommen auf jeden Einwohner 0,1 ha Ackerland (STATISTISCHES JAHRBUCH VON YANBIAN 2000). Das ist etwas mehr als der Durchschnitt in China, jedoch weniger als der Durchschnitt in Nordost-China. Wegen des ungünstigen Klimas kann die eigene Getreideproduktion nur 60-70% der Gesamtbedarfs abdecken.

Aufgrund der starken Vertikalgliederung der Landschaft sind die Möglichkeiten zur landwirtschaftlichen Nutzung vielfältig. Nassreisfelder, Gemüse, Tabak, sowie die Haltung von Arbeitsrindern charakterisieren In den Tal- und Beckenlandschaften herrscht Nassreisanbau vor; versumpfte Niederungen werden von Rindern beweidet. An den Hängen wird Trockenfeldbau betrieben (Mais und Sonderkulturen wie Gemüse, Tabak und Obst). Die Hügel und Berge werden teilweise mit früh reifenden Sommergetreidearten bebaut, sind überwiegend jedoch bewaldet. Flächen über 800 m sind nicht mehr für den Ackerbau geeignet und tragen deshalb Wald (LI SHANGSHI u.a. 1983).

Innerhalb der Agrarwirtschaft vollzog sich in den letzten 20 Jahren ein Transformationsprozess. Während des Planwirtschaftssystems war in Yanbian die landwirtschaftliche Entwicklung auf den Getreideanbau beschränkt, da die Ernährungsfrage in China Priorität hatte. Ende der 1970er Jahre ist mit der Agrarreform die Entwicklung zu einer vielfältigeren Agrarstruktur in Gang gesetzt worden. Kernstück dieser Reform war es, den Bauern, die Möglichkeit zu geben, Land zu pachten und selbst zu bestimmen, was sie auf diesem s.g.en „eigenen Feldstück" anbauen wollten. Ein bestimmter Anteil der Ernte muss zwar zu den vom Staat festgelegten Ankaufspreisen an den Staat verkauft werden und ein weiterer Anteil zu Preisen, die zwischen dem Staat und den Bauern ausgehandelt werden, der übrige Ernteertrag kann dann auf den neu entstandenen Märkten frei verkauft werden. 1982 wurden die Volkskommunen (chin. *Renmin Gongshe*), Hauptbestandteil maoistischer Landwirtschaftspolitik, in Gemeinden umgewandelt. Die Volkskommunen wurden damit in der landwirtschaftlichen Produktion und auf der administrativen Ebene entmachtet und auf einzelne infrastrukturelle Maßnahmen beschränkt worden. Seitdem dürfen die Bauern auch sämtliche für die Landwirtschaft und Viehzucht notwendigen Produktionsmittel besitzen. Zudem unterstreicht das in Auswahl und Menge stark erweiterte Angebot an Landwirtschaft.

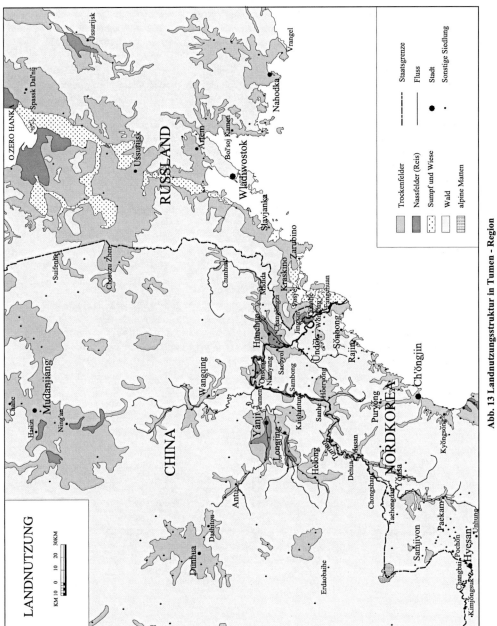

Abb. 13 Landnutzungsstruktur in Tumen - Region
Quelle: E. DEGE 1992, verändert

Diese Reformschritte führten bei den Bauern zu höheren Motivationen und mehr Eigeninitiative für den Ackerbau. Sie konnten nun das Versorgungsproblem weitgehend selbst lösen und zudem ihr Pro-Kopf-Einkommen erhöhen. In der Präfektur Yanbian stieg das durchschnittliche bäuerliche Pro-Kopf-Einkommen von 241 RMB im Jahre 1980 auf 2 037 RMB im Jahre 1999 (STATISTISCHES JAHRBUCH VON YANBIAN 2000). Nach der Landwirtschaftsreform in den 1990er Jahren wurde die Präfektur Yanbian ein Überschussgebiet für Getreide und andere Nahrungsmittel. Die durchschnittliche Jahresproduktion an Getreide betrug in den letzten Jahren konstant über 600 000 t (UNDP 2001).

Die Agrar- und Forstproduktion des Jahres 1999 erreichte den Wert von 3,2 Mrd. RMB (umgerechnet 400 Mio. US$). Den größten Teil davon machte mit 65,7% der Getreideanbau aus, 23,4% brachte die Viehzucht ein. Die Forstwirtschaft trug zu 10,1% bei, und mit der Fischerei wurden die restlichen 0,8% erwirtschaftet (STATISTISCHES JAHRBUCH VON YANBIAN 2000).

Tab. 9 Produktionsergebnisse der Land- und Forstwirtschaft sowie der Fischerei in den Kreisen der Präfektur Yanbian

10 000 RMB

	Yanji	Tumen	Dunhua	Hunchun	Longjing	Helong	Wangqing	Antu
Gesamtproduktion	9 628	5 810	72 174	16 274	23 754	17 343	21 913	28 253
1. Agrarprodukte	5 240	3 947	49 174	10 262	18 563	9 823	12 281	18 889
(1) Anbauproduktion	4 849	3 376	38 098	7 788	17 398	9 675	9 586	11 065
a. Hauptproduktion	4 700	3 208	36 688	7 255	16 610	9 215	9 080	10 644
Davon: Getreide	1 571	1 773	16 308	5 995	8 699	6 499	5 756	4 564
Ölpflanzen	129	60	416	9	121	117	118	183
Zuckerrüben	1	1	288		53	14	2	10
Tabak	156	140	1 396	117	878	489	806	160
Heilpflanzen			6 058	77		483	1 528	4 320
Gemüse	1 703	701	2 653	606	1 500	579	576	1020
Tee, Maulbeerkulturen u. Obst	1 088	357	526	451	4 166	1 012	277	79
b. anderer Anbau	52	176	9 043		1 193	22	17	308
(2) sonst. landw. Einkommen	391	571	11 076	2 474	1 165	148	2 695	7 824
Davon: Wildpflanzensammlung	354	547	8 076	2 219	1 055	99	2 482	7 738
Familiengewerbe	37	24	3 000	255	110	49	213	86
2. Forstwirtschaft	250	400	3 045	1 889	586	3 997	6 725	2 779
3. Viehzucht	4 105	1 447	19 105	3 889	4 468	3 474	2 862	6 411
4. Fischwirtschaft (Süßwasser)	33	16	850	234	137	49	45	173

Quelle: STATISTISCHES JAHRBUCH VON YANBIAN 2000

Tab. 10 Entwicklung der landwirtschaftlichen Nutzfläche in der Präfektur Yanbian

Ha

	1980	1985	1990	1995	1999
1. Ackerbaufläche	256 793	243 373	233 337	223 309	224 262
2. Getreide	231 592	206 188	200 925	185 445	187 414
Davon: Reis	47 318	54 477	54 928	45 229	44 069
Weizen	16 501	16 587	9 435	4 518	2 093
Kartoffeln	7 036	5 419	5 398	5 415	8 465
Mais	44 405	45 728	50 916	48 410	54 864
Kaoliang	1 715	207	73	25	12
Hirse	30 841	10 739	3 136	1 018	529
Sojabohnen	76 218	67 463	71 220	76 249	73 823
Sonst	7 558	5 568	5 819	4 581	3 559
3. Industrieflanzen	10 268	26 566	19 921	21 816	18 234
Davon: Ölpflanzen	715	7 452	1 999	4 099	6 718
Faserpflanzen	3 157	4 945	423	493	0
Zuckerrüben	35	154	718	7 855	1 302
Tabak	5 915	12 054	13 265	7 786	8 888
4. Heilpflanzen	431	1 487	3 068	1 583	1 326
5. Sonst.	14 933	10 619	12 491	16 048	18 614
Davon: Gemüse	12 740	8328	11 427	11 488	10 071
Obst	254	1 198	409	1 577	895
Futtermittel	1 414	557	495	504	359

Quelle: STATISTISCHES JAHRBUCH VON YANBIAN 2000

Ackerbau

Die Hauptanbaugebiete für Naßreis befinden sich, wie oben erwähnt, vor allem in den Tal- und Beckenlandschaften der Kreise Hunchun, Dunhua und Longjing. Diese Beckenlandschaften werden von den Flüssen Buerhatonghe, Gayahe, Hunchunhe, Hailanhe und Tumen durchzogen.

Wegen der begrenzten Anbaufläche wird der Getreideanbau hauptsächlich für die Selbstversorgung betrieben. Insgesamt hat die Präfektur Yanbian 224 262 ha Getreidefläche. Zu 84% wird die Anbaufläche für Reis, Weizen, Kartoffel, Mais, Kaoliang, Hirse und Sojabohnen genutzt, davon nehmen Sojabohnen, Mais und Reis 90% der Fläche ein und tragen zu 94% des gesamten Ernteertrags bei (vgl. Tab. 9 und Tab. 10). Die Nahrung der Bevölkerung in der Präfektur Yanbian besteht hauptsächlich aus diesen drei Nahrungsmitteln.

Die wichtigste Anbaupflanze der Präfektur Yanbian ist die Sojabohne. Im Jahre 1999 nahm sie ca. 33% der gesamten Anbaufläche ein, trug aber wegen ihrer Wärmeansprüche im gleichen Jahr nur zu ca. 18% zu den gesamten Ernteerträgen bei. 80% aller Sojabohnenanbauflächen der Präfektur Yanbian befinden sich in den Kreisen Dunhua, Wangqing, Hunchun und Antu.

Als zweitwichtigste Anbaupflanze wird Mais; er wird auf Trockenfeldern angebaut. Da die Zeit der hohen Temperaturen gleichzeitig die der hohen Niederschläge ist, bieten sich hier die besten Standorte, und relativ gute Voraussetzungen für den Anbau von Mais. Er nahm im Jahre 1999 etwa 24% der gesamten Anbaufläche ein, wobei die Ernteerträge ca. 40% der gesamten Getreideproduktion in diesem Jahr ausmachten. Die Anbauflächen im Kreis Dunhua, wo die Han-Chinesen die Mehrheit bilden, machen allein 30% der Maisanbauflächen der Präfektur Yanbian aus.

Das drittwichtigste Getreide der Präfektur Yanbian ist der Reis. Nach der Statistik von 1999 entfielen 18% der gesamten Anbaufläche auf Reisfelder und der Anteil des Reises betrug 35% der Gesamternte. Der Reis wird hauptsächlich von der koreanischen Minderheit angebaut, die aufgrund von Hungersnöten vor allem in der zweiten Hälfte des 19. Jhds. in das chinesische Yanbian kamen (vgl. Kap. 1.3). Die koreanische Bevölkerungsgruppe betreibt vor allem Naßreisfeldbau, in kleinem Maßstab werden jedoch auch andere Nutzpflanzen angebaut. Dabei veränderte sich allmählich die Struktur der Landnutzung. Der Reis wird in den Becken- und Tallandschaften (auf die sich auch die koreanische Minderheit konzentriert) mit guten Bewässerungsmöglichkeiten angebaut und hat hohe und stabile Erträge im Vergleich zu anderen Flächen in der Region. Große Anbauflächen befinden sich in den Landkreisen von Longjing, Hunchun und Helong, die zusammen 56% der gesamten Reisflächen im Jahre 1999 gestellt haben. In Dunhua, wo die Han-chinesische Bevölkerung überwiegt, entfallen dagegen nur 15% der Anbaufläche auf Reis. Offenbar hängt der Anteil des Reisanbaus mit dem zahlenmäßigen Verhältnis von Han-Chinesen zur koreanischen Minderheit zusammen.

Während alle vorher genannten Feldfrüchte in ihrer Bedeutung zunehmen, spielen Weizen, Hirse und Kaoliang nur noch eine untergeordnete Rolle. Die Ernteerträge von Weizen sind mit 1 531 kg/ha relativ gering (zum Vergleich: Reis hat einen Ertrag von 6 400 kg/ha, Mais von 6 000 kg/ha). Die Anbaufläche hat sich zudem von 1980 bis 1999 um das Siebenfache reduziert, so dass nun der Weizen von der Fläche her nur noch 1,4% des gesamten Getreideanbaus einnimmt. Traditionell waren die Hauptgetreidesorten in der Präfektur Yanbian Hirse und Kaoliang. Sie waren den harten Klimabedingungen und trockenen Böden gut angepasst und wurden in früheren Jahrzehnten von den ärmeren Bevölkerungsschichten als Hauptnahrungsmittel genutzt. Reis wurde dagegen hauptsächlich ausgeführt.

Hirse und Kaoliang sind besonders gut für den Anbau in Dürreregionen geeignet, da das Saatgut während einer Trockenperiode lange Zeit im trockenen Boden überdauert. Wenn dann der nächsten Regen kommt, treiben sie sehr schnell aus und kommen sehr rasch zur Reife. Nach der Statistik von 1999 nahmen sie nur noch 0,2% der gesamten Anbaufläche ein. Mit steigendem Lebensstandard wird die Bedeutung von Hirse und Kaoliang allmählich immer geringer. Hirse hat knapp 530 ha Anbaufläche, und Kaoliang ist heutzutage in der Präfektur kaum noch anzutreffen.

Die Anbaufläche von Kartoffeln ist in den letzten 20 Jahren um etwa 20% gestiegen, so nahm sie im Jahre 1999 etwa 4,5% der Ackerbaufläche ein (vgl. Tab. 10). Ihre Ernteerträge betrugen im Jahre 1999 jedoch nur 3,2% der gesamten Ernteerträge (STATISTISCHES JAHRBUCH VON YANBIAN 2000).

Sonderkulturen

Als Sonderkulturen werden Tabak, Ginseng, Ölpflanzen, Faserpflanzen, Zuckerrüben, Pilze und Gemüse angebaut. Häufig werden dabei folienbespannte Gewächshäuser verwendet. Besonders bedeutende Sonderkulturen sind Ölpflanzen, Tabak und Heilkräuter. Insgesamt nimmt die Sonderkulturfläche 16% der Ackerbaufläche ein. Ca. 36% davon machen die Ölpflanzen aus, die in den Landkreisen Dunhua und Antu ihren Schwerpunkt haben. Der Tabak nimmt ca. 48% der Sonderkulturfläche ein. Er konzentriert sich auf die drei Kreise Dunhua, Longjing und Wangqing, die 80% der Tabakanbauflächen der Präfektur Yanbian ausmachen (vgl. Tab. 10). Bemerkenswert ist der Ginseng, der mit anderen chinesischen Medizinpflanzen in Yanbian seine wichtigste Anbauregion in China hat. Die Wurzel ist als eine traditionelle ostasiatische Heilpflanze begehrt, und das Klima der Präfektur Yanbian ist ideal für ihre Entwicklung. Ihr Anbau konzentriert sich hauptsächlich auf den Kreis Dunhua, auf den zwei Drittel der insgesamt 300 ha Anbaufläche entfallen. Die Anbaufläche für Zuckerrüben nimmt nur 7,1% der Sonderkulturflächen ein, ihre Ernteerträge entsprechen jedoch 37% der gesamten Argrarproduktion (ohne Gemüse und Obst).

Neben dem Anbau der oben genannten Sonderkulturen kommt dem Gemüse- und Obstanbau eine große Bedeutung zu. Er befindet sich normalerweise entlang der Hauptstraßen oder in der Umgebung von Städten. Mit der Entwicklung der Infrastruktur dienen die Gemüseerträge nicht nur zur Versorgung der einheimischen Bevölkerung, sondern Teile der Ernte können nach Russland und Südkorea exportiert werden. Die wichtigsten Gemüsearten sind Chinakohl, Rettich, roter Pfeffer und Knoblauch, die Hauptbestandteile des Kimch-i, des zum Fermentieren in große Tonkrüge eingelegten Gemüses, das bei koreanischen Mahlzeiten unentbehrlich ist. Die Fläche für den Gemüseanbau nimmt mit 10 071 ha immerhin 4,5% der Ackerbaufläche ein.

Die Obstanbaufläche betrug im Jahre 1999 16 500 ha. Besonders verbreitet sind Birne, Apfel, chinesischer Weißdorn und Weintrauben. 70% der gesamten Anbaufläche für Obst nimmt die Apfelbirne ein, die über die Hälfte aller angepflanzten Bäume in der Präfektur Yanbian im Kreis Longjing ausmacht. So wird der Südhang eines sich entlang des Flusses Hailanhe und der Hauptstraße von Longjing nach Yanji hinziehenden Bergrückens von einer kooperativen Obstplantage mit einer Länge von über 40 km eingenommen. Diese Plantage stellt mit 3 200 ha die zweitgrößte Obstplantage der Welt dar. Sie ist vor allem für den Export angelegt und ihr ist eine eigene Verarbeitungsindustrie angegliedert, die die Apfelbirnen zu Säften u.ä. weiterverarbeitet (E. DEGE 1996).

Viehzucht

Die Viehzucht spielt in der Präfektur Yanbian aufgrund der natürlichen Gegebenheiten kaum eine Rolle. Es werden im Allgemeinen Rinder für Arbeitszwecke gehalten; Vieh für die Fleischgewinnung wird nur in geringem Maß gehalten. Der Bauer ist allein auf die Erträge des Ackerbaus angewiesen. Dies zeigt auch die Tatsache, dass regionale Veränderungen in der Viehhaltung regionale Veränderungen der Agrarproduktion widerspiegeln. Die Viehhaltung in den Kreisen Dunhua, Antu und Longjing beispielsweise, die einen Anteil von knapp 70% in der ganzen Region einnimmt, entspricht in etwa dem Anteil der drei Kreise an der gesamten landwirtschaftlichen Produktion der Region. Typisch für die Präfektur Yanbian ist das gelbe Zugrind, für das Yanbian in Nordost-China bekannt ist. Von den insgesamt 439872 Großvieheinheiten waren in Yanbian im Jahre 1999 90% Rinder. Dies entspricht einer Steigerung von 250% gegenüber dem Jahr 1980. Fast alle Rinder werden als Zugtiere gehalten. Mit der Milchviehhaltung wurde erst vor kurzem, vor allem in der Umgebung von Städten, begonnen. Als Zugtiere werden neben den Rindern 26 863 Pferde, 606 Esel und 166 Maultiere genutzt.

Für die Fleischerzeugung ist die Schweinehaltung von Bedeutung. Mit ihr wird jedoch nur ein geringer Prozentsatz des Einkommens erwirtschaftet. Gleiches gilt für Geflügel und Schafe, die ebenso wie das Schwein hauptsächlich der eigenen Ernährung dienen. Mit steigendem Lebensstandard nahm die Fleischversorgung (besonders Schwein und Geflügel) in den vergangenen Jahren immer mehr zu. An der Fleischversorgung ist das Schweinefleisch mit 53% beteiligt. Die Schweinehaltung belief sich im Jahre 1999 auf 368 340 Tiere, was gegenüber dem Jahr 1980 einer Steigerung von 200% entspricht. An zweiter Stelle kommt das Rindfleisch mit etwa 36%. Über 90% des Fleischs werden auf dem freien Markt verkauft. Hundefleisch (gezüchteter Hund) ist als eine Spezialität der koreanischen Minderheit sehr beliebt, allerdings gibt es keine statistischen Angaben hierüber.

Zu erwähnen ist noch die Bienenzucht, die 1999 eine Produktion von 1 238 t Honig eingebracht hat. Ferner werden in der Präfektur Yanbian 12 700 Hirsche in speziellen Farmen gehalten Das Hirschgeweih wird zu medizinischen Zwecken genutzt. Hirschfarmen konzentrieren sich auf die KreiseAntu, Helong und Dunhua.

Die Fläche der Weiden in der Präfektur Yanbian beträgt 390 km^2, das entspricht 0,9% der Gesamtfläche. Über 90% davon sind Naturweiden, die häufig vernässt sind. Die Weideressourcen konzentrieren sich hauptsächlich auf die Kreise Dunhua, Hunchun und Antu. Wegen des schlechten Qualitätszustands wird nur ein kleiner Teil der Weiden tatsächlich zur Viehzucht genutzt.

Fischerei

Da die Präfektur Yanbian keinen direkten Zugang zum Japanischen Meer hat, und aufgrund des Frostes im Winter spielt die Fischerei in der Region nur eine geringe Rolle. 1999 belief sich der Fischereiertrag nur auf 4 300 t. Das entspricht einem Anteil von 0,8% am Wert der gesamten Agrarproduktion, wobei erwähnenswert ist, dass der Fischereiertrag nur von der Binnenfischerei erwirtschaftet wird. Fisch ist ein bevorzugter Nahrungsbestandteil, der Bedarf der Einwohner an Fisch wird jedoch nicht ausreichend gedeckt. Der Fang von Buckellachs auf dem Tumen-Fluss, eine Besonderheit der Region, ist wegen der Wasserverschmutzung in den letzten Jahrzehnten stark zurückgegangen.

Die Wasserflächen in der Präfektur Yanbian nehmen 1,5% der gesamten Fläche ein, wovon jedoch höchstens 60% des für die Fischerei geeigneten Potentials genutzt werden. Die technischen Voraussetzungen für die Fischzucht sind wegen der ungenügenden Ausrüstung und geringen Anzahl von Fischaufzuchtsstationen mangelhaft. Regional gesehen, sind knapp 60% der Binnenfischerei auf den Kreis Dunhau konzentriert. In der Jingxin Ebene im Kreis Hunchun besteht ein großes Potential aufgrund der vielen Seen, wegen der oben genannten Gründe wird jedoch zur Zeit nur ein kleiner Teil befischt. Durch den steigenden Lebensstandard ist der Bedarf an Fischen und Fischkonserven (z.B. getrockneter Dorsch und Tintenfisch) in den letzten Jahren stetig gestiegen. Deshalb muss Yanbian Fisch aus dem Japanischen Meer von Nordkorea oder Russland importieren. Um einen großen Teil des Bedarfs zu decken, ist neben einer vernünftigen Fischpflege auch die Ausdehnung der Teichfischzucht notwendig.

Forstwirtschaft

Die Angaben über die Forstwirtschaft der Präfektur sind sehr unterschiedlich und dementsprechend schwer einzuschätzen, immerhin vermitteln sie ein allgemeines Bild. Die Forstfläche nimmt nach dem statistischen Jahrbuch 2000 ca. 85% der gesamten Fläche ein, nach Angaben des UNDP sind es 78% (UNDP 2000; 2001). Der Großteil des Baumbestandes besteht aus koreanischer und japanischer Kiefer, Changbailärche, Esche, Linde und Birke (UNDP 2001). Durch unverantwortliche Abholzung ist ein Großteil der ursprünglichen Waldbestände vernichtet worden. Die Grundlage hierfür liegt schon in der Zeit der Mandschu-Dynastie, während der die Abholzungsverbote und Schutzmaßnahmen für die Wälder der chinesischen Kolonisation abgeschafft worden waren. Die teilweise an Stelle des ursprünglichen Gebirgswaldes gewachsenen Sekundärwälder sind minderwertiger und artenärmer. Die meisten Sekundärwälder sind Eichen- und Birkenwälder, sowie Pinus-Koraiensis und Lärchenwälder.

Die Forstbestände Yanbians können den Bedarf an Holz für die Zellstoffgewinnung sowie den Bedarf der Papier- und Möbelindustrie nicht decken. Es wird immer mehr Holz aus Russland importiert. Die Regierung ist bestrebt, durch Errichtung von Forststationen nicht nur die Beaufsichtigung der Wälder und ihren Schutz zu verbessern, sondern auch in der Bevölkerung ein Umweltbewusstsein zu schaffen.

Das Problem der Agrarentwicklung

Problematisch an der Landwirtschaft ist ihre geringe Leistungsfähigkeit. Diese ist angesichts der natürlichen und ökonomischen Bedingungen sehr begrenzt. Die Aussaat, das Pflügen, die Bewässerung und die Ernte erfolgen in der Präfektur Yanbian nur halbmechanisch. Im Jahre 1999 gab es in der Präfektur Yanbian insgesamt 28 600 Traktoren (darunter 3 100 große Traktoren) und 1 485 LKW. Insgesamt können nur 133 300 ha, also 60,1% der Ackerfläche mechanisch bearbeitet werden. Die mechanisch bearbeitete Saatfläche beträgt 101 200 ha, das sind 45,6% der Saatfläche, die Verwendung folienüberspannter Gewächshäuser mit Hilfe mechanischer Geräte beläuft sich auf 9 000 ha, wovon wiederum 6 000 ha mechanisch abgeerntet werden. Die mit modernen Mitteln bewässerte Fläche beträgt 73 820 ha, das sind 33,3% der Ackerfläche; darunter sind 19 670 ha mit Strom für Pumpen versorgt, d.h. ein Anteil von 26,6% der Bewässerungsfläche. Der Verbrauch an Kunstdünger liegt 660 Kg/ha (STATISTISCHES JAHRBUCH VON YANBIAN 2000).

Die Zersplitterung der Feldstücke führt zu Behinderungen bei der Modernisierung der Landwirtschaft. Drüber hinaus kommt es häufig zu Feldstreitigkeiten mit den Nachbarn. Die weitere agrarwirtschaftliche Entwicklung wird, wie bereits oben erwähnt, von der geringen

Ausdehnung der landwirtschaftlichen Nutzfläche begrenzt. Daher verwundert es nicht, daß der Anteil der Bevölkerung, der nicht in der Landwirtschaft tätig ist (Verstädterung) im Vergleich zu anderen Regionen sehr hoch ist; daneben gibt es immer mehr Gemeinde- und Dorfbetriebe (*Xiangzhen Qiye*), die in anderen Wirtschaftszweigen tätig sind.

Jilin ist in China traditionell als getreideexportierende Provinz bekannt. Die Präfektur Yanbian muss jedoch mit einer geringen Anbaufläche zurechtkommen. Im Jahre 1999 betrugen die Ernteerträge 793 200 t, das entspricht einer durchschnittlichen Getreideproduktion von 4 340 kg/ha. Die Produktion im primären Sektor hat nur einen Anteil von 5% der gesamten primären Produktion der Provinz Jilin, der Anteil an der Bevölkerung Jilins macht dagegen 8,2% aus. Das bäuerliche Einkommen pro Kopf liegt 10% unter dem durchschnittlichen Niveau der ganzen Provinz Jilin. Die Pro-Kopf-Ernte beträgt 360 kg, das ist etwas niedriger als der Durchschnitt in China (STATISTISCHES JAHRBUCH VON YANBIAN 2000).

Die Entwicklung der Gemeinde- und Dorfbetriebe

Die Gemeinde- und Dorfbetriebe (*Xiangzhen Qiye*) sind nicht nur der wirtschaftliche Motor in der ländlichen Entwicklung, sie nehmen auch die überschüssigen ländlichen Arbeitskräfte auf und mindern dadurch die Belastung der städtischen Entwicklung. Außerdem hat die Entwicklung der Gemeinde- und Dorfbetriebe zur Diversifizierung der ländlichen Wirtschaftsstruktur beigetragen.

Im Jahre 1999 gab es in Yanbian insgesamt 60 870 Gemeinde- und Dorfbetriebe mit 142 700 Erwerbstätigen. Ihr Einkommen beträgt rund 723 Mio. RMB, das entspricht 223% des Einkommens der Landwirtschaft. Die Anteile am BSP von Agrar-, Industrie-, Bau-, Verkehrs-, Handels- und Gastronomiebetrieben betragen: 1,7%, 51,2%, 5,7%, 12,7%, 18,0% und 10,7%.

1.5.2.2 Nordkorea

Angesichts des schwierigen Zugangs zu Informationen kann man die Situation nur durch Beobachtung oder mittels Medienberichten der internationalen Organisationen einschätzen. Durch die gebirgige Natur in der Tumen-Region ist die landwirtschaftliche Nutzfläche im Gebiet Rajin-Sönbong sehr stark eingeschränkt, nämlich auf 13% der Gesamtfläche (UNDP 2001). Dies bildet auch eine der Ursachen für die Einwanderung der Koreaner nach China im letzten Jahrhundert. Die Hauptanbauflächen befinden sich am Unterlauf des Tumens und in der Ostküstenregion. Das kontinentalere Klima Nordkoreas mit seinen langen, strengen Wintern wirkt sich stark auf die landwirtschaftlichen Nutzungsmöglichkeiten aus. Eine Doppelnutzung der Nassreisfelder ist nicht möglich, genau so wenig wie Wintergetreideanbau auf den Trockenfeldern (E. DEGE 1992). Mangelnder Kunstdünger und ein niedriger Mechanisierungsgrad machen den Getreideanbau zu einem ernsten Problem. Wegen der häufig auftretenden Naturkatastrophen wie Dürre- und Überflutungskatastrophen ist Nordkorea heute nicht mehr in der Lage, seine Bevölkerung aus eigener Ernte zu ernähren.

Die eigentlichen Ursachen waren jedoch eher administrativer und institutioneller Art. Den stärksten Einfluss auf die Umstrukturierung der Landwirtschaft hatte die Kollektivierung, ähnlich wie in den 1960er und 1970er Jahren in China. Die landwirtschaftlichen Produktionsgenossenschaften sind verpflichtet, jährlich festgelegte Produktionsquoten an den Staat abzuliefern. Lediglich die Überschüsse können zur Bezahlung der Genossenschaftsbauern verwendet werden. Durch dieses System verfügt die Regierung über eine direkte Kontrolle des ländlichen Einkommens und des Verbrauchs (E. DEGE 1992). Die Versorgung der städtischen Bevölkerung stand in der Vergangenheit im Vordergrund, in den letzten zehn Jahren konnte jedoch auch der Bedarf der städtischen Bevölkerung nicht mehr ausreichend gedeckt werden. Im Jahre 1985 gab es eine Spitzenernte. Die Getreideproduktion betrug 10 Mio. t. Danach ist die landwirtschaftliche Produktion wegen der Naturkatastrophen dramatisch zurückgegangen. Da in ganz Nordkorea pro Jahr 2 Mio. t Getreide fehlen, muss die Bevölkerung Hunger leiden (pro Jahr braucht die Bevölkerung etwa 6,5 Mio. t Getreide) (CUI YING und GAO FULAI 1999; YANG CHAOGUANG und ZHANG BAOREN 2000).

Hauptwirtschaftsziel der nordkoreanischen Landwirtschaft ist der Getreideanbau. In der Tumen-Region spielen Mais, Kartoffeln, Sojabohnen, Reis, Hirse und Kaoliang eine große Rolle in der Ernährung der Bevölkerung. Die wichtigsten Sonderkulturen sind Tabak, Leinen, Ginseng, Apfel, Birne usw. Die Viehwirtschaft ist vorwiegend von Fleischviehhaltung wie Rindern, Schweinen, Schafen und Geflügel bestimmt. Die Ausweitung der landwirtschaftlichen Nutzung auf ehemals mit Sekundärwald bestandene Hanglagen hat die Erosion erheblich verstärkt. Diese ist zusammen mit der Überfrachtung der Flüsse letztlich zum Auslöser für die verheerenden Überschwemmungskatastrophen geworden (E. DEGE 1992).

1.5.2.3 Russland

In Russland steht ebenfalls nur eine spärliche Datenbasis zur Verfügung. In der Region Primorskij bzw. dem Bezirk Khasan gibt es zwar mehr flaches Land, die landwirtschaftliche Nutzfläche hat aber wegen der dünnen Besiedlung und ungünstigen klimatischen Verhältnisse wenig Bedeutung, stattdessen hat die Weidewirtschaft eine etwas höhere Bedeutung.

Die Agrarwirtschaft konzentriert sich aufgrund der klimatischen Bedingungen um den See Khanka (*Xingkai-hu*) und im südlichen Teil von Primorskij. Rund 60% des landwirtschaftlichen Ertrages wird mit Getreide, Sojabohnen, Kartoffeln und Viehfutter erwirtschaftet. Primorskij kann seinen Bedarf an Gemüse, Fleisch und Milchprodukten eigenständig decken. 8% der Bevölkerung sind in der Agrarwirtschaft tätig *(UNDP 2001)*.

1.5.3 Industriegeographische Entwicklung der Region

1.5.3.1 China

Grundlagen und Struktur der Industrie

Die Industriestruktur der Präfektur Yanbian in der Tumen-Region hängt hauptsächlich von der natürlichen Ausstattung mit Bodenschätzen wie Holz und Kohle ab, welche Grundlagen für die Industriestruktur darstellen. Weiterhin bilden Sonderkulturen wie Tabak und Heilkräuter die Basis für deren industriellen Weiterverarbeitung. Die Industriebasis entstand bereits in japanischer Zeit mit der Erschließung der großen Naturressourcen in der Mandschurei. Jedoch orientierte sich die Ausbeutung der Rohstoffe mehr oder weniger an japanischen Interessen, sie waren in erster Linie für den Export bestimmt.

Während der Planwirtschaftszeit galt die Präfektur Yanbian als eine politisch empfindliche Grenzregion, daher erhielt diese Region wenige Investitionen von der zentralen Regierung. Abgesehen von einigen großen Fabriken waren die meisten Industriegewerbebetriebe sehr klein und an dem regionalen Bedarf orientiert, und alle Unternehmungen gehörten dem Staat. Der Ausrüstungszustand war sehr einfach und die Leistungsfähigkeit gering. Seit der Öffnungspolitik hat die Zentralregierung diese Region aufgrund der Grenzhandelsmöglichkeiten als ein Gebiet mit großem Entwicklungspotenzial erkannt. Zugleich wurde ein allgemeiner Transformationsprozess von der Planwirtschaft zur Marktwirtschaft in Gang gesetzt. Im Jahre 1999 betrug die Unternehmenszahl 1 206, darunter gehörten nur 223 Unternehmen dem Staat. Die industrielle Produktion ist von 1980 bis 1999 um das Zehnfache gestiegen, im Jahre 1999 betrug das BSP dieser Region 11,4 Mrd. RMB (STATISCHES JAHRBUCH VON YANBIAN 2000).

Das altmodische Verwaltungssystem und die veralteten Technologien der staatlichen Betriebe erschweren die Wettbewerbsfähigkeit ihrer Produkte auf dem Weltmarkt. In der letzten Zeit hat die regionale Regierung einen Reformprozess mit dem Ziel der Privatisierung und Rationalisierung in Gang gesetzt. Darüber hinaus bemüht sich die Regierung in der Präfektur Yanbian um den Zugang zu moderner Technologie. Zu diesem Zweck wurde eine günstige Investitionspolitik betrieben, um ausländisches Kapital, Know-how und moderne Fabrikausrüstungen anzuziehen. Es hat sich ein Anfangserfolg abgezeichnet, von dem sich die Regierung eine Verbesserung der regionalen Industriestruktur erhofft. Um die regionale Wirtschaftsentwicklung anzukurbeln und darüber hinaus eine gute Chance für den Handel zu geben, hat die Regierung in der jüngsten Zeit den Ausbau der Verkehrsverbindungen mit den Industriezentren der Provinz Jilin sowie mit den Nachbarländern begonnen.

Die Industriestrukturen

Von den drei Wirtschaftssektoren nimmt der sekundäre Sektor insgesamt einen Anteil von 42,0% ein. Wenn man sich die regionale Wirtschaftsstruktur genauer ansieht, dann wird die Wirtschaftsstruktur in der Präfektur Yanbian von mehreren Industriebranchen dominiert. Die wichtigsten Industriezweige basieren auf den in der Region vorhandenen Rohstoffen und Naturprodukten. Dies sind Holz-, Papier-, Pharma-, Tabak-, Textil-, Energie-, und Chemieindustrien. An der gesamten Industrieproduktion erwirtschaften diese Branchen 52,4%. Die Industriestandorte sind in der Region sehr verstreut. Es gab 1999 in der Präfektur Yanbian insgesamt 1 206 Industriebetriebe, von den gesamten Industriebetrieben sind nach der Betriebgröße 94% kleine Gewerbe. Die kleinen Industriebetriebe tragen bloß zu 51% zur Wertschöpfung der Industrie bei. Anders als im von der Schwerindustrie beherrschten Nordost-China ist die Industriestruktur in der Präfektur Yanbian durch die Leichtindustrie gekennzeichnet, d.h. die Produktion orientiert sich mehr an Agrar- und Forstprodukten und Rohstoffen. Im Jahre 1999 betrug das Verhältnis zwischen Schwer- und Leichtindustrie 44% zu 56%.

Tab. 11 Ausgewählte Industrieproduktionsziffern in der Präfektur Yanbian

	1980	1985	1990	1995	1998	1999
Textilien (10 km)	1 399	2 556	1 917	1 822	1 152	2 375
Papier (t)	74 842	110 131	108 429	140 566	119 959	136 644
Glas (t)	8 032	35 200	47 096	70 323	57 040	58 430
Getränke (t)	16 193	39 313	67 172	81 710	77 557	86 187
Bier (t)	5 020	19 695	44 022	68 880	70 750	77.976
Zigaretten (10 000 Packungen)	2,0	11,8	33,1	27,7	30,4	26,0
Elektrizität (10 KW)	63 831	73 382	201.141	211 067	195 528	211 069
Kohle (10 000 t)	125,0	277	351	362	298	254
Holz (10 km^3)	320	306	284	244	182	167
Holzplatten (10 km^3)	2,5	7,6	11,1	20,3	23,0	24,3
Beton (t)	120 824	297 000	394 100	585 614	614 581	708 044
Traktoren (Stück)	915	5 100	6 730	3 120	1 100	20

Quelle: STATISTISCHES JAHRBUCH von YANBIAN 2000

Es gab im Jahre 1999 62 Holzindustriebetriebe in der Präfektur Yanbian, und ihre Wertschöpfung betrug ca. 2 Mrd. RMB. Die wichtigen Standorte befinden sich in den Kreisen Dunhua, Hunchun, Wangqing und Antu (vgl. Tab. 11). Früher wurde aus diesen Gebieten viel Holz in die russische Küstenprovinz ausgeführt (G. FOCHLER-HAUKE 1941), heute wird das Holz hauptsächlich vor Ort verarbeitet. Die Papierindustrie umfasst die Papiererzeugung und die Zellstoffgewinnung. Im Jahre 1999 betrug die Wertschöpfung der 17 Papierindustriebetriebe 708,4 Mio. RMB. Die Papierindustrie befindet sich ausschließlich in der Stadt Tumen, hier befindet sich eines der größten Werke Chinas für Zeitungs- und Hochglanzpapier. Es wurde bereits in japanischer Zeit errichtet, der Wert der jährlichen Produktion beläuft sich auf über 200 Mio. RMB.

Im Jahre 1999 gab es 26 Betriebe der Pharmazeutischen Industrie, deren jährliche Produktion 1,165 Mrd. RMB ausmacht. Sie konzentrieren sich hauptsächlich auf die Kreise Dunhua und Yanji. Die Wertschöpfung der Textilindustrie betrug im Jahre 1999 843,3 Mio. RMB, welches von 17 Industriebetrieben erwirtschaftet wurde.

Im Jahre 1999 betrug die Wertschöpfung der vier Fabriken der Tabakindustrie, welche sich auf die Stadt Yanji konzentriert, 783,9 Mio. RMB. Die jährliche Produktion von zwei Fabriken der Chemieindustrie im Kreis Longjing betrug im Jahre 1999 301,9 Mio. RMB.

Kohleförderung und Energie

Von den Bodenschätzen in der Tumen-Region sind die Kohlevorkommen am wichtigsten. In japanischer Zeit wurde hier schon Kohle abgebaut, jedoch blieb die Kohleproduktion nach der Übernahme durch China durch Vorgaben des planwirtschaftlichen Systems und angesichts der Grenzlage auf einem relativ niedrigen Niveau. Seit den 1980er Jahren begann die Zentralregierung, die Kohlenförderung in größerem Umfang auszubauen. Dafür wurden mehr als 150 Mio. RMB investiert und eine Kapazität von 4 Mio. t erreicht.

In der Präfektur Yanbian, wo sich die bedeutendsten Kohlevorkommen der Provinz Jilin befinden, wurde im Jahre 1999 eine Menge von 2,5 Mio. t gefördert, was einem Wert von 9431 Mio. RMB entspricht. Der Abbau von Kohle konzentriert sich vorwiegend auf die Kreise Hunchun und Helong. Die meisten dieser Kohlenvorkommen liegen im Kreis Hunchun, wo sich auch das größte Kohlebergwerk der Provinz Jilin befindet. Die wichtigsten Kohlengruben sind Hunchun, Yingan, Chengxi, Chunhua, Banshi und Jingxin in der Umgebung der Stadt Hunchun.1999 konnte das Werk in Hunchun eine Förderung von zwei Mio. t aufweisen. Die Kohlevorräte umfassen noch etwa 1 Mrd. t. Der Großteil davon besteht aber nur aus Braunkohle von schlechter Qualität. Daher müssen jährlich 500 000 t Kohle von besserer Qualität importiert werden.

Ein großer Teil der Kohlenförderung wird zur Stromgewinnung in Kraftwerken verwendet. Um die geförderte Kohle günstig zu verwenden und die regionale Stromversorgung zu verbessern, wurde Anfang der 1990er Jahre das Kraftwerk Hunchun mit einer Kapazität von 1,4 Mio. KW errichtet. Zurzeit erreicht die Stromerzeugung 0,6 Mio. KW, mit der Steigerung der Stromerzeugung wird auch der Kohlebedarf wachsen. Um diesen Bedarf zu decken und trotzdem noch größere Mengen von Kohlen auszuführen, ist 1996 ein Zehnjahresplan aufgestellt worden, der diesen Notwendigkeiten gerecht wird. In naher Zukunft soll die Jahresförderung der Kohle die volle Nutzung der Kapazität des Kraftwerkes ermöglichen. Große Erwartungen setzt man auch auf die neu fertiggestellte Bahnlinie zwischen Hunchun und Kraskino, dadurch kann man auch teilweise die Kohle ausführen.

Große Aussichten hat zweifellos noch die Wasserkraftgewinnung, die in den letzten Jahren auch auszubauen begonnen worden ist. Der Oberlauf des Tumen verfügt hier über ein großes Potenzial für die Nutzung der Wasserenergie, welches auf 1,4 Mio. KW geschätzt wird. Zur Zeit erreichen die Wasserkraftwerke eine Kapazität von insgesamt 60 000 KW.

Zu nennen ist weiterhin die Ölindustrie. Erdöl ist trotz den seit mehreren Jahren erfolgenden systematischen Untersuchungen in wirklich ausbeutungswürdiger Menge von nur 100 Mio. t gefunden worden. Deshalb ist man hier auf die Zulieferung von Rohöl aus Daqing, eine der wichtigsten chinesischen Ölfelder, angewiesen. Das Erdöl dient in Yanbian in stärkerem Maße der Erzeugung petrochemischer Grundstoffe und Gummireifen. In der Kreisstadt Tumen befindet sich die wichtigste Ölraffinerie in der Präfektur Yanbian. Im Jahre 1999 betrug die Wertschöpfung von zwei Betrieben aus dem Kreis 81,8 Mio. RMB.

Die Industriestandorte

In der Stadt Yanji sind die Verarbeitung landwirtschaftlicher Produkte (Zigarettenherstellung, Brauerei, Reis-, Mais- und Weizenmühlen), Fahrzeugbau (speziell Autobusse) und Landmaschinenbau sowie die Textilindustrie die Hauptwirtschaftszweige. Dabei gibt es regional bedeutende Konzerne wie die Zigarettenfabrik Yanji. Darüber hinaus ist hier das Zentrum der Fertigung von Sonderprodukten für die koreanische Minderheit (Textilien, Geschirre und Musikinstrumente). Die Industriestruktur Longjings wird durch die holzverarbeitende Industrie (hier befindet sich mit der Kaishantun Fabrik das größte Holzschliff- und Zellstoffwerk Chinas), chemische Industrie, Schuhindustrie und den Landmaschinenbau geprägt. Am Süd- und Westrand der Kreise Yanji und Longjing liegt der von Bergbau geprägte Kreis Helong, wo Steinkohle gefördert wird. Der Kreis Hunchun, weist zwar keine größere Industrieansiedlung auf, hat jedoch eine gewisse Bedeutung als Zentrum des

Grenzhandels mit Russland erlangt. Unterlagert wird das Becken von Hunchun von reichem Kohlevorkommen, die hier in einem größeren Bergwerk und in der Umgebung in zahlreichen kleinen primitiven Schächten abgebaut werden. Auf der Basis der Kohleförderung gibt es hier das größte Kraftwerk für die Stromerzeugung. Der Mittellauf des Hunchun-he und seine Zuflüsse enthalten reiche Goldseifen, die von großen Schwimmbaggern abgebaut werden. Daneben spielen die Holz- und Zementindustrie eine gewisse Rolle. Im Kreis Wangqing ist der Hauptwirtschaftzweig die Holzindustrie. In der Stadt Tumen entstand eine petrochemische Industrie, die Reifen, Gummischuhe und Plastikartikel produziert. Sie knüpft an eine Raffinerie an, die per Bahn herbeigeschafftes Rohöl aus den Ölfeldern von Daqing in der Provinz Heilongjiang verarbeitet. 1985 wurden im Becken von Yanji Ölvorkommen geophysikalisch nachgewiesen, so dass die Raffinerie in Zukunft evtl. auf lokale Ölförderung umgestellt werden könnte. Darüber hinaus stellt auch hier die Holzverarbeitung einen wichtigen Industriezweig dar, z.b. Sägewerke und Möbelindustrie. Zu nennen wäre auch noch die Textilindustrie, die sich auf das Wirken von Socken für den Export nach Japan spezialisiert hat. Nicht zuletzt ist die Papierindustrie von Bedeutung. Dabei ist die Shixian Fabrik für Papierherstellung die größte Fabrik, die im Wert über 30% der Industrieprodukten in der Stadt Tumen ausmacht.

Im Kreis Dunhua wird die Industriestruktur von der Holz-, Maschinen-, Pharma-, Lebensmittel- und Chemischen Industrie bestimmt. Hier befindet sich ca. 20% der Holzproduktion der Provinz Jilin. Dunhua selbst ist ein Zentrum der holzverarbeitenden Industrie. Das Holzkombinat, das Sperrholz, Spanplatten, Parkett und Möbel herstellt, ist die größte Industrieanlage der Präfektur überhaupt. Daneben ist Dunhua der Standort einer großen Streichholzfabrik. Die wichtigen Unternehmen sind der Fudun Konzern für Holzprodukte und der Aodong Konzern für Medizin in Dunhua. Zwischen Dunhua und Yanji liegt die Kreisstadt Antu, in China bekannt als Standort einer Akkumulatorenfabrik. Ihr Verwaltungsbezirk reicht nach Süden bis zum Paektu-san und umfasst damit noch weite, unberührte Waldgebiete, in die heute die Forstwirtschaft vordringt. Temporäre Waldarbeitercamps sind die Vorhut der Erschließung. Das Zentrum der Forstwirtschaft ist die Kleinstadt Erdaobaihe, Standort eines großen Spanplattenwerkes. Das wichtigste Unternehmen ist der Anli Konzern in der Stadt Antu für die Holzverarbeitung mit einer Investitionssumme von 68 Mio. US$.

Probleme und Potentiale der Industrieentwicklung

In der Tumen-Region sind fast alle natürlichen Bodenschätze vorhanden, für eine wirtschaftliche Nutzung sind deren Mengen jedoch vielfach zu gering. Auch sind solche Ressourcen auf lange Sicht begrenzt; Erdöl, Metalle und Leichtindustrieprodukte müssen importiert werden. Deshalb kann man zu dem Schluss kommen, dass die zukünftige Wirtschaftsentwicklung nicht von eigenen Ressourcen abhängig sein sollte. Angesichts der veralteten Industrieanlagen sollte sich die Wirtschaftsentwicklung auf bessere und nach außen orientierte Strukturen ausrichten.

Die Arbeitslöhne in der Region sind niedrig, weil die Arbeitskräfte hauptsächlich für traditionelle Berufe qualifiziert sind. Es fehlen hochqualifizierte Arbeitskräfte für Spitzen- und Spezialindustrien, welche ausländische Firmen, in erster Linie koreanische Firmen, beanspruchen. Die geringe Kapitalkraft der Präfektur muss durch ausländische Investitionen wettgemacht werden. Der Bedarf an Arbeitskräften soll zukünftig immer mehr aus einheimischen chinesischen sowie koreanischen Arbeitern sichergestellt werden.

1.5.3.2 Russland

Im Primorskij kraj konzentriert sich die Industrie überwiegend auf Schiffsreparaturen, Fischerei und Fischindustrie. Insgesamt ist die Industrieentwicklung in den 1990er Jahren wegen der schlechten politischen Rahmenbedingungen und der veralteten Infrastruktur von einer Rezession gekennzeichnet.

Bedeutendster Standort für die Industrie ist Wladiwostok. Neben seiner Hafenfunktion hat sich Wladiwostok zu einer Industriestadt entwickelt. An erster Stelle steht hier die Fischindustrie, die sich aber nicht nur auf die Stadt, sondern auch auf zahlreiche Orte der näheren und weiteren Umgebung verteilt und sich überwiegend mit der Konservierung von Fischen und Krabben beschäftigt. Zahlreiche Fischfangsammelpunkte entlang der ganzen Südküste liefern das Material. An zweiter Stelle steht die Holzindustrie, die wertvolle Laubhölzer verarbeitet und Holzprodukte, wie Zündhölzer, Furnierplatten und Möbel liefert. Daneben besitzt die Stadt Reismühlen, Lederfabriken und Seifensiedereien. Große Bedeutung hat Wladiwostok als Kriegshafen und als Schiffswerft, insbesondere für Kriegsschiffe. Des weiteren besteht ein Werk für Flugzeugbau. Eine Erdölraffinerie ergänzt die Industrie- und Verkehrswirtschaft. Unter den zahlreichen wissenschaftlichen Institutionen in Wladiwostok ist die Zweigstelle der Akademie der Wissenschaften besonders hervorzuheben, die an der Erforschung des Fernen Ostens einen wesentlichen Anteil hat.

Die russische Tumen-Region verfügt über 70 verschiedene Bodenschätze, die für eine kommerzielle Erschließung geeignet sind. Die wichtigsten Rohstoffe sind Kaolin, Quarzsand, Stein- und Braunkohle, Titan, Marmor, Baumaterial. Zur Zeit wird jedoch nur ein geringer Teil abgebaut. Da in der Tumen-Region bzw. in Khasan zur Zeit keine Nachfrage besteht und die Förderkosten zu hoch sind, gibt es hier keine bedeutenden Bergbauaktivitäten.

1.5.3.3 Nordkorea

Wie in ganz Nordkorea beruht die Wirtschaftsentwicklung in der koreanischen Tumen-Region bzw. in Rajin-Sönbong in erster Linie auf seiner reichen Ausstattung mit Bodenschätzen wie Eisenerz, Kohle, Zement und Nickel (E. DEGE 1992). Der Aufbau der Industrie wurde in japanischer Zeit begonnen, seither allerdings kaum vorangetrieben. Die Technologien der meisten Fabriken sind daher heutzutage veraltet, was im Vergleich zu den Nachbarn einen Wettbewerbsnachteil darstellt.

In der Provinz Hamgyŏng-pukto ist die Eisenindustrie als wichtigste Industriebranche anzusehen. Die Schätzungen der Eisenerzvorräte belaufen sich auf mehrere Mrd. t Magnet-, Rot- und Brauneisenerz. Der entwickelte Erzbergbau ist in der Lage, den Bedarf der Schwarzmetallurgie voll zu decken. Das größte Vorkommen und der wichtigste Förderstandort ist der Musan Eisenkomplex. Geologisch befindet sich der Bergbau in der gleichen Zone mit Anshan und Benxi in China, Der Bergbau hat einen Bestätigungsvorrat von 5 Mrd. t mit einem durchschnittlichen Eisengehalt von 24% und Magnetgrad von 33%, und hält den Vergleich mit den weltbekannten Eisenerzen in China, Indien, Schweden, USA und Australien aus. Es handelt sich um Magnetite, die im Tagebau gefördert werden. Das Deckgebirge ist 4 bis 10 m mächtig, das Flöz 150-300 m. Im Jahre 1937 wurde der Bergbau von den Japanern errichtet. Eine komplizierte Aufbereitung ist erforderlich, Förderung (nach Sprengung), Transport und Aufbereitung sind vollkommen mechanisiert und automatisiert. H.-U. Pews (1987) schätzt die Produktion der Grube für die 1980er Jahre auf 10 Mio. t. Aufgrund der schlechten politischen Rahmenbedingungen und der wirtschaftlichen Rezession wurde in den 1990er Jahren deutlich weniger gefördert. Der Musan Bergbau liegt in der Grenzregion gegenüber der chinesischen Kreisstadt Longjing am Songchonsu Fluss, einen Nebenfluss des Tumens, und seine Abwässer werden in den Tumen-Fluss abgeleitet; daher bildet der Bergbau eine der wichtigsten Emissionsquellen für die Gewässerverschmutzung in der Tumen-Region.

Im Zusammenhang mit dem Eisenerzabbau ist die Errichtung des Eisen- und Stahlkombinats von Chŏngjin erfolgt. Chŏngjin wird mit Erzkonzentraten aus Musan (seit 1975 durch eine Pipeline) versorgt und verfügt neben einem gut ausgebauten Hafen über eine direkte Bahnverbindung mit China. Über diese Verbindung wurde die Kokskohle bezogen, bevor ein Verfahren zur Verkokung der einheimischen Kohle entwickelt wurde. Das heutige Eisen- und Stahlkombinat „Kim Chaek" verfügt mit Koksbatterien, einem großen Hochofenkomplex, einem Konverterstahlwerk, einem Elektrostahlwerk sowie einem Kalt- und Warmwalzwerk und einer Stranggussanlage über eine Jahreskapazität von 3,5 Mio. t Roheisen und 4 Mio. t Stahl. Es bildet damit das größte metallurgische Zentrum Nordkoreas (H.-U. Pews 1987). Daneben ist Chŏngjin der Standort einer bedeutenden Maschinenbau- (Lokomotiven) und Schiffbauindustrie, Gummi-, Kunstfaser- und Textilindustrie (E. Dege 1992).

Der Kohlebergbau hat seinen Schwerpunkt mit einem großen Braunkohlevorkommen am Unterlauf des Tumen. Das Braunkohlenrevier hat eine Ausdehnung von 500 km² und Vorräte von 500 Mio. t. Die Förderbedingungen sind günstig; die Qualität der Kohle ist gut. In den 1980er Jahren sollten die großen Gruben umfassend erweitert werden. Auf dieser Grundlage sollte dann die Kohleförderung über das Perspektivziel hinaus auf 120 Mio. t gesteigert werden. Die Kohlenförderung stellt hauptsächlich der Industrie die Energie in Form von Elektrizität zur Verfügung (H.-U. Pews 1987).

Der bedeutendste Industriezweig in der koreanischen Tumen-Region ist die petrochemische Industrie. Die in Sŏnbong (früher Unggi) ansässige Ölraffinerie ist die größte Ölraffinerieanlage Nordkoreas. Erdöllagerstätten förderwürdigen Umfangs wurden in Nordkorea bislang trotz intensiver Explorationsarbeiten nicht gefunden. Deshalb ist die Ölraffinerie auf die Einfuhr von Rohöl angewiesen. Es wurde bislang überwiegend auf dem Bahnwege aus Russland bezogen. Die Ölraffinerie wurde im Jahre 1972 mit der Hilfe der ehemaligen Sowjetunion mit einer jährlichen Kapazität von 2 Mio. t gegründet. Die Erdölversorgung verschlechterte sich drastisch, als Russland ab 1991 die Bezahlung ihrer Erdölexporte mit konvertierbarer Währung verlangte. Dadurch schrumpften die Erdöllieferungen aus der Sowjetunion auf knapp 10% der Vorjahresmenge (1990: 440 000 t), im Januar 1992 folgte auch China dem russischen Vorbild, damit musste die Raffinerie Sŏnbong stillgelegt werden. Dieser Schritt traf nicht nur den Straßenverkehr, für den heute nur noch in stark eingeschränktem Maße Kraftstoff zur Verfügung steht, sondern auch die petrochemische Industrie (E. Dege 1992).

Ferner ist die Fischereiindustrie aufgrund der günstigen Küstenlage am Japanischen Meer bedeutend. Weitere große Industrien sind im Bereich der Holzverarbeitung und der Schiffsreparatur tätig. Jedoch gibt es keine genaue Statistik für diese Information.

1.6 Politisch-administrative Rahmenbedingungen und wirtschaftliche Verflechtungen

Ob die regionale Kooperation in Nordostasien und das Tumen-Projekt funktionieren, hängt letztendlich mit der politischen Situation und den Beziehungen zwischen den Ländern Nordostasiens zusammen, daher ist es nötig, die politische Situation in Nordostasien zu betrachten. Eine einigermaßen zufriedenstellende Darstellung der geopolitischen Entwicklungen des 20. Jhds. und der Rolle Nordostasiens in der letzten Zeit konzentrierte sich hauptsächlich auf militärische Fragen und den Sicherheitsbereich (H. HARDING 1988). Hier wird versucht, einige Grundzüge der neuen administrativen und politischen Rahmenbedingungen der jeweiligen Länder und der neuen Beziehungen zwischen den Staaten Nordostasiens im möglichen Zusammenhang mit dem Tumen-Projekt zu skizzieren.

1.6.1 China

Die Verwaltungsstruktur in China gliedert sich in vier Ebenen (vgl. Abb. 14): Provinzen (*sheng*), Regierungsbezirke (*diqu*), Kreise (*xian*) und Gemeinden (*xiang*). Neben den 22 Provinzen gibt es vier unmittelbar regierte Städte (*zhixiashi*): Peking, Shanghai, Tianjin und Chongqing, und fünf autonome Regionen (*zizhiqu*), die überwiegend von den nichtchinesischen Minoritäten besiedelt sind: Tibet, Xinjiang, Innere Mongolei, Guangxi und Ningxia. Das Tumen-Projekt ist in der Provinz Jilin angesiedelt. Die Provinzen gliedern sich in ca. 200 Regierungsbezirke, davon gibt es 30 autonome Bezirke (oder Präfekturen: *zizhizhou*). Ein Beispiel für solche autonome Gebietseinheiten ist die Koreanische Autonome Präfektur Yanbian in der Provinz Jilin. Die Regierungsbezirke sowie die evtl. vorhandene Zwischenstufe der Präfekturen untergliedern sich in Kreise, insgesamt ca. 2 200 Kreise in ganz China (P. SCHÖLLER, H. DÜRR und E. DEGE 1987). Die niedrigste Verwaltungsebene ist die Gemeinde. In den Städten ist die Verwaltungsgliederung nach Bezirken (*qu*), Straßen- und Einwohner-Komitees (*Jieweihui* und *Juweihui*) geordnet, auf dem Land nach Gemeinden (*Xiang oder Zhen*), Dorfkommitees (*Cunweihui*) und Gruppen (*Zu*).

Die Koreanischen Autonomen Präfektur Yanbian besteht aus den Stadtkreisen Yanji, Tumen, Dunhua, Hunchun, Longjing und Helong sowie den Landkreise Wangqing und Antu, die weitere 82 Gemeinden umfassen. Direkt an dem Tumen-Projekt beteiligen sich die Stadtkreise Yanji, Tumen, Hunchun und Longjing, die Gemeinde Jingxin im Stadtkreis Hunchun liegt unmittelbar im Zentrum des Tumen-Projektes.

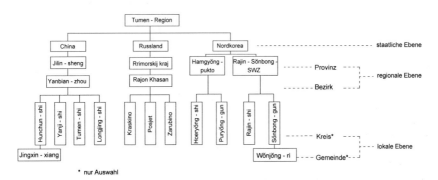

Abb. 14 Verwaltungsgliederung in der Tumen-Region
Quelle: eigene Darstellung

1.6.2 Russland

Russland ist eine föderative Unionsrepublik. Das wichtigste Staatsorgan ist der Ministerrat, die einzelnen Verwaltungsressorts werden von Ministerien, Staatskommitees und sonstigen Zentralbehörden geleitet Die regionale Gliederung ist mehrschichtig und teils an ethnischen, teils an verwaltungstechnischen Gesichtspunkten ausgerichtet. Allgemein bestimmt die Unionsrepublik ihre Gliederung in Regionen, Gebiete, Bezirke und Rayons und entscheidet andere Fragen der administrativ-territorialen Ordnung. Die oberste Verwaltungseinheit sind die 49 *Oblasts* (Gebiete) und 6 *Krajs* (Gaue) (diese unterscheiden sich von den *Oblasts* lediglich dadurch, dass zu ihnen in der Regel Autonome Gebiete gehören). In bezug auf das Tumen-Projekt ist Primorskij kraj die oberste zuständige Verwaltungsbehörde (vgl. Abb. 14).

Die lokale Verwaltungsebene gliedert sich in Bezirke (*Rajon*); sie sind die oberste lokale Gebietseinheit in ländlichen Gegenden und in der Größenordnung einem deutschen Landkreis vergleichbar, der Rajon Khasan ist einer der 27 Rajons (entspricht den chinesischen Kreisen) des Primorskij kraj am Tumen-Fluss. Er besitzt eine Fläche von 4 130,3 km², was etwa 2,5% der gesamten Fläche des Primorskij kraj entspricht. Die Zahl der Einwohner liegt bei 46 700, etwa 2,1% der gesamten Bevölkerung des Primorskij kraj. Slavyanka ist die Verwaltungshauptstadt des Rajons von Khasan (Yu Guozheng 1998). Kraskino, Posjet und Zarubino sind wichtige Städte im Rajon Khasan, die sich direkt an dem Tumen-Projekt beteiligt sind. Die Städte (*Gorod*) sind je nach ihrer Bedeutung Verwaltungseinheiten unterschiedlicher Ebenen zugeordnet und zum Teil, bei Großstädten über 100 000 Einwohnern, ihrerseits nochmals in (Stadt-)Bezirke (*Gorodskoj Rajon*) untergliedert. Städte, die im allgemeinen mehr als 50 000 Einwohner zählen, sind „rajonfrei" und unterstehen einer regionalen Verwaltungseinheit oberhalb des *Rajon*. Bei Ortschaften (*Posjolok*) handelt es sich um Gemeinden städtischen Charakters, die zu einem *Rajon* gehören und ihrer wirtschaftlichen und sozialen Struktur nach in drei Kategorien eingeteilt werden: Arbeitersiedlungen, Wohnsiedlungen und Kurorte.

Landgemeinden *(Selo)*, deren Bevölkerung von der Landwirtschaft lebt; unterstehen dem Rajon und stellen wie die Kleinstädte, Stadtbezirke und Ortschaften die unterste Verwaltungsstufe dar, die oft mehrere Dörfer umfasst (H. G. BÜTOW 1986).

1.6.3 Nordkorea

Die Verwaltung Nordkoreas ist in extremem Maße auf die Zentralmacht ausgerichtet, regionale oder lokale Selbstverwaltung ist unbekannt. Die administrative Gliederung ist hierarchisch in Provinzen *(do)*, Kreisen *(gun)*, und Gemeinden *(ri)* eingeteilt (vgl. Abb. 14). Neben den neun Provinzen (Kangwŏn-do, Hamgyŏng-pukto und -namdo, Pyŏngan-pukto und -namdo, Hwanghae-pukto und -namdo, Chagang, und Yanggang) gibt es vier Städte mit Sonderstatus *(t`ukpyolsi)*, Pyŏngyang, Kaesŏng und Namp'o und Rajin-Sŏnbong (KWON, HYUCK-JAE. und HUH WOO-KUNG. 2000). Der Verwaltungsrat der Regierung (Ministerrat) ist das administrative Exekutivorgan der obersten Staatsmacht. Der Verwaltungsrat hat ein Plenum und ein Präsidium. Der Verwaltungsrat leitet mit seinen Ministerien und Komitees die staatlichen Verwaltungs-, Finanz-, Wirtschafts-, Sicherheitsorgane und gestaltet die Außenpolitik. Die Leitung von Wissenschaft, Bildung, Kultur, Gesundheitswesen sind weitere Aufgaben des Verwaltungsrates. Die Verwaltungskomitees der Bezirke, Städte und Kreise sind in ihren Territorien das administrative Exekutivorgan. Sie sind den zuständigen Volksversammlungen und Volkskomitees rechenschaftspflichtig und unterstehen den übergeordneten Verwaltungskomitees und dem Verwaltungsrat der Regierung (H.-U. PEWS 1987). Um sich direkt an dem Tumen-Projekt zu beteiligen, wurde die Sonderwirtschaftszone Rajin-Sŏnbong in der Provinz Hamgyŏng-pukto errichtet, sie umfasst 10 Gemeinden *(ri)*; Wŏnjŏng-*ri* ist eine der wichtigen Gemeinden Nordkoreas für das Tumen-Projekt.

1.6.4 Die politischen Beziehungen zwischen den Ländern in Nordostasien

Die Länder in Nordostasien haben in letzten Jahrhunderten eine turbulente Geschichte hinter sich. Während des Kalten Krieges war hier eine der militärisch empfindlichsten Regionen in der Welt; mit dem Nachlassen des Kalten Krieges hat sich die politische Situation langsam entspannt. Allmählich wurden bilaterale politische Beziehung aufgenommen. 1972 haben China und Japan diplomatische Beziehungen aufgenommen, und seither wurden ihre wirtschaftliche und technologische Kooperation beschleunigt vorangetrieben. Im Jahre 1989 wurden die politischen Beziehungen zwischen China und der UdSSR erneut aufgenommen, und in den 1990er Jahren hat China mit Südkorea politische Beziehungen aufgenommen. Mittlerweile setzen sich die politischen Beziehungen zwischen China und Nordkorea fort. Ungeachtet der Konfrontation zwischen den beiden Staaten Koreas ist die politische Situation auf der Halbinsel stabiler geworden. Die beschleunigte Globalisierung der Weltwirtschaft, die informationstechnische Revolution, Entwicklungen, die das letzte Jahrzehnt des 20. Jhds. bestimmten, hatten auch auf Nordostasien massive Auswirkungen. All diese Entwicklungen weisen darauf hin, dass die politische Situation in Nordostasien günstigere Rahmenbedingungen für die regionale Wirtschaftsentwicklung schaffen könnte. Die unterschiedlichen Wirtschaftsstrukturen in den Ländern Nordostasien bieten gute Voraussetzungen für die regionale Zusammenarbeit, da sich ihre Eigenschaften ergänzen. Die verschiedenen Regionen zeichnen sich durch günstige Standortbedingungen aus, die sich durch verstärkte Handelsverflechtungen entwickeln lassen.

Im Gegensatz zu den grundlegenden Umwälzungen in Europa blieb es für zwei der drei Anrainer des Tumen-Flusses jedoch bei graduellen Veränderungen. In Nordkorea begann eine abwärtsgerichtete Entwicklung bis hin zu Hungersnöten, in der China kam es zu einem selten zuvor auf der Welt erlebten Wirtschaftswachstum. Der Russische Ferne Osten dagegen veränderte sich vom festen, wenn auch entlegenen Bestandteil der Sowjetunion zu einem halbautonomen, von mafiosen Strukturen beherrschten Gebilde mit radikal veränderten wirtschaftlichen Bedingungen.

Das politische Verhältnis zwischen China und Nordkorea

Die politischen Beziehungen zwischen China und Nordkorea waren und sind immer noch gut, zeitweise wurden die beiden Länder sogar als enge Brüder oder „Lippe und Zähne" bezeichnet. Ende der 1970er Jahre hat China eine Öffnungspolitik eingeführt und danach eine dynamische Entwicklungsphase erlebt, Nordkorea bleibt aber noch verschlossen. Nach der Aufnahme diplomatischer Beziehungen zwischen China und Südkorea im Jahre 1992 und der Reduzierung der chinesischen Wirtschaftsunterstützung für Nordkorea verschlechterte sich sie das politische Verhältnis mit China zeitweise. Um einen politischen Ausweg zu finden, braucht Nordkorea aber dringend Hilfe von China. In letzten zehn Jahren hat der politische Führer von Nordkorea China dreimal besucht. Besuchsziele waren mehrere Male die chinesischen Küstenprovinzen. Damit wurde deutlich, dass Nordkorea eine ähnliche Sonderwirtschaftszone wie in China einrichten wollte, das offensichtlichste Zeichen hierfür ist die Entwicklungszone im Rajin-Sönbong-Gebiet.

Das politischen Beziehungen zwischen China und Russland

Das Verhältnis zwischen China und Russland hat eine turbulente Geschichte erlebt. In groben Umrissen lässt sich die Geschichte wie folgt darstellen: Im 19. Jh. zählte das zaristische Russland zu den dominierenden Imperialismusstaaten in China, daher wurden viele ungleiche, also für China nachteilige Verträge zwischen den beiden Ländern abgeschlossen. In der ersten Hälfte des 20. Jhds. wurde zwischen der Sowjetunion und China angesichts der gemeinsamen Ideologie und geopolitischen Strategie eine enge Beziehung gepflegt. Aufgrund von ideologischen Auseinandersetzungen waren die Beziehungen von den 1960ern bis Anfang der 1980er Jahre eingefroren und führten sogar teilweise zu Grenzgefechten. 1989 wurden die diplomatischen Beziehungen zwischen beiden Ländern wieder aufgenommen. Nach dem Zusammenbruch der ehemaligen Sowjetunion begann ein neues Kapitel im Verhältnis zwischen beiden Staaten. Seit den 1990ern sind die politischen Beziehungen zwischen Russland und China immer besser geworden. Ein offensichtliches Zeichen sind die immer häufigeren Besuche zwischen den Staatsführern, wobei umfangreiche, für beide Seiten günstige Verträge abgeschlossen wurden. Im Jahre 1996 haben die beiden Länder eine strategische Partnerschaft der Kooperation verkündet, in dem jeder die inneren Angelegenheiten und die Souveränität der anderen Seite respektiert. Ein gutes Anzeichen für den Partnerschaftsaufbau mit China ist die wirtschaftliche und militärische Lösung des

Grenzproblems. Die gemeinsame Grenze zwischen Russland und China wurde überprüft und ratifiziert (Pi YIN-HSIEN 1996). Ein dynamischer Mechanismus für regelmäßige Kontakte der politischen Führer wurde hergestellt, darüber hinaus wollen die beiden Länder bei der Behandlung wichtiger internationaler Angelegenheiten eine gemeinsame Haltung einnehmen und ihre weltpolitischen Aktivitäten koordinieren (LI JINGJIE 1999)

Wirtschaftlich gibt es zwischen beiden Ländern viele Gemeinsamkeiten und gegenseitige Ergänzungen. China ist der zweitgrößte Handelspartner für Russland (nach Deutschland), und Russland ist der siebtgrößte Handelspartner für China. Russland verfügt über reiche Rohstoffvorkommen und ist für China eine unentbehrliche Brücke nach Westeuropa. China ist ein wichtiges Land für Russland um den Anschluss an die Pazifik-Region zu knüpfen. Weil der Wirtschaftstransformationsprozess in China sehr erfolgreich verläuft, könnte Russland von den guten Erfahrungen Chinas lernen.

Im Gegensatz zu den guten Beziehungen auf der staatlichen Ebene fehlt auf der regionalen Ebene aber noch die entsprechende Zusammenarbeit. Obwohl in der letzten Zeit viele Verträge auf der lokalen und regionalen Ebene abgeschlossen worden sind, fehlen konkrete Maßnahmen und feste Absprachen zu ihrer Umsetzung, z.B. Zollvereinbarungen, Partnerschaften zwischen regionalen Entscheidungsträgern, Regelung von Grenzkontrollen usw. Darüber hinaus braucht man noch gewisse Verhaltensregeln und -prinzipien für den Handel und die wirtschaftliche Zusammenarbeit. Die Gründe für diesen Mangel sind innere politische und wirtschaftliche Probleme in Russland selbst, politisches Misstrauen und ein Mangel an Erfahrungen in der grenzüberschreitenden Zusammenarbeit zwischen den regionalen Ebenen.

Die regionalen wirtschaftspolitischen Beziehungen des chinesischen Nordostens zum Nachbarland Russland, vor allem zum Primorskij kraj, entwickelten sich nach dem Ende der Sowjetunion nur zögerlich. Die ersten Kontakte waren bereits im Jahre 1983 nach zwei Jahrzehnten der militärischen Konfrontation wieder aufgenommen worden. Im Jahre 1988 erlaubte ein Handelsabkommen zwischen der Sowjetunion und China bestimmten Firmen den direkten Grenzhandel, aber erst im Jahre 1992 gingen mehr als die Hälfte aller Exporte des Primorskii kraj nach China. Im gleichen Jahr kam es zu gegenseitigen Besuchen hochrangiger Vertreter der chinesischen Nordostprovinzen und des Russischen Fernen Osten. Im Jahre 1995 konnte ein Rückgang des Handels durch die Vereinbarung verbesserter rechtlicher Bedingungen für den Außenhandel gestoppt werden. Zwischen dem Primorskij kraj und den Provinzen Jilin bzw. Heilongjiang wurden bei Besuchen des Gouverneurs Nazdratenko Freundschafts- und Handelsabkommen unterzeichnet; im Jahre 1996 besuchte Nazdratenko nochmals Jilin (W. ARLT 2001).

Damit ist Nordostasien nach dem Kalten Krieg in einen neuen Zeitraum eingetreten, in dem sich dynamisch entwickelnde Regionen und stagnierende Länder Seite an Seite existieren. Etwa 10% des Welthandelsvolumens entfielen in der zweiten Hälfte der 1990er Jahre des 20. Jhds. auf Nordostasien, allerdings zum größten Teil auf Japan (rund 70%) und Südkorea (rund 25%). Dem Wert nach ist 90% dieses Handels internationaler Handel, d.h. Handel mit Gütern und Dienstleistungen, deren Ursprungs- oder Bestimmungsort außerhalb des betrachteten Gebietes liegt. Nimmt man China als Ganzes hinzu, erhöht sich dieser Anteil am Gesamtwelthandel auf etwa 13%; Die Provinz Liaoning trägt allerdings nur zu 5% zum chinesschen Außenhandel bei und die Provinzen Jilin und Heilongjiang jeweils sogar nur zu weniger als 2%. Russland als Ganzes würde den Anteil Nordostasien am Welthandel nochmals um etwa

8% Punkte erhöhen, jedoch haben wiederum nur etwa 4% davon als Ausgangs- oder Zielpunkt den Russischen Fernen Osten. Vor diesem Hintergrund sind die nachfolgenden Angaben zum Außenhandel zwischen China, Nord- und Südkorea, Russland, Japan und der Mongolei zu sehen. Für China, Japan und Südkorea gehören die jeweils beiden anderen Länder in den Kreis der wichtigsten Handelspartner. Nordkorea betreibt letztendlich immer noch eine von der Außenwelt politisch und wirtschaftlich isolierte, autozentrische Wirtschaftspolitik.

Diese politische Gestaltung stellt eine Chance und zugleich eine Herausforderung für die grenzüberschreitende Zusammenarbeit in der Subregion in Nordostasien dar. Mit der Globalisierung werden mehr Zugangsmöglichkeiten zum Weltmarkt geschaffen, jedoch belastet und erschweren das unterschiedliche Tempo der Transformationsprozesse und daraus resultierende Interessenunterschiede die Handlungsfähigkeit bei der Zusammenarbeit. Das Tumen-Projekt kann hier als ein Testfall in der politischen Landschaft in Nordostasien gelten, denn die Entwicklung des Projektes spiegelt die internationale geopolitische Verflechtung wieder. Die beteiligten Länder haben sich zwar auf politischer Ebene zu einer Zusammenarbeit bereiterklärt, handeln in der Realität oft jedoch noch nach ihren eigenen geopolitischen und geoökonomischen Belangen und nationalen Strategien. Hinzu kommen die Interessenunterschiede zwischen den Zentralregierungen und den lokalen Regierungen sowie zwischen den Kooperationspartnern auf unterschiedlichen Ebenen (G. ROZMAN 1997). Daher hat sich die multilaterale Zusammenarbeit in Nordostasien in den 1990er Jahren sehr langsam entwickelt, obwohl die Zeiten des Kalten Krieges vorbei und damit günstige Bedingungen gegeben sind.

2 Die Entwicklung der grenzüberschreitenden Zusammenarbeit in der Tumen-Region

Die grenzüberschreitende Zusammenarbeit in der Tumen-Region wurde als direkte Folge der Veränderung der internationalen Situation in Nordostasien und den nationalen Reformen in China in Gang gebracht. Während des Kalten Krieges war die Situation in Nordostasien politisch und militärisch angespannt, die Grenzen blieben verschlossen. Für die Wirtschaft war die Abgrenzungspolitik praktisch eine Barriere, die die Wirtschaftsentwicklung der jeweiligen Länder behinderte. Ende der 1980er Jahre ging die internationale Situation von militärischen Konflikten zu internationaler wirtschaftlicher Kooperation über. Das heutige Hauptinteresse eines jeden Landes ist die Wirtschaftsentwicklung. Daher bietet das neue politische Interesse an der Wirtschaftsentwicklung günstige Voraussetzungen für die grenzüberschreitende Zusammenarbeit in Nordostasien.

Anders als EU und NAFTA haben die Länder Nordostasiens wegen der Unterschiede in der Wirtschaftsentwicklung, der politischen Systeme, des unterschiedlichen Rechts und Managements und der vergangenen historischen Konflikte sowie der heutigen schlechten Infrastruktur große Schwierigkeiten, ihre zukünftigen regionalen Zusammenarbeit zu entwickeln. Daher wird dieser Prozess voraussichtlich noch sehr lange andauern. Aber die Vorteile reichhaltiger natürlicher Ressourcen, potentieller Wirtschaftsergänzungen und gemeinsamer kultureller Wurzeln könnten den Prozess der regionalen Zusammenarbeit fördern.

2.1 Die Entstehung des Tumen-Projektes

In globaler Hinsicht wurde Nordostasien von der Tendenz der Regionalisierung beeinflusst. Die zur Zeit intensivsten regionalen Kooperationen auf der Welt finden sich im Raum der EU und der NAFTA. Die Länder Nordostasiens verfügen über die grundlegenden Voraussetzungen für regionale Kooperation, z.b. die Komplexität der regionalen Wirtschaftsstrukturen, die geographische Proximität, die Größe der Bevölkerung sowie der Fläche. Theoretisch könnten die Länder Nordostasiens auch einen regionalen Block wie die EU und die NAFTA gründen, wodurch sich die Tumen-Region dann geographisch in zentraler Lage Nordostasiens befinden würde, was den wirtschaftlichen Aufschwung beschleunigen würde.

Praktisch werden die Handelsverflechtungen zwischen den Ländern Nordostasiens in der Tendenz der vermehrten regionalen Kooperationen widergespiegelt, z.B. die Handelsbeziehungen zwischen China, Japan und Südkorea ergänzen sich untereinander, wobei Japan und Südkorea typische rohstoffimportierende Länder sind, während Russland und China im Gegensatz dazu rohstoffexportierende Länder sind.

Wie bei allen anderen Neuerungen auch muss immer jemand die Initiative ergreifen. Im Falle das Tumen-Projektes hat China die Initiatorrolle übernommen. Dafür gibt es zwei Gründe: einerseits hat China nach seiner Öffnungspolitik Kooperationsbedürfnis mit anderen Nachbarländern, zum anderen bemüht sich die Provinz Jilin, entlang des Tumen-Flusses einen Zugang zum Japanischen Meer zu bekommen, um die günstigen Handelsmöglichkeiten auszunutzen (DING SIBAO und CHEN CAI 1991). Durch die Koordination und Unterstützung durch das UNDP konnten Nordkorea und Russland von der Mitarbeit überzeugt werden und haben sich anschließend auch aktiv an dem Projekt beteiligt. Zusätzlich haben auch Südkorea, Japan und die Mongolei an dem Projekt teilgenommen.

2.1.1 Hintergrund und Anlass

Seit der Öffnungspolitik Chinas sind seine Küstenregionen wegen ihres günstigen Zugangs zum Meer und der relativ guten Infrastrukturbasis Wirtschaftsentwicklungen zugutegekommen. Daher bemühen sich alle anderen Provinzen auch um günstige Verkehrsmöglichkeiten, um Güter schneller und preiswerter auf den Weltmarkt bringen zu können. In der Provinz Jilin benutzte man hauptsächlich die Nord-Süd Achse bis zum Hafen von Dalian, dem einzigen großen Überseehafen in Nordost-China. Wegen der schnellen Wirtschaftsentwicklung in Nordost-China ist sowohl die Verkehrsachse, als auch der Hafen von Dalian zu einem Engpass geworden. Beide sind häufig durch die Masse an Gütern und Passagieren überfordert, außerdem ist die Binnenlandprovinz Jilin im Hinblick auf ihre Im- und Exporte von den Nachbarprovinzen Liaoning und Heilongjiang abhängig.

Unter diesem Druck wurde das Institut für Sozialwissenschaften der Provinz Jilin und das Geographische Institut der Northeast Normal University 1984 mit dem Projekt beauftragt, eine „Durchführbarkeitsstudie des regionalen Handels zwischen der Provinz Jilin und der Sowjetunion" anzufertigen. Im Lauf des Projektes wurden zahlreiche Archive über die historischen Aktivitäten in den vergangenen Jahrhunderten am Tumen-Fluss angelegt und dabei alte Nutzungsrechte wiederentdeckt, die Russland China gegeben hatte. Anschließend wurde der Provinz große Aufmerksamkeit geschenkt. Im Zuge der chinesisch-sowjetischen Wiederannäherung Ende der 1980er Jahre wurden dann 1988 die Verhandlungen über die Nutzungsrechte am Tumen-Fluß wiederaufgenommen. Im Juni 1990 wurde die erste internationale Konferenz in Changchun (Hauptsadat der Provinz Jilin) über die regionale Entwicklung des Tumen-Flusses abgehalten, und im Jahre 1991 wurden die Navigationsrechte für China wiederhergestellt (CHEN CAI 1996b). Daraus folgten mehrere positive Folgen: erstens hat das internationale Interesse zugenommen, zweitens wurde möglicherweise ein Beitrag zum Abbau der politischen Spannungen in Nordostasien und zum regionalen Aufschwung in der Tumen-Region geleistet.

2.1.1.1 Erschliessung der komplementären Vorteile

Wegen der unterschiedlichen natürlichen Ressourcenausstattung und Wirtschaftsstrukturen existiert in Nordostasien ein starkes Bedürfnis nach Kooperation. Aus der Sicht der Außenwirtschaftstheorie der wirtschaftlichen Komplementät kann jedes der benachbarten Länder durch regionale Kooperation und Bedürfnisergänzung seine Vorteile ausnutzen und Nachteile abbauen. Im Russischen Fernen Osten z.B. gibt es umfangreiche Naturressourcen wie Kohle, Holz, Erdgas und Erdöl, aber diese Region hat wenig Arbeitskräfte, Technologie und Kapital. Chinas Tumen-Becken ist der am nächsten gelegene Punkt zum Japanischen Meer für zwei nordostchinesische Provinzen, die im Besitz wichtiger landwirtschaftlicher und industrieller Sektoren sind, und hat überschüssige Arbeitskräfte, aber eine geringe Kapitalausstattung. Die Wirtschaftsstrukturen der beiden Länder blieben deshalb traditionell und rückständig. Auch im Binnenstaat der Mongolei sowie in Nordkorea gibt es ähnliche Probleme. Im Gegensatz dazu bieten Japan und Südkorea hochentwickelte Technologie, Know-how und starke Investitionsfähigkeit. Allerdings gibt es wegen der fortgeschrittenen Entwicklung dort einen Mangel an Arbeitskräften und Rohstoffen (vgl. Tab. 12).

Die Wirtschaftsstruktur Nordostasiens umfasst Länder mit sehr unterschiedlichen Niveaus: Industrieländer wie Japan und Südkorea, Entwicklungsländer (oder -regionen) wie Nordost-China, den Russischen Fernen Osten, die Mongolei und Nordkorea. Solche Unterschiede in den Schwächen und Stärken der einzelnen Länder geben somit Anlass zur regionalen Kooperation. Diese interregionale Komplexität ist eine wichtige Voraussetzung für die interindustrielle Zusammenarbeit in Nordostasien, denn nur durch regionale Kooperation können alle Länder in Nordostasien voneinander wirtschaftlich profitieren.

Darüber hinaus könnte eine wirtschaftliche Zusammenarbeit der Anliegerländer des Japanischen Meers zu einer Konvergenz ihrer unterschiedlichen Ideologien führen. Zum Beispiel sind die Beziehungen zwischen Nordkorea auf der einen Seite sowie Südkorea und Japan auf der anderen Seite seit langem gespannt. Deshalb ist in Nordkorea wenig über die Situation der Wirtschaft und der Institutionen von Südkorea und Japan bekannt. Umgekehrt gilt das Gleiche. Russland und China können zur Überwindung dieses Zustandes eine Vermittlerrolle spielen. In Nordkorea wurde die Wirtschaft, speziell die Schwerindustrie, mit

Hilfe der UdSSR aufgebaut, das Sozialsystem wurde nach sowjetischem Muster geprägt (A. TIMONI 1997). China und Russland können die Rolle eines Austauschkanals für Politik und Wirtschaft spielen. Zudem könnten die erfolgreiche Reform in China als Entwicklungsmodell für Nordkorea dienen. Außerdem gehören 40 Prozent der Bevölkerung der Autonomen Präfektur Yanbian in China zur koreanischen Minderheit. Diese grenzübergreifenden ethnischen Beziehungen bilden auch einen günstigen Faktor für die zukünftige regionale Kooperation in der Tumen-Region.

Tab. 12 Die regional komplementären Wirtschaftsgrundlagen in Nordostasien

Länder und Regionen	Vorteile	Nachteile
Japan	Kapital, Technologie, Know-how und Spitzenindustrieprodukte	wenig Rohstoffe, Arbeitskräfte und Agrarprodukte
Russischer Ferner Osten	Holz, Naturressourcen und Schwerindustrie	wenig Agrarprodukte, Arbeitskräfte und Kapital
Nordosten-China	Agrarprodukte und Arbeitskräfte	wenig Kapital, Technologie und Know-how
Nordkorea	Naturressourcen und Arbeitskräfte	wenig Kapital, Agrarprodukte und Technologie
Südkorea	Kapital, Technologie und Know-how	wenig Rohstoffe und Arbeitskräfte
Die Mongolei	Naturressourcen	keinen direkten Zugang zum Meer, wenig Kapital, Technologie und Know-how

Quelle: CHEN CAI und YUAN SHUREN 1991

2.1.1.2 Günstige Verkehrslage

Die zentrale Lage Nordostasiens

Nordostasien, das die geographische Kulisse für die Tumen-Region bildet, besitzt mit ca. 10 Mio. km² eine große Fläche von Eurasien in wichtiger geographischer Position und hat damit eine besondere geostrategische Bedeutung, wie die Geschichte des Imperialismus von Japan und Russland bereits gezeigt hat. Nordostasien liegt an den Küstenregionen der Arktis und des Pazifik und verfügt somit über günstige Schifffahrtsverbindungen, der Luftraum ist eine Transitstrecke zwischen Japan und Westeuropa, die enge Beringstraße ist der kürzeste Weg zwischen Russland und Amerika. Am Rande von Nordostasien gibt es günstig gelegene Randmeere wie das Ochotskische Meer, das Japanische Meer und das Gelbe Meer, die eine regionale Zusammenarbeit der Anliegerländer sehr vereinfachen. Darüber hinaus hat sich im Laufe der letzten Jahrzehnte der regionale Wirtschaftsschwerpunkt vom Atlantik zum Pazifik verlagert. In Asien haben sich die Regionen Nordostasiens am schnellsten entwickelt. Bisher hat sich hier eine abgestufte regionale Wirtschaftsstruktur von den Industrieländern wie Japan und Südkorea zu den Entwicklungsländern wie China, Nordkorea und Mongolei ausgebildet. In Nordostasien gibt es im Russischen Fernen Osten, in Nordkorea, Südkorea und Japan viele günstig gelegene natürliche Häfen. Die Tumen-Region liegt ziemlich genau im Mittelpunkt

Nordostasiens und bildet somit einen günstigen Standort für eine grenzüberschreitende Zusammenarbeit der Anrainerstaaten. Hier ist deshalb auch der Fokus des geopolitischen Einflusses der großen Mächten wie China, Russland, Japan und der USA.

Günstige Transportbedingungen

Wegen der geographischen Lage gibt es in der Tumen-Region günstige Bedingungen für den Aufbau eines internationalen Transportnetzes. Zur Zeit ist der Infrastrukturzustand allerdings noch schlecht. Momentan haben Russland und Nordkorea die Häfen mit der größten potentiellen Kapazität. China hat das Navigationsrecht auf dem Tumen-Fluss. Zwischen Russland und China, China und Nordkorea, Nordkorea und Russland existieren Eisenbahnverbindungen. Außerdem gibt es zahlreiche Straßen in dieser Region, die jedoch noch nicht immer modernen Anforderungen entsprechen. Auf dieser Basis ist es möglich, hier ein Transportnetz aufzubauen. Man könnte dieses zukünftige Transportnetz mit der Transsibirischen Eisenbahn verbinden und so eine eurasiatische Landbrücke nach Europa schaffen.

Aufgrund seiner zentralen Position könnte die Tumen-Region als Verkehrsdrehscheibe für die Länder Nordostasiens dienen, wodurch Transportstrecken stark verkürzt werden könnten. Zum Beispiel wird der Außenhandelsaustausch zwischen Nordost-China und Japan zur Zeit über den Hafen von Dalian abgewickelt. Falls im Tumen-Delta ein Hafen gebaut würde, käme dies nicht nur dem Handelsaustausch zwischen China und Japan zugute, es würden auch viele Häfen in der Umgebung davon profitieren. Von der Mündung des Tumen-Flusses ausgehend gäbe es zwischen den wichtigen Häfen wie Wladiwostok und Nakhodka in Russland, Chŏngjin und Rajin in Nordkorea, Ulsan und Pusan in Südkorea und Niigata und Akita in Japan direkte Verbindungen (vgl. Tab. 13). Außerdem böte die Entwicklung im Tumen-Delta die Möglichkeit, eine exzellente Landbrücke durch China, die Mongolei und Russland nach Europa auszubilden. Diese neue Landbrücke (von der Tumen-Mündung über Choybalsan) wäre mindestens 1 700 km kürzer als die ältere Landbrücke, die durch den Russischen Fernen Osten (über Nahodka) verläuft (CHO, LEE-JAY. und M. J. VALENCIA 1992). Darüber hinaus gewönne die Mongolei einen Zugang zum Japanischen Meer. Dadurch erhielten die Gebiete entlang dieser s.g. Landbrücke neue Entwicklungschancen. Zurzeit fehlt zur Errichtung dieser Landbrücke lediglich die Bahnstrecke zwischen Yirshi und Choybalsan. Dieser kontinentale Transportkomplex wird als einer der wichtigsten Teile des Tumen-Projektes angesehen.

Verbunden mit dem Hinterland in Nordostasien können viele aus dem Hinterland kommende Produkte in Containern transportiert werden. Die Container gehen per Bahn an die Küste und können schnell auf die Schiffe verladen werden. Falls in der Tumen-Region ein internationaler Flughafen entsteht, erreichen Passagiere und Luftfracht nicht nur schneller ihre Ziele in Nordostasien, sondern Nordostasien kann auch schneller mit anderen Teilen der Welt in Verbindung treten.

Tab. 13 Streckenvergleich zwischen den Häfen am Japanischen Meer und Dalian bzw. Fangchuan im Tumen-Delta

	Chŏngjin	Wonsan	Pusan	Wladiwo-stok	Yuzhuo-Sakhalinsk	Niigata	Seemeilen Akita
Dalian (A)	990	850	550	1080	1500	1070	1130
Fangchuan (B)	70	260	480	90	630	470	460
A-B	920	590	70	990	870	600	650

Quelle: DING SIBAO und CHEN CAI 1991

2.1.1.3 Neuer regionaler Wachstumspol

Aufgrund der geographischen Lage und des historischen Hintergrundes sind die regionalen Entwicklungsimpulse in Ostasien seit zwei Jahrzehnten an die Nähe zum Meer gebunden. Wichtige Wirtschaftszentren befinden sich in den Regionen entlang der Küste. Dabei gibt es ein Entwicklungsgefälle von Süden nach Norden. Die südlichen Zentren profitierten als erste von der Öffnungspolitik, während die nördlicheren Küstengebiete erst später wirtschaftliche Impulse erfuhren. So liegt z.B. das erste Wirtschaftszentrum am Ausgangspunkt des s.g. Großen Chinakreises (Hongkong, Kanton, Taiwan). Aufgrund der vorhandenen Rohstoffe und billiger Arbeitskräfte einerseits und dem zur Verfügung stehenden Kapital und Know-how andererseits bildeten sich hier Hongkong, Kanton, Shenzhen usw. als wichtige Wirtschaftszentren für Ostasien heraus. In den 1990er Jahren entstand das neue Wirtschaftszentrum Shanghai mit seiner günstigen Lage zwischen dem Jangtse und der Küste. Seither steht Shanghai in Konkurrenz zu Hongkong. Im Verlauf der Entwicklung ist die Region um Gelbe Meer für die Wirtschaft in Ostasien wichtiger geworden, Bejing, Tianjin und Dalian sind hier die Kernstädte. Aus dieser Tendenz lässt sich folgern, dass entweder der Gegensatz von regionaler Stärke und Schwäche (Großer Chinakreis) oder eine Anzahl von gleichrangigen Städten (die Küstenregion am Gelben Meer) wichtige Grundlagen für ein neues Wirtschaftszentrum bilden. Wenn man die Tendenz der Entwicklung verfolgt und dabei nach einer günstigen Lage für zukünftige Wirtschaftszentren sucht, bietet sich automatisch die Region in Nordostasien an (G. ROZMAN 1997), obwohl hier noch keine bedeutende Stadt vorhanden ist, die die wirtschaftliche Führungsrolle übernehmen könnte. Dabei bildet die Tumen-Region den geographischen Mittelpunkt von Nordostasien. Aus geographischen, politischen und wirtschaftlichen Überlegungen heraus wird diese Region in drei Kreise eingeteilt, die schalenförmig die Tumen-Region umgeben (CHEN CAI 1996a). Der Kernkreis umfasst den Bereich des großen Entwicklungsdreiecks Yanji - Wladiwostok – Chŏngjin, der Mittelkreis umfasst Japan, Südkorea und die Mongolei, der Außenkreis umfasst die Länder, die möglicherweise politischen und wirtschaftlichen Einfluss auf die Tumen-Region nehmen können, wie die USA, Kanada, Australien und Westeuropa. Ein Wirtschaftszentrum in der Tumen-Region könnte natürliche Rohstoffe aus dem Russischen Fernen Osten sowie Kapital und Know-how aus Japan und Südkorea einbeziehen, um die regionalen synergetischen Effekte freizusetzen, wodurch die ganze Region wirtschaftlich gefördert werden könnte.

Wegen ihrer peripheren Lage bleibt die Tumen-Region im Vergleich mit anderen Wirtschaftszentren jedoch wirtschaftlich noch unbedeutend. Diese Region steht seit dem letzten Jahrhundert in einem internationalen Spannungsfeld, wodurch ihre regionale Wirtschaftsentwicklung stark beeinträchtigt wurde. Seit der Öffnungspolitik in China und dem Transformationsprozess in Russland haben die beiden zentralen Regierungen die Schwerpunkte der Entwicklung auf ihre Industriegebiete gesetzt. Die Tumen-Region dagegen liegt weit entfernt von den jeweiligen Machtzentren. Eine Ausnahme bildet Nordkorea, das aber bis jetzt noch ein wirtschaftlich abgeschlossenes Land ist.

Nach dem Zusammenbruch der Sowjetunion hat Russland sich zuerst auf den Westen des Landes konzentriert, um Investitionen ins Land zu holen oder finanzielle Unterstützung zu bekommen. Die Wirtschaftsentwicklung entsprach aber nicht den Erwartungen, sondern verschlechterte sich eher. Als ein Land Eurasiens gilt das Interesse von Russland sowohl dem Westen als auch dem Osten. Wegen der großen Entfernung von dem politischen Zentrum im Westen ist es für den Russischen Fernen Osten daher von großer politischer und wirtschaftlicher Bedeutung, sich auf die Umgebung von Nordostasien zu konzentrieren. Zur Zeit ist das Wirtschaftsstruktur im Russischen Fernen Osten und in den Nachbarländern sehr unterschiedlich ausgebildet. Die Wirtschaftsentwicklung im Russischen Fernen Osten stagniert wegen der schwachen Investitionen, was sich durch einen starken Bevölkerungsverlust bemerkbar macht. Im Russischen Fernen Osten gibt es jedoch große Rohstoffvorkommen und eine geographische Proximität zu Regionen mit komplimentären Vorteilen. Wenn die Nachteile abgebaut und die Vorteile besser genutzt werden, würde auch hier die Wirtschaftsentwicklung voranschreiten. Auch beim potentiellen Investor Japan besteht ein Entwicklungsbedarf an der Küstenregion des Japanischen Meeres. Seit den 1970er Jahren des vorigen Jhds. ist die Entwicklungskluft zwischen der Ostküste und der Westküste Japans immer größer geworden. Um den Entwicklungsrückstand aufzuholen und Wirtschaftsimpulse zu fördern, braucht Japan eine regionale Zusammenarbeit mit den anderen Ländern Nordostasiens.

Durch das Tumen-Projekt soll in der Tumen-Region ein internationales Wirtschaftszentrum aufgebaut werden. Dann wird Nordostasien einen unentbehrlichen Wirtschaftshintergrund und -markt ausbilden, und mit dem geplanten Transportnetz werden sich sowohl für die Küstenregion am Japanischen Meer, als auch für die Region entlang der eurasiatischen Landbrücke neue Entwicklungschancen erschließen. Zurzeit verstärkt China den Ausbau der Städte Hunchun, Tumen und Yanji; im Zusammenhang mit dem Infrastrukturaufbau in der Tumen-Region können sich hier in Zukunft möglicherweise eine Verkehrsdrehscheibe und regionale Wachstumspole entwickeln.

Seit den 1990er Jahren ist die regionale Kooperation eine der wichtigsten Tendenzen der Wirtschaftsentwicklung in Asien geworden. Bedeutende regionale Kooperationen sind die *Greater Mekong Subregion*, das Große Dreieck Südchinas, das Dreieck Singapore-Johor-Riau, das Indonesien-Malaysia-Thailand-Dreieck und schließlich das *Tumen River Area Development Project* (TRADP). Diese Regionalentwicklung wurde in Asien als s.g. *Growth Triangle* oder *Subregional Economic Zones* (A. E. FOCKEN 1998; M. THANT, TANG MIN und H. KAKAZU 1998) bezeichnet. Die *Growth Triangles* bestehen aus den angrenzenden Teile von drei oder mehr Ländern mit unterschiedlichen wirtschaftlichen Grundlagen. Ihr Ziel ist die Förderung des Handels, der Investition und Infrastruktur in der Region. Angesichts der unterschiedlichen Systeme der Nachbarländer ist diese regionale Zusammenarbeit realistischer als eine die gesamten Länder umfassende Zusammenarbeit. Jedoch spielen hier die lokalen Institutionen und Netzwerke eine entscheidende Rolle für den Erfolg der regionalen Zusammenarbeit (YOO, JANG-HEE und LEE, CHANG-JAE 1994), denn sie sind gleichzeitig die Initiatoren und Akteure.

Angesichts der regionalen Voraussetzungen in Nordostasien muss das Tumen-Projekt sicherlich einen langwierigen und komplizierten Prozess überwinden. Aber wenn das Projekt umgesetzt ist, kann es nicht nur den s.g. *Spillover*-Vorteil, sondern auch kollektive Vorteile erbringen (D. ALDRICH 1997).

2.1.2 Das Tumen-Projekt

Vor dem Hintergrund der erwähnten Entwicklungs- und Kooperationsvorteile des Tumen-Deltas sind schon seit Ende der 1980er Jahre verschiedene Kooperationsmodelle in Nordostasien im Gespräch, aber erst mit dem endgültigen Zusammenbruch der früheren Sowjetunion und dem Ersatz des Kalten Krieges durch Friedensbeziehungen gewannen solche Modelle in der Subregion Nordostasiens an Bedeutung. Die Küstenstaaten des Japanischen Meeres, Russland, China, die beiden koreanischen Staaten und Japan scheinen grundsätzlich prädestiniert für eine engere Wirtschaftskooperation. Als Fernziel wird eine Staatengruppierung angestrebt, die entfernt der ASEAN-Konzeption ähnelt.

Die regionalen Planer haben gehofft, *to combine Japanese and South Korean capital, know-how, and technology with cheap chinese and North Korean labor to exploit and process natural resources from the Russian Far East and Mongolia* (DING SHICHENG 1993; CHEN CAI und YUAN SHUREN 1996; M. J. VALENCIA 1999). Ein erster Entwurf zur regionalen Entwicklung im Tumen-Delta wurde im Juli 1990 während der Internationalen Konferenz von Changchun aufgestellt. Bei der Konferenz hat der chinesische Delegierte Ding Shicheng das Konzept der TRADP (*Tumen River Area Development Program*) vorgestellt. Aber sein Entwurf, der die Einrichtung eines neuen Hafens in Fangchuan, einem kleinen Dorf in China 15 km oberhalb der Tumen-Mündung, vorschlug, wurde auf der Konferenz von den anderen Beteiligten nur als einseitiger Vorteil für China ausgelegt. Im folgenden Jahr wurden durch das UNDP zwei internationale Konferenzen in Ulan Bator und Pyŏngyang abgehalten; dabei wurde das gigantische Tumen-Projekt dem UNDP vorgestellt. Dieses setzte sich zum Ziel, in der Tumen-Region, die von China, Nord- und Südkorea, der Mongolei und dem Russischen Fernen Osten umgeben ist, innerhalb von 20 Jahren mit einer Investition von 30 Mrd. US$ (nur für die Infrastruktur) eine Hafenstadt vom Format Rotterdams entstehen zu lassen, um Nordostasien in eine wirtschaftlich dynamische Region zu verwandeln (DING SIBAO und CHEN CAI 1991). Um diese Initiative zu unterstützen, hat Nordkorea im Dezember 1991 eine Wirtschaftssonderzone in Rajin-Sŏnbong errichtet, die an die Tumen-Mündung grenzt. Gleichzeitig hat die Regierung die Stadt Chŏngjin zur Freihafenstadt ernannt. In Russland hat die Regierung im Jahre 1992 die Stadt Nakhodka als Freiwirtschaftszone geplant, und die Städte Wladiwostok und Zarubino und die Region Khasan für Ausländer geöffnet. In China wurde die Grenzstadt Hunchun im Jahre 1991 für Ausländer geöffnet und ab 1992 genießt Hunchun eine Sonderpolitik, ähnlich wie die Küstenregionen in China. Im gleichen Jahr hat die Stadt Hunchun eine Grenzwirtschaftskooperationszone gegründet.

Außerdem hat das UNDP zwei Alternativen zur Einrichtung einer Wirtschaftssonderzone vorgeschlagen: Zwei Dreiecke unterschiedlicher Größe aber mit demselben Zentrum stehen dabei zur Auswahl. Die erste Möglichkeit wäre, dass innerhalb einer Region, die Rajin (Nordkorea), Jingxin oder Hunchun (China) sowie Posyet (Rußland) einschließt, am Ort Jingxin eine Freihandelszone oder sogar eine internationale Stadt von 500 000 oder mehr Einwohnern entsteht. Diese Region bildet auf ca. 1000 km² Fläche ein s.g. kleines „Goldenes Dreieck", innerhalb dessen derzeit zwar nichts außer ein paar kleinen Dörfern, Reisfeldern und Wiesen existiert, das aber die Chance bietet, von Grund auf neu zu planen. Die zweite Möglichkeit wäre ein größeres Dreieck, das durch die Städte Chŏngjin (Nordkorea), Yanji (China) und Wladiwostok (Russland) markiert wird (vgl. Abb. 11). Dieses Dreieck hätte ca. 10 000 km² Fläche und 3 Mio. Einwohner (DING SHICHENG 1993).

Im Jahre 1993 wurde in Pyŏngyang ein Kompromiss zwischen den Anliegerländern ins Auge gefasst. Die drei Staaten sind sich einig geworden, das Land sowie eventuell bestehende Einrichtungen und Anlagen an eine *Tumen River Area Development Corporation* (der TRADC) zu verpachten. Diese Firma würde dann die Sonderwirtschaftszone verwalten. Sie wäre verantwortlich für Infrastrukturmaßnahmen, Industrie und Handel, Investitionen, Wirtschaftsservice, soziale Dienste, etc. Zu ihren speziellen Aufgaben würde u.a. die Koordination des Wohnungsbaus und die Verteilung von Land an potentielle Investoren gehören. Sie wäre auch dafür zuständig, wirtschaftliche Informationen über die Sonderwirtschaftszone zur Verfügung zu stellen. Diese Firma wäre eine unabhängige, multinationale Organisation mit überstaatlich rekrutiertem Führungspersonal, um einerseits eine gewisse Neutralität, andererseits international übliche Standards sichern zu können. Sie hätte einen Aufsichtsrat, in dem Repräsentanten aus den Mitgliedern *des Tumen River Area Development Program* (TRADP), sowie ausländische Investoren sitzen würden. Neben der TRADC wurde im Jahre 1995 ein *Tumen River Development Coordinating Committee* etabliert. Dieses Komitee soll die sozialen, politischen und wirtschaftlichen Rahmenbedingungen festlegen, innerhalb derer das TRADC dann fungiert. Es sollte mit Vertretern des TRADP besetzt werden. Außerdem ist noch die *Intergovernmental Coordination and Consultative Commission* gegründet worden. Hier könnten Vertreter von interessierten Regierungen, internationalen Organisationen und Banken in einem beratenden Forum zusammenkommen (DING SHICHENG 1993; D. ALDRICH 1997).

Anschließend sollte eine Durchführbarkeitsstudie mit Unterstützung von dem UNDP und Finnland erstellt werden. Jedoch ist das Konzept der TRADP wegen der unterschiedlichen Interessen der jeweiligen Staaten bislang nicht verwirklicht worden. China war und ist zwar aktiv für den Plan eingetreten, aber Russland und Nordkorea neigen dazu, eher ihre existierenden Häfen auszunutzen. Nicht zuletzt möchten die Beteiligten auf Grund ihrer Souveränitätsinteressen keinen Teil ihres Landes in eine gemeinsame Zone integrieren. Statt dessen wurde ein neues Konzept, die *Tumen River Economic Development Area* (TRADA), entwickelt, nach dem die existierenden Infrastrukturen im jeweils benachbarten Gebiet verbessert werden sollen (D. ALDRICH 1997). Die Beteiligten sind der Überzeugung, dass der neue Plan praktischer und realisierbarer ist, als das bei dem TRADP der Fall war. Seitdem hat das UNDP über zehn internationale Konferenzen über die regionale Entwicklung und Kooperation in der Tumen-Region abgehalten. Zugleich wandelte sich die Funktion dem UNDP vom Organisator zum Vermittler.

2.2 Die Regionale Förderung des Tumen-Projektes

2.2.1 Die Infrastrukturentwicklung

Trotz der zentralen Lage der Tumen-Region in Nordostasien nimmt die Region aus Sicht der jeweiligen Anliegerländer eine Randposition ein. Entsprechend lückenhaft ist der Zustand der Verkehrs- und Kommunikationsnetze. Nach der Entstehung des Tumen-Projektes erwarteten die TRADP-Mitglieder eine neue Chance für die regionale Entwicklung. Die lokalen Regierungen der jeweiligen Länder gehen davon aus, dass die regionale Wirtschaft durch Investitionen in die Verkehrsinfrastruktur entscheidende Impulse erhält.

Um den Wirtschaftsaufschwung voranzutreiben, entwarfen sie regionale Entwicklungspläne und zugleich eine für ausländische Unternehmen günstige Investitionspolitik. Die von den Mitgliedern zurzeit gesetzten Prioritäten sind die Entwicklung der Verkehrsinfrastruktur, hier besonders die grenzüberschreitenden Verkehre (s.g. „Transport-Korridore"), und der Telekommunikation (vgl. Abb. 15). Darüber hinaus sollen auch die anderen Infrastruktureinrichtungen berücksichtigt werden, da die Tumen-Region wirtschaftlich schwach entwickelt war und sich die gesamte Infrastruktur eher langsam entwickelt hatte. Im folgenden soll insbesondere auf die Bereiche Verkehr und Telekommunikation in der Tumen-Region eingegangen werden.

2.2.1.1 Die jeweilige Entwicklung in den einzelnen Ländern

China

Die Verbindung der chinesischen Tumen-Region mit ihrem Hinterland ist verglichen mit den Bedingungen auf nordkoreanischem und russischem Gebiet verhältnismäßig gut. Zur Förderung der wirtschaftlichen Entwicklung ist jedoch der Ausbau des Verkehrsnetzes erforderlich.

Innerhalb der Tumen-Region weist das Verkehrs- und das Telekommunikationsnetz jedoch starke Mängel auf. Um die Infrastruktur in der Tumen-Region zu verbessern, hat China in den letzten zehn Jahren insgesamt 10 Mrd. RMB (125 Mio. US$) investiert. Die meisten Investitionen kommen aus staatlichen Quellen. Der Großteil der Gelder fließt nach Yanji und Hunchun. Das Ziel der Regierung ist es, durch die Verbesserung der Infrastruktur mehr ausländische Investoren anzulocken. Yanji ist das Wirtschaftszentrum der Präfektur Yanbian und gleichzeitig ein Eckpunkt des großen Dreiecks des Tumen-Projektes. Die bereits recht gut ausgebaute Infrastruktur von Yanji bietet einige Vorteile, z.B. relativ gute Verbindungen mit anderen Städten einschließlich eines in das innerchinesische Luftverkehrsnetz eingebundenen Flughafens.

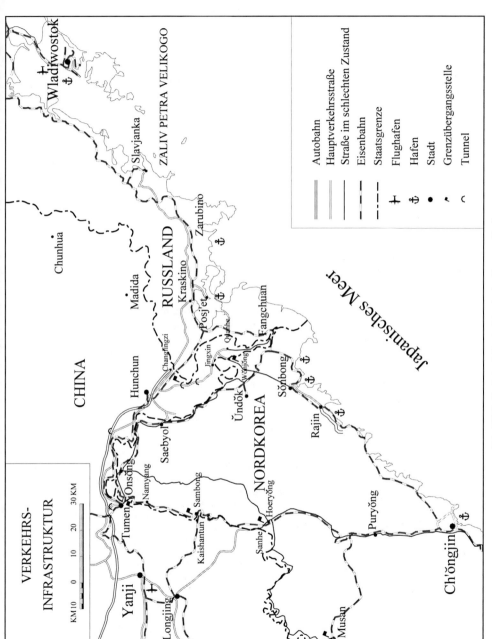

Abb. 15 Die Verkehrsinfrastruktur in der Tumen - Region
Quelle: EIGENE DARSTELLUNG

Die Stadt Hunchun wurde dagegen von der Zentralregierung vernachlässigt. Hier fehlt noch die nötige Infrastruktur für ausländische Investitionen, aber angesichts ihrer günstigen geographischen Lage in der Tumen-Region soll die Stadt Hunchun der zukünftige Schwerpunkt des Tumen-Projektes in China sein. Daher ist hier Ende der 1990er Jahre intensiv in die Infrastruktur investiert worden. Von der zentralen Regierung wurde ein „Entwicklungsplan in der chinesischen Tumen-Region von 1996 bis 2010" aufgestellt. Dabei wurde mit der Verkehrsentwicklung, dem Aufbau der Kommunikation und der Sonderwirtschaftszone begonnen, was zu einer schnellen und reibungslosen Verbindung mit den Nachbarländern beitragen soll. Entsprechend sollen auch die Investitionsgelder aufgestockt werden.

Straßennetz

Nordost-China hat ein relativ dichtes Straßennetz. Die Straßendichte ist mit 114 km/1000km², etwas niedriger als die durchschnittliche Straßendichte Chinas (120 km/1000km²). Die Qualität der meisten Straßen ist jedoch schlecht. 55% der Straßen sind nur als Gemeindeverbindungen ausgebaut; 25% der Straßen als Kreisstraßen; und die staatlichen Straßen und Autobahnen machen nur jeweils 10% der Straßen aus. Eine ähnliche Situation stellt sich bei den insgesamt 30 000 km Straße in der Provinz Jilin dar.

Die Städte Dunhua, Yanji und Hunchun sind mit sechs Haupt- oder Fernverkehrsstraßen verbunden. Dazu gehören die Fernverkehrsstraßen von Dunhua nach Süden in die Provinz Liaoning bzw. nach Norden in die Provinz Heilongjiang; die gut ausgebaute Hauptstraße Nr. 302, die von Yanji nach Westen über Dunhua und Jilin nach Changchun (Hauptstadt und Wirtschaftszentrum der Provinz Jilin) führt und der wirtschaftlichen Erschließung der Region dient. Die südliche Fernverkehrsstraße von Yanji über Helong stellt über die Hauptstraße Nr. 201 eine Verbindung mit der Provinz Liaoning her. Die Fernverkehrsstraße von Yanji nach Norden über Wangqing verbindet wiederum durch die Hauptstraße Nr. 201 die Region mit der Provinz Heilongjiang. Eine Fernverkehrsstraße führt von Hunchun in Richtung Norden entlang der Grenze zwischen China und Russland in die Provinz Heilongjiang.

Aufgrund der zukünftigen Funktion des Gebietes als Wirtschaftshinterland für die Tumen-Region, bildet dieser Infrastrukturzustand eine positive Voraussetzung für das Tumen-Projekt. Um die Verbindung zwischen dem Wirtschaftszentrum der Provinz Jilin und ihrer Peripherieregion zu beschleunigen, ist die Hauptautobahn zwischen Changchun und Hunchun (483 km) im Bau. Bis 2001 wurden die Bauarbeiten im westlichen Abschnitt zwischen Changchun und Jilin (118 km), bzw. im östlichen Abschnitt zwischen Yanji und Tumen (30 km) abgeschlossen (vgl. Tab. 14).

Die infrastrukturelle Verbindung zu den Nachbarregionen stellt eine wichtige Voraussetzung für die wirtschaftliche Entwicklung des Hinterlandes der Tumen-Region dar. Dazu muss aber erst die Infrastruktur innerhalb der Tumen-Region verbessert werden, um ein günstiges Investitionsklima zu schaffen. Die gegenwärtige Situation ist aber eher negativ zu bewerten. Bis 1990 waren zwar grundsätzlich zwischen allen Orten der Tumen-Region Straßenverbindungen unterschiedlicher Ordnungen vorhanden, allerdings ist die Mehrzahl dieser Straßen in schlechtem Zustand. Zum Beispiel gibt es in der Yanbian Präfektur insgesamt 66 verschiedene Straßen mit ca. 3 875 km Länge, was einem Dichtegrad von 609 km/km² entspricht. Nur 460 km sind als Nationalstraße eingestuft (XUAN DONGRI 2000). Die meisten Straßen, die zu kleineren Gemeinden oder Dörfern führen, bestehen aus einfachen Schotterpisten. Vierspurige Straßen sind sehr selten. Für die 78 km lange Strecke von Hunchun über die einzige enge Bergstraße nach Fangchuan, braucht man z. B. mehr als zwei Stunden (persönliche Erfahrung).

Tab. 14 Die neu gebauten Straßen in der chinesischen Tumen-Region

Strecke	Spuren	Länge(km)	Beschreibung
Hunchun-Changlingzi (russische Grenze)	2	15	guter Zustand
Hunchun-Quanhe (nordkoreanische Grenze)	2	40	im Jahre 2000 fertiggestellte Schnellstraße
Longjing-Sanhe (nordkoreanische Grenze)	2	48	guter Zustand
Stadt Jilin -Dunhua	4	210	im Jahre 2000 fertiggestellte gebührenpflichtige Autobahn
Dunhua-Yanji-Hunchun	4	213	teilweise fertiggestellte, gebührenpflichtige Autobahn
Tumen-Hunchun	2	60	gepflasterte Straße im angemessenen Zustand, neue Autobahn in Bau.
Yanji-Tumen	2	50	guter Zustand, im Jahre 2000 fertiggestellte Autobahn
Yanji-Changbaishan	2	190	im Jahre 2000 fertiggestellte Straße
Yanji-Longjing	4	20	neue Autobahn in Bau

Quelle: INTERNE REGIERUNGSBERICHTE 2001

Seit 1990 verfolgt China den Plan, die Stadt Hunchun zu einem Knotenpunkt der Inland-Transporte und zu einem Zentrum für den Schiffsgüterumschlag und Warenhandel in Nordostasien auszubauen. Am 1.11.1992 wurde eine neue, 12 m breite und 66 km lange Betonstraße zwischen Hunchun und Changlingzi fertiggestellt. Die Straßenverbindung von Hunchun nach Tumen, eine zweispurige Asphaltstraße, war bereits vorher ausgebaut worden.Sie ist 62 km lang und ihre Transportkapazität wird mit 3 Mio. t/a angegeben. Die Autobahn von Yanji bis Tumen (24,5 m breit und 60 km lang, inklusive der Strecke von Changchun bis Hunchun) wurde im Jahre 2000 in Betrieb genommen. Die Ausbesserung der Straße zwischen Hunchun und Quanhe (20,5 km von 43 km Länge) und der Bau zwei neuer Tunnel kosteten ca. 30 Mio. US$ und wurde im Oktober 2000 abgeschlossen. Die verbesserte Straße, nun aus Beton, ist nur noch 39 km lang und leichter zu befahren, da keine Berge mehr überwunden werden müssen. Die Transportkapazität wird auf 0,6 Mio. t/a und 1 Mio. Personen/a eingeschätzt. Mittlerweile ist die Straßenverbindung zwischen Hunchun und Shatuozi als Straße zweiter Ordnung (eine Stufe unter der Landstraße) neu ausgebaut und in Betrieb genommen worden. Ihre Transportkapazität beträgt 0,1 Mio. t/a und 0,1 Mio. Personen/a. Der Straßenausbau von Quanhe bis Fangchuan als Straße zweiter Ordnung ist bereits geplant.

Eisenbahnnetz

Die Länge des Eisenbahnnetzes in Nordost-China beträgt 16 000 km, das entspricht einer Eisenbahndichte von 12,5 km/1000 km². Damit ist sie doppelt so hoch wie der Landesdurchschnitt. Ebenso wie bei den Straßen ist es nötig, den Großteil der Strecken auszubauen. Nur 20% der Linien sind zweigleisig. Die angeschlossenen Infrastruktureinrichtungen, wie Bahnhöfe und Güterumschlagseinrichtungen sind eher in schlechtem Zustand.

Insgesamt gibt es in der Präfektur Yanbian 453 km Eisenbahnlinie. Drei Bahnlinien unterschiedlicher Bedeutung gehen von den Städten Hunchun, Yanji und Tumen aus. Die Hauptlinie führt westwärts parallel zu der Straßenlinie von Hunchun über Tumen, Yanji, Dunhua und Jilin nach Changchun. Eine Linie führt von Nordkorea kommend in nördliche Richtung von Tumen über Wangqing nach Mudanjiang in der Provinz Heilongjiang, wo sie Anschluß an die Bahnlinie Harbin – Wladiwostok hat. Eine weitere Stichbahn führt südwärts von Yanji über Longjing bis Helong. In japanischer Zeit führte eine weitere Bahnlinie von Nordkorea kommend von Hunchun in nordöstliche Richtung nach Madida. Diese Linie wurde von den Japanern zur Rohstoffausbeutung genutzt, und nachdem sie den Krieg verloren hatten, zerstört. Seither gab es in der Region Hunchun keine Eisenbahn mehr (FANG MIN und JIN MINXIONG 1993).

Um die regionale Wirtschaftsentwicklung in Hunchun zu fördern, hat die Provinz Jilin Ende der achtziger Jahre mit dem Bau einer neuen Bahnlinie von Tumen nach Hunchun begonnen. Diese Eisenbahnverbindung wurde im Mai 1993 fertiggestellt. Über die Stadt Tumen hat Hunchun damit einen Anschluss an das chinesische Bahnnetz bekommen. Im Oktober 1996 wurde die Fortführung der Linie über die Grenze, der Anschluss an das russische Bahnnetz in Kraskino, sowie eine Grenzabfertigungsanlage mit einer Investition auf chinesischer Seite von 200 Mio. RMB abgeschlossen. Mit dem Anschluss an Kraskino erhielt die Linie auch eine Verbindung zur Transsibirischen Eisenbahn in Ussurijsk. Zur Zeit wird geplant, über die Eisenbahnlinie von Hunchun Kohle und Produkte koreanischer Joint-Venture-Firmen zu exportieren sowie Holz aus Russland nach China einzuführen.

Die neue Bahnverbindung brachte der Provinz Jilin und anderen Provinzen in Nordost-China einen zusätzlichen Anschluss an das transsibirische Eisenbahnnetz und an die Häfen im Russischen Fernen Osten. Damit wurde zwischen Hunchun und Kraskino eine grenzüberschreitende Transportkapazität von 3 Mio. t/a geschaffen (E. DEGE 1996).

Flugverkehr

Für den Flughafen von Yanji wurde im Jahre 1997 ein neues Flughafenabfertigungsgebäude fertiggestellt, das internationalen Standards entspricht. Die einzige Startbahn wurde auf 2 600 m erweitert. und kann nun von Flugzeugen bis zum Typ Boeing-757 genutzt werden. Entsprechend dem ICAO Flughafen-Klassifikationssystems ist der Flughafen Yanji nun eine Anlage der Stufe 4-D.

In den letzten vier bis fünf Jahren sind die Passagierzahlen sehr stark angestiegen. Die Zahl der Inlandsflüge hat sich zwischen 1995 und 1998 verdoppelt. Zur Zeit gehen vom Flughafen Yanji 29 planmäßige Inlandsverbindungen und eine internationale Charterverbindung mit Seoul aus, die zusammen 213 Flüge in der Woche anbieten. Das neue Terminal ist dafür ausgelegt, jährlich bis zu 1,4 Mio. Passagiere mit einer Spitzenkapazität von 700-900 Personen in der Stunde abzufertigen. In einem Zeitraum von vier Monaten im Jahre 2000 sind nach offiziellen Angaben insgesamt 10 600 Passagiere auf 88 Flugverbindungen geflogen.

Im Jahre 2000 ist der Flughafen mit einer Investition von 384 Mio. RMB ausgebaut worden. Dadurch wurde der Flughafen von Yanji nach dem oben genannten Klassifikationssystem zu einem internationalen Flughafen aufgewertet. Zukünftig werden Verbindungen mit Südkorea, Nordkorea, Japan und Russland aufgenommen (INTERVIEW MIT JINTIE 2000).

Primorskij kraj in Russland

Straßennetz

Im Allgemeinen sind die Straßenbedingungen im Russischen Fernen Osten schwach entwickelt, die Straßendichte beträgt nur 8,7 km/1000 km². Jedoch gibt es zwischen den unterschiedlichen Regionen deutliche Unterschiede. Im Primorskij kraj sind die Straßenbedingungen viel besser als im Durchschnitt des Russischen Fernen Ostens, dort beträgt die Straßendichte 62,1 km/1000km², jedoch sind immer noch viele Gemeinden und Dörfer nicht ans Straßennetz angeschlossen.

Im Jahre 1997 gab es in der Region Primorskij rund 7 200 km Straßen, die meisten waren gepflastert. Die Hauptverbindungen sind folgende (vgl. Tab. 15):

Tab. 15 Die Hauptstraßen und ihr Zustand in Primorskij kraj

Strecke	Länge	Beschreibung
Wladiwostok-Artem	50 km	Stadtstraße
Artem-Slavyanka	170 km	schlechter Zustand, wenig Verkehr
Artem-Nakhodka	95 km	teilweise in einigermaßen guten Zustand
Slavyanka-Kraskino	70 km	gepflasterte Straße in schlechtem Zustand, neue Straße im Bau
Kraskino-Changlingzi (chinesische Grenze)	30 km	gepflasterte Straße in schlechtem Zustand
Kraskino-Khasan (nordkoreanische Grenze)	50 km	Landstraße in schlechtem Zustand, hauptsächlich lokaler Verkehr

Quelle: Yang Chaoguang 2000; Xuan Dengri 2000

Je weiter man nach Süden kommt, desto größer ist die Straßendichte. Das bietet eine günstige Voraussetzung für das Tumen-Projekt. Zwei Straßen führen von Ussurijsk in südliche Richtung bis Kraskino. Davon ist die Strecke von Slavyanka bis Kraskino asphaltiert. An der Kreuzung Kraskino führt eine schlechte Straße weiter nach Khasan in das Dreiländereck nach Nordkorea; die andere westwärts in Richtung China wurde im Jahre 1992 von Posjet bis zum Grenzübergang Changlingzi zur Asphaltstraße ausgebaut. Dadurch ist die Transportkapazität der Strecke zwischen Slavyanka bis zur Grenze mit China (107 km) auf über 1000 Kfz pro Tag gestiegen.

Eisenbahnnetz

Die Tumen-Region ist über die Bahnstrecke Pyŏngyang – Tumangang/Khasan (nordkoreanisch-russischer Grenzübergang) – Ussurijsk an die Transsibirische Eisenbahn angeschlossen, die von Wladiwostok nach Moskau führt und damit eine direkte Verbindung zum europäischen Bahnnetz herstellt. Von Karimskaya bis Europa ist die Strecke zweigleisig und elektrifiziert. Die Transsibirische Eisenbahn hat (einschließlich der Stichbahn nach Khasan) vier Verbindungen mit dem mongolischen und dem chinesischen Eisenbahnnetz: bei Sukhbaatar (Mongolei), Manzhuli, Suifenhe und Hunchun (China).

Die Eisenbahndichte im Primorskij kraj ist doppelt so hoch wie der nationale Durchschnitt. Von der 1 600 km langen Strecke sind 345 km Länge elektrifiziert. Viele Abschnitte sind mehrspurig. Hier können alle wichtigen Städte und Häfen mit der Bahn erreicht werden.

Nachdem Russland anfangs die Eisenbahnverbindung mit China zwischen Hunchun und Kraskino abgelehnt hatte, ist diese Bahnstrecke 1999 doch fertiggestellt worden, wodurch ein entscheidender Engpass für die weiteren geplanten Projekte abgebaut wurde.

Flugverkehr

Im Primorskij kraj gibt es den einzigen, aber für den Russischen Fernen Osten auch wichtigsten Flughafen in Wladiwostok. Der Flughafen liegt 50 km in nordöstlicher Richtung außerhalb der Stadt Wladiwostok. Er ist rund um die Uhr geöffnet und wird sowohl für zivile als auch für militärische Zwecke genutzt. Durch die beiden Startbahnen mit 3 500 m und 2500 m Länge ist der Flughafen in der Lage, alle Typen von Passagier- und Transportflugzeugen zu bedienen. Nach Flughafenangaben wurde 1996 2,5 Mio. Passagiere abgefertigt. Die russische Regierung beabsichtigt, den Flughafen zu modernisieren, aber es fehlt an Mitteln. Wladiwostok hat bereits internationale Fluglinien nach Niigata und Anchorage. Die Hauptfluglinie besteht zwischen Wladiwostok und Moskau mit einer Entfernung von 7 752 km.

Häfen

Noch bedeutender als die Straßen- und Bahnlinien sind die Häfen an der Küste von Primorskij. Die wichtigsten Häfen sind Wladiwostok, Vostochny und Nakhodka.

Der Hafen von Wladiwostok

Wladiwostok diente früher als bedeutendster Militähafen der Sowjetunion am Pazifik. Seit 1991 ist der Hafen für das Ausland geöffnet und wird inzwischen auch zu zivilen Zwecken genutzt. Für Container- und Frachtschiffe sind 18 Anlegeplätze vorhanden. Praktisch alle Ankerplätze dieses früheren Marinehafens sind privatisiert worden. Seine jährliche Kapazität von 8,7 Mio. t wurde bisher noch nie voll ausgenutzt. Die höchste Auslastung betrug im Jahre 1990 5 Mio. t.

Ein neuer Containeranliegeplatz hat eine Tiefe von 10m an der Kaimauer und ist mit zwei Paceco-Kränen, ausgerüstet jeder mit 30,5 t Tragkraft. Außerdem gibt es Ro/Ro-Liegeplätze, an der Golden Horn Bay ein Passagierschiff-Terminal mit einem 414 m langem Kai und ausgedehnte Schiffsreparaturwerften.

Eine Erweiterung des Hafens ist angesichts der innerstädtischen Lage allerdings kaum möglich. Es gibt schon jetzt einige Probleme mit der Containerverladung, und die Schiffseigner berichten über zusätzliche Kosten und über Probleme mit den Arbeitsbedingungen.

Der Hafen von Vostochny

Der Hafen von Vostochny liegt an der Wogerbucht nordöstlich von Wladiwostok. Mit hochmodernen Anlagen ist der Hafen von Vostochny in der Lage, 35 Mio. t, darunter mehr als 300 000 Container, im Jahr umzuschlagen. Der Container-Terminal wurde für die Transsibirische Eisenbahn gebaut. Der Terminal ist ausgerüstet mit einem hochentwickelten automatischen Managementsystem, sowie mit modernen Paceco-Kränen auf jeder der drei Containeranlegeplätze. Die Liegeplätze haben eine maximale Wassertiefe von 15 m. Von Joint Ventures wurden spezielle Terminals für z.B. Kohle, Erdöl, Erz und Getreide und für größere Stückgüter wie z.b. Holz, Autos, Stahl und Papier gebaut. Jeder Platz hat seine eigenen Lagerhallen. Alle Terminals haben genug Platz für spätere Expansionen. Der Hafen bedient heute auch lokale Kunden aus der Tumen-Region, die für ihre Güter Zugang zur Transsibirische Eisenbahn wünschen. Die seit 1996 existierende Eisenbahnverbindung Hunchun-Kraskino verbessert den Zugang zum Hafen Vostochny.

Der Hafen von Nakhodka

Nakhodka ist der größte Hafen im Russischen Fernen Osten und war der erste Containerhafen in Russland. Der Hafen bildet einen Verbindungspunkt zwischen der Schifffahrt von Japan, Hongkong und Singapur mit der Transsibirische Eisenbahn nach Europa.

Der Hafen ist ein innerstädtischer Hafen mit zwei Passagierterminals, einem separaten Ölterminal, einer Schiffsreparaturwerft und zahlreichen Anlegplätzen für Massengüter und gemischte Güter. Nakhodka schlägt normalerweise Massengüter wie Holz, Erze und Ölprodukten um. Ein Holzhafen mit einer jährlichen Umschlagskapazität von 6 Mio. t befindet sich im Bau. Nakhodka fertigt das gleiche Volumen wie Vostochny ab und könnte sicherlich noch mehr Waren aus der Tumen-Region abfertigen und zusätzlich Waren, die in den anderen beiden Häfen zu Überlastungen führen, aufnehmen. Die Wassertiefe an der Kaimauer beträgt 11 Meter.

Alle aufgezählten Häfen wurden privatisiert und werden von Aktionären sowohl aus Russland, als auch aus dem Ausland gehalten. Durch die neue Eigentümerstruktur und den Wettbewerb zwischen den Häfen und den Schifffahrtsunternehmen veränderte sich die Preisstruktur. Die russische Regierung hat auf die Preise und Dienstleistungskosten keinen Einfluss mehr.

Hafengruppe Zarubino

Im Vergleich mit den oben genannten Häfen sind die Häfen von Zarubino und Posjet zwar kleiner, aber sie dienen wegen der Nähe zur Tumen-Mündung. China, Südkorea und Japan als Drehscheibe von Waren und Containern zwischen China und Südkorea oder Japan.

Der Hafen von Zarubino

Der Hafen von Zarubino ist zusammen mit dem Hafen von Rajin in Nordkorea der wichtigste Hafen der Tumen-Region. Zarubino war ein russischer Fischereihafen mit vier Overhead-Kränen mit einer Tragkraft von 5 bis 10 t, einem Bahnanschluß und ganzjährigen Lagerungsmöglichkeiten.

Bis 1981 war Zarubino nur ein Fischereihafen, ab 1982 wurde er auch für den Handel genutzt. 1992 befand sich der Hafen noch in Privateigentum. Die Kapazität des Hafens beläuft sich auf 1,2 Mio. t. 1995 wurden 600 000 t umgeschlagen, 1997 nur noch 70 000 t, weil die Stahlproduktion von Russland drastisch reduziert wurde. Da die Nutzung des Hafens nicht annähernd die mögliche Kapazität ausfüllt (höchstens 50% der Kapazität), hat Russland ein großes Interesse daran, dass China seine Waren über Zarubino verschifft. Die russische Seite hat in letzter Zeit sogar den Preis für die Nutzung der Straßen und Häfen für China gesenkt (25% niedriger als über Dalian). China hat in Zarubino eigene Lagereinrichtungen mit einer Kapazität von 10 000 t gebaut. 1997 wurden 8000 t Holzschnitzel für die Papierherstellung aus der Provinz Jilin nach Japan über Zarubino ausgeführt. Wegen der schlechten Infrastruktur wurde der Containertransport noch nicht aufgenommen. Es ist auch geplant, Getreide umzuschlagen (ERINA 2000). Außerdem soll die Transportlinie zwischen Hunchun und Kraskino bis Yanji und Wladiwostok ausgedehnt werden. Mit japanischer Hilfe wurde ein Plan entwickelt, die Kapazität Zarubinos bis zum Jahr 2010 auf 5 Mio. t pro Jahr zu erweitern.

Der Hafen von Posjet

Posjet schlägt in erster Linie russische Massengüter wie Metall, Kohle und Holz um. Mit seinen drei Liegeplätzen und 11 Verladekomplexen können dort 1,5 Mio. t pro Jahr abgefertigt werden. 1997 wurde lediglich knapp über die Hälfte der Kapazität ausgenutzt. 60% der Ladung bestand aus russischen Exporten. Bis jetzt ist es Posjet nicht gelungen, in größerem Umfang ausländische Spediteure oder Schiffseigner anzulocken, langfristig wird jedoch erwartet, dass Posjet eine ähnlich wichtige Rolle wie Zarubino spielen wird. Seit 1999 verfügt der Posjeter Hafen über einen Containerkran. In den nächsten Jahren sollen die Lagerkapazitäten erweitert werden.

Zusammen verfügen Zarubino und Posjet über eine Umschlagskapazität von 2,7 Mio. t pro Jahr. Seit 1997 ist die Hyuntong-Gruppe, eine lokale chinesische Schifffahrtsgesellschaft, aktiv mit dem Hafenausbau und mit Modernisierungsprogrammen in Posjet und Rajin (Nordkorea) beschäftigt. Die Hyuntong-Gruppe hat finanzielle Mittel bereitgestellt und einen Vertrag mit den lokalen Behörden unterzeichnet, um den Hafen von Posjet zu nutzen.

Insgesamt sind die Straßen- und Bahnlinien sowie die gut gelegenen Häfen durch den Verkehrstransport in Primorskij nicht überlastet, es fehlt im Gegenteil noch der nötige Umschlagsbedarf, um die Kapazitäten auszunutzen. Z.B. die oben erwähnten Häfen können zur Zeit höchstenfalls bis 50% ihrer Umschlagkapazität nutzen (UNDP 2001).

Rajin-Sŏnbong in Nordkorea

Auf koreanischer Seite umfasst das zum Tumen-Projekt gehörenden Gebiet die nördliche Region der Provinz Hamgyŏng-pukto zwischen dem Tumen-Fluss und der Küste. Die Straßen- und Bahnlinien bilden einen relativ geschlossenen Kreis.

Straßennetz

Allgemein ist der Zustand der Straßen in Nordkorea verglichen mit den Nachbarländern am schlechtesten. Die wichtigste Straße der Tumen-Region in Nordkorea verläuft als 420 km langer Kreis entlang der Küste und den Tumen-Fluss aufwärts und verbindet die städtischen Zentren der Provinz Hamgyŏng-pukto untereinander und mit dem chinesischen und dem russischen Straßennetz. Diese Streckenführung bildet eine günstige Voraussetzung für den Handel mit China und Russland. Allerdings entspricht die Qualität der Straße nicht den zukünftigen Wirtschaftsanforderungen, da die Straße einmal zu schmal ist (nur 5,5 m) und zum anderen vielfach keine feste Decke trägt. Trotz finanzieller Schwierigkeiten hat Nordkorea 1998 die Strecke von Rajin bis Wŏnjŏng-ri ausgebaut, wodurch sie auch für LKW besser passierbar ist. Die Regierung Nordkoreas bemüht sich, die Straße auf ganzer Länge zu verbessern, musste die Bauarbeiten aber wegen finanzieller Schwierigkeiten wieder einstellen. Besonders wichtig für den Transport sind die Streckenabschnitte Chŏngjin-Rajin (100 km), Rajin-Wŏnjŏng (60 km) entlang der Küste und Wŏnjŏng-Namyang (100 km) entlang der chinesischen Grenze.

Eisenbahnnetz

Die Haupteisenbahnlinie, die aus Pyŏngyang stammt, verläuft über die Häfen Chŏngjin, Rajin und Sŏnbong längs der Küste der Provinz Hamgyŏng-pukto in Richtung Nordosten. Am Grenzübergang Tumangang/Khasan ist sie mit dem russischen Bahnnetz verbunden, das sie über die Häfen Posjet und Zarubino in Ussurijsk an die Transsibirische Eisenbahn anschließt. Diese Strecke ist zwischen Chŏngjin und der russischen Grenze sowohl als Normal- als auch als Breitspur ausgelegt. Die Verbindung über die Tumen-Region bildet für die Koreanische Halbinsel eine direkte Transitverbindung nach Europa. Nach dem Besuch des süd-koreanischen Staatspräsidenten in Nordkorea im Jahre 2000 steht der Ausbau dieser Transitverbindung von Südkorea über Nordkorea und die Transsibirische Eisenbahn nach Westeuropa im Mittelpunkt des Interesses.

Bei der Stadt Chŏngjin zweigt eine Nebenbahn in Richtung Norden von der Hauptbahn ab und führt in einem großen Bogen über die Städte Hoeryŏng, Sambong und Namyang , um bei Tumangang, wieder an die Hauptbahn anzuschließen. Am Grenzübergang Namyang/Tumen hat sie über eine Grenzbrücke Anschluß an das chinesische Bahnnetz. Diese Bahnstrecke ist einspurig und elektrifiziert.

Häfen

Drei wichtige Häfen in Nordkorea können an dem Tumen-Projekt teilnehmen. Die Häfen Rajin, Sŏnbong (früher Unggi) und Chŏngjin sollen auf eine Umschlagskapazität von zusammen 60 Mio. t/a ausgebaut werden. Für den Ausbau der Infrastruktur dieser Zone (einschließlich der Hafenanlagen) werden 4,2 Mrd. US$ veranschlagt. Zur Zeit sind die bestehenden Hafenanlagen in schlechtem Zustand und nur zu 30-40% ausgelastet; die bestehende Industrie dieses Raumes musste wegen Rohstoffmangels stillgelegt werden (Raffinierien in Sŏnbong, Maschinenbau in Chŏngjin) bzw. arbeitet nur mit stark reduzierter Kapazitätsauslastung (Eisen- und Stahlkombinat „Kim Chaek" in Chŏngjin) (E. DEGE 1993).

Der Hafen von Rajin

Der Hafen von Rajin ist eisfrei und liegt in einer natürlichen Bucht gut geschützt vor Stürmen. Die Wassertiefe an der Kaimauer beträgt 9 Meter. Er hat vier Liegeplätze, die hauptsächlich Transitwaren (Kunstdünger und Aluminium sowie Container) von China und Russland umschlagen. Seine Umschlagskapazität beträgt 4 Mio. t. Der Hafen kann gleichzeitig dreizehn Schiffe mit einer Größe je von 10 000 t abfertigen. Außerdem hat der Hafen Schienenkräne und ein Trockendock mit einer Kapazität von 20 000 t. Im Jahre 1998 ist der Hafen erweitert worden. Koordiniert von der chinesischen Yanbian Hyuntong Ocean Shipping Group ist 1995 ein Container-Transportsystem von Yanji (China) über Tumen, Quanhe, Wŏnjŏng-ri, Rajin (Nordkorea) bis Pusan (Südkorea) in Betrieb genommen worden (3 - 4 mal monatlich). Durch eine einspurige (sowohl Normal-, als auch russische Breitspur) elektrifizierte Eisenbahn ist der Hafen Rajin auch mit Russland verbunden. 1999 erreichte der Güterumschlag am Hafen von Rajin 5 225 TEU von 38 Schiffen, das sind allerdings nur etwa 10% seiner Kapazität (UNDP 2001).

Der Hafen von Sŏnbong

Der Hafen von Sŏnbong dient speziell zur Versorgung der Ölraffinerie Sŏnbong und des ölgeheizten Kraftwerks. Seine jährliche Kapazität beträgt 3 Mio. t, der Kai ist 450 Meter lang und hat eine Wassertiefe an der Kaimauer von 7-8 Meter. Es gibt auch eine Ankerboje mit 20 m Wassertiefe für den Ölumschlag. Der Hafen ist durch eine 3,2 km lange Pipeline mit der Ölraffinerie verbunden..

Der Hafen von Chŏngjin

Der Hafen von Chŏngjin hat eine Kapazität von 8 Mio. t und schlägt sowohl lokale als auch Transitgüter um. Sein östlicher Teil hat fünf Liegeplätze für allgemeine Güter, Massengüter und Getreide. Der westliche Teil, der ein paar Kilometer vom östlichen Teil entfernt liegt, schlägt Exportgüter um, wie Kohle und Eisenerz aus dem Bergwerk Musan, das mit dem Hafen durch eine Eisenbahnlinie verbunden ist und jährlich 8 Mio. t Eisenerz exportieren könnte. Der Hafen von Chŏngjin wird auch von China für den Export nach Japan benutzt. Nach Schätzungen wurden im Jahre 1996 500 000 t Waren von China über Chŏngjin exportiert. In den nächsten Jahren sollen vier neue Docks gebaut werden, wodurch sich die Verladekapazität auf 30 Mio. t jährlich erhöhen würde.

Flugverkehr

Chŏngjin hat einen kleinen Flughafen mit einer 1 200 Meter langen Landebahn. Der Flughafen bietet nur lokale Charterflüge mit einer bescheidenen Passagierzahl. Zur Zeit fehlen dem Flughafen noch Zusatzanlagen sowie Navigationshilfen. In Rajin wurde im Jahre 1997 ein Hubschrauberlandeplatz gebaut, der allerdings noch nicht in Betrieb ist, da notwendige Einrichtungen für den Betrieb fehlen.

Die Ostmongolei

Straßen

Es gibt bisher keine befestigten Straßen in der Ostmongolei. Alle Straßen sind als ländliche Straßen eingestuft, und keine Straße hat eine Anbindung an das Straßennetz Chinas oder Russlands.

Eisenbahn

In der Ostmongolei existiert nur eine einzige Bahnlinie von 238 km Länge. Diese Strecke führt von Choibalsan nach Borzy bis an die russischen Grenze. Die Gleise haben die russische Breitspur, aber die Linie ist nicht elektrifiziert und hat eine sehr begrenzte Transportkapazität. Falls die Ostmongolei einen Anschluss an das chinesische Bahnnetz findet, erlangt die Region entlang dieser Strecke eine große Bedeutung für den Gütertransport.

Ungeachtet der wirtschaftlichen Schwierigkeiten, verursacht durch den Zusammenbruch der ehemaligen Sowjetunion und die Asienkrise, hat die Tumen-Region in den letzten zehn Jahren beachtliche Fortschritte in der Verkehrsentwicklung gemacht. Innerhalb des großen Dreiecks Chŏngjin – Yanji – Wladiwostok verlaufen ungefähr 974 km Bahnlinie (China ca. 195 km, Nordkorea 405 km, Russland 374 km) (P. BORNSCHEIN 1994).

2.2.1.2   Grenzüberschreitender Verkehr und Telekommunikation im Tumen-Gebiet
Zwischen China und Russland Grenzübergangsstellen

Vor Beginn der 1990er Jahre herrschte an der Grenze zwischen China und Russland in der Tumen-Region wegen der angespannten politischen Situation noch eine starke Kontrolle von beiden Seiten; die Grenze war geschlossen, grenzüberschreitender Verkehr war nicht möglich. Seit der politischen Aussöhnung zwischen den beiden Ländern wurde die gemeinsame Grenze allmählich durchlässiger. Im Mai 1988 wurde in Changlingzi der erste Grenzübergang zwischen der Provinz Jilin und Russland geöffnet. 1992 wurde die Schotterpiste zur Beton- und Asphaltstraße ausgebaut. Neben dem Straßenübergang hat man zudem mit dem Bau der Eisenbahn begonnen. Im Jahre 1996 wurde die Arbeit an der Eisenbahnverbindung zwischen China und Russland abgeschlossen. 1998 wurde der Erhebung von Zöllen im internationalen Transportnetz von Stichbahnverbindungen zwischen China und Russland von der chinesischen Regierung zugestimmt. Von der russischen Stammbahn bestehen bereits Stichbahnen zu den Häfen Slavanka (121 km von Hunchun entfernt), Zarubino (78 km von Hunchun entfernt) und Posjet (62 km von Hunchun entfernt). Die Transportkapazität der neuen Bahnlinie beläuft sich auf 1,5 Mio. t/a (E. DEGE 1996). Diese Verbindung zwischen China und Russland in Changlingzi wurde 1999 für den Waren- und Personenverkehr geöffnet. Dadurch verfügt die Tumen-Region über einen doppelten Grenzübergänge zwischen China und Russland bei Changlingzi (in der Region Khasan auf russischer Seite), nämlich sowohl für die Straße als auch für die Eisenbahn. Im Vergleich mit der Lage zwischen Yanbian und Rajin-Sŏnbong weisen Straße und Bahnlinie zwischen Yanbian und Kraskino geringere Steigerungen auf und sind leichter zu befahren. Das nach wie vor bestehende Problem ist die mangelhafte Ausstattung der russischen Häfen sowie die Langwierigkeit der Zollabfertigung (z.B. Mehrfachkontrolle und die zu kurze Öffnungszeit des Zollamtes) auf russischer Seite. Sollten diese Hürden überwunden werden, könnte diese Verbindung in Zukunft einen Verkehrsknotenpunkt darstellen, über den die Transportlinie zwischen Hunchun und Kraskino bis Yanji und Wladiwostok reibungslos ausgedehnt werden könnte.

Grenzmarkt

Anfang 2000 wurde eine Handelsaustauschzone zwischen China und Russland in der Wirtschaftsentwicklungszone Hunchun von den jeweiligen Regierung gebilligt. Nach diesem Abkommen soll hier ohne Visazwang frei gehandelt werden können.

Zwischen China und Nordkorea

Grenzübergangsstellen

Bisher gibt es vier Straßenübergänge zwischen der Präfektur Yanbian und Nordkorea (vgl. Abb. 15). Es handelt sich um Quanhe-Wŏnjŏng-ri, Tumen-Namyang, Sanhe-Hoeryŏng und Kaishantun-Sambong (Früher gab es auch die Stelle Shatuozi-Saebyol, heute ist wegen der veralteten Infrastruktur kaum zu benutzen). Besonders wichtig sind die Grenzübergänge von Tumen-Namyang und Quanhe-Wŏnjŏng-ri. Der Grenzübergang zwischen Tumen und Namyang wird durch eine Eisenbahn von Tumen über Namyang nach Rajin (165 km mit gleicher Spurweite) gebildet. 1996 wurde die Eisenbahn elektrifiziert und für den Containertransport von China zum Hafen von Rajin benutzt. Allerdings ist der Gütertransport meistens einseitig von China nach Nordkorea. In den letzten Jahren gab es aufgrund des schlechten Gleiszustands, baufälliger Tunnel und des Energiemangels jedoch nur wenig Betrieb. Die koreanische Regierung erwartet zurzeit eine Verbesserung der Eisenbahnstrecke und -einrichtungen. Nach einer Durchführbarkeitsstudie der *Hyuntong Group of Yanbian* benötigt Nordkorea rund 45 Mio. US$ für die grundlegende Renovierung der Eisenbahn (H. Tsuji 2000). Im Gegensatz zur Eisenbahn ist der Gütertransport in größerem Ausmaß von der Straßenverbindung von Hunchun über Quanhe-Wŏnjŏng-ri nach Rajin (116 km) abhängig. Seit der Öffnung des Grenzübergangs für Ausländer und Chinesen im Jahre 1997 ist das Grenzkontrollverfahren vereinfacht worden. Der Güterverkehr zwischen Quanhe und Wŏnjŏng-ri hat sich 1997 im Vergleich zu 1996 verdoppelt. 1998 ist dieser Grenzübergang von beiden Seiten zu einem Grenzübergang erster Ordnung (für Güter- und Personenverkehr und für Drittländer) heraufgestuft worden. Im Jahre 1999 betrug der Containertransport 5 225 TEU Mittlerweile hat sich der Straßenzugang mit dem Ausbau der Straße auf chinesischer Seite (vgl. Kap. 2.2.1.1 *China*) erheblich verbessert. Da der Hafen von Rajin in relativ gutem Zustand ist und Container und Massengüter abfertigen kann, wird diese Straße zurzeit häufiger (für 70% - 80% der Transporte) benutzt. Es gibt aber noch zu viele Bergstrecke auf koreanischer Seite, die den Containertransport erschweren; zudem besteht im Winter durch Eis und Schnee eine erhöhte Unfallgefahr. Um die Lage zu verbessern, hat Nordkorea eine Schnellstraße von Sŏnbong über das Tumen-Tal bis nach Wŏnjŏng-ri geplant. Die neue Straße soll 13 km länger (insg. 67 km) als die bisherige, aber weniger Kurven und Steigungen aufweisen. Die koreanische Regierung erkennt den Straßenbau als ein Schlüsselprojekt an und sucht zurzeit nach Finanzmitteln.

Ein Engpass besteht aber noch bezüglich der Grenzanlagen und der Übergangskontrollen. So ist z.B. die Grenze während der Woche nur tagsüber geöffnet, am abend und am Wochenende ist sie geschlossen. Die Grenzkontrolle auf koreanischer Seite ist sehr umständlich und zeitraubend. Im Jahre 2001 wurde in Quanhe auf chinesischer Seite bereits ein neues Zollabfertigungsgebäude fertiggestellt. Eine ähnliche Anlage wird auf der koreanischen Seite erwartet. Einen weiteren Engpass bildet die Grenzbrücke Quanhe-Wŏnjŏng-ri. Sie wurde bereits 1936 von den Japanern gebaut und ist inzwischen für das heutige Verkehrsaufkommen zu schmal (nur eine Spur) und so veraltet, dass ein Brückenausbau ebenfalls dringend notwendig ist.

Grenzmarkt

In Wŏnjŏng-ri wurde 1997 eine Austauschhandelszone (einer der ersten Grenzmärkte) zwischen Nordkorea und China mit einer Größe von ca. 1 300 m² in einer Halle eingerichtet, die tägliche gehandelte Summe beträgt 0,5 Mio. RMB (drei Veranstaltungen pro Woche). Nach zwei Jahren wurde der Grenzmarkt wieder geschlossen; nun aber kommt der Grenzmarkt zwischen den beiden Ländern erneut ins Gespräch.

Zwischen Russland und Nordkorea

Zwischen Russland und Nordkorea bleibt der grenzüberschreitende Verkehr auf die einzige Eisenbahnverbindung für Güter- und Personenverkehr zwischen Khasan und Tumangang beschränkt. Von Wladiwostok führt die Bahnlinie über Khasan/Tumangang (russisch-nordkoreanischer Grenzübergang) weiter über Sŏnbong und Rajin nach Ch'ŏngjin und von dort weiter nach Pyŏngyang. Da die Bahn zwischen der Grenze und Chŏngjin sowohl über Normalspur (1 435 mm) als auch über russische Breitspur (1 534 mm) verfügt, brauchen die Züge auf dieser Strecke nicht umgespurt zu werden. Für Fernverbindungen, wie z.b. die Kurswagen Moskau – Pyŏngyang erfolgt das Umspuren auf der Station Tumangang.. Bis zum Beginn der 1990er Jahre gab es ca. 5 Mio. t. grenzüberschreitenden Gütertransport im Jahr, der aber in den letzten zehn Jahren rasch gesunken ist. Die Eisenbahnbrücke über den Tumen zwischen Tumangang und Khasan (*Friendship Bridge*) ist ausgebohlt und wurde früher auch von Kfz. Befahren. Es wird erwartet, dass die Brücke in Zukunft wieder für Kfz. Geöffnet wird, da kein Plan für einen den Straßenbau zwischen Khasan und Rajin-Sŏnbong besteht (H. TSUJI 2000).

2.2.1.3 Die Benutzung und Zusammenarbeit der Grenzinfrastruktur

Realistisch gesehen ist der internationale Warenverkehr (zurzeit vor allen Dingen Transitverkehr) aufgrund der günstig gelegenen Häfen an den Küsten von Nordkorea und Russland von größter Bedeutung, aber es fehlt die entsprechende Güterquelle. Da die Stadtkreise Hunchun und Tumen ihr eigenes wirtschaftliches Hinterland besitzen, aber keinen direkten Zugang zum Meer, müssen sie mit den Nachbarn zusammenarbeiten. Seit 1995 sind mehrere Transitlinien für Güter, Personen und Tourismus in der Tumen-Region hergestellt worden (vgl. Tab. 16), die im Gegensatz zum Weg über den größten Hafen in Nordost-China, Dalian, auf kürzeren Wegen zu erreichen sind. Dies sind Hunchun über Zarubino bis an die Westküste Japans oder nach Pusan in Südkorea (Warentransport), Hunchun über Rajin bis Pusan (regelmäßiger Containertransport), Hunchun über Posjet bis Pusan oder Akita (regelmäßiger Frachtverkehr), Hunchun über Zarubino bis Sokcho in Südkorea (Personen und Fracht). Mit diesen neuen Linien sind die traditionellen Transportstrecken erheblich verkürzt worden, wodurch die Handels- und Tourismusentwicklung voraussichtlich einen Aufschwung nehmen wird. Der gesamte Transport über die genannten Häfen ist in den letzten drei Jahren mit einem jährlichen Wachstum von 20% angestiegen. Durch die Förderung seitens der zuständigen Behörden wird diese Tendenz noch verstärkt werden. Bis Ende 2000 sind auf insgesamt 86 Schiffstransporten, 35 978 Personen, 391 Container und 44 867 Stückgüter registriert worden. Es zeichnet sich eine erfolgreiche Zusammenarbeit zwischen China, Russland und Nordkorea ab. Darüber hinaus planen zurzeit China, Russland und die USA eine Transportzusammenarbeit von Nordostasien über den Pazifik bis in den Westen der USA, die die grenzüberschreitende Zusammenarbeit in Nordostasien weiter verstärkern könnte.

Darüber hinaus sind von China ausgehende internationale Tourismusverbindungen nach Nordkorea (ab 1991, einseitig nach Nordkorea), Russland (ab 1998, gegenseitig) und Südkorea (gegenseitig) geöffnet worden. Es wurden die folgenden Reisen (visumfrei) angeboten: von Yanji oder Hunchun bis Rajin-Sŏnbong/Nordkorea oder Pyŏngyang; von Yanji oder

Hunchun bis Slavyanka oder Wladiwostok/Russland (gegenseitig); von Yanji oder Hunchun über Zarubino nach Sokcho/Südkorea (gegenseitig). Nachdem ab 1992 in der Tumen-Region mit Tourismusaktivitäten begonnen wurde, benötigt man kein Visum mehr, um dorthin zu fahren. Entsprechenden Infrastruktureinrichtungen und Tourismuseinrichtungen (Aussichtsturm, Kiosk, Minibus usw.) stehen zur Verfügung.

Tab. 16 Die Hauptverkehrsverbindungen in der Tumen-Region mit Ausgang Hunchun

Transportlinie (sm = Seemeile)	Entstehung	Transport
Hunchun - Rajin (93 km, 1 Std.) - Pusan (466 sm, 2 Tg.)-Niigata (500 sm, 2 Tg.)	1995	Waren (Container)
Hunchun - Posjet (40 km, 1 Std.) - Pusan (475 sm, 2 Tg.) - Akita (603 sm, 2,5 Tg.)	1998	Waren (Container)
Hunchun - Zarubino (71km, 2 Std.) - Akita (453 sm, 2 Tg.)	1997	Waren (Chinas Holzschnitzel)
Hunchun - Zarubino (71 km) - Pusan (490 sm, 2 Tg.)	1999	Waren
Hunchun – Zarubino - Sokcho (316 sm 16 Std.)	2000	Waren u. Personen
Hunchun - Wladiwostok (285 km, 12 Std.) - Seattle (4 580 sm 15 Tg.)	2000	Waren

Quelle: Hunchun Municipal People's Government O. J.

2.2.1.4 Weitere Infrastrukturbereiche

Telekommunikation

Die Telekommunikation entwickelt sich in der Präfektur Yanbian im Vergleich mit Primorskij kraj und Rajin-Sönbong am raschesten. Vor den 1990er Jahren gab es in Hunchun insgesamt 3000 Telefonanschlüsse, und die Telekommunikationsverbindung zur Außenwelt war sehr eingeschränkt. Seit 1990 hat die nationale Regierung eine Investition von mehr als 30 Mio. RMB für die Telekommunikation bereitgestellt. Die Einbindung in das Nachrichtennetz erfolgte durch den Bau eines neuen Telefonamtes in Hunchun mit 6000 abgehenden digitalen Leitungen, die über Mikrowellennetz mit dem chinesischen Telefonnetz verbunden sind. 1999 gab es breits 60 000 Telefone und 20 000 Mobiltelefone; durchschnittlich gibt es vier Telefonzugänge je 10 Einwohner. Außerdem sind in allen Kreisstädten von Yanbian zahlreiche öffentliche Telefonzellen vorhanden.

Eine telefonische Verbindung kann von Yanji aus mit 180 Ländern und Regionen der Erde hergestellt werden. Auch die Telefonkosten von Yanji ins Ausland (1,4 US$/Min.) sind günstiger als in den anderen beiden Ländern im Tumen-Gebiet. Inzwischen wurde auch eine Fiberglasverbindung zwischen Changchun, Yanji und Rajin, eine Satellitenkommunikationsstation zwischen Yanji und Seoul sowie Telekommunikationsverbindungen mit Wladiwostok, Slavyanka und Kraskino hergestellt.

In Rajin-Sönbong ist ein Joint-Venture (NEAT & T) für das Kommunikationsnetzwerk zwischen der lokalen Regierung und der Loxley Pacific Co. of Thailand errichtet worden. Bisher hat die NEAT & T schon 21 Mio US$ in 5 000 automatische Linien investiert, zusätzlich sollen noch 15 000 Telefonlinien installiert werden und ein Kommunikationszentrum errichtet werden. Da es keine lokale Anbieter gibt, sind die internationalen Telefongebühren zurzeit in Rajin-Sönbong sehr hoch, z.B. 1,5 US$/Min. von Rajin nach

Yanji bzw. von Rajin nach Beijing, 5,50 US$/Min. von Rajin nach Wladiwostok oder von Rajin nach Europa und 5,0 US$/Min. von Rajin nach Tokyo oder in andere asiatische Länder. Technisch könnten Chinesen in Rajin-Sŏnbong ihr Mobiltelefon durch Anbieter in der Präfektur Yanbian benutzen; das wurde jedoch durch die nordkoreanische Regierung untersagt. Im Primorskij kraj muss die Regierung angesichts des Mangels an Geldmitteln mit ausländischen Firmen zusammenarbeiten; trotzdem sind die internationalen Telefonkosten auch hier sehr hoch (6-10 US$/Min.) (H. Tsuji 2000). Angesichts der zukünftigen regionalen Vision in der Tumen-Region soll auch der Internetzugang in Betracht gezogen werden, aber bislang keine Internetzugänge in Nordkorea. In Yanbian und Primorskij wird hingegen eine schnelle Entwicklungstendenz gesehen.

Energieversorgung

Mit der Beschleunigung der regionalen Entwicklung in der Tumen-Region wird immer mehr elektrische Energie beansprucht, zugleich gibt es ein großes Potential bei der Zusammenarbeit im Energiebereich zwischen den drei beteiligten Ländern.

Zurzeit liegt die größte Energieversorgung praktisch in der Präfektur Yanbian; die gesamte Kraftwerkskapazität in Yanbian beträgt 600 MW (H. Tsuji 2000); in Hunchun wurde aufgrund der größten Kohlevorkommen der Provinz Jilin mit einer Förderung von 2 Mio. t/a ein neues Kraftwerk (200 MW) errichtet. Die Leistung dieses Kraftwerk soll mit steigender Kohleförderung auf 1 400 MW aufgestockt werden. In Rajin-Sŏnbong gibt es ein Wärmekraftwerk mit einer Kapazität von 200 MW, das mit importiertem Erdöl betrieben wird; in Zukunft soll es auf 600 MW vergrößert werden. Im Primorskij kraj wird die totale Kraftwerkkapazität mit 2 690 MW angegeben. Es zeichnet sich möglicherweise ein Exportpotential nach China und Nordkorea ab, da die Strompreise im Primorskij kraj (0,02 US$/KWh) im Vergleich mit Yanbian (0,07 US$/KWh) und Rajin-Sŏnbong (0,05 US$/kWh) am niedrigsten sind. Jedoch gibt es das Problem der Übertragungskosten und die unterschiedliche Netzfrequenz zwischen Nordkorea (60 Hz) und Russland (50 Hz). Ferner wird die Gasversorgung von der Insel Sachalin in Betracht gezogen (H. Tsuji 2000).

Fremdverkehrsinfrastruktur

Durch die Berg- und Grenzlandschaft und die Minderheitskultur ist die Tumen-Region in China für Touristen sehr attraktiv. Bisher sind Sehenswürdigkeiten wie Fangchuan, Shatuozi, Mijiang, Changbaishan als Tourismusattraktionen erschlossen worden; darunter wurde der Changbaishan als Touristenziel nationaler Bedeutung eingestuft und für die Tourismusattraktion in Fangchuan wird in naher Zukunft die gleiche Einstufung erwartet.

In Hunchun gibt es sieben Reisegesellschaften, drei internationale und vier inländische. Alle Reisen in die Umgebung oder in die Nachbarland können von ihnen organisiert werden. Für Übernachtungen gibt es in Hunchun bisher acht Hotels (darunter ein Ein-Sterne-Hotel) mit ca. 2000 Betten. Die Vergnügungseinrichtungen wie Karaoke-Bars und Restaurants sind nicht nur für Einheimische, sondern auch für Ausländer geöffnet.

2.2.1.5 Die Probleme der Infrastruktur

Wenn man die Konkurrenzvorteile und Potentiale der Tumen-Region im Vergleich mit Dalian (kürzere Wege und niedrigere Kosten) gewinnen möchte, müssen zuerst die Hürden in der Hard- und Softinfrastruktur der Tumen-Region überwunden werden. Die schwerwigendsten Hindernisse sind zu viele Bergstraßen und Engpässe im Straßennetz, z.B. zwischen Hunchun und Rajin, die für LKW oder andere Kfz schwer zu befahren sind. Auf manchen Straßen gibt es nur eine Spur. Andere, bessere Infrastruktureinrichtungen sind zur Zeit leider nur zu einem geringen Grad ausgelastet; so erreicht z.b. die Ausnutzungsrate der Häfen auf der russischen und nordkoreanischen Seite nur bis zu 30% der Verladekapazität. Die neu gebaute Bahnlinie zwischen Hunchun und Kraskino ist noch nicht regelmäßig in Betrieb genommen worden. Für Schiffsverbindungen fehlt in der Tumen-Region noch eine transparente Preistabelle, von Hunchun bis Rajin oder weiter bis Japan und Pusan/Südkorea ist die Einrichtung einer regulären öffentlichen Verkehrsverbindung noch nicht erfolgt.

Außerdem wird immer wieder geklagt, dass die Grenzkontrollen zu kompliziert sind. So ist z.b. eine umständliche Antragstellung erforderlich, vielfach erfolgt eine Mehrfachkontrolle (in Zarubino z.B. durch den Zoll und Militär) und besonders in Nordkorea die Grenzabfertigung allgemein zu schleppend. Die Öffnungszeiten der Abfertigungsstellen sind unterschiedlich und zeitlich begrenzt, so dass häufig lange Wartezeiten an der Grenze anfallen. Hinzu kommen noch die umständliche Beantragung des Visums, Verkehrsbetriebsbegrenzung sowie die Undurchschaubarkeit der regionalen Regelungen.

Wenn man die Verkehrsinfrastruktur in der betreffenden Region insgesamt betrachtet, ist festzustellen, dass der Zustand gemessen an den Erwartungen, die an das Tumen-Projekt gestellt wurden, noch sehr zu wünschen übrig lässt. Allerdings gibt es innerhalb der Tumen-Region deutliche Unterschiede. Im Vergleich mit China sind Nordkorea und Russland angesichts ihrer finanziellen Schwierigkeiten in Bezug auf den Infrastrukturausbau eher ins Hintertreffen geraten, obwohl es auch hier Verbesserungen der Infrastruktur in ihren Regionen und Koordinationsbereichen gibt. Der Fortschritt der Infrastrukturentwicklung in China ist nach der Initiierung des Tumen-Projektes deutlich rascher verlaufen als auf koreanischer und russischer Seite. Die bisherigen Fortschritte könnten ein gutes Vorbild für die anderen beiden Seiten geben, weil Hunchun offensichtlich den Hauptteil der internationalen Investitionen in letzter Zeit gerade wegen der besseren Infrastrukturvoraussetzungen angezogen hat und durch die neu aufgebaute Infrastruktur der Güterumschlag immer mehr angewachsen ist. Hinsichtlich ihrer Öffnungsstufe und Vergünstigungen sind Russland und Nordkorea für ausländische Investoren mehr interessanter als in Hunchun in China. In Russland ist die für ausländische Investitionen göffnete Region flächenmäßig größer als in China, in Nordkorea ist die Sonderwirtschaftszone von Rajin-Sönbong in der Verwaltungsierarchie (provinzfreie Stadt) höher eingestuft als Yanbian in China. Es geht dabei nicht nur um die finanzielle Unterstützung der Zentralregierung, sondern auch um alle Interessen verschiedener Finanzträger, deshalb könnte die Infrastrukturentwicklung im Zusammenhang mit dem Tumen-Projekt als Zeichen der unterschiedlichen Interessen oder Haltungen der drei Regierungen gedeutet werden.

Allerdings fehlt noch eine koordinierte Planung und Abstimmung der drei Länder, wobei es nicht nur um die erwähnten neuen Infrastrukturen geht, sondern auch um den Abbau von

Zielkonflikten der Infrastrukturen. Z.B. gibt es zwischen China und Nordkorea parallel verlaufenden Strecken von Straßen und Eisenbahnen. Selbst in China gibt es parallele Infrastrukturen. So gibt es z.b. zwischen Tumen und Hunchun bereits eine Straße und eine Eisenbahnlinie, trotzdem ist der Bau einer neuen Autobahn geplant, was angesichts der beschränkten Finanzmittel nicht sinnvoll erscheint.

2.2.2 Die Wirtschaftsförderung

Die Wirtschaftsförderung des Tumen-Projektes wird zur Zeit überwiegend durch die regional günstigen Voraussetzungen in der Tumen-Region angekurbelt und kommt vor allen Dingen dem Aufbau der Infrastruktur zugute. Die geographische Lage der Tumen-Region und die Nähe zu den beteiligten Ländern Nordostasiens bilden einen Standortvorteil. Dadurch können die Nachbarländer nicht nur ihre Waren und Produkte auf dem Grenzmarkt austauschen, sie können auch potentielle ausländische Investitionen, u.a. Investitionen aus Japan und Südkorea, anziehen. Der Ausbau der Infrastruktur spielt eine wichtige Rolle bei der Schaffung eines „Transit- und Wirtschaftskorridors" (H. Tsuji 2000). China kann durch den Zugang zu diesem Transitkorridor auf russischer oder nordkoreanischer Seite seinen Handelsaustausch mit Japan und Südkorea vereinfachen, denn China gewinnt eine kürzere Transportroute im Vergleich mit der großen Hafenstadt Dalian. Russland und Nordkorea können auch durch die Nutzung der Infrastruktureinrichtungen Chinas profitieren. Die Verbesserung der Infrastruktur schafft ein günstiges Klima für die Tourismusentwicklung in der Tumen-Region sowie in Nordostasien.

Tab. 17 Ausländische Investitionen in der Tumen-Region

Mio. US$

	Präfektur Yanbian	Rajin-Sŏnbong Sonderwirtschaftszone	Primorskij kraj	Insgesamt
1993	42	1	141	184
1994	61	1	2*	64
1995	78	4	53	135
1996	134	31	97	262
1997	95	26	95	216
1998	47	25	56	128
1999	33	na	54	87
2000	29	na	78	107
2001	32	na	66	98
Insgesamt	551	88	642	1 281

*ohne reinvestierte Rubel

Qulle: UNDP 2001

2.2.2.1 Die Investitionsförderung

Um die regionalen Vorteile des Tumen-Projektes zu nutzen, hat die Politik der angrenzenden Länder in den letzten zehn Jahren zahlreiche günstige Voraussetzungen für ausländische Investitionen in ihrer jeweiligen Tumen-Region geschaffen. Die wichtigsten Maßnahmen sind das Vergünstigungssteuersystem, die Landverpachtung und die Investitionsforen. Dadurch haben die ausländischen Investitionen in der Tumen-Region in den letzten zehn Jahren ständig zugenommen. Bis Ende 2001 flosssen ausländische Investitionen von 1 281 Mio. US$ in die Tumen-Region (vgl. Tab. 17).

China

Anfang der 1980er Jahre hat China mit seiner Öffnungspolitik begonnen. Angesichts der peripheren Grenzlage der Präfektur Yanbian sind die ausländischen Investitionen allerdings erst nach 1990 hier angekommen, etwa 10 Jahre später als in den Küstenregionen Chinas. In der Präfektur Yanbian wurden die ersten ausländischen Unternehmen im Jahre 1984 gegründet, und bis 1990 ließen sich insgesamt nur 44 ausländische Firmen hier nieder. Dank Chinas Öffnungspolitik, dessen regionaler Schwerpunkt sich Anfang der 1990er Jahre auf „Küste, Flüsse und Grenzhandel" bezog, konnte für die Wirtschaftsentwicklung in Yanbian eine positive Entwicklung verzeichnet werden. Aufgrund der effektiven Öffnungspolitik in China und der günstigen regionalen Voraussetzungen (reichliche Naturressourcen, starke Unterstützung durch die lokale Regierung, billige aber qualifizierte Arbeitskräfte, die gemeinsame Mentalität und Sprache der koreanischen Minorität mit dem Industrieland Südkorea) ist die Präfektur Yanbian attraktiv für ausländische Investoren, besonders für Investitionen aus Südkorea. Von 1993 bis 2001 erreichten die ausländischen Investitionen in Yanbian einen Wert von 551 Mio. US$.

Anfang der 1990er Jahre hat die lokale Regierung zahlreiche Steuervergünstigungen für ausländische Investitionen erlassen. Mit der Gründung der *Hunchun Border Economic Cooperation Zone* (BECZ) im Jahre 1992, wurde von der Zentralregierung eine offene Stadt für Ausländer geschaffen. In 1994 waren bereits 150 Joint-Ventures tätig. In den Jahren 1996 bis 1997 floss eine Investitionssumme von rund 230 Mio. US$ in die Präfektur. Bis Ende 1997 wurden in der Präfektur Yanbian insgesamt 682 ausländische Firmen mit einem Investitionsvolumen von 411 Mio. US$ registriert. Davon nehmen die 15 großen ausländischen Firmen (je mindestens 5 Mio. US$ Investition) einen Anteil von 40% der ausländischen Investitionen ein. Aufgrund der gleichen koreanischen Mentalität und Sprache und von Marktüberlegungen stammen 53% der Investitionen aus Südkorea, 14% kommen aus Hongkong und 11% aus Japan (UNIDO 1998a; 1998b; UNDP 1999). Bis 2001 haben sich insgesamt 581 ausländische Firmen in der Präfektur Yanbian niedergelassen. Davon sind 60% aus Südkorea, 66 Firmen kamen aus Japan. Die ausländischen Investitionen konzentrieren sich überwiegend auf die Industriezweige Holzverarbeitung, Textilien, Lebensmittel, Tourismus und Dienstleistungen. Auf Verarbeitenden Industrie entfielen damit 65,3% der ausländischen Investitionen (ZHANG DONGHUI 2001; UNIDO o. J.).

Bemerkenswert ist der Stadtkreis Hunchun, der aufgrund seiner Sonderwirtschaftszone ein wichtiges Investitionsziel geworden ist. Bis Ende 1998 sind 15% aller Investitionen für die Präfektur Yanbian in die *Hunchun Border Economic Cooperation Zone* im Kreis Hunchun geflossen. Die ausländischen Investitionen erreichten 1993 113 Mio. US$, dadurch ist die Entwicklung des BIP in Hunchun 1992 gegenüber dem Vorjahr um 52% gestiegen und 1993 noch einmal um 57%. Von 1995 bis 2000 erreichte das durchschnittliche jährliche Wachstum des BIP 11,5%. Im September 1998 haben das UNDP, UNIDO und die regionale Regierung ein internationales Handelsforum in Hunchun organisiert, an dem 516 Personen aus 20 Ländern teilnahmen und 87 Investitionen mit einer Gesamtsumme von 472 Mio. US$ genehmigt wurden. Zusätzlich wurden 30 Absichtserklärungen mit einem Gesamtvolumen von 720 Mio. US$ abgegeben (ERINA REPORT 2000). 85% der Investition konzentrieren sich auf die Verarbeitende Industrie wie Textilindustrie, Holzverarbeitung und Bauindustrie. In erster Linie handelt es sich dabei um Exportverarbeitungsindustrie, die hier mit billigen Arbeitskosten getätigt wird. Ca. 80% der Investitionen kommen aus Südkorea (KIM ICKSOO 1994; UNIDO 1998a; 1998b).

Russland

In Primorskij kraj hat sich die Zahl der ausländischen Firmen von 24 im Jahre 1990 auf 360 im Jahre 1993 gesteigert. Darunter sind 271 oder 75,2% der Firmen in der Nakhodka Freihandelszone konzentriert (KIM ICKSOO 1994). China steht an erster Stelle mit 119 Firmen (43,9%); 1998 gab es bereits 251 chinesische Firmen in Primorskij (29,1% aller ausländischen Firmen). An zweiter Stelle steht Japan mit 38 Firmen (14%), gefolgt von den USA, Hongkong mit 23 Firmen (jeweils 8,5%), und Südkorea mit 12 Firmen (4,4%). Unterscheidet man diese Firmen nach Wirtschaftssektoren, so hält der Handel mit 23,5% der gesamten Firmen den größten Anteil, danach kommt der Dienstleistungsbereich mit 10,5%; ferner die Bereiche Holz- und Fischindustrie mit wenigen Prozenten. 1994 gab es 647 ausländische Firmen (YU GUOZHENG 1998; INTERVIEW MIT JINTIE). Bis Ende 2001 betrugen die ausländischen Investitionen in Primorskij kraj 642 Mio. US$, die von der Summe her die ausländischen Investitionen in der chinesischen Präfektur Yanbian übertreffen. Die Investitionen konzentrieren sich überwiegend auf die auf regionalen Ressourcen basierenden Industrien wie Holzverarbeitung, Fischverarbeitung, Transport, Handel und Tourismus. Die Investitionen kommen aus den USA (26,6% der gesamten ausländischen Investitionssumme), Südkorea (25,3%), Japan (18,75), China und Singapur(9,6%) (UNIDO 1998a; 1998b; UNDP 1999-2001).

2.2.2.2 Grenzhandelsentwicklung

China

Wenn man die wirtschaftliche Förderung des Tumen-Projektes genauer betrachtet, kann die Verflechtung des Transithandels in der Präfektur Yanbian als ein noch besseres Barometer angesehen werden (vgl. Tab. 18; Tab. 19; Tab. 20; Tab. 21); die Entwicklung des Transithandels wird überwiegend durch China gefördert. Seit Anfang der 1990er Jahre, als das Tumen-Projekt von dem UNDP initiiert wurde, wurde ein beachtliches Warenvolumen im Transithandel verschifft. 1991 stieg der Transithandel in der Präfektur Yanbian gegenüber dem Vorjahr im Wert um 400%, und diese Tendenz hat sich vier Jahre lang fortgesetzt. 1995 ist das Transithandelsvolumen allerdings aufgrund einer allgemeinen Wirtschaftsschrumpfung wieder um 500% gegenüber dem Vorjahr gefallen, danach zeichnete sich in der Entwicklung des Transithandels jedoch wieder eine positive Tendenz ab.

Tab. 18 Die Entwicklung des Grenzhandels in der Präfektur Yanbian

10 000 US$

	1990	1991	1992	1993	1994	1995	1996	1997	1998	1999
Import	1 232	5 716	14 754	23 566	17 710	3 054	1 919	1 428	2 114	5 189
Export	1 472	5 477	11 867	20 693	16 544	3 517	1 673	2 710	2 967	3 373
Summe	2 704	11 193	26 621	44 259	34 254	6 571	3 592	4 138	5 081	8 562

Quelle: STATISTISCHES JAHRBUCH VON YANBIAN 2000

Tab. 19 Handelsstruktur in der Präfektur Yanbian 1999

10 000 US$

	Grenzhandel			Handel insgesamt		
	Import	Export	Summe	Import	Export	Summe
Yanbian	5 189	3 373	8 562	12 534	15 341	27 875
Hunchun	86	278	364	733	755	1 488

Quelle: STATISTISCHES JAHRBUCH von YANBIAN 2000

Tab. 20 Die Zahl der grenzüberschreitenden Personen und Güter an den Grenzen von Hunchun (1991- 1999)

	Personen			Güter (t)			Kraftfahrzeuge (Zahl der Übertritte)		
	Einreise	Ausreise	Summe	Importe	Exporte	Summe	Einreise	Ausreise	Summe
1991	23153	23266	46419	20399	33840	15447	5017	5007	10024
1992	36006	35992	71998	20454	20030	75507	16858	16841	33699
1993	39030	40339	79369	40853	53870	90954	17108	16719	33827
1994	20648	20592	41240	45473	6688	5594	10698	8358	19056
1995	9543	9159	18702	58993	16257	52809	3096	3103	6199
1996	12185	11941	24126	104466	22925	58403	3316	3315	6631
1997	41121	44734	85855	105469	13685	10160	10229	10332	20561
1998	57291	58711	116002	18605	22191	128310	9885	10201	20086
1999	93750	94410	188160	124074	35876	138470	25182	26108	51290

Quelle: DAS VERWALTUNGSBÜRO für ZÖLLE in HUNCHUN 2000

Die durch das Tumen-Projekt verbesserte Infrastruktur, welche kürzere Transportwege ermöglicht (z.b. kürzer als von Nordost-China über Dalian), und ein gestiegenes Wirtschaftsvolumen in der Tumen-Region führen dazu, dass immer mehr Grenzgüter und Reisende von den Grenzstädten angezogen wurden. Am raschesten ist die Entwicklung des Grenzhandels in Yanbian und Hunchun; z.b. hat sich in Hunchun die Zahl der Grenzübertritte von Personen vervierfacht, die Menge der Güter verdreifacht, und die Grenzübertritte durch Kraftfahrzeuge verfünffacht (vgl. Tab. 20). Die Entwicklung des Grenzhandels konzentriert sich hauptsächlich auf die Grenzübergänge von Hunchun nach Russland (Changlingzi) und Quanhe nach Nordkorea. Die Haupthandelswaren sind Holzprodukte, Baumaterial, Getreide, Gemüse und Obst. Der Grenzhandel mit Nordkorea begann in den 1980er Jahren, mit Russland in den 1990er Jahren, und jetzt als Transithandel mit Japan und Südkorea durch die Häfen Zarubino und Posjet in Russland und Rajin in Nordkorea. 1999 betrug das Im- und Exportvolumen insgesamt 110 Mio. US$, 2000 (bis Juni) 63,31 Mio. US$. Im Jahre 1999 wurden über die Schifffahrtslinien durch die Häfen der Nachbarländer 7 000 Standard-Container transportiert, 2000 (bis Juni) 5000 Standard-Container. Darüber hinaus gibt es zahlreiche, inoffizielle grenzüberschreitende Geschäftsaktivitäten (chin. *Daobao*) privater Händler. Die Zahlen des internationalen Tourismus sind nur schwer zu schätzen, eine Statistik fehlt noch. So ist man auf die Zahlen der Grenzübertritte angewiesen.

Tab. 21   Die Zahl der grenzüberschreitenden Personen und Güter an den Grenzen von Hunchun nach Ländern (1991- 1999)

		1991	1992	1993	1994	1995	1996	1997	1998	1999
mit Russland	Personen	6 714	14 718	25 287	9 872	4 591	4 278	4 834	11 571	41 291
	Güter (t)	28 178	52 227	76237	28 084	11 487	7 143	15 358	14 604	20 754
mit Nordkorea	Personen	39 705	57 280	54 082	31 368	14 111	19 848	81 021	104 431	146 869
	Güter (t)	12 675	52 239	47 837	25 786	11 438	28 733	75 596	43 799	117 716

Quelle: DAS VERWALTUNGSBÜRO FÜR ZOLL IN HUNCHUN 2000

An der Grenze zu Russland hat sich die Zahl der grenzüberschreitenden Personen von 1991 bis 1999 versechsfacht; eine besonders starke Zunahme ist seit 1998 zu verzeichnen, als das Tourismusprogramm anlief. Ebenso ist der grenzüberschreitende Gütertransport besonders in den Jahren 1991, 1992 und 1993 rasch angestiegen, was sich auf die Initiierung des Tumen-Projektes durch das UNDP und die anschließende Entstehung der Wirtschaftssonderzonen in den jeweiligen Ländern zurückführen läßt. Seit 1994 ist der Grenzhandel wieder zurückgegangen. Die Gründe liegen einerseits darin, dass China seit 1993 seine Makrowirtschaftsstruktur umgestellt hat, andererseits wurden die Berechnungsgrundlagen für den Handel zwischen China und Russland auf eine neue Basis gestellt. Nach vier Jahren Stagnation ist die Zahl der grenzüberschreitenden Personen wieder angestiegen, was mit der Verbesserung der Infrastruktur und der Nutzung der russischen Häfen durch die Chinesen zusammenhängt.

Während der Grenzhandel zwischen China und Nordkorea im Rahmen des Tumen-Projektes noch relativ unbedeutend ist, ist der Transithandel, bei dem chinesische Waren über die Häfen Nordkoreas nach Japan und Südkorea exportiert werden, sowie der Personenverkehr zwischen 1991 und 1999 sprunghaft angestiegen, der Personenverkehr um ein Dreifaches und die Gütertransporte sogar um ein Neunfaches. Es beruht auf einer Verbesserung der Verbindung zwischen Hunchun und den nordostkoreanischen Häfen. Im Jahre 1995 wurde die Zollstation Quanhe geöffnet; ein Jahr später haben die Grenzübertritte von Personen und Gütern dort bereits deutlich die Zahlen des Grenzübergangs Shatuozi übertroffen. 1996 hat die südkoreanische Firma Hyundai begonnen, den Hafen von Rajin zu benutzen.

Bis Ende 2000 sind auf insgesamt 86 Schiffstransporten 35 978 Personen, 391 Container und 44 867 Stückgüter registriert worden. Allein in den Grenzübergangsstellen in Hunchun sind 206 490 t Güter (Im- und Export) und 275 550 Personen abgefertigt worden. Das wirtschaftliche Einkommen durch Transithandel und Tourismus betrug 131 Mio. US$ (ZHANG DONGHUI 2001).

Für die Entwicklung des Grenzhandels besteht noch ein großes Potential. Das gesamte Handelsvolumen in der Präfektur Yanbian betrug im Jahre 1999 ca. 278 Mio. US$, davon entfielen auf den Grenzhandel nur 85,6 Mio. US$ (31%). Im Grenzkreis Hunchun umfasste der Grenzhandel mit 3,6 Mio. US$ nur 24% des gesamten Handels.

Russland

Die Nutzung der Häfen und der Transibirischen Eisenbahn war in den 1990er Jahren rückläufig. 1990 wurden noch 140 000 Container, 113,5 Mio. t Güter und 75,17 Mio. Passagiere befördert; 1997 betrugen die entsprechenden Zahlen nur 20 000 Container, 39

Mio. t Güter und 37,77 Mio. Passagiere. Die Gründe für diesen starken Rückgang sind Preissteigerungen beim Eisenbahntransport, beim Umschlag, bei der Lagerhaltung usw. (YIN JIANPING 1999).

2.2.2.3 Tourismusentwicklung

China

Die lokale Regierung in der Präfektur Yanbian vertritt die Meinung, dass der Tourismus angesichts der Vielfalt der koreanischen Kultur und der attraktiven Gebirglandschaft als eine Säule für die regionale Wirtschaftsentwicklung anzusehen ist. Auch das UNDP sieht den Tourismus als ersten Anstoß für die Regionalentwicklung, da der Tourismus als Wegbereiter für die Förderung des Handels und für Investitionen dienen könnte.

Die Touristenzahlen sind in der Präfektur Yanbian von 1990 bis 2000 auf das über Zehnfache gestiegen, 2000 betrugen sie 150 000 ausländische und 1,7 Mio. inländische Touristen. Im Hinblick auf den internationalen Tourismus ist die Zahl der aus Südkorea nach China eingereisten Touristen am raschesten angestiegen. Ein wichtiges Ziel für die koreanischen Besucher ist der Changbaishan (kor. Paektu-san). Früher führte die Reiseroute in einem großen Bogen über Weihai-Beijing-Changchun-Yanji; mit der Öffnung der Verbindung Sokcho-Zarubino-Hunchun wurde die Route stark verkürzt. Insgesamt schätzt man die Zahl der Touristen aus Südkorea im Jahre 2000 in Yanbian auf 120 000, aus Japan kamen dagegen nur ein paar hundert Touristen. Hier besteht noch die Möglichkeit, ein großes Tourismuspotential zu erschliessen.

Mit der Öffnung der Grenzübergänge zwischen China und Russland (Changlingzi) bzw. zwischen China und Nordkorea (Wŏnjŏng) hat sich der Grenztourismus in den 1990er Jahren schnell entwickelt (vgl. Tab. 22). Im Jahre 1998 erreichten die Touristenzahlen in der Kreisstadt Hunchun 130 000 (228,1% mehr als 1997), das Einkommen im Tourismus betrug im Jahre 1998 7,4 Mio. US$ (264% mehr als 1997). Bis Mai 2000 überquerten insgesamt 65593 Touristen die Grenzen in Hunchun. Im Laufe der zunehmenden Touristenzahlen haben in Hunchun auch die Einnahmen der Tourismusindustrie zugenommen. Anfang der 1990er Jahre machte die Tourismusindustrie nur knapp 1% des BIPs aus, 1995 betrug der Anteil 2%, und im Jahre 2000 erreichte die Tourismusindustrie 3% des BIPs.

Die Hauptschwerpunkte des Tourismus in Hunchun sind das Dreiländereck und grenzüberschreitende Ausflüge. In Fangchuan wurden zwischen 1992 und 2000 400 000 Touristen gezählt; zwischen China und Nordkorea haben 30 000 Touristen die Grenze überquert, zwischen China und Russland haben 20 000 (davon 3 000 Russen nach China). Die meisten Touristen kommen aus Nordost-China. Insbesondere hat die Zahl der chinesischen Touristen nach Nordkorea zugenommen, mit Ausnahme der Jahre 1993 und 1994 (zeitweilig gestoppt wegen der Aufnahme diplomatischer Beziehungen zwischen China und Südkorea). Nach der Verabschiedung der Reisevereinbarungen zwischen China und Russland lag die Zahl der chinesischen Touristen nach Russland im Jahre 1999 um ein Sechsfaches höher als im Vorjahr; dieser Trend hielt auch im Jahre 2000 an.

Tab. 22   Die Entwicklung der Touristenzahlen in Hunchun

Nach	1991	1992	1995	1996	1997	1998	1999	2000 *
Nordkorea[(1]	5 700	2 200	400	3 100	6 000	10 000	6 000	3 000
Russland[(2]						1 700	10 000	10 000
China[(3]						300	500	2 000

* bis August 2000
Ergänzungen zu der Herkunft und den Hauptreisegebieten der Touristen:
[(1] Von China nach Nordkorea: aus Nordost-China nach Rajin-Sŏnbong
[(2] Von China nach Russland: aus Nordost-China nach Primorskij
[(3] Von Russland nach China: aus Primorskij nach Yanbian

Quelle: REISEBÜRO VON HUNCHUN 2000

Nordkorea

Der Aufbau der Verkehrsinfrastruktur und die Öffnung der Wŏnjŏng Brücke haben zu einem Tourismusaufschwung in der Rajin-Sŏnbong Zone geführt. Im Jahre 2000 sind 121 120 Touristen in die Rajin-Sŏnbong Zone eingereist, das entspricht einem Zuwachs von 19% im Vergleich zum Vorjahr (UNDP 2001).

Russland

Aufgrund seiner europäischen Kultur ist der russische Primorskij kraj ein sehr beliebtes Reiseziel für die Nachbarländer. Im Jahre 2000 sind insgesamt 162 400 ausländische Touristen hierher gekommen, das sind 87% mehr als im Vorjahr. Die meisten Touristen (93% im Jahre 2000) kommen aus China (UNDP 2001).

2.2.2.4   Die Entwicklungszonen

China

Um die regionale Entwicklung in der Tumen-Region zu fördern, hat die Provinz Jilin 1988 Hunchun als Wirtschaftsentwicklungsgebiet anerkannt, und im März 1992 wurde Hunchun zusammen mit drei anderen Grenzstädten in Nordost-China von der Zentralregierung für Ausländer geöffnet. Im selben Jahr wurde die grenzüberschreitende Wirtschaftsentwicklungszone (*Hunchun Border Economic Cooperation Zone*) eingerichtet. Auf der insgesamt 88 km² großen Fläche ist eine 16 km² große Planungsfläche vorgesehen. Die Startfläche betrug 2,28 km², sie wurde bereits auf 5 km² erweitert. In der Wirtschaftsentwicklungszone wird der Schwerpunkt auf die exportorientierte verarbeitende Industrie sowie auf Bereiche der Hochtechnologie gelegt. Gleichzeitig werden die Bereiche Finanzen, Handel, Tourismus und Immobilien berücksichtigt.

Im Jahre 1993 wurde ein Handelsvolumen von 1,4 Mrd. RMB, das Zehnfache von 1991, erreicht. In Hunchun selbst gab es 1993 insgesamt 381 Firmenniederlassungen, und 2 173 neue Firmen sind mittlerweile genehmigt. Insgesamt wurden 180 Mio. US$ in die

Infrastruktur investiert (A. LAZIKIN 1994). Seit 1995 wurde durch die Zentralregierung eine Sonderpolitik für Hunchun gestattet, die beinhaltet, dass die Steuerabgaben an die Zentralregierung reduziert werden dürfen. Somit genießt die Region den gleichen Status wie die Küstenregionen in China. Bis 2000 haben sich 40 ausländische Firmen mit Investitionen im Wert von 90,43 Mio.US$ (LEE, CHAN-WOO 1999) aus 10 Regionen (Südkorea, Japan, Hongkong usw.) in der Entwicklungszone angesiedelt. Die Entwicklungszone ist kein reines Wirtschaftsgebiet, denn es leben dort auch etwa 10 000 Einwohner. Insgesamt wurden 500 Mio. US$ (bis 1998) für den Infrastrukturausbau in Hunchun investiert. Von der staatlichen Kommission für Minderheitenangelegenheiten wurde auch bestimmt, dass Hunchun vorläufig eine besondere Unterstützung zur Förderung strukturschwacher Grenzregionen erhält. Mittlerweile hat sich die Stadt Hunchun von einer abgelegenen Siedlung zu einer modernen Stadt mit 150 000 Einwohnern entwickelt. Die „Sieben Durchlässigkeiten und Einebnung" (Wasser-, Strom- und Wärmeversorgung, Kommunikation, Straßenbau, Wasser- und Abwasserentsorgung, und die Flächenerschließung usw., also die Erschließung der Gewerbeflächen bis zur Baureife) wurde für die Entwicklungszone in Hunchun mit einer Investition von 350 Mio. RMB im Laufe der Zeit bereits fertiggestellt. Bis 2000 sind insgesamt 3 Mio. m² Fläche bebaut worden, u.a. mit mehrstöckigen Hochhäusern für Hotels und Geschäfte. Auf der Straße sind die Schilder viersprachig (chinesisch, koreanisch, russisch und englisch). Im April 2000 wurde die Exportverarbeitungszone in Hunchun (eine von nur zwei Zonen in Nordost-China bzw. von 15 Zonen in ganz China) von der Zentralregierung genehmigt. Die exportorientierte Zone (geplante Fläche 2,44 km² mit einer Startfläche von 0,60 km²) in Hunchun wurde nach der Zustimmung durch die Zentralregierung in die Wirtschaftsentwicklungszone (5 km²) integriert und mit entsprechenden Vergünstigungen (Zollfreiheit) ausgestattet. Bis Ende 2000 sollen die nötigen Infrastruktureinrichtungen (Zäune, Straßen, Verwaltungsbüros, Kontrolleinrichtungen, Wasser- und Wärmeversorgung usw.) fertiggestellt werden. In der Startphase sollen insbesondere arbeitskräfte- und ressourcenintensive Wirtschaftsbereiche angesiedelt werden. Sie umfassen die Leichtindustrie, Lebensmittel-, Textil- und Bekleidungsindustrie, Holzprodukte, traditionelle chinesische Medizin, Baustoffe usw. Außerdem soll die Elektronikindustrie und Kommunikationstechnologie berücksichtigt werden (INTERNER REGIERUNGSBERICHT VON HUNCHUN 2000).

Nordkorea

Die Wirtschaftsentwicklung in Nordkorea befindet sich momentan in einer Krisenphase. Die Situation ist charakterisiert durch einen Mangel an Lebensmitteln, Gütern und Energie, Ineffizienz und einem unflexiblen System. Um einen Ausweg zu finden, hat Nordkorea nach der Initiative des Tumen-Projektes durch das UNDP 1991 die Region von Rajin-Sönbong mit einer Größe von 621 km² als eine Sonderwirtschaftszone ausgewiesen und dazu auch entsprechende Sondergesetze für ausländische Investitionen in Kraft gesetzt (ZHANG YING 1998). Neben den inneren Anlässen gibt es auch äußere Gründe wie den Erfolg der Öffnungspolitik Chinas in den Küstenregionen und den Abbruch des Handels mit der ehemaligen Sowjetunion. Diese Sonderwirtschaftszone hat das Potential, sich zu einer Verkehrsdrehscheibe zwischen der chinesischen Provinz Jilin und der Außenwelt zu entwickeln. Im Jahre 1995 wurde die Entwicklungsfläche auf 764 km² vergrößert, außerdem sind die Häfen von Rajin, Sönbong und Chöngjin als Freihäfen eingerichtet worden (YANG CHAOGUANG und ZHANG BAOREN 2000).

Ziele der Wirtschaftsentwicklungszone von Rajin-Sŏnbong sind es, erstens, eine Drehscheibe für internationale Güter, besonders in Nordostasien, aufzubauen, zweitens, die export- und verarbeitungsorientierte Wirtschaftsstruktur zu fördern, drittens, eine internationale Fremdenverkehrsindustrie zu entwickeln (PARK, JUNG-DONG 1996).

Obwohl Nordkorea seine Entwicklungssonderzone in Rajin-Sŏnbong schon 1991 eingerichtet hat, wurden bis 1995 aber kaum Investoren angezogen. Die Ursachen liegen möglicherweise in der Unsicherheit der politischen Situation, der starren Verschlossenheit der Makropolitik, der ungenügenden Infrastruktur, dem Mangel an rechtlicher Transparenz und dem schwierigen Zugang zu der Region, nicht zuletzt in den gespannten Beziehungen zwischen Nord- und Südkorea. Im Grunde genommen bleibt die Wirtschaftsentwicklungszone von Rajin-Sŏnbong bisher eher eine Enklave auf dem Papier (ZHANG YING 1998). Bis Ende 1995 wurden insgesamt 6,3 Mio.US$ hier investiert. Nach der Förderungskonferenz und einer Lockerung der Zugangspolitik für ausländische Investoren sind die ausländischen Investitionen schnell gestiegen. Bis Ende 1996 betrugen die ausländischen Investitionen 37,3 Mio.US$ von 28 Firmen, Ende 1997 80 Mio.US$ von 75 Firmen. Bis 1998 betrugen die ausländischen Investitionen 88 Mio. US$ von 113 Firmen. Die ausländischen Investitionen konzentrieren sich auf die Bereiche Transport, Telekommunikation, Banken und Hotels, die 80% der ausländischen Investitionen hier aufnehmen konnten. In die Verarbeitende Industrie fließen nur 5% der ausländischen Investitionen. Von allen Investoren nahm China 1998 56% der registierten Firmen ein. An zweiter Stelle steht Hongkong mit 35%. Die wichtigsten Firmen sind die Hyuntong Gruppe für Container und Hafenanlagen aus China, Emperor Group für Hotel und Casino aus Hongkong und Loxley Pacific Co. Ltd aus Thailand für Telekommunikation (UNIDO 1998a; 1998b; UNIDO O. J.; UNDP 2000; 2001).

Russland

Auf russischer Seite wurden die Häfen von Wladiwostok und Nakhodka in den 1990er Jahren für Ausländer geöffnet. Am 30.9.1991 kündigte Russland auf der UNIDO-Konferenz in Wien die Einrichtung einer *Greater Vladivostok Free Economic Zone* an, wobei Vergünstigungen für ausländische Investoren in Aussicht gestellt wurden. Im Mai 1992 wurde eine Durchführbarkeitsstudie in Angriff genommen. Als Standortvorteile hat der Russische Ferne Osten Rohstoffe, niedrige Löhne und gute Verkehrsverbindungen (Häfen Wladiwostok und Nakhodka, *land bridge* über die Transsibirische Eisenbahn nach Westeuropa) zu bieten. Im Mai 1992 besuchte eine südkoreanische Wirtschaftsdelegation den Raum Wladiwostok. Südkorea trägt sich mit dem Plan, ein 3,3 Mio. m² großes Industriegelände (wahrscheinlich in Nakhodka) auf 70 Jahre zu pachten, um dort als Joint-Venture südkoreanische Firmen (exportorientierte Firmen der Bereiche Textil, Bekleidung, Holzverarbeitung, Veredelung agrarer und mariner Produkte) anzusiedeln. Mit Hilfe Japans wurde der Planentwurf für eine Entwicklungszone um die Region Wladiwostok und Zarubino fertiggestellt. Bis 1999 wurden insgesamt 244 ausländische Firmen in der *Nakhodka Free Economic Zone* (NFEZ) registriert. Die ausländischen Investitionen konzentrierten sich hauptsächlich auf die Bereiche Telekommunikation, Holzverarbeitung, Handel und Schiffbau (UNIDO 1998a; 1998b; UNIDO O. J.; UNDP 2000; 2001).

2.3 Die Entwicklung der Institutionen im Tumen-Projekt

Da die Kooperationspartner beim Tumen-Projekt aus einer chinesischen Präfektur (Yanbian), Teil einer koreanischen Provinz (Hamgyŏng-pukto) und einem russischen Rajon (Khasan) bestehen, sind die Möglichkeiten bei allen regionalen Entscheidungen sehr eingeschränkt. Daher spielt die Frage des gegenseitigen Vertrauens zwischen den Anliegerländern eine bedeutende Rolle. Angesichts der historischen Konflikte und zahlreicher Unterschiede in Ideologien, Kulturen und Wirtschaftssystemen ist es nicht ohne weiteres machbar, eine regionale Zusammenarbeit innerhalb kurzer Zeit umzusetzen. Es ist aber möglich, zuerst die historischen Narben, die während der Kriegzeit aufgerissen wurden, verheilen zu lassen, um gegenseitiges Vertrauen zu gewinnen und Sicherheit und Stabilität zu schaffen. Dadurch kann erst die regional wirtschaftliche Zusammenarbeit zu Stande kommen. Um dieses Ziel zu gewährleisten, wird eine Koordinationsstelle in der Tumen-Region benötigt. Daher spielt der Aufbau einer neutralen koordinierenden Institution eine entscheidende Rolle im Tumen-Projekt. Wenn als Ziel letztendlich die regionale Integration in Nordostasien und der Tumen-Region anvisiert wird, muss zuerst aber eine dem natürlichen Wirtschaftsterritorium (M. J. VLENCIA 1999) entsprechende regionale Identität in Nordostasien und der Tumen-Region entstehen. Das von China initiierte, vom UNDP koordinierte und im Jahre 1991 verkündigte Tumen-Projekt hat nach zwei Jahren einen Kompromissplan der Anliegerländer hervorgebracht. Zuerst wurde eine Holdinggesellschaft gegründet, die damit beauftragt wurde, Land zu pachten und zu erschließen, anschließend versuchen die Anliegerländer, durch Aufbau der grenzüberschreitenden Institutionen eine gemeinsame Bühne zu finden (Tab. 23).

Nach der Verkündigung des ehrgeizigen TRADP durch das UNDP begann im September 1993 die Phase I. Jedoch wurde das ursprünglich vorgestellte gemeinsame Projekt nach langwierigen Diskussionen und Auseinandersetzungen auf Eis gelegt. Während der Übergangszeit bis zur Institutionalisierung des Projektes (Kommission und Komitee) von 1995 bis 1996 konzentrierten sich die Anliegerländer im Rahmen von TRADA eher auf ihre eigenen Sonderwirtschaftszonen und deren lokale Entwicklung. Bei der dritten Konferenz von Kommission und Komitee im Jahre 1997 in Beijing trat das TREDA in Phase II ein, wobei man sich auf die wichtigsten Maßnahmen für eine grenzüberschreitende Zusammenarbeit konzentrierte. In dieser Phase wurden die aufgebauten Institutionen (Kommission, Komitee und Sekretariat) gefestigt und eine unverkennbare Entwicklung in den Bereichen von Handel, Investition, Tourismus und Umweltmanagement zeichnete sich ab. Im Dezember 2000 wurde Phase II beendet, damit begann ab 2001 die Phase III. Die beteiligten Länder streben zur Zeit eine Erweiterung des TREDA (z.B. die Teilnahme von Japan) und die Verstärkung der aufgebauten Institutionen und Organisationen an. Bis zum Jahr 2002 wurden insgesamt fünf offizielle Veranstaltungen über Infrastruktur, Investition, Handel, Tourismus und Umwelt in den jeweiligen Ländern abgehalten.

Tab. 23 Die Meilensteinen in der Entwicklung des Tumen-Projektes

Zeit	Name der Veranstaltungen	Themen	Ergebnis	Bemerkung
1984	Ansatz von Experten in Jilin	Handelsmöglichkeit mit Russland	Nutzung des Tumen-Fluss	
1988			Hunchun als offene Stadt von der Regierung genehmigt	Hunchun Wirtschafts-entwicklungszone
Juli 1990	Erste Internationale Konferenz für die regionale Kooperation in Nordostasien (Changchun)		der Tumen-Region wurde große Aufmerksamkeit geschenkt	Von dem UNDP, dem East-West Center und dem APEC Institut von China organisiert
Mai 1991			Chinas Navigationsrecht auf dem Tumen-Fluss von Russland ratifiziert	
Juli 1991	Zweite internationale Konferenz für die regionale Kooperation in Nordostasien (Ulan-Bator)			von dem UNDP veranstaltet
August 1991	Dritte internationale Konferenz für die regionale Kooperation in Nordostasien (Changchun)			von dem UNDP veranstaltet
16-18. Dez. 1991	Vierte internationale Konferenz für die regionale Kooperation in Nordostasien (Pyŏngyang)		PMC von der TRADP ins Auge gefasst	von dem UNDP veranstaltet
24. Dez.1991		Verkündigung des Tumen-Projektes durch das UNDP	30 Mrd. US $ Investition in die Infrastruktur in 20 Jahren	
November 1991			Hunchun zur offenen Stadt erster Stufe erklärt	offen für Ausländer
Dezember 1991		Verkündigung der Sonderwirtschaftszone von Rajin-Sŏnbong durch Nordkorea	Rajin-Sŏnbong Sonderwirtschaftszone	Chŏngjin Freihafen
Januar 1992		Verkündigung der Greater Vladivostok Free and Economic Zone durch Russland	öffnet Wladiwostok für Ausländer	
Februar 1992	Erste PMC-Konferenz (Seoul)			von dem UNDP veranstaltet Teilnehmer: China, Nord- und Südkorea, Mongolei
März 1992		Verkündigung der Grenzöffnung von Hunchun durch China	Öffnung des Grenzübergangs von Changlingzi (China/ Russland)	Hunchun genießt die Vergünstigungen wie die Küstenregionen

Oktober 1992	Zweite PMC-Konferenz (Beijing)			von dem UNDP veranstaltet Teilnehmer: China, Nord- und Südkorea, Mongolei und Russland
Mai 1993	Dritte PMC-Konferenz (Pyŏngyang)		Kommission, Kommitee und TRADCO vorgeschlagen	von dem UNDP veranstaltet Teilnehmer: China, Nord- und Südkorea, Mongolei und Russland
Juli 1994	Vierte PMC-Konferenz (Moskau)			Nordkorea nimmt nicht teil
Mai 1995	Fünfte PMC-Konferenz (Beijing)		Entwurf von zwei Abkommen und einem Memorandum	
Oktober 1995	Investitionsmesse in Tumen			Von der UNIDO, dem Austauschzentrum für internationale Technologie in China und der Regierung von Jilin veranstaltet
Dezember 1995		Beschluss durch die UNO in New York	zwei Abkommen und ein Memorandum	
1996			Eröffnung der Eisenbahn Hunchun-Kraskino	
1996	Erste Konferenz aufgrund der zwei Abkommen	Planung der Verkehrsinfrastruktur und Gründung des Tumen Trust Fund		
1997	Zweite Konferenz aufgrund der zwei Abkommen	über nachhaltige Entwicklung und mögliche Transportrouten		
1998	Dritte Konferenz aufgrund der zwei Abkommen (Beijing)	Vorbereitung der Phase II		
Juni 1999	Vierte Konferenz aufgrund der zwei Abkommen (Ulan-Bator)			
April 2001	Fünfte Konferenz aufgrund der zwei Abkommen (Hongkong)	Vorbereitung der Phase III		

Quelle: EIGENE DARSTELLUNG

2.3.1 UNDP

Das UNDP ist eine Unterorganisation der UNO. Diese Organisation bemüht sich, die regionalen Partner in den Bereichen von Human- und Finanzressourcen, Information und Technologie, Management und Know-how im Sinne einer nachhaltigen Entwicklung zu koordinieren und zu mobilisieren (UNDP 2001). Von dem Tumen-Projekt erhoffte sich das UNDP angesichts der potentiellen Vorteile einer Entwicklung der Tumen-Region ein frisches Image auf der Welt zu bekommen, da das UNDP zuvor noch nie ein ähnliches regionales Programm wie das Tumen-Projekt übernommen hatte (CHEN CAI und YUAN SHUREN 1996). Weiterhin wollte das UNDP im Fall der Tumen-Region eine Friedensatmosphäre herstellen. In der bisherigen Entwicklung des Tumen-Projektes hat das UNDP die Rolle des Hauptsponsors und Koordinators gespielt. 1990 hat das UNDP die erste internationale Konferenz über Nordostasien in Changchun/China und anschließend den Beginn des Tumen-Projektes organisiert. Der Höhepunkt der Aktivitäten war im Jahre 1991, als das UNDP das gigantische Tumen-Projekt öffentlich vorgestellt hat. Ein weiterer bedeutender Meilenstein war die Gründung des Programme Management Committee (PMC) sowie der jetzigen Kommission und des Kommitees für das Tumen-Projekt. Seitdem ist das Tumen-Projekt institutionalisiert worden. Außerdem steht das UNDP auch als ein Forum für die Länder Nordostasiens und des Tumen-Projektes zur Verfügung. Auf lange Sicht dient das UNDP nur als eine provisorische Anlaufstelle, um die Übergangsphase für den Aufbau der grenzüberschreitende Institutionen zu überbrücken. Auf lange Sicht soll eine eigene Organisation der Tumen-Region die Funktion des UNDP ersetzen (UNDP 2000; 2001).

2.3.2 Die institutionellen Rahmenbedingungen für das Tumen-Projekt

Die Gründung der Kommission und des Kommitees

Die Auflegung des Tumen-Projektes erregte zuerst große Aufmerksamkeit in der wissenschaftlichen Diskussion. Nach der Initiierung durch das UNDP wurde die Initiative erstmals im Jahre 1991 in New York unter dem Namen *Tumen River Area Development Program* (TRADP) vorgestellt. Zugleich wurde ein *Program Management Committee* (PMC) gegründet. Das PMC besteht aus je drei Mitgliedern aus den beteiligten Ländern Nordostasiens unter Mitwirkung des UNDP. Unter dem PMC gibt es drei Ausschüsse: den Ausschuss für regionale Entwicklung und juristische Angelegenheiten, den Ausschuss für Investitionen und Handel, und den Ausschuss für Infrastruktur und Technologie. Das PMC erstellte zu Anfang einen Aktionsplan für die zukünftige gemeinsame Entwicklung und legte den beteiligten Regierungen in der Tumen-Region Handlungsvorschläge für deren Aktivitäten innerhalb des Projektes vor (UNDP 2001). Insgesamt hat das PMC sechs Konferenzen mit verschiedenen Gruppensitzungen von Ausschüssen abgehalten und anschließend einen Entwurf für die Transportentwicklung und ein Kommunikationsnetz vorgestellt. Im Laufe dieser Zeit haben alle drei Anliegerstaaten ihre eigenen Entwicklungszonen und Institutionen für die Entwicklung der Tumen-Region gegründet.

Am 6. Dezember 1995 haben alle beteiligten Länder beim UNDP in New York zwei internationale Abkommen und ein Memorandum unterzeichnet, nämlich die Bildung einer *Consultative Commission for the Development of Tumen River Economic Development Area and Northeast Asia* (Kommission) unter Beteiligung von fünf Ländern und eines *Tumen River Area Development Coordination Committee* (Kommitee) unter Beteiligung von drei Ländern. Das *Memorandum of Understanding on Environmental Principles Governing the Tumen Economic Development Area and Northeast Asia* (MOU) wurde von den fünf beteiligten Ländern verabschiedet (UNDP 2001; UNDP TUMEN SECRETARIAT 2001).

Das Ziel der Kommission ist die Schaffung der Rahmenbedingungen für das Projekt und die Förderung der Kooperation von Wirtschaft, Technologie und Umwelt in Nordostasien. Das Komitee ist dagegen zuständig für die Koordination der unterschiedlichen Interessen der drei direkt beteiligten Anliegerstaaten und deren Beratung bei der Projektumsetzung. Die Kommission besteht aus Vertretern auf Vize-Ministerebene aus den nationalen Projektgremien der fünf beteiligten Länder, die sich einmal im Jahr treffen. Der Vorsitz wechselt turnusmäßig unter den fünf Ländern. Das Komitee, dessen Vorsitz ebenfalls jährlich unter den drei Anliegerstaaten wechselt, besteht gleichfalls aus Vertretern auf Vize-Ministerebene, die auch Mitglieder der nationalen Projektgruppen sind (UNDP 2001; UNDP Tumen Secretariat 2001). Die Kommission und das Komitee führen drei Ausschüsse weiter, die zuvor zum PMC gehörten. Für die Begleitung und Koordination der Kommission und des Komitees gibt es ein dauerhaftes Sekretariat, das provisorisch in Beijing angesiedelt ist. Es gibt Treffen auf höherer Beamtenebene, die die Sitzungen der Kommission und des Komitees koordinieren und vorbereiten (vgl. Kap. 2.3.4). Mit dieser Aufgabenverlagerung haben die Kommission und das Komitee die PMC des TRADP praktisch ersetzt.

Tab. 24 Die Institutionen der grenzüberschreitenden Zusammenarbeit in der Tumen-Region

Ebene	Namen	fest	vorläufig	fünf Nationen	trinational	einseitig	staatlich	gemischt
international	UNDP		+		+		+	
national	Kommission	+		+			+	
	Komittee	+			+			
	Nationale Gruppe (CN)		+			+	+	
regional	Entwicklungsbehörde (CN)	+				+	+	
	Kommission für Sonderwirtschaftszone (NK)	+				+	+	
lokal	Bürgermeister-Konferenz		+	+				+

Bemerkung: CN = China, NK = Nordkorea

Quelle: Eigene Darstellung

Mit der Unterzeichnung der Abkommen und des Memorandums hatte sich gezeigt, dass die beteiligten Länder bzw. die jeweiligen Zentralregierungen erstmals eine gemeinsame positive politische Stellung zum Tumen-Projekt bezogen haben und Verantwortung für eine internationale wirtschaftliche Zusammenarbeit übernehmen wollten (vgl. Tab. 24). Dadurch wurde auch eine juristische Rahmenbedingung sowie die erste institutionelle Garantie für das TRADA geschaffen. Es deutet auch auf eine Handlungs- und Umsetzungsphase der multinationalen Zusammenarbeit für das Tumen-Projekt in Nordostasien hin. Nicht zuletzt wurde das TRADA als Konzept für nachhaltige Regionalentwicklung anerkannt (Dai Xiyao 1999). Außerdem haben die 1995 von den beteiligten Ländern unterzeichneten Abkommen zu einer institutionellen Basis für das Tumen-Projekt als eine multinationale Kooperation geführt. In der Entwicklung des Tumen-Projektes wurden sie als Meilensteine bezeichnet, denn das Komitee und die Kommission symbolisieren die Versprechungen und den Konsens der staatlichen Regierungen der jeweils beteiligten Länder. Das Memorandum hat den nachhaltigen Willen der fünf Länder zur Entwicklung Nordostasiens gezeigt.

Die Koordinationsstelle: Das Tumen-Sekretariat

Das Tumen-Sekretariat ist das Verwaltungsorgan für die Kommission und das Komitee. Es unterstützt die nationalen Gremien bei der Umsetzung der Projektaktivitäten und bei der Mobilisierung der notwendigen Mittel. Das Sekretariat arbeitet bei der Entwicklung der jährlichen Arbeitspläne eng mit den entsprechenden Fachgremien zusammen.

Das Tumen-Sekretariat hat die Aufgabe,

"*to 1, provide advice, support and service to the Coordination Committee and Consultative Commission, and to any Working Groups or other subordinate bodies which they may establish in the formulation and implementation of the Programme's Action Plans; 2, facilitate execution of contacts between UNDP and agencies, consultants and other institutions providing such service as may be required under the Action Plans; 3, act on behalf of the participation governments and UNDP in the mobilization of resources for the implementation of the Action Plans, 4, support the work of the Tumen River Investment Service Centres (TRIS) to be established, including the organization and conduct of investment seminars and other investment related activities; 5, disseminate information on the progress of Programme issues that need attention to all concerned parties; 6, carry out such other activities as may be requested by the Coordination Committee and Consultative Commission for the achievement of the Programme goals and 7, promote the Ownership and support of the Tumen Secretaritat and other subordinate bodies by the participating governments* "(*UNDP 2001*).

Das Sekretariat soll also den Mitgliedsstaaten (Vize-Ministern) Vorschläge unterbreiten und begleitet die Studien zum Tumen-Projekt. Jedes Land stellt sein eigenes nationales Team zusammen, das aus Beamten und Experten besteht und Vertreter in die Kommission und in das Komitee entsendet. Bisher hat das Sekretariat eine Grunddatensammlung erstellt und konkrete Untersuchungen in verschiedenen Bereichen durchgeführt. Eigentlich sollte das Sekretariat in jedem der fünf Länder in einem zwei-Jahres-Rhythmus stationiert sein, aber wegen der politischen und wirtschaftlichen Schwierigkeiten in Nordkorea und der großen Entfernungen zu Moskau liegt dieser Vorschlag auf Eis. Das Sekretariat hatte nach seiner Gründung 1991 seinen provisorischen Sitz in New York und wurde 1996 nach Beijing verlegt.

Seit der Unterzeichnung der Abkommen von 1995 strebt das Tumen-Sekretariat die Umsetzung des Projektes an. Bisherige Haupthandlungsfelder sind verschiedene Veranstaltungen über Zollvergünstigungen, internationalen Verkehr und Transithandel, Beratung des Tumen-Trust-Fund sowie die Verbesserung des Investitionsmilieus. Nennenswert ist seine Koordination in den Bereichen Umweltschutz, Tourismus, Mobilisierung von privatem Kapital, Personalentwicklung und Weiterbildung sowie die Öffnung des Passagierverkehrs zwischen Sokcho (Südkorea), Rajin (Nordkorea) und Hunchun (China) (DAI XIYAO 1999).

2.3.3 Nationale Institutionen für das Tumen-Projekt

Jedes der fünf beteiligten Mitgliedsländer in der Tumen-Region hat ein nationales Gremium gebildet, das aus Vertretern zentraler und lokaler Behörden besteht (vgl. Tab. 24). Das nationale Gremium trifft projektbezogene Entscheidungen und nimmt die Umsetzung des Projektes in der jeweiligen eigenen Tumen-Region wahr. Dafür hat jedes nationale Gremium seine eigenen Verwaltungsinstitutionen auf unterer Ebene für die Abwicklung des Tumen-Projektes eingesetzt. Seitdem die beteiligten Regionen in der Tumen-Region ihren eigenen Entwicklungszonen ausgebaut haben, haben sich zugleich die Kompetenzen der nationalen und regionalen Institutionen erweitert.

China

In China gibt es mindesten drei Regierungsebenen für das Tumen-Projekt, sie entsprechen den Zentral-, Provinz- und Lokalregierungen. Auf der zentralen Ebene heißt die Institution *Tumen River Area Leading Group*, die unter dem Dach des Staatsrats (Zentralregierung) und des Kommitees für Staatliche Wissenschaft und Technologie angesiedelt ist. Sie besteht aus Mitgliedern verschiedener Zentralministerien sowie aus Regierungsvertretern der Provinz Jilin. Die Mitglieder treffen sich ein- bis zweimal im Jahre, um die allgemeinen Probleme der Tumen-Region zu beraten. Außerdem unterrichten sie die Zentralregierung über den Fortgang des Projektes, damit rechtliche Entscheidungen oder Lösungen getroffen werden können. Im Jahre 2000 wurde diese Gruppe von der Zentralregierung stärker als bisher unterstützt, indem die Zahl der Mitgliedsbehörden von 7 Ministerien auf 14 Ministerien aufgestockt wurde.

Auf der Provinzebene gibt es die *Tumen River Area Development Administration*, deren Mitglieder aus verschiedenen Provinzministerien kommen. Sie definiert die Probleme und koordiniert die Aufgaben des Tumen-Projektes mit der staatlichen Gruppe. Nebenbei ist diese Administration zuständig für regionale Entwicklungsstrategien und die Grenzübergänge der Provinz Jilin zu ihren Nachbarn. Um die Aktivitäten der verschiedenen Ministerien und Regierungsakteure zu koordinieren wurde das Büro für das Tumen-Projekt in Changchun eingerichtet.

Die lokalen Institutionen konzentrieren sich auf Sachprobleme und Abläufe des Tumen-Projektes. In der Präfektur Yanbian gibt es das *Tumen River Border-Crossing Development Office*, das verantwortlich für die Entwicklung der Grenzübergänge der Präfektur Yanbian und für die Bearbeitung des Tumen-Projektes ist, während das gleichnamige *Tumen River Border-Crossing Development Office* in Hunchun nur für die Zollentwicklung und die Überwachung der einzelne Projekte im Kreis Hunchun zuständig ist. Darüber hinaus koordiniert dieses Büro die auftauchenden Probleme mit den Lokalregierungen der Nachbarn. Seit der Gründung der *Hunchun Border Economic Cooperation Zone* (HBECZ) ist ein weiteres Verwaltungskomitee für die Zone entstanden. Es besitzt ein Bürogebäude und arbeitet Investitionsverfahren aus. Um den Antragsprozess zu vereinfachen, wird ein *One Stop*-Verfahren angewendet, bei dem alle Antragsverfahren in einer Stelle zusammengefasst werden.

Nordkorea

In Nordkorea vertreten das Ministerium für Außenhandel, das *Committee for Promotion of External Economic Cooperation* (CPEEC) und das *Rajin-Sŏnbong City People's Committee* die nationale Beteiligung am Tumen-Projekt. Außerdem koordinieren sie die Entwicklung der Rajin-Sŏnbong Zone mit den betreffenden Regierungsministerien und Organisationen (UNDP TUMEN SECRETARIAT 2001).

Russland

Die russische nationale Gruppe besteht aus einem Regierungsvertreter des Primorskij kraj, sowie Vertretern der Ministerien für Äußeres, Eisenbahn, Transport, Rohstoffe und Nachrichtenwesen sowie der Zoll- und Grenzbehörden (UNDP TUMEN SECRETARIAT 2001).

Südkorea

In Südkorea besteht die nationale Gruppe aus den Ministerien für Wirtschaft und Finanzen, Äußeres und Handel sowie für die Wiedervereinigung. Das Wirtschafts- und Finanzministerium koordiniert alle das Projekt betreffenden Aktivitäten mit den entsprechenden Ministerien und Forschungseinrichtungen. Dazu gehören die Ministerien für Bauwesen und Verkehr, für Wissenschaft und Technologie, das Koreanische Institut für Landesentwicklung sowie das Koreanische Institut für internationale Wirtschaftspolitik.

Mongolei

Der nationale Ausschuss der Mongolei umfasst die Provinzregierung der Provinz Dornod, die Ministerien für Äußeres, Finanzen und Wirtschaft, Natur und Umwelt und andere staatliche Behörden. Hierzu gehören das Amt für Außenhandelsbeziehungen, der Tourismusausschuss, das mongolische Aktionsprogramm für das 21. Jh. und weitere nachgeordnete Institutionen.

2.3.4 Fachbezogene Arbeitsgruppen

Die fachspezifischen Arbeitsgruppen bestehen aus technischen Experten und politischen Vertretern aus den fünf am Projekt beteiligten Ländern. Jede Facharbeitsgruppe untersucht die jeweiligen Schlüsselfaktoren der Tumen-Region in ihrem entsprechenden Arbeitsfeld, z.B. Handel und Investitionen, Transport, Umwelt, Energie, Tourismus und Telekommunikation, und leitet die Untersuchungsergebnisse sowie entsprechende Problemlösungsansätze an das Tumen-Sekretariat des UNDP weiter. Außerdem koordinieren die Arbeitsgruppen ihre Aktivitäten im Bezug auf das Tumen-Projekt mit den verschiedenen Regierungsebenen. Jede Arbeitsgruppe wird von einem führenden Mitgliedsland jeweils nach den Schlüsselfaktoren, z.B. Umweltschutzfaktor, geleitet. Ihre Mitglieder treffen sich jährlich und beraten die vergangene Entwicklung, die bevorstehenden Probleme und die nächsten Aktionspläne (UNDP TUMEN SECRETARIAT 2001).

Einrichtung eines Beirats geplant

Nach der Unterzeichnung der Abkommen über die Kommission und das Komitee wurde geplant, auf dem fünften Treffen der Kommission im April 2001 einen Beirat (*Council of Eminent Persons*) zu gründen. Dieser soll sich aus allgemein anerkannten und in der Regionalentwicklung und regionaler Kooperation erfahrenen Mitgliedern aus ganz Nordostasien zusammensetzen. Durch die Prominenz seiner Mitglieder soll der Beirat dem Tumen-Programm größeren Einfluss bei den Nationalregierungen, der Privatwirtschaft und dem Finanzwesen verschaffen. Seine Mitglieder sollen strategische Partnerschaften ermöglichen und das Tumen-Programm voranbringen, indem die nötigen Ressourcen mobilisiert werden, die zur Umsetzung der Programm-Aktivitäten benötigt werden. Allerdings ist dieser Beirat bis heute (2002) noch nicht gebildet worden.

Projektfonds

Um die Entwicklung der Institutionen zu fördern und grundlegende Studien zu unterstützen, ist jedes Mitgliederland verpflichtet, jährlich 25 000 US$ für den Betrieb des Tumen-Sekretariats beizutragen. Für die Versammlung der Kommission und der Arbeitsgruppen stellt jedes Gastgeberland die Einrichtungen zur Verfügung. Darüber hinaus hat Südkorea einen Projektfonds für das Tumen-Projekt eingerichtet, in den von Südkorea bislang eine Summe von 1 Mio. US$ eingezahlt wurde. Die Bereitstellung weiterer 1 Mio. US$ ist geplant. Für das Tumen-Sekretariat stellt die chinesische Regierung seit 1996 den Bürositz in Beijing zur Verfügung (UNDP TUMEN SECRETARIAT 2001).

Seit 1991 hat das Tumen-Sekretariat insgesamt 20 Mio. US$ an Spendengeldern angeworben. Die wichtigsten Spender sind UNDP und GEF (*Global Environment Facility*). Weitere Spender umfassen die finnische Regierung, die ADB (*Asian Development Bank*), das United Nations Department for Economic and Social Affairs, und die World Tourism Organisation. In der letzten Zeit bekommt das Tumen-Sekretariat auch Unterstützung von der Kanadischen Regierung, dem UNDP Nordic Trust Fund und dem *United Nations Office for Project Services* (UNDP TUMEN SECRETARIAT 2001). Das Sekretariat wird vom UNDP mit 8 Mio. US $ für 10 Jahre finanziert.

2.3.5 Informelle Institutionen in Nordostasien und in der Tumen-Region

Wegen der einzigartigen geographischen Lage Nordostasiens und seiner vielfältigen historischen Verflechtungen wurde dieser Region in den letzten zehn Jahren auch in anderen Teilen der Welt große Aufmerksamkeit geschenkt. Insbesondere seit der Initiierung des Tumen-Projektes durch das UNDP ist die Zahl der Institutionen, die sich mit Nordostasien und der Tumen-Region beschäftigen, stark gewachsen. Neben der entscheidenden Koordinationsstelle

UNDP zählen hierzu Forschungsinstitute, Nichtregierungsorganisationen (NGOs) sowie Foren für Nordostasien und die Tumen-Region (WANG LIANQIN 1995). Solche offiziellen und inoffiziellen Institutionen und Foren spielen eine wichtige gemeinsame Rolle zur Verminderung der Transaktionskosten (D. ALDRICH 1997).

Das Nordostasien-Forum

Das Nordostasien-Forum hat sich zum Ziel gesetzt, eine Bewegung (*epistemic community*) entstehen zu lassen, die die Human-, Natur- und Kapitalressourcen in Nordostasien durch Kooperation mobilisiert und somit die Wirtschaftsentwicklung in Nordostasien fördert (M. J. VLENCIA 1999). Das Nordostasien-Forum, eine NGO, wurde vom East-West Center der University of Hawaii ins Leben gerufen. Ende der 1980er Jahre sah das Institut nach dem Kalten Krieg in Nordostasien eine Tendenz der Wirtschaftszusammenarbeit und der friedlichen Entwicklung und startete eine Initiative zur Einrichtung eines Forums, in dem die Wünsche und Interessen aller Länder Nordostasiens an einem gemeinsamen Tisch besprochen werden können.

Nach ersten vorbereitenden Veranstaltungen 1987 und 1988 fand 1989 die erste Versammlung in Wladiwostok statt. Dem Forum wurde 1990 in Changchun große Aufmerksamkeit geschenkt, da hier zum ersten Mal das Konzept für das Tumen-Projekt aufgestellt wurde. Um das Tumen-Projekt genauer zu formulieren, wurde ein Jahr später in Changchun eine internationale Konferenz durch das UNDP und das East-West Center organisiert. Kurze Zeit danach hat das UNDP das ehrgeizige Tumen-Projekt in New York bekannt gegeben. Seither steht das Tumen-Projekt im Mittelpunkt des Forums. Obwohl die tatsächliche Entwicklung in der Tumen-Region nicht dem ursprünglichen Ziel des Tumen-Projektes entspricht, steht das Forum weiterhin für die Teilnehmer aus unterschiedlichen Ländern und Interessen als eine gemeinsame Plattform zur Verfügung. Dabei spielt das Forum eine Initiativ- und Koordinationsrolle. Bisher wurden 10 Foren über Nordostasien und das Tumen-Projekt organisiert (Tab. 23). Obwohl in der Tumen-Region die Entwicklung der Institutionen im Vergleich mit anderen Beispielen der subregionalen Zusammenarbeit, z.B. im Mekong-Delta und in ASEAN (M. THANT, TANG MIN UND H. KAKAZU 1998), die über gut aufgebaute Institutionen verfügen, noch nicht sehr weit fortgeschritten ist, trägt der Gedanke des Nordostasien-Forums erfolgreich zur Koordination des Tumen-Projektes bei (M. J. VALENCIA 1999).

Bürgermeisterkonferenz

Bei der regionalen Entwicklung des TRADA und der internationalen Zusammenarbeit in Nordostasien spielen die dortigen Städte eine besondere Rolle. Daher wurde eine Bürgermeisterkonferenz der Städte am Japanischen Meer im Jahre 1994 ins Leben gerufen. Bis 1999 wurden fünf Jahreskonferenzen veranstaltet. Durch derartige Konferenzen möchten die Beteiligten ein Netzwerk aufbauen, damit sie ihre regionale Zusammenarbeit in den Bereichen Handel, Investition, Umwelt und Tourismus fördern können.

2.4 Probleme des Tumen-Projektes

Nordostasien besteht aus Ländern mit sehr unterschiedlichen politischen Systemen, unterschiedlichen Stufen der Wirtschafts- und Technologieentwicklung und unterschiedlicher Ausstattung an Naturressourcen. Trotz großer Fortschritte gibt es noch viele Probleme und Schwierigkeiten, die die weitere Entwicklung des Tumen-Projektes behindern können. Die Hauptprobleme sind die politische Uneinigkeit zwischen den beteiligten Ländern und die schwache Infrastruktur in der Region (ERINA 2000). Sie führten dazu, dass das ursprüngliche Ziel des Projektes, die Einrichtung einer gemeinsamen Freihandelszone, zugunsten getrennter Sonderwirtschaftszonen in den Hintergrund getreten ist.

2.4.1 Unterschiedliche Interessen und Strategien

Anstatt das gemeinsame Projekt voranzubringen und Kompromissbereitschaft zu zeigen, versuchen die beteiligten Länder jeweils möglichst große Vorteile für sich selbst zu erzielen und den Nutzen für andere gering zu halten. Wenn solche Überlegungen in der grenzüberschreitenden Zusammenarbeit dominieren, bedeutet dies keine guten Voraussetzungen für eine Kooperation und für die Koordination der wirtschaftlichen Aktivitäten. Daher ist das Tumen-Projekt ein typisches Beispiel der Spieltheorie (D. ALDRICH 1997). Einen Eindruck von den Rollen der Akteure im Verlauf der Entwicklung des Tumen-Projektes gibt das folgende Zitat: *„China with one-sided love, reluctant Russia and isolated North Korea"* (CHANG XIN 1997). China ist der Initiator für das Tumen-Projekt und spielt daher eine sehr aktive Rolle. Russland verhält sich zögerlich, da es Befürchtungen hegt, dass der Transithandel in Wladiwostok und Nakhodka durch das Tumen-Projekt an Bedeutung verlieren könnte, falls die Landbrücke nach China verlegt werden sollte. Aus ähnlichen Gründen wollte Nordkorea zunächst die Sonderwirtschaftszone getrennt entwickeln und die Zusammenarbeit erst später aufbauen (J. COTTON 1996; ZHU YUCHAO 1996; D. ALDRICH 1997). Angesichts der Beteiligung von Südkorea, Japan und der Mongolei an der Entwicklung des Projektes sollen auch deren Interessen hier in Betracht gezogen werden.

Chinas Interessen

Chinas enthusiastische Unterstützung des Tumen-Projektes wurde von Anfang an von dem strategischen Interesse dominiert, sich in der Provinz Jilin einen direkten Zugang zum Japanischen Meer zu schaffen (vgl. Kap. 2.1). Aus diesem Grund schlug die chinesische Regierung ein Szenario an der Mündung des Tumens vor, bei dem in Fangchuan, also auf chinesischem Boden, ein Hafen für Hochseeschiffe entstehen sollte. Sollte dieses gigantische Projekt verwirklicht werden, würde China sicherlich den größten wirtschaftlichen Nutzen daraus ziehen. Diese Erschließungsstrategie ist nach der Meinung des UNDP jedoch zu aufwendig. Auch ist der Bau dieses Hafens rein wirtschaftlich gesehen in absehbarer Zeit keine optimale Lösung für China, da der Tumen-Fluss nach wie vor für große Hochseeschiffe zu flach ist.

Neben diesen strategischen Bedürfnissen spielen die wirtschaftlichen Interessen Nordost-Chinas eine entscheidende Rolle. Die drei chinesischen Nordostprovinzen sehen die Chance, endlich auch vom großen chinesischen Sonderwirtschaftszonen-Wunder zu profitieren und neue Impulse für die regionale Entwicklung zu erhalten (ZHU YUCHAO 1996). Nach der Genehmigung der Sonderwirtschaftszone in Hunchun im Jahre 1992 durch die Zentralregierung hat die Provinzregierung von Jilin ihr Engagement in der Tumen-Region verstärkt.

In den Verhandlungen über das Tumen-Projekt hat sich die chinesische Seite stets für eine transnationale Zone mit einem möglichst hohen Integrationsgrad ausgesprochen (*joint development zone*). Im Gegensatz zu Nordkorea fordern die Chinesen eine einheitliche Gesetzgebung und ein gemeinsames internationales Management in der eingangs vorgestellten gemeinsamen Freihandelszone. In dieser Haltung drückt sich die Angst aus, dass sowohl Nordkorea, als auch Russland, die eigene Häfen am Japanischen Meer haben, auch einen Alleingang riskieren könnten (ERINA 2000). Doch wartet auch China nicht auf einen Abschluss der TRADP-Planungen, sondern entwickelt zügig das eigene Tumen-Territorium. Außerdem hat China unabhängig von der TRADP in Eigeninitiative zahlreiche bilaterale Kooperationen und Projekte mit Russland und auch mit Südkorea in Angriff genommen (vgl. Kap. 2.2.1), die weit schneller gedeihen als die multilaterale Zusammenarbeit aller fünf beteiligten Länder.

Aufgrund der langwierigen Verständigungsprobleme und zeitlichen Enttäuschungen in der Zusammenarbeit mit Russland und Nordkorea mehren sich auf chinesischer Seite die Stimmen, die eine Weiterverfolgung des Tumen-Projektes ablehnen. Außerdem hat China noch weitere regionale Prioritäten in der Küstenregion (Perlfluß-Delta, Shanghai, Pohai, Gelbes Meer), weshalb es nicht allein als Finanzträger für das Tumen-Projekt auftreten möchte (V. PORTIAKOV 1998).

Russlands Interesse

In Russland fehlen bisher noch eine klare und deutliche Haltung und eine Verständigung zwischen der Zentral- und der Lokalregierung über das Tumen-Projekt. Die russische Position in Nordostasien ist in erster Linie durch sicherheitspolitische Bedenken geprägt. Einerseits will Russland aufgrund wirtschaftlicher Vorteile mit den Nachbarländern zusammenarbeiten und dadurch seine politische Position in Nordostasien festigen. Hierzu hat es in der letzten Zeit die Grenzverbindungen mit China ausgebaut und den Transithandel gefördert (vgl. Kap. 2.2.1). Andererseits sind sich Zentral- und Lokalregierung über das Tumen-Projekt immer noch nicht einig. Die regionale wirtschaftliche Zusammenarbeit in der Region befindet sich daher in einem Dilemma (K. FRITSCHE 1996; ZHU YUCHAO 1996). Während die Zentralregierung das Projekt befürwortet, hat die Lokalregierung noch große Bedenken gegenüber der grenzüberschreitenden Zusammenarbeit, die sich besonders auf folgende Punkte konzentrieren:

• die russische Region will nicht nur als Rohstofflieferant dienen.

• es besteht die Befürchtung dass mit der Entwicklung der Tumen-Region eine große Wanderungsbewegung, insbesondere von Chinesen, auf russisches Territorium einsetzt.

• die Natur im Russischen Fernen Osten ist sehr empfindlich, so dass eine regionale Erschließung in großem Maßstab eine negative Störung der Ökosysteme bedeuten würde.

- das Tumen-Projekt ist sehr kostspielig und daher von Russland schwer zu finanzieren.
- der Russische Ferne Osten verfügt bereits über gute Häfen, so dass die Ausbildung eines Transportkomplexes in der Tumen-Mündung die Warenströme sowohl von diesen Häfen als auch von der Transsibirischen Eisenbahn abziehen könnte (M. TITARENKO 1994; K. FRITSCHE 1996; D. ALDRICH 1997; ZHU YUCHAO 1996; V. PORTIAKOV 1998; PI YIN-HSIEN 1996).

Angesichts der hohen Transportkosten nach Moskau, der schlechten Infrastruktur, der mangelnden Energieversorgung und der Wirtschaftskrise ist Russland jedoch gezwungen, sich an der regionalen Zusammenarbeit in Nordostasien zu beteiligen (E. WISHNICK 1996; K. FRITSCHE, 1996). Große Hoffnungen werden auf die wirtschaftliche Kooperation mit Japan gesetzt. Auch auf Seiten der japanischen Wirtschaft ist großes Interesse vorhanden, wie einige japanische Investitionsprojekte in Wladiwostok und in dem Gebiet westlich von Chabarowsk zeigen. Russland wurde erst beim zweiten PMC-Treffen im Oktober 1992 Mitglied des TRADP. Obwohl das Projekt von wissenschaftlicher Seite kräftig propagiert wird, ist die russische Einstellung bisher eher von Zurückhaltung und Verzögerung gekennzeichnet (D. ADRICH 1997). Obwohl zwischen Russland und China in den letzten Jahren mehrere bilaterale Verträge geschlossen wurden, die in direktem Zusammenhang mit der Öffnung neuer Grenzübergänge und dem chinesisch-russischen Grenzhandel in der Region stehen, ist deren reibungslose Verwirklichung schwer zu erkennen (ERINA 2000). Angeblich ist der russische Gouverneur in Primorskij kraj mit solchen von beiden Zentralregierungen unterzeichneten Verträgen und Abkommen nicht einverstanden (T. AKAHA 1996; 1999; V. PORTIAKOV 1998; W. ARLT 2001), da sie China bevorteilen und er China als eine Konkurrenz für seine Region betrachtet. Jedoch vertreten nur die lokale Regierung oder eine Minderheit diese Meinung und die beiden Zentralregierungen sind sich in diesen Fragen bisher einig.

Während die chinesische Seite die Sonderwirtschaftszone Hunchun bereits einzurichten beginnt, steckt die russische Planung noch im Anfangsstadium. Auch die politische wie wirtschaftliche Unsicherheit der letzten Jahre wirkt sich hemmend auf die Einrichtung der Freien Wirtschaftszone Groß-Wladiwostok aus. Im Zentrum der Planung steht die Stadt Wladiwostok mit ihrer bereits vorhandenen und noch auszubauenden Infrastruktur. In erster Linie sollen die Hafenanlagen, Eisenbahnverladeanlagen und Flughäfen ausgebaut werden, um dann den Endpunkt einer eurasischen Landbrücke zu bilden (vgl. Kap. 2.1). Daneben möchte man durch den Ausbau von Bildungseinrichtungen ein günstiges Klima für Wissenschaft und Forschung schaffen. Außerdem soll die Region touristisch weiter erschlossen werden. In Khasan und Nakhodka sind zwei weitere Subzonen geplant, wobei die Zone um Khasan tendenziell auf Handel und Freihandel, Landwirtschaft und Tourismus ausgerichtet sein wird, während in der Zone um Nakhodka Industrie und Transportwesen die wichtigste Rolle spielen.

Nordkoreas Interessen

Nordkorea war von Anfang an gegenüber den politischen Wandlungen in Russland und China negativ eingestellt (G. ROZMAN 1997). Seitdem die Wirtschaftssituation wegen der Isolation und durch Naturkatastrophen sehr problematisch geworden ist, sieht sich Nordkorea gezwungen, internationale Verbindungen zu knüpfen und die verschlossenen Türen zu öffnen.

Auffällige Anzeichen hierfür sind die Aufnahme diplomatischer Beziehungen mit Industrieländern und die Besuche seiner Führer in China und Russland.

Belastet von der *Chuch'e*-Ideologie befindet sich Nordkorea in einer Phase der Fehlentwicklung. Trotzdem führt die Regierung ihre Probleme allein auf den Zusammenbruch der ehemaligen Sowjetunion und auf Naturkatastrophen zurück. Erst Anfang der 1990er Jahre begann sich das Land langsam zu öffnen, indem es eine Sonderwirtschaftszone einrichtete. Jedoch ist es ihm wegen des Mangels an Infrastruktur und schwieriger politischer Rahmenbedingungen bisher nicht in nennenswertem Umfang gelungen, ausländische Investitionen hierhin anzuziehen.

Während China den zentralen Hafen des TRADP gerne auf chinesischem Boden gesehen hätte, hat Nordkorea von Anfang an den Ausbau der eigenen Häfen Rajin, Sŏnbong und Chŏngjin favorisiert. Diese Ansicht schien sich dann auch beim UNDP durchgesetzt zu haben, so dass der Schwerpunkt des Projektes in Nordkorea gesehen wurde (D. ALDRICH 1997). Im Gegensatz zum UNDP und auch China, wandte sich Nordkorea jedoch stets gegen einen hohen Integrationsgrad der Kooperation. Während China immer von einer möglichst vollkommen integrierten internationalen Zone (*joint development zone*) sprach, möchte Nordkorea, dass jedes Land eigene Sonderwirtschaftszonen mit individuellem Management und eigener Gesetzgebung errichtet. Man unterstützt lediglich die Schaffung eines Management and Coordination Committee für das Tumen-Becken, um die gegenseitige Kooperation zwischen den Partnerländern für den UNDP-Plan einer internationalen Stadt zu koordinieren (C. EPE 1993). Außerdem verweigert Nordkorea China eine Navigationsregelung auf dem Tumen-Fluss (V. PORTIAKOV 1998). Obwohl die Regierung mittlerweile viele Vergünstigungen für ausländische Investitionen in der Rajin-Sŏnbong Zone verabschiedet hat, dürfte diese Form der Wirtschaftsöffnung jedoch keine Gefahr für die *Chuch'e*-Ideologie darstellen (ZHU YUCHAO 1996). Dieses Beharren auf einen eigenen Weg, das ungelöste Problem mit Südkorea und die Nuklearpolitik Nordkoreas haben den Hauptakzent des TRADP und besonders auch das Interesse potentieller Investoren wieder in Richtung China verschoben (KIM, EUIKON 1992).

Die Mongolei

Als ein Binnenland erhofft sich die Mongolei durch das Tumen-Projekt einen Zugang zum Meer. Das Land ist von den beiden Großmächten Russland und China eingeschlossen und mit diesen durch wichtige Eisenbahnstrecken verbunden. Die sich hieraus ergebende Abhängigkeit, die besonders in Zeiten eines freundschaftlichen Verhältnisses zwischen Russland und China bedrohlich werden kann, würde durch eine wirtschaftliche Kooperation, die Nord-, Südkorea und Japan mit einschließt, relativiert werden (C. EPE 1993). Die Mongolei ist mit der ursprünglichen Planung des Tumen-Projektes vollkommen einverstanden, da sie dadurch einen im Vergleich mit den Wegen durch Russland oder Nordkorea günstigeren Zugang zum Meer bekommen würde (DING SIBAO und CHEN CAI 1991; ZHU YUCHAO 1996; D. ADRICH 1997; V. PORTIAKOV 1998). In letzteren beiden Staaten erhofft sich die Mongolei devisenbringende Absatzmärkte für Projekte aus dem Bereich der Viehwirtschaft. Daher steht die Mongolei dem Tumen-Projekt positiv gegenüber, ihre eigenen Beiträge zur Infrastrukturentwicklung für das Tumen-Projekt bleiben aber wegen der schwachen Wirtschaftsentwicklung unbedeutend.

Südkorea

Südkoreas langfristiges Ziel ist die Wiedervereinigung mit dem Norden. Daher bemüht es sich einerseits um eine „Sonnenscheinpolitik" mit Nordkorea; andererseits gehört Südkorea zu den großen Protagonisten des Tumen-Projektes, um eine behutsame wirtschaftliche Einkreisungsstrategie zu verfolgen. Darüber hinaus gibt es wirtschaftliche Argumente, wie die Aussicht auf neue Absatzmärkte und günstige Standorte zur Auslagerung arbeitsintensiver Produktionen (KIM, EUIKON 1992; ZHU YUCHAO 1996; V. PORTIAKOW 1998). Das Tumen-Projekt bietet die Chance, bei der schwierigen Öffnung Nordkoreas und der Stabilisierung von dessen Wirtschaft behilflich zu sein. Sollte es dennoch zu einem Zusammenbruch des dortigen Systems kommen, so könnte das Tumen-Projekt einen kleinen Gegenpol zum Süden bilden, d.h. das dann ehemalige Nordkorea würde geographisch von Süden und von Norden her gestützt.

Japan

Japan ist bisher noch nicht offiziell an den Planungen des TRADP beteiligt. Es nimmt lediglich als Beobachter an den zahlreichen Konferenzen teil. Entsprechend zurückhaltend und von Skepsis geprägt ist die japanische Unterstützung für das Projekt. Diese Einstellung ist auf die instabile politische Situation in Nordostasien zurückzuführen (ZHU YUCHAO 1996). Sicher scheint nur, dass die Erschließung des Tumen-Deltas ohne japanische Kapitalhilfe unmöglich ist. Auch Japans Einfluss auf die *Asian Development Bank* (ADB) ist für den Erfolg des Projektes von entscheidender Bedeutung.

Die Zurückhaltung Japans, besonders auch auf politischer Ebene, hat mehrere Gründe. Historisch gesehen ist ein verstärktes japanisches Engagement auf dem Gebiet der ehemaligen Mandschurei besonders in China ein sehr empfindliches Thema. Politisch und wirtschaftlich besteht in Japan ein großes Misstrauen Nordkorea gegenüber. Die bilateralen Beziehungen zwischen Nordkorea und Japan sind alles andere als normal. Ein japanisches Handelshaus bezeichnete Nordkorea als einen der am wenigsten attraktiven Investitionsstandorte (C. EPE 1993). Da es in der Anfangsphase der Planungen so aussah, als ginge es in erster Linie um Investitionen auf dem Gebiet von Nordkorea, war die Investitionsbereitschaft in Japan gleich null. Da sich jedoch China in den letzten Jahren einen großen Vorsprung bei der Realisierung der Sonderwirtschaftszone schaffen konnte und damit das TRADP mehr und mehr vor vollendete Tatsachen stellte, Nordkorea sich dagegen durch seine Nuklearpolitik weiter isolierte, verlagert sich der Fokus der Planungen immer mehr in Richtung China. Dadurch scheint sich die anfängliche japanische Skepsis gegenüber dem Gesamtkonzept abgeschwächt zu haben (C. EPE 1993). Ganz oben auf der Prioritätenliste japanischer Investoren stehen jedoch Projekte im Russischen Fernen Osten, speziell in der Region nordwestlich von Chabarowsk entlang der chinesischen Grenze und auch in Wladiwostok selbst, die in keinem direkten Zusammenhang mit dem Tumen-Projekt stehen (C. EPE 1993).

Japans Interessen an einer wirtschaftlichen Kooperation in Nordostasien und speziell an der Erschließung des Tumen-Deltas sind vielschichtig. Durch das Ende des Kalten Krieges und den Niedergang der Sowjetunion ist das zwar in höchstem Maße unkooperative, aber doch stabile Machtgefüge Nordostasiens aus den Fugen geraten. So erhofft sich Japan, durch eine enge wirtschaftliche Kooperation der Länder Nordostasiens Frieden und Stabilität in der Region sichern zu können. Es liegt auf der Hand, dass für den Wirtschaftsgiganten Japan Stabilität durch wirtschaftliche Kooperation und etwaige neue militärische Gleichgewichte Vorteile entstehen. Des weiteren ist das hochindustrialisierte aber land- und ressourcenarme Japan an einer Erschließung der enormen Bodenschätze Nordost-Chinas und des Russischen Fernen Osten interessiert. Wie schon erwähnt, würde die Intensivierung des Güterverkehrs auf dem Japanischen Meer der strukturell benachteiligten Region an Honschus Westküste neue Entwicklungsimpulse verleihen.

Insgesamt teilen die Nachbarländer Nordostasiens wenige gemeinsame Interessen miteinander (vgl. Tab. 25). Diese Interessenkonflikte könnten auf lange Sicht eine Menge erheblicher Schwierigkeiten für das Tumen-Projekt mit sich bringen.

Tab. 25 Unterschiedliche Haltungen und Interessen der Länder Nordostasiens zum TRADP

	Geopolitische Ziele	Befürchtungen	Interesse und Konzept für das TRADP	Haltungen
Nordkorea	Überwindung von politischer Isolation und Wirtschaftskrise	Einbüßung der Souveränität und ungleiche Vorteile vom TRADP	Nutzung eigener Häfen und Infrastrukturen	instabil
Russland	Beitritt zum APEC	Umweltveränderungen, chinesische Zuwanderung, Ausbeutung und ungleiche Vorteile	Nutzung eigener Häfen und Infrastrukturen	Zurückhaltung und Dilemma
China	Zugang zum Japanischen Meer		gemeinsame Erschließung und SWZ	aktiv
Mongolei	Rohstoffexport und Zugang zum Japanischen Meer		gemeinsame Erschließung und SWZ	aktiv
Südkorea	Annäherung, Wiedervereinigung, politische und wirtschaftliche Stabilität		Investition und gemeinsame SWZ	aktiv
Japan	politische und wirtschaftliche Stabilität		Investition und gemeinsame SWZ	Zurückhaltung und Beobachtung

Quelle: EIGENE DARSTELLUNG

2.4.2 Mangelnde Koordination

Die betreffenden Koordinationspartner

Die drei direkt am Tumen-Projekt beteiligten Länder sind aufgrund ihrer Wirtschaftssysteme, Gesetzgebung, Regularien, Kultur und Investitionsklima so unterschiedlich, dass das Projekt ohne eine übergeordnete Koordination gar keine Fortschritte machen dürfte. Erschwerend kommen auch die ungleiche Machtverteilung zwischen Zentral- und Lokalregierungen, schwierige rechtliche Voraussetzungen sowie die Instabilität der sozialen und politischen Situation hinzu (KO, JAE-NAM 1999). Die notwendige Koordination bezieht sich auf vier Dimensionen, auf nationaler Ebener, auf lokaler Ebene sowie zwischen zentraler und lokaler Ebene und gegenüber dem UNDP.

Die Zentral- und Regionalregierung

Die Erwartungen der Zentralregierung und der Regionalregierung sind nicht immer gleichgerichtet. Im Fall des TRADP bestehen die Probleme und Schwierigkeiten normalerweise vor Ort, und die örtlichen Regierungen sind der Meinung, dass sie ihre Probleme am besten verstehen und selbst Lösungen finden können. Jedoch wird deren Entscheidungsmöglichkeit oft von den weit entfernten Zentralregierungen eingeschränkt. Gleiches gilt für die regionalen und lokalen Entscheidungsträger. Für eine Entscheidung muss die lokale Behörde mit einem großen Aufwand an Zeit und langen Verfahren rechnen. Z.B. muss nach der Verwaltungshierarchie in China der Kreis Hunchun zuerst seine Probleme an die obere Instanz der Präfektur Yanbian berichten; von der Präfekturhauptstadt Yanji werden die Probleme weiter an die Provinzregierung von Jilin übergeben. Dann unterbreitet die Provinz Jilin die Probleme der staatlichen Regierung in Beijing. Nachdem eine Entscheidung für die Lösung der Probleme von der Zentralregierung getroffen wurde, muss der gleiche Prozess von oben nach unten durchlaufen werden. Zwischen beiden ist eine vermittelnde Instanz, die Missverständnisse abbauen und Probleme sachlich beleuchten kann, erforderlich. In größerem Umfang hat in letzter Zeit das von Chen Cai geleitete Institut für Nordostasien der Northeast Normal University in Changchun diese Lobbyrolle übernommen. Die Wissenschaftler untersuchen das Tumen-Projekt mindestens einmal im Jahre vor Ort. Sie unterrichten die Provinz- und Zentralregierung über die dringendsten Probleme und unterbreiten ihnen Vorschläge zu deren Lösung. In der Rajin-Sönbong Zone und im Primorskij kraj gibt es ähnliche Strukturen. Im Verlauf des Tumen-Projektes wird sich diese Situation wegen der Einrichtung von Sonderwirtschaftszonen in den jeweiligen Regionen verbessern, jedoch bleibt das alte System noch eine große Hürde für effektivere Entscheidungsprozesse.

Es fehlt weiterhin die Koordination zwischen den regionalen Instanzen, z.B. hierarchieweise (vertikal) zwischen der Provinz Jilin, der Präfektur Yanbian und dem Kreis Hunchun, horizontal zwischen dem Kreis Tumen und dem Kreis Hunchun. Für die regionale Politik und die Investitionslenkung ist ein Vermittlungs- oder Koordinationsorgan erforderlich. Die Entwicklungsbüros des Tumen-Projektes in der Provinz Jilin, in der Präfektur Yanbian und dem Kreis Hunchun haben nur eine administrative Rolle. Wenn wirklich ein *Bottom-Up*-Prozess in Gang gesetzt werden soll, muss der Informationszugang für die Öffentlichkeit verbessert werden. Lokale Behörden, Bürgerinitiativen usw. müssen bei der Publikationsbehörde eine allgemeine Beratung und z.B. die Möglichkeit zur Einsicht von Statistiken erhalten. Zurzeit ist die Bürgermeisterkonferenz am Japanischen Meer ein gutes Beispiel dafür, die Initiative für das Tumen-Projekt von unten her voranzubringen.

Zu dem vom Planwirtschaftssystem bestimmten Verfahren zwischen Zentral- und Lokalregierung kommen weitere Hemmnisse wie die Bürokratie und Fehlentscheidungen in den jeweiligen Ländern. Wenn z.B. ein potentieller Investor in Hunchun Interesse an einer Niederlassung hat, muss er normalerweise für die Endbewilligung einen enormen Aufwand an

Zeit und Bürokratie überwinden. Die Entscheidungsträger bleiben wegen des „alten Denkens" (d.h. die Priorität der Grenze ist strategisch und politisch) oftmals zurückhaltend. Selbst für rein wissenschaftliche Untersuchungen werden die Informationen häufig nicht zur Verfügung stellt (wie der Autor selbst erfahren musste). Die Beamten behandeln Daten und Informationen wie Staatsgeheimnisse. Informationen über alltägliche Aktivitäten im Tumen-Projekt sind daher unzugänglich. Etliche Projektmitarbeiter kommen aus anderen Behörden ohne spezielle Ausbildung und sind für die grenzüberschreitende Zusammenarbeit nicht ausreichend qualifiziert. Darüber hinaus ist ihre Produktivität sehr gering, da eigenverantwortliches und selbstständiges Handeln kaum in den öffentlichen Verwaltungen verbreitet sind. Nicht überraschend ist deshalb, dass manche Beamte sowohl auf russischer als auch auf chinesischer Seite angeblich an illegalen Aktivitäten wie Schmuggel und Korruption beteiligt sein sollen. Solche Probleme können negative Standortfaktoren für ausländische Investitionen bedeuten. Um ein günstiges Klima für ausländische Investitionen zu schaffen, hat man in Hunchun allmählich versucht, die Antragsverfahren für Investoren effizienter zu machen. Z.B. wurde ein zentrales Verwaltungsbüro in der Sonderwirtschaftszone von Hunchun gegründet, damit der potentielle Investor sein Antragsverfahren einfach und schnell unter Dach und Fach bringen kann. Der Aufbau einer freundlichen und leistungsfähigen Verwaltung bleibt insgesamt in der Tumen-Region jedoch eine langwierige Aufgabe.

Mangelnde Koordination zwischen den Sonderwirtschaftszonen

Die drei beteiligten Länder verfolgen bisher voneinander unabhängige Sonderwirtschaftszonen ohne die nötige Koordination untereinander. Dies bedingt eine schlechte regionale Integration und führt unvermeidlich zur Doppelung von Standorten (oder vermeidbaren Investitionen). Alle Sonderwirtschaftzonen konzentrieren sich mehr auf physische Infrastrukturentwicklung ohne Berücksichtigung einer Verbesserung der Verwaltungsleistung. Für eine grenzüberschreitende Koordination bedarf es jedoch mehr Prinzipien und Regeln der grenzüberschreitenden Zusammenarbeit (V. VERCHENKO 1994). Deshalb führen Mängel in den Umsetzungsmechanismen des Projektes zu einem niedrigen Niveau der Verwirklichung der Abkommen. Im Allgemeinen vollzieht sich der grenzüberschreitende Handel aufgrund der geringen Kenntnisse voneinander oder über die Marktbedingungen auf eine eher chaotische Weise. Gegenseitige Klagen über die schlechte Qualität der Waren, ungeregeltes Verhalten und Nichteinhaltung der Abkommen sowie Forderungen nach Entschädigungen sind zahlreicher geworden (A. LAZIKIN 1994; H. TSUJI 2000).

2.4.3 Umweltbelange

Derzeit wird in der Tumen-Region, insbesondere in Hunchun, viel in die Infrastruktur- und Wirtschaftsentwicklung investiert. Da hier die wirtschaftliche Entwicklung zum Vergleich mit den Küstenregionen in China noch rückständig ist, konzentrieren sich die meisten Investitionen auf den Schwerpunkt der traditionellen Industrien (Holz-, Papier-, Textilindustrie usw.). Wegen der hohen Kosten werden Umweltinvestitionen kaum berücksichtigt, was zu Luft- und Wasserverschmutzungen führt. Wenn man das Tumen-Projekt langfristig betrachtet, muss auch die Umweltveränderung in der Tumen-Region in Betracht gezogen werden. Zurzeit wird das natürliche Ökosystem schon vom russischen Atommülldumping ins Japanische Meer bedroht (T. AKAHA 1996; 1999). Dazu im Widerspruch stehen die von den Russen geäußerten Bedenken über negative Umwelteinflüsse des Tumen-Projektes.

2.4.4 Instabile Politische Situation

Obwohl der Kalte Krieg beendet ist und die Grenze in der Tumen-Region durchlässiger geworden sind, bleibt die politische Situation in Nordostasien wegen unterschiedlicher Geostrategien der Anliegerländer sehr gespannt. Angesichts der langen, bitteren Geschichte der ideologischen Konfrontation, der kulturellen Mentalität und unterschiedlichen Wirtschaftssysteme mangelt es noch an gegenseitiger Verständigung und an Vertrauen. Häufig auftauchenden Probleme sind die historischen Spannungen zwischen Japan und anderen Nachbarländern, die unkalkulierbare politische Entwicklung in Nordkorea einschließlich dessen Atomprogramm, der Konflikt zwischen Nord- und Südkorea sowie das ungelöste Grenzproblem zwischen Japan und Russland (KIM, EUIKON 1992; T. AKAHA 1996; 1999).

Die instabile politische Situation in der Tumen-Region macht nicht nur die beteiligten Länder misstrauisch aufeinander, sondern schreckt auch potentielle ausländische Investoren ab. Auf den internationalen Konferenzen sind die verschiedenen Themen in fast allen Bereichen diskutiert und teilweise auch gute Konzepte aufgestellt worden, jedoch wurden immer weniger gemeinsame Entscheidungen getroffen. Trotz der Bemühung der beteiligten Länder, Japan am Tumen-Projekt zu beteiligen, bleibt die Einstellung Japans zum Tumen-Projekt bisher abwartend. Das Interesse ausländischer Investoren hat nach der Initiierung des Tumen-Projektes allmählich auch nachgelassen, so dass die von ihnen abgegebenen Absichtserklärungen vielfach nicht umgesetzt werden. Selbst wo Bauarbeiten angefangen wurden, wurden die Fertigstellungstermine zahlreicher Projekte verschoben oder die Projekte einfach abgebrochen. Abgesehen von den oben genannten Problemen gibt es sicherlich eine Fülle von weiteren, für die Tumen-Region relevanten Themen. Im Rahmen des Tumen-Projektes können jedoch nur die wichtigsten, in der internationalen Diskussion am häufigsten auftauchenden Aspekte angesprochen werden.

2.4.5 Ungenügendes Kapital für Infrastrukturentwicklung

Selbst wenn die politischen Hürden überwunden würden, gäbe es noch große finanzielle Probleme für das Tumen-Projekt, da alle drei Grenzregionen aufgrund der geographischen Randlage wirtschaftlich sehr schwach entwickelt sind. Angesichts der langen Laufzeit von Infrastrukturentwicklung möchten private Banken nicht gern in diese politisch instabile Region investieren (ERINA 2000). Bei den großen internationalen Finanzorganisationen ist das Vertrauen sehr gering, weil Nordkorea sich zur Zeit an gar keiner internationalen Organisation beteiligt. Um finanzielle Quellen für das Tumen-Projekt zu erschliessen, bemühen sich die Länder Nordostasiens zur Zeit um eine *Northeast Asia Tumen Investment Corporation*.

Ungeachtet des raschen Wirtschaftswachstums in Nordostasien gibt es noch Zweifel am Modell der regionalen Kooperation. Manche Beobachter sind der Meinung, dass die

Entwicklung des Handels und der Investitionen nur ein reines Zahlenwachstum, nicht aber eine Vertiefung und Erweiterung der regionalen Integration bedeutet (Interview mit REN SHUFU 2000). Es scheint auch so zu sein, dass die gegenwärtige Entwicklung des Tumen-Projektes kaum einen externen Wirtschaftseffekt für die Region herstellt, anders als es ursprünglich erwartet worden war. Der Grenzhandel bleibt noch auf zu niedrigem Niveau (F. KIRCHBACH 1996). Es fehlt auch an Überwachungsbehörden zum Projekt oder zu den Wirtschaftsverflechtungen (Handel, Schmuggel, Pendelverflechtungen). Japan und die anderen Industrieländer, bzw. ihre Zentralregierungen, könnten potentielle Investoren mobilisieren. Bis jetzt gibt es aber kaum eine positive Resonanz aus diesen Ländern.

2.4.6 Grenzübergangsprobleme im Tumen-Projekt

Viele der fehlenden Verbindungsstücke und Verkehrsinfrastrukturbauten im Tumen-Projekt sind im Laufe der 1990er Jahre - wenn auch meist langsamer als geplant – fertiggestellt worden. Ein ständiges Thema der Diskussionen um die Verkehrsentwicklung sind jedoch die nicht-physischen Behinderungen bzw. die weiche Einschränkungen des grenzüberschreitenden Verkehrs. Vor allem bei den Grenzübergängern innerhalb des TREDA dauern Grenzübertritte sehr lange und führen damit zu aufwändigen Transaktionskosten.

Für Personen besteht ein weiteres Problem in der Notwendigkeit, vor der Einreise ein Visum zu erlangen. Russische Bürger benötigen seit 1994 ein Visum für China, das vorher beantragt werden muss. Dazu ist das nächstgelegene Konsulat in Khabarovsk, fast 1 000 km von Wladiwostok entfernt. Die Ausstellung dauert zwei Wochen und kostet zwischen 50 und 300 US$. Umgekehrt benötigen Chinesen ein russisches Visum, das in Shenyang oder Beijing erhältlich ist, auch hier mit zwei Wochen Wartezeit und der Zahlung einer beträchtlichen Summe (150 US$) verbunden. Zwischen China und Nordkorea existiert ein Abkommen, unter dem Grenzpässe zum visafreien Grenzübertritt ausgestellt werden. Für andere Staatsangehörige muss eine Einladung der Behörden der Rajin-Sŏnbong Sonderwirtschaftszone vorgelegt werden, die nur zur Einreise in die Zone berechtigt. Südkoreaner können in der Regel nicht in die Sonderwirtschaftszone einreisen. Russland und Nordkorea verlangen seit 1997 gegenseitig Visa (W. ARLT 2001).

Für Warentransporte gibt es ähnliche Probleme. Zwischen China und Russland bestehen weiterhin Einschränkungen für den Straßentransport. Z. B. LKW aus Russland dürfen nur bis Yanji fahren, LKW aus China nur bis Slavyanka, obwohl der technische Zustand der Fahrzeuge, Verkehrsregeln usw. im wesentlichen gleich sind. Für den Personentransport dürfen PKW die Grenze nicht passieren, sondern die Reisenden müssen den 1998 eingerichteten internationalen Bus benutzen, der zweimal täglich Passagiere von Hunchun nach Zarubino bzw. Slavyanka befördert. Bis 1998 konnten zudem nur chinesische oder russische Staatsangehörige die russisch-chinesische Grenze bei Changlingzi überqueren (W. ARLT 2001).

Für Güter ist bei allen beteiligten Zollbehörden die Überprüfung aller Güter vorgesehen. Es findet ihre Erklärung vor allem in zwei Faktoren. Erstens sind Fragen des Grenzverkehrs zwischenstaatliche Probleme, die von den Behörden vor Ort nicht gelöst werden können. Regeln, z.B. über die Öffnungszeiten der Grenzposten, stellen offensichtlich nicht eine

Priorität für die Arbeit der Zentralregierungen dar. Im gleichen Sinne sorgt die Beschränkung des LKW-Verkehrs dafür, dass Fuhrbetriebe des eigenen Landes von den Umsätzen im Außenhandel ihren Anteil erhalten. Die Grenzkontrollen für Passagiere eines internationalen Busses dauern auf der russischen Seite 1 ½ Stunden und auf der chinesischen Seite nochmals eine halbe Stunde. Zweitens zeigt sich vor allem auf der russischen Seite die tiefsitzende Grenzmentalität, die angesichts der zahlenmäßigen Überlegenheit der chinesischen Bewohner in Nordostasien die Angst vor der „Gelben Gefahr" hervorruft, die von der Führung des Primorskij kraj in den 1990er Jahren noch zusätzlich mit Bedacht geschürt wurde. Die strengen Kontrollen können dabei nicht darüber hinwegtäuschen, dass nach Meinung aller Beobachter der gut organisierte Schmuggel über alle Grenzen in der Tumen-Region blüht (W. ARLT 2001).

2.5 Die Bewertung der grenzüberschreitenden Zusammenarbeit in der Tumen-Region

Insgesamt fehlen in der Tumen-Region noch günstige Voraussetzungen für die grenzüberschreitende Zusammenarbeit. Das Projekt ist zwar eine grenzüberschreitende wirtschaftliche Kooperation, sie wurde jedoch häufig von politischen Sicherheitbedenken und Strategien der Anliegerstaaten überschattet. Damit ist das ursprüngliche Ziel des Tumen-Projektes immer instabiler und unklarer geworden. Die Wirtschaftsentwicklung wird noch von der geopolitische Verflechtung zwischen der bilateralen oder internationalen Beziehung der Länder Nordostasiens im Form von Geoökonomie geprägt (CHO, LEE-JAY und M. J. VALENCIA 1992). Über die konkreten grenzüberschreitenden Projekte und den Ausbau der Infrastrukturen wird viel mehr gesprochen als getan. Nicht zuletzt fehlt eine kompetente grenzüberschreitende Institution; ihre Schaffung wird durch die unterschiedlichen Systeme und hierarchische Administrationen behindert (ZHU YUCHAO 1996). Andererseits wird der Zustand der Infrastruktur sowie der Institutionen als unzureichend beurteilt (vgl. Tab. 26).

2.5.1 Die unsichere politische Kulisse

Für die potentiellen Investoren spielt der politische Faktor eine zentrale Rolle. In der Tumen-Region sollen Südkorea und Japan die Investorenrolle übernehmen. Daher sind die politische Situation in Nordostasien sowie die bilateralen Beziehungen zwischen den Ländern Nordostasiens sehr wichtig für das Investitionsklima. In Bezug auf das Tumen-Projekt hat China sich aufgrund der Öffnungspolitik und der guten Beziehungen zu anderen Ländern Nordostasiens in den Bereichen Investitionen, Transithandel und Infrastrukturausbau sehr rasch entwickelt. In der Präfektur Yanbian stammt ein großer Teil der ausländischen Investitionen aus Südkorea. Nordkorea verharrt dagegen noch in der *Chuch'e*-Ideologie und bleibt isoliert von den Geldgeberländern isoliert. Die Hoffnung auf eine Aussöhnungspolitik zwischen den beiden Koreas sind noch nicht erfüllt, und es fehlen auch diplomatische Beziehungen zwischen Nordkorea und Japan. So ist das Land trotz der Errichtung der Rajin-Sönbong Sonderwirtschaftszone für die ausländischen Investoren uninteressant.

Tab. 26 Die Bewertung der grenzüberschreitenden Zusammenarbeit in der Tumen-Region

	Potential und Motivation	Hemmnisse und Schwäche
Präfektur Yanbian	• günstige Verkehrslage, näher als andere Wege in China nach Nordkorea, in den Russischen Fernen Osten, nach Japan und Südkorea. • die koreanische Minderheit (36% 1999), dadurch leichterer Zugang zu südkoreanischen Investoren. • qualifizierte und billige Arbeitskräfte. • Naturressourcen • Tourismus: Changbaishan und Fangchuan.	• ungünstige Entfernung zum Binnenmarkt in China bzw. Nordost-China. • kein Zugang zum Meer, keine Häfen. • mangelnd Schlüsselindustrien. • ungenügende Versorgungs- und Tourismusinfrastruktur in der Grenzregion. • Fluglinien nur Inlandsverbindungen.
Rajin-Sŏnbong SWZ	• günstige Häfen: der Hafen Rajin ist in gutem Zustand mit vier Mio. t Umschlagskapazität pro Jahr und besser als Posjet und Zarubino, weiterer Ausbau wird erwartet. Breitspur der Bahn nach Russland, Anschluss an Transsibirische Eisenbahn • qualifizierte und billige Arbeitskräfte. • Naturressourcen: Fisch und Holzprodukte. • Tourismus: Strände, Chilbo-san, Paektu-san. • Investitionsvergünstigungen	• schlechte Verkehrs-, Kommunikation und Versorgungsinfrastruktur. • große Entfernung vom Binnenmarkt. • schlechte politische Rahmenbedingungen.
Primorskij kraj	• qualifizierte Arbeitskräfte. • vielfältige Möglichkeiten für die Transittransporte (Vostochny, Nakhodka, Wladiwostok) mit Häfen, Eisenbahn und Luftlinien. • Naturressourcen: Fisch, Holz, Kohle und andere Bodenschätze. • Tourismus: Wladiwostok und Naturschutzgebiete.	• mangelndes Finanzsystem. • schlechte weiche Infrastruktur (Steuer, Justiz und Zoll) • schlechte Lebensbedingungen, Kriminalität, mangelnde medizinische Versorgung, mangelnde Wasserversorgung und -entsorgung • große Entfernung von Binnenmarkt.

Quelle: ERINA und FIAS 2000

2.5.2 Konkurrenz und unklare Koordination

Das ursprüngliche Ziel des Tumen-Projektes war es, eine mit Hongkong oder Shanghai vergleichbare Verkehrsdrehscheibe auszubilden, damit hier eine gemeinsame Wirtschaftsentwicklungszone und ein neues Wachstumszentrum in Nordostasien entstehen würde. Ein überzeugender Hintergrund sind die potentiellen regionalen komplementären Ergänzungsmöglichkeiten zwischen den Ländern Nordostasiens. Daher ist eine regionale Spezialisierung und interregionale Zusammenarbeit zwischen den Ländern Nordostasiens notwendig. Aber zur Zeit entwickelt jedoch jedes Anliegerland ein eigenes Wirtschaftskonzept ohne Rücksicht auf die Nachbarn und bemüht sich um den höchsten Vorteil für seine Sonderwirtschaftszone. Ohne Rücksicht auf den Nachbarn versucht jeder, neue Infrastrukturen auszubauen. Dieser Mangel an gemeinsame Planung zwischen den Nachbarn führt zur Konkurrenz.

2.5.3 Unzureichende Voraussetzungen für die Kooperation

Zuerst sind die Voraussetzungen für die Gründung der Sonderwirtschaftszonen nicht ausreichend, das betrifft vor allem Russland und Nordkorea. In Russland ist die Zone zu groß, dadurch werden die Investitionen zu weit gestreut. Außerdem werden die Voraussetzungen für die Errichtung einer Sonderwirtschaftszone ignoriert, z.b. die Bedeutung der Sonderwirtschaftszone, die Rolle der Regierung, die Bedeutung der Lage und Größe, die geeigneten gesetzlichen Rahmenbedingungen für Sonderwirtschaftszone, die Effizienz der Administration und die Sicherheit für die ausländischen Investitionen. In der letzten Zeit kämpft die Zone mehr um das Regierungsbudget als um die regionale Wirtschaftsentwicklung in Richtung einer internationalen Zusammenarbeit. Wegen des großen Flächenumfangs ist die finanzielle Unterstützung für den Staat eine große Belastung. Viele Voraussetzungen fehlen in der Sonderwirtschaftszone Russlands, um erfolgreich ausländische Investitionen anzuziehen. Nicht zuletzt gibt es in Russland wenig Erfahrungen mit Sonderwirtschaftszonen und kaum qualifizierte Fachkräfte (S. J. VIKHOREVA 2001).

Für eine grenzüberschreitende Zusammenarbeit ist es nötig, die Planungen Schritt für Schritt zu verwirklichen; im Tumen-Projekt fehlt bisher diese Planung in Einzelschritten. Insgesamt sind die Voraussetzungen für internationale Investitionen angesichts der Wirtschaftsrezession noch nicht gegeben. Einige Probleme zwischen den drei Ländern sind aufgrund der mangelnden Koordination noch nicht gelöst, die politische Situation ist noch nicht stabil, die Verkehrs- und Kommunikationsinfrastruktur ist schwach ausgebildet und das Bildungsniveau und die Qualifikation der in der Administration Beschäftigten sind noch unzureichend. Entsprechend der Entwicklung in den einzelnen nationalen Zonen koordinieren die Kommission und das Komitee nur als lockere Organisation den Aufbau der Infrastruktur zwischen den beteiligten Zonen und berücksichtigen dabei die Interessen aller Staaten. Aber sie nehmen damit eine Aussenseiterrolle ein, innerhalb der beteiligten Länder gibt es bisher noch keine Koordinationsstelle. Hinzu kommen Probleme wie mangelnde gemeinsame Planung, fehlendes internationales Geld, wenige gemeinsame Handlungsregeln und Verträge, und interne Schwierigkeiten des Sekretariats selbst, die die Umsetzung des Tumen-Projektes erschwert haben.

Teil 4 Anregungen für das Tumen-Projekt aus der Erfahrung der grenzüberschreitenden Zusammenarbeit am Oberrhein

1 Regionaler Vergleich zwischen der EuroRegion Oberrhein und der Tumen-Region

1.1 Vergleich der regionalen Voraussetzungen

1.1.1 Die Unterschiede zwischen der EuroRegion Oberrhein und der Tumen-Region

Die geographische Ausstattung der EuroRegion Oberrhein und der Tumen-Region ist sehr unterschiedlich. Die EuroRegion Oberrhein befindet sich im Herzen Europas. Die Tumen-Region nimmt dagegen einen Peripherieraum Nordostasiens ein. Alle Teilregionen des Tumen-Gebietes liegen in wirtschaftlicher Randlage des eigenen Landes. Die kulturelle Ausstattung der EuroRegion Oberrhein wird seit langem durch die gemeinsame alemannische Geschichte und Kultur geprägt. Trotz der früheren Feindschaft zwischen Deutschland und Frankreich und der Wunden beider Weltkriege kommt das gemeinsame Kulturerbe unter dem positiven politischen Einfluss der grenzüberschreitenden Zusammenarbeit zugute. In der Tumen-Region gibt es zwar eine große koreanische Minderheit in der chinesischen Präfektur Yanbian, die über die gleiche Sprache und Kultur wie die Nachbarn im Süden verfügt, diese Verbindung wird jedoch von der ungünstigen politischen Situation überschattet.

Obwohl die politischen Verwaltungssysteme in beiden grenzüberschreitenden Regionen von Land zu Land unterschiedlich sind, sind die Unterschiede in der EuroRegion Oberrhein relativ geringer als in der Tumen-Region. Selbst im französichen Zentralstaat verfügt die regionale und lokale Ebene über eigene Machtbefugnisse, durch die sich die lokalen Behörden an Entscheidungen über die grenzüberschreitende Zusammenarbeit beteiligen können. Dadurch handelt es hier um einen *Bottum-up*-Prozeß in bezug auf die grenzüberschreitende Zusammenarbeit. Die Grenze zwischen den Nachbarn ist hier angesichts der sicheren politischen Verhältnisse viel durchlässiger als die Grenze in der Tumen-Region. In der Tumen-Region ist die politische Stabilität dagegen sehr stark von den jeweiligen Zentralregierungen abhängig, besonders von der verschlossenen und unkalkulierbaren Politik Nordkoreas. Die administrativen Entscheidungen im Tumen-Projekt spiegeln noch einen typischen *Top-down*-Prozeß wider. Angesichts der geographischen Lage und des Infrastrukturzustandes in den beiden Regionen ist die Erreichbarkeit der Macht in der EuroRegion Oberrhein viel besser als in der Tumen-Region: In der EuroRegion Oberrhein ist die geographische Entfernung zu den Hauptstädten viel kürzer als in der Tumen-Region (z.B. von

Wladiwostok nach Moskau, von Yanji nach Beijing, von der Rajin-Sŏnbong Zone nach Pyŏngyang). Hinzu kommen die Unterschiede in der grenzüberschreitenden Zusammenarbeit in den jeweiligen Regionen. In der EuroRegion Oberrhein ist die grenzüberschreitende Zusammenarbeit eine nationale Strategie und wird auch von der EU Ebene gefördert, in der Tumen-Region hat jedes Land seine eigenen regionalen Interessen und Schwerpunkte. So konzentriert sich China z.b. auf seine Küstenprovinzen, Russland fördert seine europäischen Gebiete, und Nordkorea bleibt noch verschlossen. Die Grenzöffnung zwischen den drei Ländern ist sehr eingeschränkt.

Im Vergleich mit der EuroRegion Oberrhein fehlen der Tumen-Region somit noch die grundlegende Voraussetzungen für eine grenzüberschreitende Zusammenarbeit wie z.B. günstige politische Voraussetzungen, eine gute Infrastruktur, eine grenzüberschreitende Organisation und der gemeinsame Wille. Eine stabile politische Situation kann man noch nicht gewährleisten, ganz zu schweigen von der Klärung juristischer Fragen. Allerdings gibt es hier ein starkes Entwicklungsbedürfnis auf der lokalen Ebene. Der Grund dafür liegt vor allem in der Randlage der jeweiligen Regionen zu ihren Staaten, die ein krasses Entwicklungsgefälle zwischen Peripherie und Zentrum hervorruft.

1.1.2 Die Gemeinsamkeiten zwischen der EuroRegion Oberrhein und der Tumen-Region

Die Gemeinsamkeiten der beiden Regionen beziehen sich vor allem auf den typischen Charakter der Grenzregion. Beide Regionen haben in der neusten Zeit eine turbulente und wechselvolle Geschichte durchlebt. Diese historische Narbe ist noch im Gedächtnis der Grenzbewohner verwurzelt. Das führt häufig zu Vorurteilen zwischen den Grenzbewohnern. In der Tumen-Region ist das Potential eines internationalen Konfliktes noch nicht ganz ausgerottet. Ethnologisch gesehen handelt es sich in beiden Regionen um gemeinsame Kulturwurzeln. Am Oberrhein ist dies die alemannische Kultur, die als Logo der regionalen Identität und des Selbstbewußtseins bezeichnet wird, in der Tumen-Region ist es die gemeinsame koreanische Kultur und Sprache, die zumindest einen Teil der Bewohner verbindet. Die Koreaner fühlen sich untereinander stärker verbunden als mit den Han-Chinesen. Diese gemeinsame Mentalität und Sprache bilden einen Bindeglied und können zum positiven grenzüberschreitenden Kontakt beitragen.

In beiden Grenzregionen haben die Staaten unterschiedliche politische Systeme. Am Oberrhein sind die Schweiz und Deutschland föderalistische Länder, Frankreich dagegen ein zentralistisches Land, in der Tumen-Region ist Russland ein Transformationsland, China befindet sich in der Übergangsphase zur Marktwirtschaft und Nordkorea verharrt noch in der *Chuch'e*-Ideologie. Daher ist es schwer, passende Partner der Gebietskörperschaften mit entsprechenden Entscheidungsbefugnissen zu finden. Innerhalb des eigenen Landes klagen lokalen Verwaltungen der Grenzregionen, dass die Zentralregierung ihre Probleme nicht ausreichend verstehen und sie sogar vernachlässigen. Teilweise gibt es Machtkonflikte zwischen der Zentral- und Lokalregierung sowie Interessenskonflikte auf der horizontalen Ebene, besonders im Fall der Tumen-Region. Sichtbar werden diese Konflikte in der Gestaltung der Infrastrukturentwicklung. So gibt es z.B. an der Grenze häufig die blind endende Bahnlinien oder Straßen, die keine entsprechenden Anschlüsse auf der anderen Seite der Grenze haben. Dadurch entstehen in beiden Regionen bürgernahe Bewegungen und Privatinitiativen. Am Oberrhein ist es schon üblich, grenzüberschreitende Fragen durch lokale Lobby und Konferenzen weiter nach oben zu tragen. In der Tumen-Region haben Initiativen auf lokaler Ebene und von Nicht-Regierungsorganisation in der letzten Zeit gerade erst angefangen, die gemeinsamen Probleme der Grenzregion zu erörtern. In beiden Regionen gibt es einen Grenzfluss, der Umweltprobleme und Fragen der Flussnavigation aufwirft. Das Problem der Flussnavigation konnte am Oberrhein durch internationale Vereinbarungen bereits weitgehend gelöst werden. Damit bildet der Rhein eine Hauptverkehrsader für die Wirtschaftsentwicklung am Oberrhein. Im Gegensatz dazu bleiben die Navigationsfrage und das Umweltproblem am Tumen-Fluss noch weitgehend ungelöst.

1.2 Vergleich der grenzüberschreitenden Zusammenarbeit

Unter Berücksichtigung der regionalen Voraussetzungen gibt es unterschiedliche Perspektiven für die grenzüberschreitende Zusammenarbeit der beiden Regionen (vgl. Tab. 27). In Europa haben die lokalen Behörden in den Grenzregionen eine starke Tradition, den Kontakt mit Nachbarn zu pflegen. Die Grenzkonflikte sind zwar noch nicht ganz überwunden, aber die Grenze wird nicht mehr als eine Bedrohung für die nationale Sicherheit betrachtet. Statt dessen ist die Entwicklung der grenzüberschreitenden Institutionen auf Basis der lokalen Belange freiwillig zustandgekommen. Die grenzüberschreitende Zusammenarbeit gilt als ein Mechanismus, der wie ein *Patchwork* für die Integration der EU funktioniert. Mit der Entwicklung der EU stellen die Grenzen in Westeuropa keine Barrieren mehr dar. Die Grenze als Hemmnis wurde mit den günstigen europäischen Rahmenbedingungen (z.B. die europäische Konvention und die AGEG) und der Entwicklung grenzüberschreitender Institutionen abgebaut. Bei der grenzüberschreitenden Zusammenarbeit in Europa handelt es sich um den Aufbau eines Netzwerks von informellen und formellen Kontakten, Informationsaustausch, bis hin zur Umsetzung konkreter Projekte. Dabei spielen auch die professionellen Lobbyisten, NGOs und Akademiker eine bedeutende Rolle für die Artikulation der bevorstehenden Probleme und ihrer möglichen Lösungen. In den 1960er und 1970er Jahren wurden zahlreiche bilaterale und multilaterale Regierungskommissionen für die grenzüberschreitende Planung ins Leben gerufen. Die Hauptinitiative der grenzüberschreitenden Zusammenarbeit beruht auf dem guten Willen und freiwilligen Engagement. Die klassische Form der Zusammenarbeit in der EuroRegion ist die von „Zwillingsgesellschaften", die auf jeder Seite die richtigen Gesprächspartner bereitstellen (M. PERKMANN 1999). Der Aufbau der Institutionen hat eine solide Basis für die grenzüberschreitende Zusammenarbeit geschaffen. In den 1980er Jahren ist die grenzüberschreitende Zusammenarbeit mit der Umsetzung der Projekte zur alltäglichen Routine geworden. Die Einführung des INTERREG- und PHARE-Programms (mit EU-Außengrenzen) hat der grenzüberschreitenden Zusammenarbeit starke Impulse gegeben. Dadurch sind die verschiedenen auf lokaler Ebene verankerten Institutionen (z.B. die EuroRegion) und die mit INTERREG zusammenhängenden Strukturen und die Regierungskommissionen immer enger verflochten worden (M. PERKMANN 1999).

Die über Jahrzehnte aufgebaute grenzüberschreitende Zusammenarbeit in der EuroRegion Oberrhein hat ein Netzwerk in allen Bereichen und flexible regional geschachtelte Institution

Tab. 27 Vergleich der grenzüberschreitenden Zusammenarbeit in der Tumen-Region und der EuroRegion Oberrhein

Faktoren	Tumen-Region	EuroRegion Oberrhein
Ziele	Freisetzung der grenzüberschreitenden Vorteile, Wachstumspole	Abbau der Grenzhemmnisse, Synergie der grenzüberschreitenden Verflechtungssysteme
Modelle	Transportkorridor und Wirtschaftskorridor	Kooperative Standortwettbewerbe, Polyzentrische EWG Region
Inhalt	Infrastrukturausbau, Transithandel, ausländische Investitionen, Tourismus, Umwelt	Umwelt, Verkehr, Bildung, Grenzgänger, Netzwerke, INTERREG-Programm, Aufbau der regionalen Identität, INFOBEST.
Politischer Hintergrund	instabile geopolitische Situation	Günstiges politisches Klima, Regionalpolitische Bewegung in den 1960er und –70er Jahre, Regionale Integration der EU
Verwaltung	hierarchische Struktur, keine grenzüberschreitende Institutionen	Föderalistisches und dezentralistisches System, Mitwirkung in grenzüberschreitenden Institutionen
Infrastruktur	geringe Anzahl von Straßen- und Eisenbahnverbindungen, unterentwickelte Telekommunikation.	Modernisierung der bestehenden Grenzübergänge, günstige Transitlage in Europa
Wirtschaftliche Entwicklung	schwache Wirtschaftsentwicklung	Prosperierende Grenzregionen mit Jahrhunderte alten engen wirtschaftlichen Verflechtungen
Finanzielle Unterstützung	keine Mittel von den Nationen und internationalen Organisationen	EU-Programm und Kofinanzierung durch nationale/regionale Mittel
Ökologische Situation	keine gemeinsame Politik für den Umweltschutz	gemeinsame ökologische Unternehmen, resp. Revitalisierung und Ansiedlung von Lachs etc. nach der Sandoz-Katastrophe
Grenzfunktion	politische Schranke, Hemmnis und Filter.	Durchlässige Kontakt- und Austauschzone
Kulturelle Bedingungen	unterschiedliche Kulturen und Sprache, z.T. gemeinsame koreanische Kultur	gemeinsame alemannische Kultur, zwei unterschiedliche Sprachen (D, F), Konkurrenz/Vereinfachung durch Englisch
Psychologische Situation	fehlende Muster für eine grenzüberschreitende Zusammenarbeit	Abbau von feindlichen Haltungen, neue versöhnliche Akteure, Aufbruchstimmung
grenzüberschreitende Zusammenarbeit	Freisetzung der komparativen Vorteile; „Goldenes Dreieck"; Anfangsphase mit Schwierigkeiten	Motor für die Integration der EU; EuroRegion; Subsidiaritätsprinzip; Routine-Aktivitäten mit Erfahrung; von informellen zu institutionellen Kontaktgremien, später Einbeziehung der Bevölkerung

Quelle: EIGENE DARSTELLUNG

entsprechend den Funktionsbelangen der drei Länder von Agglomeration Basel bis hin zu Karlsruhe ausgebildet. Die allgemeinen Phänomene der grenzüberschreitenden Zusammenarbeit am Oberrhein sind Grenzgänger, Pendler, eine gemeinsame Raumplanung und ein intensiver Informationsaustausch. Das Ziel ist ein Streben nach Synergie der Wirtschaftsstrukturen und nach einer Lösung für die gemeinsamen Probleme wie Umwelt, Verkehr, Grenzgänger und Pendler in der Grenzregion.

In der Tumen-Region bemüht man sich zuerst darum, das Potential der gegenseitigen Wirtschaftsvorteile unter dem Namen „Goldenes Dreieck" freizusetzen. Angefangen wird mit Tourismus, Grenzhandel, dem Ausbau der Infrastruktur und ausländischen Investitionen. Für die Entwicklung der grenzüberschreitenden Institution koordiniert das UNDP die drei Anliegerländer (auf der Ministeriumsebene) und organisiert regelmäßige Sitzungen der Arbeitsgruppen im Form des PMC und des TRADP. Die Provinz Jilin und der russische Primorskij kraj trafen Entscheidungen für eine Verknüpfung der Infrastruktur. Die Bürgermeister der jeweiligen Städte besuchen einander inoffiziell und unregelmäßig; die Wissenschaftler beteiligen sich an verschiedenen internationalen und nationalen Konferenzen, informieren sich und pflegen den Gedankenaustausch; dadurch nehmen sie Einfluss auf die Regierungen und liefern Anregungen für das Tumen-Projekt. NGOs und private Organisationen sind aktiver als offizielle Instanzen; sie haben zahlreiche internationale Sitzungen organisiert und Beziehungen untereinander angeknüpft. Jedoch ist die Institutions- und Organisationsentwicklung in der Tumen-Region im Grunde genommen noch recht locker. Wenn es um sachliche oder praktische Aktivitäten geht, fehlen noch die entsprechenden Organisationen auf der unteren Ebenen, sowohl in horizontaler (zwischen den Regionen oder den Fachbereichen) als auch in vertikaler Dimension.

2 Anregungen der grenzüberschreitenden Zusammenarbeit der Euro-Region Oberrhein für das Tumen-Projekt

Ist die grenzüberschreitende Zusammenarbeit in der EuroRegion Oberrhein vergleichbar mit der Tumen-Region, oder gar übertragbar? Wenn überhaupt, wie funktioniert das? Was kann die Tumen-Region von der EuroRegion Oberrhein lernen? Um diese Fragen zu beantworten, ist es sinnvoll, zuerst die Erfahrungen aus der EuroRegion Oberrhein zusammenzustellen.

Am Oberrhein hat sich die grenzüberschreitende Zusammenarbeit seit knapp vierzig Jahren entwickelt, doch ist die öffentliche Bedeutung und praktische Umsetzung erst seit 1989, als der Dreiländer-Gipfel stattfand, und durch das INTERREG-Programm ins allgemeine Bewusstsein getreten. Ziel der grenzüberschreitenden Zusammenarbeit in der EuroRegion Oberrhein ist nicht die Beseitigung, sondern die Überwindung der Grenze. Im Rahmen der grenzüberschreitenden Zusammenarbeit sind in der letzten Zeit am Oberrhein eine Reihe von erfolgreichen Projekten, insbesondere Projekte, die mit Netzwerken und weicher Infrastruktur zu tun haben, entstanden.

2.1 Aufbau eines günstigen lokalen Milieus

Die EuroRegion Oberrhein ist eine Region, die von innovativen mittelständischen Unternehmen geprägt wird. Zwischen der Regionalentwicklung und dem lokalen Milieu besteht eine Wechselwirkung. Einerseits wird die Wirtschaftsentwicklung in der EuroRegion Oberrhein von einem günstigen lokalen Milieu bestimmt, andererseits entstehen aus dieser Wirtschaftsverflechtung hervorragende Netzwerke und das Prinzip der Partnerschaft, an dem die verschiedenen Akteuren (vertikale Ebene der Regierungen, horizontale Bereiche sowie Privatpersonen) beteiligt sind (P. COOKE und K. MORGAN 1998). Die Netzwerke und die Partnerschaft beziehen sich nicht nur grenzüberschreitenden Partner, sondern auch die regionale Kooperation im eigenen Mandatsgebiet.

2.2 Endogene Mobilität

Für die grenzüberschreitende Zusammenarbeit in der EuroRegion Oberrhein ist nicht nur die Ansiedlung neuer Unternehmen, die Realisierung großer Projekte oder Ausbau der Infrastruktur wichtig, sondern mindestens ebenso eine endogene regionale Entwicklung durch den Aufbau von Netzwerken der Institutionen und eine Verstärkung der wirtschaftlichen Mobilität und synergetischer Effekte auf eine lange Dauer. Trotz der Undurchsichtigkeit prägen die grenzüberschreitenden Institutionen das alltägliche Leben in der Region durch ihr *Brainstorming*, integrative Gedanken, Konferenzen, Gespräche in *Workshops*, die Koordination und die Beteiligung von Bürgerinitiativen an der Umsetzungsplanung.

2.3 Breites Spektrum der Kooperation

Das Ziel der grenzüberschreitenden Zusammenarbeit ist nicht nur die Wirtschaftsentwicklung, sondern ein breites Spektrum der Arbeitsfelder und Projektthemen, wie Planung, Umwelt, Forschung, Ausbildung usw. Darüber hinaus wird der Aufbau der grenzüberschreitenden Institutionen in allen erwähnten Bereichen, die sich auf die EuroRegion Oberrhein langfristig auswirken können, angestrebt.

2.4 Guter Wille

Die Institutionen und Organisationen der grenzüberschreitenden Zusammenarbeit in der EuroRegion Oberrhein stellen praktisch ein Forum für alle Interessierten dar. Auf dieser Bühne spielt die Einstellung und das Verhalten der institutionellen Akteure eine entscheidende Rolle. Der Erfolg der grenzüberschreitenden Zusammenarbeit am Oberrhein beruht auf dem guten Willen und dem gegenseitigen Vertrauen der formellen und informellen Akteure in den Nachbarländern.

2.5 Bürgerinitiativen

Charakteristisch für den Aufbau der grenzüberschreitenden Institutionen ist der Prozeß der Dezentralisierung und das *Bottum-up*-Prinzip. Im Falle eines grenzüberschreitenden Projektes gibt es keine einzige Organisation, die die Entscheidung allein treffen kann. Die Auswahl für das Projekt sowie die Stellung des Antrages und die Umsetzung werden jeweils von einer Arbeitsgruppe getragen. Ihre Mitglieder kommen aus unterschiedlichen Bereichen (Regionalplanung, IHK, Gemeinden, Firmen, Umweltverbänden, Vereinen usw.), alle Informations- und Datenangebote sind für die Interessierten transparent, es ist insofern ein breites soziales Spektrum am Entscheidungsprozeß beteiligt.

Aus der Erfahrung der grenzüberschreitenden Zusammenarbeit in der EuroRegion Oberrhein kann man die Schlüsse ziehen, dass eine erfolgreiche grenzüberschreitende Zusammenarbeit zahlreiche Faktoren, wie politische Stabilität, lokale Bürgerinitiativen, einen starken Willen und Vertrauen sowie das Subsidiaritätsprinzip der Institutionen benötigt.

3 Perspektiven und Strategien der grenzüberschreitenden Zusammenarbeit in der Tumen-Region

In der EuroRegion Oberrhein und der Tumen-Region kann man unterschiedliche Stufen im Bezug auf die grenzüberschreitende Zusammenarbeit betrachten. Im Vergleich mit der EuroRegion Oberrhein befindet sich das Tumen-Projekt in einer Anfangsphase. Der Transithandel und die Investitionen sind bereits angestiegen, der Tourismus kommt gerade in Gang, die Entwicklung von Sonderwirtschaftszonen ist angelaufen. Es ist jedoch noch viel zu tun. Die grenzüberschreitende Zusammenarbeit in verschiedenen Bereichen, wie z.B. in der Wirtschaft, Kultur und Umwelt, in den Organisationen bis hin zu einzelnen Firmen, muß noch aufgebaut werden. Grenzüberschreitende Zusammenarbeit bedeutet auch eine bessere Möglichkeit der regionalen nachhaltigen Entwicklung. Für die weitere Entwicklung der grenzüberschreitenden Zusammenarbeit kann die Tumen-Region von der EuroRegion am Oberrhein lernen.

3.1 Der Regionalfond

Die meisten Infrastruktureinrichtungen (Telekommunikation, Verkehr und Transport, Kraftwerke) in der Tumen-Region stammen aus 1950er Jahren bzw. gar aus der Japanischen Zeit und haben sich in der letzten Zeit kaum verändert. Ihr heutiger Zustand ist für das Tumen-Projekt nicht mehr adäquat. Für die Entwicklung des Tumen-Projektes und des regionalen Aufschwungs besteht ein großer Nachholbedarf. Deshalb ist hier ein Regionalfond für den Ausbau der Infrastruktur nach dem Vorbild des INTERREG in der EuroRegion Oberrhein unentbehrlich. Jedoch ist es noch schwer, finanzielle Unterstützung durch die großen Geldgebern wie der Weltbank oder der *Asian Development Bank* (ADB) zu gewinnen, da die Weltbank nur einzelne Länder unterstützt und Russland nicht Mitglied der ADB ist. Darüber hinaus hat Nordkorea bisher noch keine Beziehung zu diesen beiden Geldgebern. So wurde in der letzten Zeit eine sogenannte *Development Bank for Northeast Asia* (NEAB) und eine

Northeast Asia and Tumen Investment Corporation (NEATIC), die sich auf den Aufbau der Infrastrukturentwicklung (Verkehrsanlagen, wie Häfen und Bahnlinien, Kraftwerke, Telekommunikationseinrichtungen, Abwasserkläranlagen usw.) in der Tumen-Region konzentrieren sollen, ins Gespräch gebracht. Die Gelder sollen aus privaten Quellen, insbesondere aus ausländischen Investitionen, stammen. Zurzeit sind die meisten ausländischen Investitionen (insgesamt 1 Mrd. US$) in die Bereiche Fertigungsproduktion und Tourismus geflossen. Private Investition für die Entwicklung der Infrastruktur in der Tumen-Region sind eher begrenzt, sie beschränken sich auf die Hafenanlagen im Zusammenhang mit dem Transithandel. Angesichts der schwierigen finanziellen Situation in der Tumen-Region müssen die Geldgeber mit anderen möglichen Geldinstitutionen kooperieren (z.b. der Weltbank, *der ADB,* der *European Bank for Reconstruction and Development*). Um die Effizienz der Zusammenarbeit zu verbessern, ist eine Co-Finanzierung mit Beteiligung von Industrieländern (wie Japan und Südkorea) und den lokalen Instanzen notwendig.

3.2 INFOBEST in der Tumen-Region

Eine umfassende grenzüberschreitende Zusammenarbeit muss letztlich die normalen Bürger mit einbeziehen. Bisher gilt die grenzüberschreitende Zusammenarbeit in der Tumen-Region ausschließlich als „Chefsache". Über die Vorgänge des Projektes und die zukünftige Vision werden die einheimischen Bürger kaum informiert. Daher ist es dringend notwendig, eine Stelle nach dem Vorbild von INFOBEST der EuroRegion Oberrhein zu errichten. Sie hat viele Vorteile, wie z.B. Transparenz untereinander (als Überwachungsmechanismus), ein einheitliches Logo für Tumen-Projekt (z.B. in der Tourismuswerbung), Vereinfachung des Grenzübertrittes (z.B. durch ein Service-Zentrum), Erleichterung des Forschungseinsatzes (z.B. durch eine statistische Zentralstelle). Diese zentrale Serviceeinrichtung könnte aus Fachleuten, die über beide oder gar drei Seiten der Nachbarn gut informiert sind, bestehen. Außerdem könnte eine INFOBEST zur Verbesserung der Verständigung zwischen den Grenzbewohnern beitragen.

3.3 Die Frage des Maßstabs

Angesichts der bevorstehenden politischen und wirtschaftlichen Probleme stellen die großen Projekte ein Risiko dar und sind in der Regel auch unrealisierbar. Eine langfristige grenzüberschreitende Zusammenarbeit muss Schritt für Schritt mit kleinen und leicht machbaren Projekten anfangen. Für das Tumen-Projekt sollte statt des direkten gigantischen Freihandelszonen-Aufbaus eine Alternative gewählt werden, die in intensiver schrittweiser Kooperation in gewissen, leicht zu lösenden Bereichen und in kleinen Projekten die täglichen einfachen grenzüberschreitenden Verflechtungen fördern können. Hierzu gehört z.B. die Verbesserung der öffentlichen Verkehrs- und Dienstleistungsinfrastruktur (etwa durch qualifizierte Beamte und Angestellte), der Tourismus, Handelsverflechtungen und ein Forum für den Informationsaustausch. Ohne diese Übergangsphase besteht die Gefahr, dass das Tumen-Projekt ein fernes, unerreichbares Ziel bleibt.

3.4 Netzwerk der grenzüberschreitenden Institutionen

Aufgrund der starren politischen Systeme in allen drei Anliegerländern ist es schwer, einen *Bottum-up*-Prozeß in Gang zu setzen. Ein Entwicklungsmodell der Institutionen und Organisation wie die EuroRegion Oberrhein ist in der Tumen-Region nicht realistisch. Möglich ist aber der Aufbau eines privaten Vereins, von NGOs, inoffiziellen Organisationen sowie von Forschungsinstitutionen in allen Bereichen auf unterschiedlichen Ebenen im Zusammenhang mit der grenzüberschreitenden Zusammenarbeit, damit ein günstiges Umfeld für grenzüberschreitende Netzwerke entstehen kann. Es ist davon auszugehen, dass je mehr grenzüberschreitende Kontakte sich mit den verschiedenen Problemen befassen, sie artikulieren und evtl. lösen, desto mehr Verständigung und Vertrauen entstehen kann. Durch diesen Lernprozess verbessert sich die Effizienz der Koordination. Grenzüberschreitende Zusammenarbeit wird langsam zur Selbstverständlichkeit.

3.5 Aufbau der Partnerschaft

Bei einer reibungslosen grenzüberschreitenden Zusammenarbeit spielt das Vertrauen eine bedeutende Rolle, daher braucht man eine günstige politische Situation und möglichst wenig Reibungsverluste in Nordostasien. Leider bestehen auf diesem Bereich noch große Defizite. Um diese Lücke zu füllen, müssen zuerst die grenzüberschreitenden Institutionen und Organisationen aufgebaut werden. Darüber hinaus sollen eine Reihe von Verhaltensregeln und -prinzipen für die bilateralen und dreiseitigen Kooperationen eingeführt werden. Nicht zuletzt ist eine unterstützende Politik auf der zentralen Ebene erforderlich.

3.6 Vertiefung der grundlegenden Forschungen

Grundlegende Analysen der Tumen-Region scheitern zumeist an einer mangelnden Datenbasis. Die zur Zeit vorliegenden Forschungsergebnisse sind deshalb meistens nur Berichte zur allgemeinen physischen Infrastrukturentwicklung. Für weitere vertiefte Untersuchungen benötigt die Forschung genauere Erkenntnisse beispielsweise über umfassende Regionalgestaltung, wie die Versorgung und Entsorgung, den Verkehr, die Telekommunikation; die Kultureinrichtungen, Arbeitskräfte und Erwerbstätigkeit, die regionale Wirtschaftsstruktur und ihre Entwicklungsvoraussetzungen; Forschungseinrichtungen der Wissenschaft und R&D-Aktivitäten. Sie benötigt Möglichkeiten formeller und informeller Netzwerke in verschiedenen Bereichen, die entsprechende Einrichtungen in den Nachbarländern und verschiedene Disziplinen, wie z.B. die Geschichte, Politik, Soziologie, Psychologie und Ethnologie, die regionale Verhaltensuntersuchung sowie die psychologische und soziologische Grenzraumforschung verknüpfen. Nur gute wissenschaftliche Ergebnisse schaffen die Basis für zukunftsweisende politische Entscheidungen.

Schlußfolgerung

Die grenzüberschreitende Zusammenarbeit ist ein hoch komplizierter Prozeß. In Regionen, in denen gutnachbarschaftliche politische Beziehungen gepflegt werden, die administrativen Entscheidungen an der Basis verankert sind und die Unterschiede der Wirtschaftsentwicklung nicht groß sind, wird dieser Prozess erleichtert. Die EuroRegion Oberrhein verfügt mit ihren vierzigjährigen Erfahrungen der grenzüberschreitenden Zusammenarbeit über eine hervorragende Grundlage für die lokalen Akteure. Hier stellt die nationale Grenze nicht mehr eine Barriere dar; Grenzgänger, Einkäufer, Tourismus und gegenseitige Investitionen sind für die Grenzbewohner zu alltäglichen Aktivitäten geworden. Mit wettbewerbsfähigen Wirtschaftsstrukturen und einem institutionellen Netzwerk ist dieses Grenzgebiet zu einem der wirtschaftlichen Zentren in Europa umgewandelt worden. In der Tumen-Region herrscht dagegen eine instabile politische Situation, die Wirtschaftsentwicklung zwischen den Anliegerländern zeigt starke Unterschiede und in Fragen einer regionalen Kooperation gibt es immer noch unterschiedliche Interessen und Einstellungen. Die Grenze bildet für die Grenzbewohner noch eine Tabuzone.

Angesichts der strategischen geographischen Lage der Tumen-Region in Nordostasien wurde Anfang 1990er Jahre das ehrgeizige Tumen-Projekt vom UNDP initiiert. Wenn man die folgende Entwicklung des Tumen-Projektes bewertet, könnte für die grenzüberschreitende Entwicklung in der Anfangsphase eine bedingt positive Bilanz gezogen werden. Zurzeit scheinen die politischen Beziehungen zwischen den Anliegerländern relativ gut; nach Initiierung des Tumen-Projektes haben sich der Grenz- und Transithandel, die ausländischen Investitionen, der Tourismus und die Sonderwirtschaftszone entwickelt. Auch die grenzüberschreitenden Organisationen und Arbeitsgruppen befinden sich in der Aufbauphase. Immer mehr Freundschaftsdelegationen und Beamte aus verschiedenen Behörden treffen sich bei gemeinsamen Veranstaltungen, das führt zu einer Verbesserung der gegenseitigen Verständigung.

Allerdings ist die vom Kalten Krieg geprägte Schutzfunktion der Grenze in der Tumen-Region noch deutlich spürbar. Die Grenzen sind mit Wachtposten, Zäunen und elektrischem Draht streng überwacht. Entlang der 748 km Grenze zwischen China und seinen Nachbarländern in der Tumen-Region bestehen zurzeit nur fünf Grenzübergänge (4 mit Nordkorea und einer mit Russland). Alltägliche Grenzkontakte gibt es für die normalen Grenzbewohner noch nicht. Die Tourismusentwicklung ist regional (bestimmte Zonen und Grenzübergänge) und organisatorisch (nur vom Reisebüro organisierte Gruppenreisen) sehr eingeschränkt. Gegenseitige Tourismusveranstaltungen (z.B. zwischen China und Nordkorea, zwischen Russland und Nordkorea) haben bisher noch nicht stattgefunden. Obwohl in den jeweiligen Ländern Sonderwirtschaftszonen errichtet worden sind, gibt es kein sicheres regionales Milieu für ausländische Investitionen. Aufgrund der weit verbreiteten Korruption blüht von Zeit zu Zeit der Warenschmuggel (z.B. Autos von Russland nach China). Für den Schutz der Umwelt gibt es noch keine gemeinsame Abkommen. In den Köpfen der Grenzbewohner halten sich noch zahlreiche Mißverständnisse und Vorurteile. Gut zehn Jahre nach Initiierung des Tumen-Projetes ist eine deutliche Verbesserung noch nicht in Sicht.

Jedoch haben alle Anliegerländer am Verhandlungstisch ihre eigenen Stärken und Schwächen, die eine typische Spieltheorie widerspiegeln. Im russischen Primorskij kraj und im nordkoreanischen Rajin-Sŏnbong gibt es gute Häfen und Zugänge zum Japanischen Meer, aber es fehlen in den beiden Regionen aufgrund der schlechten Wirtschaftsbedingungen die zu transportierenden Güter. Nordost-China verfügt dagegen über ein wichtiges Wirtschaftshinterland. Für den Warenimport und -export muss sich China entweder einen eigenen Zugang zum Japanischen Meer verschaffen oder den Transitweg durch Russland oder Nordkorea benutzen. Wegen der ungelösten Navigationsfrage auf den Tumen-Fluss ist China von der Nutzung des Transitweges durch Nordkorea und Russland abhängig. Zurzeit befindet sich Nordkorea in wirtschaftlichen Schwierigkeiten und politischer Isolation, aufgrund der traditionellen politischen Beziehungen zu China ist es dringend auf Unterstützung durch China angewiesen. China kann diese Chance in seinem Interesse nutzen, indem es vorrangig die Verkehrsinfrastruktur und Häfen in Rajin-Sŏnbong verbessert. Durch die dadurch mögliche Entwicklung des Transithandels können sowohl China als auch Nordkorea von diesen Investitionen profitieren. Dadurch wäre China auch nicht mehr so stark auf die russischen Häfen angewiesen, was die Russen veranlassen würde, die Konditionen für den chinesischen Transithandel zu verbessern. Wenn die Nachbarländer wirtschaftlich voneinander abhängen und gemeinsam profitieren, kann die grenzüberschreitende Zusammenarbeit in der Tumen-Region erweitert und vertieft werden.

Vor dem Hintergrund der Erfahrungen in der EuroRegion Oberrhein spielen die informellen Organisationen aufgrund der asymmetrischen administrativen Strukturen zwischen den Nachbarländern (unterschiedliche Entscheidungsbefugnisse) eine entscheidende Rolle. Solche informellen grenzüberschreitenden Organisationen in der Tumen-Region gibt es keine klare Zusage von den Zentralregierungen. Zwischen der Zentral- und der Lokalregierung bestehen noch die unterschiedlichen Auffassungen über die grenzüberschreitende Zusammenarbeit. Für die Zentralregierung steht die Schutzfunktion im Mittelpunkt und kontrolliert die Grenze streng, dadurch ist die Lokalregierung von der Grenzfunktion viel benachteiligt. Sie ist auch insofern mit der Zentralregierung nicht zufriedenstellend, als die Zentralregierung die Grenzprobleme aufgrund der Souveränität immer als internationale diplomatische Angelegenheit einstuft.

Die Vorgänge der grenzüberschreitenden Zusammenarbeit in der Tumen-Region können auch als ein Mikrokosmos der umständlichen Geowirtschaftspolitik in Nordostasien betrachtet werden. Aufgrund der asymmetrischen regionalen Voraussetzungen und der peripheren Lage entmutigen die Zentralregierungen die grenzüberschreitende Zusammenarbeit auf den lokalen Ebenen. Die Präfektur Yanbian und der Primorskij kraj sind zu weit entfernt von den jeweiligen Zentralregierungen und ihre lokalen Initiativen werden häufig von den Zentralregierungen blockiert. Insofern könnte die Tumen-Region auch als ein Opfer der nationalen Politik in Nordostasien bezeichnet werden. Wirtschaftlich gesehen bestehen in Russland und China relativ mehr Chancen für eine internationalen Kooperationen als in Nordkorea. Angesichts ihrer zahlreichen Nachbarländer könnten China und Russland ihre grenzüberschreitenden Zusammenarbeiten auch in anderswo durchführen. Außerdem haben die beiden Länder direktere Zugänge zu den Welthandelsorganisationen (z.B. WTO) und mehr Handelspartner, mit denen sie ihre Handelsverflechtungen entwickeln können. Nordkorea spielt wirtschaftlich eher eine unbedeutende Rolle für Russland und China, aber für Nordkorea sind aufgrund der traditionell guten Beziehungen diese beiden Nachbarn von besonderer Bedeutung. In diesem Zusammenhang sollte das Tumen-Projekt einen Brückenkopf für seine Handelsentwicklung mit den Nachbarn darstellen. Solange die nordkoreanische Regierung ihre passive Haltung gegenüber dem Tumen-Projekt aufrechterhält (im Gegensatz zu der aktiven Rolle der Schweiz in der EuroRegion Oberrhein), wird sich die gegenwärtige Entwicklung des Tumen-Projektes weiter verzögern.

Im Vergleich zur EuroRegion Oberrhein ist die grenzüberschreitende Zusammenarbeit in der Tumen-Region ein gemischtes Projekt, es enthält sowohl die grenzüberschreitende Zusammenarbeit als auch die regionale Konfrontation. Für eine gesicherte und langfristige grenzüberschreitende Zusammenarbeit in der Tumen-Region ist die gegenseitige Abhängigkeit von Bedeutung. Die Bindefaktoren sind zurzeit Transithandel, direkte Investitionen und Tourismus. Mit der regionalen Komplexität können noch mehr wirtschaftliche Verflechtungen erschlossen werden. Die beteiligten Zentralregierungen in der Tumen-Region müssen erkennen, dass ihre Grenzbewohner mehr Kenntnisse über ihre Region haben und auch besser in der Lage sind, ihre Probleme zu identifizieren und zu lösen. Die lokalen Verwaltungen sollten von der Zentralregierung die Befugnis erhalten, eigene grenzüberschreitende Diplomatie auszuüben und damit die Chance bekommen, das regionale Entwicklungsgefälle auszugleichen. Die Erfahrung der EuroRegion Oberrhein hat gezeigt, dass die Entwicklung der grenzüberschreitenden Organisationen eine langwierige Aufbauarbeit ist. Daher ist es auch vorstellbar, dass das Tumen-Projekt sehr lange brauchen wird, bis das Thema der grenzüberschreitenden Zusammenarbeit auf allen Ebenen einschließlich der betroffenen Bürger zur erfolgreichen Routine wird.

Zusammenfassung

Grenzüberschreitende Zusammenarbeit, die EuroRegion Oberrhein, ein Modell für das Tumen-Projekt in Nordostasien?

Mit der Globalisierung und der regionalen Integration in Europa bekommt die Grenze eine neue Chance für die Regionalentwicklung zwischen den Nachbarn. Dabei spielt die grenzüberschreitende Zusammenarbeit eine entscheidende Rolle für diese Entwicklung. Die gestellte Frage ist, wie die politische Grenze die Kulturlandschaft, die Wirtschaftsstruktur sowie die Infrastruktur in der jeweiligen Grenzregion beeinflusst. Ziel der Arbeit ist, dass die Erfahrungen der grenzüberschreitenden Zusammenarbeit am Oberrhein Anregungen für das Tumen-Projekt bzw. für andere asiatische Grenzregionen geben können. Da der Organisationsaufbau bei der grenzüberschreitenden Zusammenarbeit eine entscheidende Rolle spielt, wird die Untersuchung überwiegend auf den institutionellen Bereich konzentriert.

Die EuroRegion Oberrhein verfügt mit ihren vierzigjährigen Erfahrungen der grenzüberschreitenden Zusammenarbeit über eine hervorragende Grundlage für die lokalen Akteure. Hier bildet die nationale Grenze nicht mehr eine Barriere, die Grenzgänger, die Pendler und die gegenseitigen Investitionen sind für die Grenzbewohner zu alltäglichen Aktivitäten geworden. Mit den wettbewerbsfähigen Wirtschaftsstrukturen und dem institutionellen Netzwerk ist dieses Grenzgebiet zu einem der wirtschaftlichen Kernregionen in Europa umgewandelt worden. Durch einen lernenden Prozeß wird ein günstiges Regionalmilieu für die grenzüberschreitende Verflechtung geschaffen. Zahlreiche grenzüberschreitenden Organisationen wie Oberrheinkonferenz, Oberrheinrat, Drei-Länder-Kongress und der Rat der RegioTriRhena sind ins Leben gerufen. Die gemeinsame Willenserklärung der Staatschefen der drei Länder hat ein Höhepunkt für die grenzüberschreitende Zusammenarbeit erreicht. Ein Meilenstein ist die Einführung des INTERREG-Programms, seither ist die grenzüberschreitende Zusammenarbeit in der EuroRegion Oberrhein mit zahlreichen Projekten in die Umsetzungsphase eingetreten. Die Erfahrungen der EuroRegion Oberrhein haben auch gezeigt, dass die informellen Netzwerke und die lokalen Initiative aufgrund der Asymmetrischen Administrative Strukturen zwischen den Anliegerländern (unterschiedliche Entscheidungsrechte) eine zentrale Rolle spielen. Die Vorgänge der grenzüberschreitenden Zusammenarbeit in der EuroRegion Oberrhein gilt als ein vorbildliches Modell für die anderen Regionen.

Angesichts der strategischen geographischen Lage und der regionalen Komplementarität der Tumen-Region in Nordostasien wurde Anfang der 1990er Jahre das ehrgeizige Tumen-Projekt vom UNDP in der Welt bekannt gemacht. Nach der Initisierung des Tumen-Projektes sind der Grenz- und Transithandel, die ausländischen Investitionen, die Tourismusentwicklung und die Sonderwirtschaftszone entstanden. Jedoch kommt diese Anfangsimpulse große Schwierigkeiten entgegen. Hauptprobleme sind instabile politische Situation, die unterschiedliche Wirtschaftsentwicklung zwischen den Anliegerländern, die unterschiedlichen Interessen und Einstellungen über die regionale Kooperation. Die vom Kalten Krieg ausgeprägte Schutzfunktion der Grenze ist noch deutlich spürbar. Für die grenzüberschreitende Zusammenarbeit in der Tumen-Region sind die offiziellen Organisationen zur Zeit sehr spärlich, informelle grenzüberschreitende Organisation gibt es hier noch keine. Zwischen der Zentral- und der Lokalregierung bestehen noch die unterschiedlichen Auffassungen über die grenzüberschreitende Zusammenarbeit. Im Vergleich zur EuroRegion Oberrhein ist die grenzüberschreitende Zusammenarbeit in der Tumen-Region ein gemischtes Projekt, in dem sowohl die grenzüberschreitende Zusammenarbeit als auch die regionale Konfrontation enthält.

Zum Schluss wird vorgeschlagen, dass das Tumen-Projekt die Mechanismen Lokal- und Bürgerinitiativ, INTERREG, Breites Spektrum der Kooperation, Partnerschaft, INFOBEST und guter Wille von der Erfahrung der EuroRegion Oberrhein lernen soll. Aufgrund der mangelnden nötigen regionalen Voraussetzungen für die grenzüberschreitenden Zusammenarbeit sollte das Tumen-Projekt sehr lange dauern, bis das Thema der grenzüberschreitenden Zusammenarbeit sowohl auf alle Ebenen als auch in den Bürgern zur Routine kommt. Die Zentralregierung muss erkennen, dass die Grenzbewohner mehr Kenntnisse über ihre Region haben und auch besser in der Lage sind, ihre Probleme zu identifizieren und aufzulösen. Die Lokalregierung soll auch von der Zentralregierung Befugnis erhalten, eigene grenzüberschreitende Diplomatie auszuüben und damit sie die Chance zu haben, die regionale Entwicklungsunterschiede auszugleichen.

Die Forschungsmethoden, die bei der Arbeit benutzt wurden, bestehen hauptsächlich aus Geländebeobachtung, Interviews und Literaturrecherche. Im Rahmen der Geländearbeit konnte der Autor durch die Teilnahme an Sitzungen und Gesprächen die Routinearbeit der Regionalakteure beantwortet werden. Die Interviews wurden mit Experten für grenzüberschreitende Zusammenarbeit und Hochschullehrern, die sich mit diesem Thema beschäftigen, geführt. Das betrifft besonders die Untersuchung bei der REGIO BASILIENSIS. Die Datensammlung und die Geländearbeit in der Tumen-Region gestaltete sich angesichts der politischen Verhältnisse außerordentlich schwer. Die Daten und Information, die erfasst werden konnten, sind darüber hinaus wegen der unterschiedlichen Maßstäbe und Rahmenbedingungen nur schwer zu vergleichen, häufig muss man sie vor dem Hintergrund eigener Beobachtungen abschätzen und bewerten.

Summary

Cross Border Cooperation, the EuroRegion Upper Rhine, a Model for the Tumen Project in Northeastern Asia?

The study of border areas is a fundamental component of political geography. Globalization and regionalization contribute to a breakthrough and offer a chance for cross-border cooperation, a new object of study in regional economic science. The questions posed in this work are how political borders exert an influence on the cultural landscape, the economic development and the infrastructure in the border region and how the participants coordinate cross-border cooperation with their partners. Two cases, the EuroRegion Upper Rhine in western Europe and the Tumen Region in East Asia, were chosen for the study, which attempts to compare their development under regional conditions. Finally, it is anticipated that the experience from the EuroRegion Upper Rhine can provide stimuli for the development of the Tumen Project and other border areas in Asia. Because the organizational structure plays a key role in the development of cross-border cooperation, the study concentrates on institutional aspects.

Based on its competitive economic development, innovative networks and the strong will to regional cooperation, the cross-border cooperation in the EuroRegion Upper Rhine has developed broad and integrated institutions extending from the level of the European Union to local authorities and involving governments, administrations, parliaments, economists and scientists. Cross-border activities such as commuting and foreign investment and institutions like the Upper Rhine Conference, the Upper Rhine Council, the Three Country Congress and the RegioTriRhenaRat have become a daily routine among the cooperating partners. The interests of the border inhabitants outweigh nationalism. With the support of INTERREG many proposed cross-border projects and programs have been realized. Through their forty-year tradition of cross-border cooperation the regional scientists and practitioners have accumulated a rich experience. Especially the informal networks and local initiatives play an essential role in overcoming the impediment of the asymmetrical administrative structures between the neighbors. Hence the EuroRegion Upper Rhine has been regarded as a pioneer and an excellent model case for cross-border cooperation in Europe and other border regions.

In view of the strategic geographical location and the regional complementarities in the Tumen Region, the Tumen Project, envisioning cross-border cooperation between China, Russia and North Korea, was announced by the UNDP in the early 1990s. A number of border activities, including border and transit trade, foreign investments, tourism development and special economic zones came into existence. Nevertheless the initial euphoria was dampened in view of the many difficulties, such as the unstable political situation, the varying economic development on the different sides of the borders and the differing attitudes about regional cooperation. There are still very few organizations for cross-border cooperation. The boundaries in the Tumen Region continue to have a decidedly protective function. Compared with the EuroRegion Upper Rhine, the Tumen Project is still a mixed project with a multitude of problems.

In conclusion, it is proposed that the Tumen Project has much to learn from the experience of the EuroRegion Upper Rhine: the local initiatives, the broad spectrum of regional cooperation, partnership, INFOBEST and good will. Since there is a lack of the necessary regional prerequisites for cross-border cooperation in the Tumen Region, the Tumen Project will require a long evolutionary process until cross-border cooperation becomes a routine matter for decision makers at all levels. The central government should realize that the citizens of the border region have more knowledge about their region and that they can find better solutions for their cross-border problems. The local governments should have the power and right to exercise cross-border diplomacy and they should be given the chance to diminish the differences in regional development.

Differing from other cross-border cooperations in Asia (cooperation triangle), the goal of the cross-border cooperation in the EuroRegion Upper Rhine is not only to stimulate economic development, but also to foster a strong regional identity. The establishment of cross-border institutions and a regional network system has been promoted. A number of laws furthering cross-border cooperation have been enacted with local efforts. From the aspect of communication, there is an emphasis on understanding and trust, which reduce the transaction costs in cross-border cooperation. Not least the personal initiatives and contributions are key factors in the success of the cross-border cooperation. Such experiences would provide a beneficial reference for the development of the cross-border cooperation in the Tumen Region.

中文摘要

目录

前言 219

第一章 边境区合作理论概述 221

1 边境区概念和定义 221
  1.1 边境与边境区 221
  1.2 边境的功能 222
  1.3 边境区合作 224

2 边境区与边境合作的地理学研究 224
  2.1 政治地理对边境的研究 224
  2.2 经济地理对边境的研究 225
  2.3 文化地理对边境的研究 226

3 欧洲与亚洲的边境区合作 226

第二章 上莱茵地区的边境合作 229

1 上莱茵地区的区域背景条件 229
  1.1 自然地理条件 229
  1.2 交通基础设施 230
  1.3 文化教育和科研基础设施 230

2 上莱茵边境合作区的创建和发展过程 231
  2.1 上莱茵边境合作的产生 231
  2.2 上莱茵地区的边境合作内容 232

3 上莱茵地区的边境合作组织网络 233
  3.1 欧洲边境地区合作协会 (AGEG) 233
  3.2 欧盟区域基金 (INTERREG) 233

  3.3 三国议会 234
  3.4 上莱茵边境合作区委员会 234
  3.5 上莱茵南部合作区理事会 235

 4 上莱茵边境区合作中存在的问题及边境合作前瞻 235
  4.1 上莱茵边境区合作中存在的问题 235
  4.2 上莱茵边境区合作前瞻 235

 5 上莱茵地区边境合作区发展的经验和启示 235
  5.1 边境区合作的目的 235
  5.2 组织机构建设和运行 236
  5.3 法律条文和框架的支持 236
  5.4 通道建设的必要性 236
  5.5 非正式组织和个人的努力 237

第三章 图们江地区的国际合作与开发 239

 1 图们江地区的区域地理背景 239
  1.1 图们江地区的历史地理回顾 239
  1.2 图们江地区的居民 239
  1.3 图们江的地理位置和区域经济结构 240

 2 图们江国际合作与开发的起因和发展 240

 3 图们江国际合作开发与边境区发展现状 241

 4 图们江国际合作开发中存在的一些问题 242
  4.1 东北亚的政治争端 242
  4.2 不同的政治体制和合作态度 242
  4.3 缺乏投资基金 243
  4.4 组织管理的落后 243
  4.5 基础设施发展薄弱 243

第四章 上莱茵地区边境合作与图们江地区国际合作开发的比较 245

结论 246

前言

边境区一般是由两个或多个毗邻国家所构成的边界区域。在区域发展政策中,各个毗邻国家一般将发展重点放在各国的经济中心地区,国界边境区的发展往往被中央政府所忽视。那么边境地区的发展变化到底是怎样的?其区域政治经济形势到底如何?边境的存在又如何影响周围地区的政治、经济、文化及基础设施等景观? 是否存在边境区合作的可能性?如果存在,合作的方式又是如何呢?本书将从区域的自然人文背景和发展条件入手,通过两个不同案例的比较,即欧洲的上莱茵边境区和东北亚的图们江三角区,来探讨这些问题。

尽管边境地区的独特性和差异性使一个地区的合作经验很难运用到其它地区,但区域比较有益于确定各自合作中存在的问题并寻求对应方案。这方面的研究有如上莱茵边境合作与美墨边境合作比较(N.Hansen 1983; 1986; J.W.Scott1999)及上莱茵边境合作与德国波兰边境合作比较(R.H. Funck und und J.S.Kowalski 1993; S. Kraetke 1996; S. Horoszko 2002)。亚洲地区的边境区合作主要以东亚地区为主,常被称为合作金三角或次区域合作 (A. E. Focken1998; M.Thant, Tang Ming und H. Kakazu 1998)。亚洲边境合作起步稍晚,边境区研究尚处于初步阶段。这方面比较典型的一个案例是处于中、俄、朝毗邻的图们江地区的国际合作。从地理角度来看,该地区位于东北亚中心位置。从经济发展角度来看,它却是一个地处边缘的落后地区。目前的边境区合作工作主要集中在基础设施改善、吸引外资、过境贸易及边境旅游等方面。对于处理边境合作过程中存在的问题乃至增强边境的吸引作用还相当缺乏经验。

欧洲国家之间的边境地区合作大约始于十九世纪(A.Loesch1940),两次世界大战期间曾一度中断。欧盟的成立以及边境的逐渐开放为边境区合作提供了优越条件,过去被视为边缘位置的边境地区开始变成区域发展的重点地区,众多的欧洲合作化地区 (Euregion) 纷纷产生。这些边境合作区在促进欧盟一体化和欧洲的区域发展进程中担负着龙头角色。毗邻德国、法国和瑞士的上莱茵地区边境合作被视为欧洲合作化地区的最成功案例, 上莱茵地区合作的广泛性及深刻性带来了对这个边境区各要素及整体的大量详实科研成果(B. Speiser 1993 ; M Lezzi 1994; S. Schaeffer 1996; R. Zoller-Schepers 1998; P. Eichkorn 1999; T. Pfeiffer 2000)。

边境区合作是一个非常广泛的议题,它涉及到边境之间在经济、 环境、 交通、 规划、文化、教育等社会生活方方面面的合作。笔者认为,这些合作的关键在于边境合作组织机构的建设和发展。这些组织机构特有的协调功能,可以优化各要素的合作,增强各地方当局之间的联系。 另外, 边境合作区之间的比较借鉴, 也只有通过对组织机构管理的深入跟踪研究才能实现, 上莱茵地区的边境合作恰好在这方面积累了其它地区可以借鉴的丰富经验 。全书共分四章:

第一章主要介绍边境区及边境区合作的概念,功能和理论。边境区研究的多学科性和跨学科性,决定了其研究领域的巨大广度。笔者主要从地理学角度探讨边境区研究理论的历史发展过程,并认为对边境区的地理研究必须以野外实地调查和区域背景个案为主,而在对比各边境区发展时,则应重视区域的组织结构研究。

第二章以上莱茵地区为边境区合作案例，在分析上莱茵地区的地理、历史、政治、经济和文化的基础上，研究该边境合作区形成、发展、性质和内容。本章重点放在上莱茵地区合作组织机构的发展过程及管理机制，最后对上莱茵边境合作的成功经验作了总结。

　　第三章以图们江地区国际合作开发与边境区发展为案例，从图们江地区的政治、地理、经济、文化和历史背景出发，分析边境合作的有利和不利条件；并对图们江合作项目的酝酿和形成以及该地区边境合作发展进展作以详细介绍，最后指出图们江边境合作中存在的一些问题。

　　第四章通过对上莱茵地区与图们江地区及其边境合作的对比研究，提出图们江边境合作进一步发展的必要条件。

第一章　　边境区合作理论概述

与政治上均质地区相比,区域研究者对作为异质地区的边境区研究相对较少。其原因在于,国家间的边境区往往与领土争端相联系,从而使边境区研究成为一个政治敏感性问题(W. Leimgruber 1980；1999；D. Rumley und J.V. Minghi 1991)。冷战后,随着全球化和区域集团化的发展,特别是欧盟、东南亚联盟及美墨加自由贸易区的成立,地理学及其它学科对边境区的研究开始加强 (J. W. House 1982; D. Rumley und J. V. Minghi 1991; A. Paasi 1998; 1999),边境区合作的研究成为跨学科研究的热点问题。

1　　边境区概念和定义

1.1　　边境与边境区

边境的德文词 (Grenze) 来源于斯拉夫语系,原意为障碍,限制等含义 (M. Schwind 1972; B.Speiser1993)。对边境这一概念的理解有文化的、自然的、制度的、政治的、经济的和社会学的定义(见表1)。德国国家大辞典认为"边境是将本国与临国分开的外在标志,这种外在标志可以是人为的,如界碑、界墙等；也可以是自然的,如沿山脉脊线或分水岭,沿河流流向等" (Das Staatslexikon, Bd. 5s.v.Staatsgebiet 1904 nach R.Schneider 1987)。值得注意的是,作为自然国界的大江大河,除起分隔作用外,同时又为周围腹地担负着贸易和交通的枢纽作用,如莱茵河,多瑙河,湄公河,图们江等。正如萨乌什金所说："(河流)是地球上物质交换循环中最重要的链条之一,它反映了周围腹地的自然和物产构成情况。"(Sauszkins 1960 nach S. Kaluski 1981)。

在英文文献中,边境有两种含义,即边疆(frontier) 和边界(border) (J. R. V. Prescot 1987)。边疆一般是相对于核心地区而言,指尚未开发的外围地区。由于区域的广泛开拓和不断发展,大多边疆地区几尽消失,所以下文的边境所指为国家的边界,包含空间和领土归属的含义,即两个或多个毗邻国家之间在地表上所表现的或隐或现的界限,以限制各自统辖范围的扩张 (U. Beyerlein 1980；B. Speiser 1993),从而也使毗邻国家间的政权和法律受到保障和约束(P. Eichkorn1999)。如果要进一步讨论边境的隐含意义,深入实地的对该边境地区的经济、社会、行政区域,司法甚至地方化的意识形态等变化规律的要素性调查研究就显得十分必要(W. Framke 1981) 。

边界的划分实际上是历史变迁的结果和国家之间权力关系的反映。一些老的边界消失了(如原东、西德之间),又产生了一些新的边界(如俄罗斯及其周围独联体国家),它往往标志着领土的扩张或退缩。边界在空间上表现为不同形式(如县界、乡界、村界乃至土地利用的界限)。边界的划分主要取决于两个因素：一个是对自然景观的精确认识,另一个则是对一些难以看清的自然和社会要素的了解,如矿产资源、民族、社会、宗教和语言等(P. Eichkorn 1999)。边界的"自然性"体现在以自然要素作为界限而划分的边境地区,如山脉、河流、沼泽、沙漠、海洋及海岸等。边界的"人为性"表现为人工标注的国家界线,如城墙、防护网和石碑等。随着科学技术的发展,过去被认为不可逾越的自然屏障已不再成为界线了,边界划分中"自然性"或"人为性"依据开始得以修正,并且当地人文因素也被更多的考虑进去(G.

Fischer1980),这样就减少了边界划分的政治强制性,从而丰富了对社会活动空间分布规律的认识层面 (U. Witmer 1979; M. Lezzi 1994)。

对边境区的定义可以从两种截然不同的角度去认识,瑞士区域经济学家拉提认为:"边境区可以是横跨边界的地区,也可以指边缘地区"(R. Ratti 1993)。边境的存在,使隶属不同国家的法律、行政、经济、社会、文化等结构要素以不同的形式交织在一起,形成空间上的不对称结构(N. Hansen 1983)。

表 1 边境与边境合作的概念和理论

		边境	边境合作
定义		毗邻国家之间的标界	减少边境阻力,改善边境双方关系,发展基础设施,吸引投资,提高边境地区经济实力
功能	有利因素	接触,联系及互补的区域比较优势	区域集团化及全球化的正面作用
	不利因素	屏障作用,分割腹地,增加交易费用,边缘位置	不同的政治,经济和法律体制,易受中央政府忽视
边境与边境合作的地理研究	政治地理学	政治的边缘和屏障 自然有机体 (F. Ratzel 1897);边境景观区(D. Rumley und J. V. Minghi 1991);边境区居民与边境景观的相互作用 (J. R. V. Prescott 1987)。	
	经济地理学	传统经济地理学观点: 边缘地区,经济区位的惩罚效应 (A. Loesch 1940);理性经济组织联系的人为屏障(W. Christaller 1968; H. Giersch 1949);地缘经济 (Chen Cai 1996b); 新经济地理学观点: 经济一体化与区域合作的空间机会,扩大市场的潜力 (P. Krugman und P. L. Elizondo 1996; M. Fujita, P. Krugman and A. Venables 1999)。区域经济方法 (R. Ratti 1993; R. Cappellin, 1993);制度行为研究方法 (D. C. North 1990; R. Axelrod 1995);创新与网络,学习型过程,交易费用,路径依赖,地区根植,企业联盟等 (M. Storper 1992; 1993; 1997; H. v. Houtum 1998)。	
	文化地理学	用心理学和社会学研究文化景观 (W. Leimgruber 1980; 1999);边境景观中的社会,民族,文化和政治特征及冲突 (D. Rumley und J. V. Minghi 1991);边境地区的心理学习过程 (H. v. Houtum 1999);边境地区的描述地理学 (Paasi 1998; 1999)。	

1.2 边境的功能

边境对边境两边地区的影响涉及到政治、经济、军事、制度、法律、社会、意识形态和文化等方方面面。其功能首先表现在政治方面,即保护和防卫的功能,与之相联系的概念有如国家、民族、领土、主权等。而经济的发展则是为了扩大市场范围,这样就出现了经济和政治功能的冲突(N. Hansen 1977; W. Gallusser 1981; R. Ratti 193)。如果以社会角度来看,边境则分开了"我们"和"你们"。另外,边境还表现出经济上的过滤器功能 (R. Ratti; J. Anderson und L. O'Dowd 1999),文化意识形态上的向心力或扩散功能,政治和行政结构上的不对称性等(J. Anderson und L. O'Dowd 1999; J. V. Minghi 1963; N. Hansen 1977; W. Leimgruber 1980; 1999; J. R. V. Prescott 1987; P. Nijkamp, P. Rietveld und I. Salomon 1990; R. Ratti 1993)。至于以哪些功能为主,主要取决于研究的学科、对象、区域背景甚至时间和地点。如果从对未来边境合作影响的角度来分析,边境的存在也带来了一些有利和不利因素。

1.2.1 边境的消极作用

边境的消极功能主要表现在其对周围地区发展的阻碍和屏障作用,德国地理学家施文特将这种消极作用描述为典型的边境区景观:离边境越近,那种经济的、交通的、聚落的、文化的以及各种社会现象的边缘性特征就越明显。交通网络到此截断,铁路、公路线突然终止或成为盲点,除了偶尔的支线通过,几乎没有什么交通枢纽,形成一种桥头堡景观 (M. Schwind 1972)。但更典型的却是边境两边制度的、法律的、行政的、经济的、市场的、时间的(如管理机构的不同开放时间)和技术的不接轨问题(如中俄之间铁路的不同轨距)。由于缺乏沟通,在边境两边常常出现布局雷同的浪费现象(P. Nijkamp, P. Rietveld und I. Salomon 1990)。

由于边境地区人口的稀少,没有足够的门槛人口数量,这里也缺乏较高级别的教育,娱乐及其它基础设施机构。除了这些有形的景观外,还存在着边境地区典型的消极心理和感知因素,比如国家的媒体宣传,意识形态和文化教育(特别是一些人文学科如地理、历史等)一般是向心的或内聚的,从而造成一种心理和认知边境,不过这些因素还有待深入调查 (A. Paasi 1998)。

对于区域经济发展来说,这种消极功能意味着对周围市场腹地的切割,同时也提高了边境合作中的交易费用(R. Ratti 1999)。德国区域经济学家布罗克以欧盟国家边境对贸易和人口流动的影响研究为例,指出边境的存在使各国之间的贸易量和人口流动数量减少了五分之一 (J. Broecker und H. Rohweder 1990)。边境的交易费用包括客货流通过的各种繁简手续、线路条件、通达性及等候时间等,这就是为什么有些经济的交易路线并非是近在咫尺的边境通道的原因。另外,地区消极的政治经济氛围也会增加边境对区域经济发展的不利因素。即使大的政治环境有利,地方利益的不同也会导致边境阻力。欧洲许多边境(尤其欧盟与非欧盟国之间),虽然有欧盟一体化框架的支持,但由于边境双方长期悬殊的经济差距使发达一方容易产生地方抵触情绪。

对于这些典型的边境现象和地区内涵,边境双方的地方当局是最了解的。但问题的处理却往往曲曲折折,耗时费力。边境的区域规划及双边的沟通首先必须由地方政府层层申报,最终由远离边境的中央政府来控制和审批,然后又一级一级向下传达。在处理边境区事务时,中央政府常会将边境地区问题上升到国际外交层面,这就进一步增加了边境合作的难度和复杂性。

1.2.2 边境的积极作用

从各自国家来说,边境处于地理的边缘地区,但从世界经济和贸易的角度来看,尤其是在全球化贸易和市场影响下,边境的内涵发生了深刻的变化,它越来越成为经济发展的中心区位。另外,它又是毗邻国家的接触地带,而且这里的居民往往表现出相似的文化民族结构,这为双方的交往和合作带来了极大的方便。持这种乐观态度的学者不再将边境看作屏障和禁区,而是从古典经济角度出发,认为边境两边不同的要素秉赋和发展差异会给潜在的地区经济合作带来吸引力和刺激 (H. Breuer 1981)。国际分工的发展以及经济的外部性可以促进比较优势的发挥,加强经济的一体化进程,使边境地区成为经济发展的前沿地带(R. Ratti 1993)。他们甚至认为,边境两边不同的制度以及基础设施结构并非是双方合作的阻力,相反,这些不同之处会满足双方居民的好奇心,从而促进旅游事业的发展(Das Magazin fuer internationale Beziehungen der Schweiz 1996)。

1.3 边境区合作

边境区合作的含义比较广泛,它涉及到政治、经济、文化、环境等各个方面的合作。但总的来说,是在边境双方共同参与操作下进行的。实际上,这种合作始于两国之间的国界勘测,不过当时地方上较少参与。随着国际政治环境的缓和,边境地区之间的合作成为可能,合作的目的主要是为解决边境双方共同存在的困难和问题,减少边境的阻力,扩大经济腹地,地区共同发展,从而将这种处于国界的边缘地区变成国际性的中心地区(H. Briner 1983)。

边境区合作的方式多种多样,程度也各有不同。比如边境区之间的协定,条约等,或边境间个别部门或要素之间的合作,如企业、贸易、投资、基础设施、科研教育、环境保护和旅游等。这些要素一般互相联系,需要各级政府及不同部门的协调,一个典型例子就是交通线路的建设,边境一方交通设施的建成必须有对方的配套建设,这种合作涉及到与交通相关的各种服务设施,建筑实体以及管理审批程序等,最终往往变成了"多边合作"。比较高级的形式是以全面合作为基础,以边境合作组织机构网络为框架而形成的学习型边境区域,这种形式不但可以提高区域的竞争能力,还可培育区域的认同意识(V. Malchus 1975; B. Speiser 1993),如萨尔-洛林-卢森堡合作区,博登湖合作地区,德国石荷州与丹麦边境地区,上莱茵合作地区等。边境区合作的程度与边境的开放程度密切相关,相对封闭的边境,双方合作交往主要以非正式的民间形式为主,缺乏共同的法律框架和固定的合作模式;相反,边境越是开放,交往合作就越频繁,也越容易形成制度性的合作框架(M. Lezzi 1994)。边境区合作的难度主要来自于边境本身存在的不利条件,即边境双方不同的政治制度、经济结构、法制系统、基础设施和教育体制。

2 边境区与边境合作的地理学研究

边境区作为空间的一种特殊形式越来越成为多学科研究的对象,在所有的研究学科中,地理学对边境区的研究具有最悠久的历史传统,在不断发展的国际政治环境变化影响下,地理学对边境区与边境合作的研究更加深入和广泛。

2.1 政治地理对边境的研究

在地理学中政治地理首先开创了对边境研究的先河(F. Ratzel 1897; J.V. Minghi 1963; P. Guichonnet und C. Raffestin 1974; J. W. House 1981; J. R.V. Prescott 1987; D. Rumley und J. V. Minghi 1991; A. Paasi 1998),但在古代和近代,边境研究多以描述记事为主。真正对边境作系统研究并形成理论体系起始于十九世纪,并以德国的政治地理大师拉采尔为代表,但拉采尔却用生存空间和生物有机体解释国家领土的变化,宣传一种社会达尔文思想(F. Ratzel 1897)。拉采尔之后相当长时间,政治地理学家们对边境的研究都或多或少的带有片面性观点,比如,拉采尔的学生森普尔(1911)将边境比喻为人为的荒废地;莱德(1915)以及布莱姆(1919)都强调边境对经济发展的屏障作用;博格斯(1932)虽然曾批评过这些片面的研究,提出对不同的边境类型作全面系统研究,但他的观点只突出了边境的消极作用;之后,哈特向(1936)曾以具体案例,引入文化景观的概念对边境的类型划分作过研究;斯派克曼(1942)认为边境是国家权力关系的一个指数;皮阿提和琼斯(1944)倾向于边境的屏障作用应该受到削弱,以便有利地区交往和经济发展;费舍尔(1949)主张,应以语言和居民划分边境;明吉在他六十年代一篇有名的边境区研究论文中对这些观点进行了总结,认为这些研究都只不过是在个案研究的基础上提出的主观论点,并没有形成一种对所有边境研究能普遍接受的理论,也尚未详尽系统研究边境的划分和类型 (J. V.Minghi1963)。20世纪前半期,政治地理学的研究被地缘政治理论所笼罩,以致战后相当长时间对边境的研究也几乎成为地理学的禁区(W. Gallusser 1981; G. Sandner und G. Ossenbruegge 1992)。

著名政治地理学家普雷斯柯特(1987)在分析边境演化和边境冲突时认为，地理学应研究人与边境景观相互影响这一关系：一方面是国家政府对边境的影响，如边境冲突的解决，边境的界定和划分；另一方面是边境居民的行为及他们对边境的观念和经验；由此他将心理学与行为学方法引入边境的研究，并将政治地理学研究边境的任务定义为：一是对作为文化景观的政治边界的研究；二是边境对周围景观和经济活动的影响；三是边境对边境区居民心态的影响；四是边境对国家政策的影响 (J. R. V. Prescott 1987)。

由于以上大多研究都是在两次世界大战和国际冷战的背景之下进行的，故比较偏重对边境划分和边境冲突的研究，突出了边境的消极性甚至敌对性 (D. Rumley und J. V. Minghi 1991；W. Leimgruber1991；1999；A. Paasi 1998)。另外，这些研究仍然停留在对边境的地理描述上，并未对边境这一特殊景观现象作全面系统的理论分析。

2.2 经济地理对边境的研究

一旦政治气氛缓和，边境地区就会出现经济合作的契机，从而引起了经济地理学家研究边境的兴趣。由于研究角度的不同和边境区本身功能的发展，边境区的地理研究中先后产生了传统经济地理观点和新经济地理观点。

2.2.1 经济地理学对边境的传统研究

所谓传统经济地理理论就是将边境区当成经济发展的一种屏障或壁垒来研究。这方面的代表首推德国经济学家廖什。他从区位结构理论出发，认为边境的存在阻止了理想经济区位的建立。廖什形象的用经济景观的变化来说明边境对各种市场区范围的影响，边境的存在意味着消费者或生产者离市场中心距离的增加，因而导致运费增加，从而提高了商品的消费价格，最终限制了市场范围和消费者数量。在廖什看来，边境阻碍了贸易的发展，分割了完整的市场，减少了位于边境区企业的赢利，因而也就遏制了企业在边境地区布局的积极性，从而使边境变成经济的荒漠地带 (A. Loesch 1940；D. Batten 1990；A. Niebuhr und S. Stiller 2002)。与廖什类似，中心地理论的创始人克利斯塔勒也认为，政治边境，尤其是周围国际形式不稳定的地区，实际上是一个人工屏障，它阻碍了合理的经济组织结构，限制了潜在合作区的形成 (W. Christaller 1968)。以后的增长极理论及中心边缘学说也将边境地区看作是人为设置的经济边缘地区(N. Hansen 1977；1986；R. Cappellin 1993) 。鉴于边境地区经济发展受周围国际地缘政治的影响，地缘经济观点应运而生，即边境区经济的发展受周边政治环境的影响，边境地区的政治形势越复杂，边境地区的经济发展就越不稳定(Chen Cai 1996a；1996b) 。

2.2.2 新经济地理对边境的研究

与传统的经济地理不同，新经济地理将边境看作是合作与经济一体化的机遇，这方面的代表人物以克鲁格曼为主。他认为，边境的开放可以改变地区间乃至国家间的资源分配结构，原因是市场的国际化改变了消费者和供应商的地域结构。边境地区贸易运输距离的下降会吸引生产地和消费地在边境地区的集中，而且企业和人口自由流动性越强，就越容易形成集聚效益，对市场一体化也越有利，这种循环累积因果又会进一步吸引生产者与消费者向边境地区集中 (P. Krugman und P.L. Elizondo 1996；M.Fujita1999；S.Stiller2002)。新经济地理对发达地区的边境经济发展作了很好的解释，但是它多侧重于一些理论模型的建立，缺乏对区域社会、文化和心理因素的考虑。

新经济地理在对边境区组织机构和主体之间合作行为的研究方面吸收了一些制度经济学的思想，比如在解决合作中谈判和决策乃至工程实施的过程中引入了所谓的囚犯理论(D. C. North 1990；R. Axelrod 1995)，它有助于减少合作中的投机行为和交易费用，从而促成项目的顺利实施。

20世纪90年代之后，全球化与区域集团化进程开始加快，对边境区的研究引入了一些制度经济学的新概念和新理论，比如网络，学习型区域，交易费用，根植，路径依赖，联盟以及互补性原则，但这些全新理论至今仍缺乏在边境区合作中具体应用(M. Stoper 1992; 1993；1997；F. Toedtling 1992；H. v. Houtum 1998)。

2.3 文化地理对边境的研究

如果要进一步理解边境及其变化对边境居民的生活、社会、心理和行为的影响，就必须用文化地理学(或社会地理学)研究方法。瑞士地理学家莱姆格鲁博将边境看作社会的综合体，包含着各种不同的功能和类型，其中心理边境，认知边境和经济边界是文化地理研究边境的主要内容。莱氏认为边境具有许多对立的功能，如边境同时具有离心力和向心力的功能，在边境区既存在着文化地理的对称性又存在着不对称性(W. Leimgruber 1980)。鲁姆利和明吉在其《边境区景观地理》一书中着重研究了边境景观对边境区社会、民族和文化的影响，并专门探讨了边境的政治特征和各种冲突现象 (D. Rumley und J. V. Minghi 1991)。荷兰边境研究学者霍图姆从心理学方法入手，认为由于边境区居民对边境具有不同的知识和经验而存在着一种非对称性心理距离，边境区越是理解，越能减少这种心理距离。为此他提出了心理学习过程的概念，并研究得出，凡是具有长期从事边境区合作经验的企业一般对边境都有一个良好的印象(H. v. Houtum 1999)。芬兰地理学家帕西以芬兰-俄罗斯边境为案例，运用典型的描述地理学方法(居民个人经历、地图、符号、图片、课文段落等)对边境区访谈调查，并在此基础上探讨了边境区国家、民族及其区域认同的空间制度化过程 (A. Paasi 1998)。

综上所述，随着新学科、新方法的运用，人们对边境区概念和实质的理解不断深透和细微化。越来越多的实证研究表明，不论学科如何发展，只有对边境区所有因素切入实地调查和综合分析，突出区域的个性，才可能得出比较适合该边境地区发展和合作的有效方案(J. W. House 1982；A. Paasi 1998)。由于边境合作历史较短，加之边境区本身的复杂性特点及其包含因素的多样性，地理学家对边境区的理论研究尚处于初级阶段。

3 欧洲与亚洲的边境区合作

由于边境区合作受边境各国的政治、经济、社会、文化等各种地域因素的影响，不同的区域背景会产生截然不同的边境区合作形式，因而，欧洲的边境区合作与亚洲的边境区合作存在着较大的差别。与亚洲相比，欧洲幅圆较小，但国家众多，从而产生了大量的边境地区(大约有60多个)，以致边境地区的发展在欧洲区域发展过程中占举足轻重的地位(V. Malchus 1975；G. Gorzelak und B. Jalowiecki 2002)。欧洲的边境区合作已经有上百年的历史，两次世界大战曾使这种合作两度中断，一些边境地区也留下了"历史的伤疤"(W. Gallusser 1981)，边境地区的发展因而受到人为性的阻碍。欧盟的成立为其成员国之间的边境合作带来了新的契机，边境地区不断得到欧盟委员会的高度重视，而且欧盟本着区域发展的民主平等机会原则，开始将边境合作的成败作为一体化进程的晴雨表(R. Cappellin 1993; G. Brun und P. Schmitt-Egner 1997)。边境地区之间自发组织建立，促进边境区合作的各种地方性组织机构也得到各国政府的肯定和鼓励。为了进一步推动这种一体化的进程，欧盟在20世纪80年代末期推出了一套旨在促进边境和落后地区经济发展的欧盟区域发展基金项目(INTERREG)。在这一区域发展项目的刺激下，欧盟国及与非欧盟国之间的边境区合作不断深化和扩展，边境区合作因而被喻为欧洲一体化进程的引擎(C. Schulz1998)。在欧盟所有边境合作区中，上莱茵合作区被公认为边境合作区中最成功的典范。以发达的经济实力，完善的网络组织系统以及自下而上的公民参与意识为基础的上莱茵边境区合作得到当地居民的全面响应和支持。基于对毗邻国家行政权力和决策的不对称性考虑，上莱茵将边境区的合作性组织机构建设作为其边境合作的中心任务。

与欧盟边境合作区对比，亚洲边境合作发展起步较晚，难度较大。这些边境区大多是经济发展落后地区，而且常伴随不稳定的政治因素，被称为次区域合作或经济合作三角区。其边境合作的首要任务是：改善基础设施，发展地区经济，以经济发展促进地区开放和政治稳定。图们江地区的边境合作是其中的一个代表，薄弱的经济基础以及东北亚政治形式的复杂性给该边境区合作带来了许多困难。上莱茵地区先进的合作经验和理论可望为图们江地区的边境合作提供有益的启发和参考。

第二章　上莱茵地区的边境合作

1　上莱茵地区的区域背景条件

1.1　自然地理条件

上莱茵边境区位于莱茵河上游，被侏罗山脉(Jura)，黑森林(Schwarzwald)以及孚日山脉(Vogese)围成一个地堑，形成相对完整的地理单元。德国、法国和瑞士三国在此毗邻，莱茵河从南向北，贯穿其中。上莱茵地区从行政上来说基本是由南部的巴塞尔(Basel)，米卢兹(Mulhaus)到北部的卡尔斯鲁厄(Karlsruhe)和斯特拉斯堡(Strasbourg)组成的四边形空间，包括了法国的阿尔萨斯地区(Alsace)，德国巴登符腾堡(Baden-Württemburg)州的上、下巴登地区(Baden)以及瑞士西北部的五个联邦区：两个巴塞尔(巴塞尔城与巴塞尔区)、阿高(Aargau)、侏罗(Jura)和索罗托地区(Solothurn)(附图1)，面积共18600平方公里，人口大约460万，人口密度250人／平方公里(见表2)，高于各自国家以及欧盟的平均水平。上莱茵边境地区合作范围实际上是一个灵活可伸缩的概念，根据合作历史及参与的主体又包括了巴塞尔大都市合作区，上莱茵南部合作区(也指传统合作区)，上莱茵合作化地区以及受欧盟基金资助的上莱茵区域项目合作区。

从政治体制讲，除法国作为中心集权国家之外，德国和瑞士都具有较强的

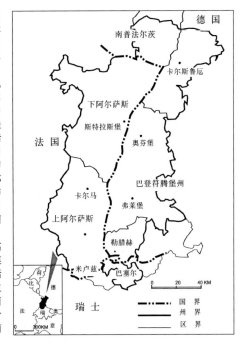

附图 1　上莱茵边境区区位图

联邦分权制度，这对地方和公民的共同参与和决策提供了有利条件；从文化地理角度来讲，上莱茵地区属于阿勒芒人(Alemann)聚居地，语言文化、风俗习惯和建筑风格都比较相似；从区域经济实力来看，上莱茵地区位于欧洲南北制造业轴(所谓兰色香蕉带)的中心，是三国经济发达区的交织地带。在这个地区里，20多个大、中、小城市(>10万)由发达的交通网络连接成为一个完善的城市体系。共同的自然地理单元和历史渊源，以及较强的区域经济实力为本地区进行边境区合作提供了得天独厚的条件。

表 2 上莱茵地区基本资料统计表(瑞士--法国--德国)

项　目	瑞士西北地区(瑞士)	阿尔萨斯(法国)	南普法尔茨(德国)	巴登(德国)	备注：数据来源　年及国家
面积　(平方公里)	1011	8281	1512	8147	1997
人口　(人)	545365	1689708	293701	2319208	1997(瑞士)1995(法国)1997(德国)
人口密度　(人/平方公里)	539	204	194	285	1997(瑞士)1995(法国)1997(德国)
就业人数　(人)	279000	714000	107000	1058000	1995(瑞士)1996(法国)1996(德国)
就业率　(%)	77,3	76,2	78,6	67,1	1995(瑞士)1996(法国)1996(德国)
失业人数　(人)	10760	61100	12230	83566	1996
失业率　(%)	3,9	8,1	11	8,6	1996
出境人数　(人)	800	63000	200	21200	1999
入境人数　(人)	54000	600	3000	27600	1999
年留宿人口　(人/年)	1035000	4873000	1552000	13310000	1996
千人汽车拥有量 (辆/千人)	400	494	560	520	1995(瑞士)1996(法国)1996(德国)
农业用地占总用地百分比 (%)	35,1	39,8	36,1	26,1	1990(瑞士)1988(法国)1990(德国)
一产从业人员所占百分比 (%)	2,6	2,2	5,5	2,4	1995(瑞士)1996(法国)1996(德国)
二产从业人员所占百分比 (%)	44,0	34,2	39,3	37,3	1995(瑞士)1996(法国)1996(德国)
三产从业人员所占百分比 (%)	53,4	63,6	55,2	60,3	1995(瑞士)1996(法国)1996(德国)

1.2 交通基础设施

上莱茵地区沿着莱茵河地堑形成了四通八达，高效发展的交通运输系统，从而构成欧洲的运输走廊和枢纽。从这里往东，可通过斯图加特，慕尼黑与维也纳的运输系统相接；往南，可穿越整个瑞士直达意大利；往西，可直达法国南部地区；往北，可直通欧洲北部各大海港。本区的高速公路干线有：巴塞尔-汉堡，巴塞尔-斯特拉斯堡，巴塞尔-伯尔尼，巴塞尔-苏黎世，米卢兹-里昂，米卢兹-卡尔马等。高速铁路以巴塞尔为枢纽，与德国的区间高速铁路(ICE)和法国的高速铁路(TGV)系统衔接。另外以围绕巴塞尔大区的近郊有轨电车系统正在形成；经过疏浚的莱茵河航道为水运和建港提供了得天独厚的条件，其中巴塞尔港口(吞吐量：800万吨)是上莱茵河最大的国际港口，从这里大型客、货轮可直达莱茵河出海口。在航空运输方面，由法国和瑞士在米卢兹合建的欧洲机场是世界上唯一的国际合作机场，年客运量达380万。

1.3 文化教育和科研基础设施

在提高区域创新能力方面，劳动力素质起决定性作用，因而在当今社会经济发展中教育和科研基础设施变得越来越重要。上莱茵地区集中了许多欧洲知名高校和高科技研发机构，而且这些高校之间、研究所之间以及地区经济各部门之间互相联网，共同享用科研教学条件和设施，大大提高了本地区的科技竞争能力。

除此之外，上莱茵地区丰富多样的文化娱乐和疗养设施也增强了本区的区位竞争优势。

2 上莱茵边境合作区的创建和发展过程

2.1 上莱茵边境合作的产生

上莱茵地区虽然是一个完整地理单元，但边境区的制度化合作设想并非三个邻国同时提出的。首先提出这一设想的是瑞士的巴塞尔，这与瑞士的历史、政治、地理有关。瑞士作为一个联邦制统一国家已有700多年的历史，它的各地方州相对于联邦政府具有很强的独立自主权，尤其是各边界州可以自主的与周边国家进行区域合作，有一定的外交行使权。从地理位置上来看，瑞士是欧洲阿尔卑斯山脉之中的一个内陆小国(面积仅41284平方公里，不及地球的0.03%)，人口只有700多万(占世界大约0.12%)，且矿产资源贫乏，加之国土绝大部分是高山峻岭，区域发展空间受到很大限制。为了摆脱这种天然的不利局面，瑞士政府将区域发展的重点放在人力资源开发、基础设施的完善和边境区合作方面。研发经费的大力投入使瑞士的科技竞争力名列世界前茅，联邦制多文化的宽松教育环境使该国居民大都通晓多门语言，高度发达的隧道和桥梁工程事业使其交通发展畅通无阻，而与周边地区的国际合作无形中克服了其狭小国土空间的限制。瑞士虽非欧盟国家，但其与欧盟签订的交通贸易方面的互惠条约，促进了瑞士与欧盟国家的交往。

在创建上莱茵合作区的过程中尤其体现了瑞士人摆脱困境的积极灵活态度。由于上莱茵地区在文化地理上单一完整性，当地居民具有很强的区域认同感。在交通上巴塞尔是莱茵河上游最后一个大港，其水上运输和环境治理一直与北部邻国合作的传统。然而由于其在欧洲的中心地理位置，在历史上曾不断被争夺和分割，从而成为今天德、法、瑞三国交界地区。这种人为性的边界划分给本地区的经济、交通、居住和社会生活各个方面带来了极大不便，最突出的可能就是位于三国交界处的中心性城市巴塞尔都市区了。巴塞尔独处瑞士西北一隅，因侏罗山脉的阻挡，限制了其与瑞士其他联邦地区的联系。但从航空照片上看，巴塞尔城与周围国界城镇并无界线之分，只是人为的划分而产生出德国的巴塞尔地区，法国的巴塞尔地区，从而强制性的阻断了巴塞尔的中心辐射力。这样，巴塞尔一方面是一个开放性国际城市，许多跨国企业云集于此；但另一方面它却是瑞士的边缘地区。这种地理位置上的双重性曾一度引起各种媒体及巴塞尔居民的争论。争论结果终于让人们认识到，巴塞尔要克服其不利的地理困境，必须超越边境的束缚，融入上莱茵经济区的合作和发展。

真正将巴塞尔与上莱茵地区合作的设想具体化并付诸行动的是巴塞尔的区域规划大师布里纳(Briner)。1963年，在他的倡导下，来自不同领域，不同专业(经济、规划、教育、政府等)的一批年轻人依据瑞士公民法有关规定，在巴塞尔组建了上莱茵地区第一个边境区合作协会(Regio Basiliensis)。该协会的目的主要是促进由黑森林、侏罗山脉和孚日山脉所围成的地区经济、政治和文化发展，推动欧洲上莱茵边境合作地区的形成。这些发起者深信，边境区之间只有通过平等合作，才能达到共同繁荣。所以，协会希望上莱茵地区的德、法方面成立类似的边境区合作姊妹机构，从而加强其对话和协调功能。为了增强协会的影响力，协会不断吸收巴塞尔地区许多德高望重的商界政界要人，并成立了一个以工商界人士为主的边境区合作董事会，后来，两者合二为一。1969年，由于巴塞尔城市和地区的参与，丰富了协会的性质，使协会具有民间和政府的双重功能。这样，该协会既赋予行使政府间边境区域规划的协调联络权利和义务(后来包括瑞士西北五州)，又具备一般协会的会员活动章程，可谓一套人马，两种功能。1965年，法国米卢兹也成立了对应的边境区合作协会。德国虽没有正式对应的边境区合作组织(直到1985年)，但一直与这两个组织保持联络和合作。

起初的边境区合作范围仅指巴塞尔,米卢兹和弗莱堡围成的三角地区,面积为5000平方公里,人口260万。边境区合作的内容主要是:加强边境区政府间交往,对上莱茵地区区情进行摸底调查和分析研究,出版刊物和基础研究成果(气候、水文、环境等数据)以及宣传普及工作。到了70年代中期,随着各方参与,组织机构得以扩建并向制度化方向发展。1989年,通过巴塞尔边境区工作协会的周密协调和联络,德国、法国和瑞士三国首脑在巴塞尔市会晤并共同签署了上莱茵边境区合作的政府声明书,肯定并支持该协会在边境合作中的工作。这一政治大事曾引起国际瞩目,也是该协会发展史上的一个里程碑。80年代末之后,边境区合作的发展在欧盟区域基金(INTERREG)项目的支助下进入了实质性的运作阶段,其标志是组织机构的有规律定期良好联络协调和工程项目(基础设施)的实施竣工。从此,边境区合作的范围也相应得到扩大,从最初的南部三角区发展到目前莱茵河的整个上游地区(附图2)。其对应机构则是上莱茵河地区合作委员会,合作领域涉及经济、文化、教育、科研、环境、规划以及社会生活的各个方面,形成了既有层次,又有深度的全方位合作态势。截止2000年底,巴塞尔边境合作协会已发展成为一个拥有600多个集体和个人会员的组织。

2.2 上莱茵地区的边境合作内容

上莱茵地区边境区合作历史由来已久,在18、19世纪这里就曾建立区域性的经济同盟,20世纪初巴塞尔还是这一地区的市场中心,如法国的农

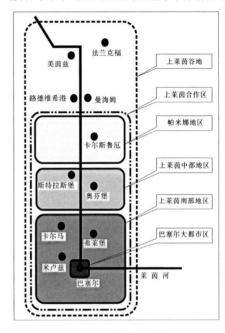

附图 2 上莱茵边境区合作示意图

副产品在巴塞尔市政广场销售。廖什在他的《经济的空间秩序》一书中曾写道:"(上莱茵)的三国交界地区已摆脱了国境的束缚,企业工人、资金投入、跨国公司以及加工贸易在本区自由流动,从而形成了一个由自然地理划分的完整制造业区,巴塞尔是本区的金融中心。这种超越边境的经济布局一直延续到第一次世界大战"(Loesch 1940)。可惜后来的经济危机和二次世界大战中断了上莱茵地区这种经济联系和边境区合作。二战后,德、法之间努力和解,两国政府开始签订了一系列和平友好条约。欧盟的建立及不断缓和的地区政治氛围为两国边境间的区域规划者提供了合作的良好条件。他们首先通过非正式的渠道,建立各种民间性边境合作组织,然后逐渐扩大机构范围,引导地区政府的参与,使边境合作组织网络化和制度化。巴塞尔边境合作区协会成立六年之后,即自1969年起,三国边境地区开始举行有关区域规划方面的定期协调会晤。1971年三方国家政府首次召开边境区协调会议,1975年三国通过政府间外交换文条约成立上莱茵地区三方委员会和两方委员会(德法之间),1991年这两个合作委员会合二为一,形成上莱茵边境合作区委员会。三国首脑会晤之后,上莱茵成立欧盟区域基金(INTERREG)项目,从而得到欧盟的援助(上莱茵中部南部和PAMINA地区)。1990年上莱茵边境地区市长会议召开,同年三国边境区协会之间成立边境区协调小组,1994年该小组由上莱茵南部合作区议会替代。

为了加强地方政府在边境区合作方面的参与意识，1996年各边境国之间达成卡尔斯鲁厄协议。1997年上莱茵边境区合作议会成立，从而勾勒出上莱茵边境合作组织机构的轮廓。

上莱茵地区边境的开放性和三国之间经济福利发展的差异性越来越成为吸引边境区居民和刺激区域经济发展的有利因素。过境购物(瑞士-德国)，过境居住，边境区流动劳工(法国-瑞士)以及边境区旅游开始成为边境区居民的日常行为；对于跨国公司来说，边境区也越来越成为企业选择区位的有利位置；在整个上莱茵地区，研发机构、生物、通讯高科技、地区创新技术以及纵横交错的地区组织网络正在酝酿形成；这些边境区现象和边境区的合作已成为上莱茵地区的典型特征，其合作模式不断被世界其它边境区效仿学习。

3 上莱茵地区的边境合作组织网络

上莱茵地区的边境区合作是建立在高度科学和严密组织结构系统上的，为保证边境区合作的顺利运行，上莱茵地区建立了从欧盟到地方，从正式到非正式等不同合作领域的各种机构和组织(附图3)。

3.1 欧洲边境地区合作协会 (AGEG)

它是欧洲各边境区合作协会自发组织的最高一级机构，其职能是在欧洲范围交流边境区合作的信息和经验，代表各边境区共同的利益。欧盟区域基金(INTERREG)就是在其干预影响下而成为现实，上莱茵地区也是这个共同体的一个重要成员。另外，在欧洲委员会(Europarat)名义下，还有一个松散的欧洲区域议会(VRE)，它定期召开会议，代表欧洲各基层区域的利益，主要倡导从下到上的欧洲一体化进程。

3.2 欧盟区域基金 (INTERREG)

欧盟区域基金(INTERREG)是促进欧盟各跨国地区，国家边界地区和经济边缘地区发展的一个阶段性项目，其目的是缩小区域差异，增强区域凝聚力，加快欧洲一体化进程。自1989年德、法、瑞三国首脑发表共同合作宣言之后，上莱茵地区也参与了这个项目对边境地区合作的资助。其投资条件是必须具备地方政府配套资金。在欧盟区域基金(INTERREG)项目的援助下，上莱茵地区已有150多个工程项目投入实施，累计投资金额达100亿欧元，其投资方大都是一些小型的但比较实用的软项目，如边境区域信息咨询服务中心(INFOBEST)，上莱茵委员会秘书处，三国工程学校等。如今，欧盟区域基金(INTERREG)项目已成为上莱茵地区合作的最主要内容，它使上莱茵地区合作设想变成了现实。在欧盟区域基金(INTERREG)的推动下，上莱茵地区的合作组织不断得以完善和加强，合作交往密度和广度发展迅速。它不仅推动了本地区的边境区域合作，增强了三国边境地区在合作领域的协同一致，而且引进了一套新的组织管理原则和机制：如从下到上原则(bottom-up)，辅助性与补充原则(subsidiary)，配套基金机制(Cofinance)等。实质上欧盟区域基金已成为一个学习项目，它提供了一种制度氛围，促进了合作方的自学习和自我完善机制的形成。

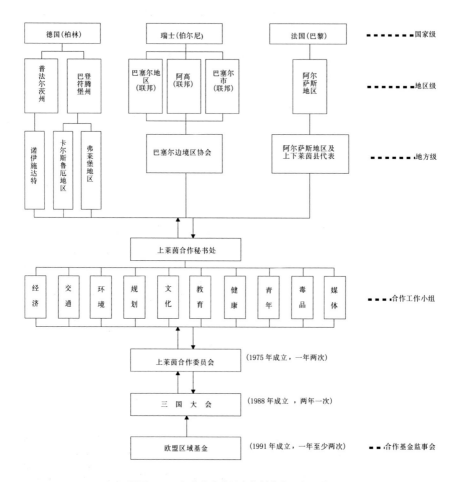

附图 3　上莱茵边境区合作机构和组织示意图

3.3　三国议会

该组织是上莱茵地区最大的非政府组织，它吸收各行各业的会员，每两年举行一次会议，并在三国间轮流举行，针对不同议题进行讨论并促进其成果的付诸实施。至今讨论的题目有：交通（1985年 Kehl），文化（1989年 Colmar），环境（1991年 Basel），经济（1992年 Karlsruhe），青少年教育和就业(1995年 Strasbourg)，手工行业(1997年在瑞士 Basel)，区域规划(1999年 Neustadt)以及社区公民参与(2002年 Strasbourg)等。

3.4　上莱茵边境合作区委员会

该机构是目前上莱茵地区最大的正式组织，每半年举行一次集会，讨论不同的合作议题，其下又设有从经济、环境、科研教育、交通规划到健康卫生等10个工作小组。这些工作小组由相应领域专家组成,进行即时、频繁的联系和讨论。1996年在欧盟区域基金(INTERREG)的支助下,该委员会在柯尔(Kehl)建立了秘书处常设办事处。

3.5 上莱茵南部合作区理事会

1990年在法国上莱茵县(Regio du Haut)的倡议下,三方协会成立了一个共同的协调委员会,它与市长委员会一起吸纳经济、学术界人士,1995年成立了南部边境区合作理事会。其目的是作为次一级地方性的共同论坛,加强小地区间合作力度和广泛的地区公民参与。

4 上莱茵边境区合作中存在的问题及边境合作前瞻

4.1 上莱茵边境区合作中存在的问题

上莱茵地区合作并非一帆风顺,在合作中也出现过一些困难和问题。比如,在各自边境经济布局时,常出现一些布局雷同现象。在共同利用欧洲机场以及高速铁路等基础设施方面因合作中的利益冲突而无法达成妥协。围绕上莱茵合作区产生的众多从欧盟到地方,以及跨政府和跨部门组织合作机构繁杂甚至重复,往往伴随着官僚作风,这不仅降低了合作效率,而且也影响了工作的透明度,使局外人常感到眼花缭乱,从而减少了地方公民民主参与合作的积极性。在上莱茵过去的合作过程中常常是机构成员之间无休止的会议和讨论,真正能达成协议,作出决策并付诸实施的不多。有许多机构,看似庞大,但决策和操作能力有限,比如上莱茵合作委员会和三国大会虽然给合作参与者提供了一个讨论平台,却没有法律效力和基金支配能力。又如,巴塞尔边境合作协会30年前曾提出并规划的上莱茵地区快捷公共交通系统方案,曾一度引起社会各阶层的关注和兴趣,可惜至今仍未落实。而让合作者最担忧的问题是,目前大部分合作项目都严重依赖着 INTERREG 的基金援助,这实际上违背了建立 INTERREG 的初衷。INTERREG对边境合作的只起临时的驱动作用,到一定阶段,INTERREG将自行消失,上莱茵边境区的合作最终将依靠内力滚动发展。但现实情况表现为过份依赖外力推动,自身动力仍相对不足。另外,边境两边不同的法律制度,不对称的行政管理级别以及不同的语言、文化、风俗和心理习惯等也经常使边境合作陷入困境。

4.2 上莱茵边境区合作前瞻

针对机构庞杂问题,上莱茵地区今后将主要在组织机构进一步明确化、精细化和可操作化上下功夫,并进一步加强社会的关注,吸引公民的参与;为防止机构设置泛滥化,各国还制定相应的机构设置规划原则,充分发挥其组织能力,提高机构运行效率。为提高决策水平和影响力,上莱茵的合作机构将增强与一些实体部门的网络联系,从而实现在没有INTERREG的援助下,自行解决边境合作项目的资金来源。随着欧盟一体化进程的加快(如欧元的普及,东欧国家的加盟等),上莱茵地区的边境地区将更加开放,本地区的社会,经济,生活各方面的联系将进一步紧密。所有这些变化,也将有助于上莱茵区域认同意识的强化。

5 上莱茵地区边境合作区发展的经验和启示

上莱茵边境区处于欧洲工业核心区的中心,区域经济本身比较发达,合作三方所在国家的政治关系比较融洽,在边境合作过程中具有得天独厚的优势。但从不同国家体制,不同类型国家的边境合作角度考虑,其合作经验却具有一定的普遍借鉴意义,在处理国家内部核心区与边缘区的经济发展方面也不无启示。

5.1 边境区合作的目的

首先,上莱茵边境区的合作不是单纯的进行区域之间各部门的合作,而是发挥该地区的所有潜能,使几个体制不同,水平、类型不同的地区,在经济、环境、规划、文化科教等方面达到耦合。在合作中,除了使非均质的人文区域与均质的自然地理单元相统一,达成经济腹地的共同拓宽外,更突出以经济为主的全面合作。而经济的合作则立足于培育区域技术创新系统和网络经济,发展第三产业,全面提高区域经济的竞争层次。其次,利用边境地区特有的优势,如语言的学习和交流,科研教育的共同享用,提高社区居民的区域认同意识和社会决策参与意识,是区域可持续发展在边境地区的最佳体现。另外,边境区合作对解决区域本身存在的问题,诸如就业状况、移民、家庭、安全和犯罪以及解决边境纠纷带来积极的作用。

5.2 组织机构建设和运行

不同类型地区之间的相互交流,必须有一个中介机构来协调,联络各方利益,融洽边境各方的合作,这种中介的职能往往是边境区合作成功的关键。而组织机构设置则是这种中介的主体。上莱茵地区边境区合作组织纵横交错,网络密布,成为边境区发展的一个管理系统,为边境区发展的良好运行提供了指导框架。上莱茵地区合作最突出的特点是将制度与创新理论应用于边境区合作,重视企业在地方之间的联系。该地区经济、社会、文化和环境等领域之所以走上持续而稳定地发展道路,最终取决于本地良好的创新环境。发达的通讯网络,众多的尖端科研机构以及各种高科技经济实体,加强了地区经济发展的内生力量。另外,政策和体制上的协调、统一是经济合作成功的保证。当参加合作各方的目标和体制趋于一致时,区域经济效果最优。

不论是上莱茵地区边境区合作的建立,还是其组织机制的运行,地方政府始终起着不可低估的作用。实际上,上莱茵边境区之所以取得今天的成绩,就是边境区地方之间不断交往、疏通和合作的结果。边境区地方基层一般都远离中央政府,在地理上处于边缘和被忽视地带,对资金和政策的等、靠、要只能延误时机。对于边境区面临的问题只有边境区最了解,所以,边境区合作只有靠自发的力量才能从实质上推动互相的合作。那种单纯依赖外力(如外来资本以及本地区自然资源)的经济合作将导致区域经济发展的脆弱性和不稳定性。

5.3 法律条文和框架的支持

边境区合作面临的国与国之间差别是多方面的,如不同的政治经济结构和功能,不同的法律条文(如税收、开发规划、环境和社会法等),不同的市场利益,不同的货币体系,不同的交通规划,不同的教育体制和学制计划。使合作各方达到协调一致,是一件艰难而长期的大工程。对建立在这种差别基础上的合作,上莱茵地区具有可遵循的法律条文和合作协约,如欧盟的马约和卡尔斯鲁厄协定,为边境区合作提供了有力的法律依据。值得一提的是,上莱茵地区在法律条文尚未成立前已作了大量地方准备工作,如对区域摸底调查、组织协会、出版刊物、对外宣传、寻找突破口、游说政府人员和国际组织等。

5.4 通道建设的必要性

边境区交往的渠道越顺畅,互相之间达成协议或建立合作组织的可能性越大,而通道建设则是实现边境交往的关键。通道建设包括硬设施和软设施建设,对于边境区合作的发展,二者互相促进,缺一不可。硬设施如交通和口岸的建设可以加强边境来往的通畅,吸引客货流的来源,而客货流的增加也意味着经济机会的增多并有可能形成经济中心;软设施如网络的建设可以增强相互理解和信任,加深合作的沟通。而网络一般是企业、经济人在包括文化、技术、制度和政治等方面基础上形成的,它是正规市场和等级组织之外的一种新组织形式,比市场更稳定,比等级组织更灵活。它有利于减少交易费用,有利于边境区合作的进一步加强。

5.5 非正式组织和个人的努力

除了正式的政府和民间组织的推动外,上莱茵地区边境合作进程与非正式的社区组织和公民支持也是分不开的。在边境合作的酝酿阶段,巴塞尔规划局以协会的性质在吸纳会员、组织协调和游说各方政府方面作了开创性的工作,被视为上莱茵地区合作的基石。协会倚靠其灵活的功能和高效的工作建立了上莱茵地区各边境组织间的网络系统,后来德国和法国方面分别成立的"弗莱堡边境合作协会"以及"上莱茵县边境合作协会"更进一步证明了巴塞尔合作协会的远见卓识。值得一提的是被誉为上莱茵边境合作的先驱者布里纳(Briner)先生,他以卓越的规划才能和外交组织手腕,在科学规划合作设想,寻找工程开发兴奋点,游说各级政府决策者以及公民普及宣传工作方面做出了不朽贡献。正是由于这些非正式组织和个人的热情奉献,实质性地推动着上莱茵边境区合作的发展。

第三章 图们江地区的国际合作与开发

1 图们江地区的区域地理背景

图们江是一条流经中、俄、朝的国际性河流,经流全长516公里。它发源于长白山地区,大部分河段属于中朝边境国界线。在离开中国珲春市防川村之后,最后15公里的下游河段成为俄朝边界,从而割断了中国进入日本海的航行通道。图们江三角洲位于东北亚地区中心,由于其优越的战略位置,邻国之间潜在的地区互补优势,使该地区的研究近年来不断引起学术界的关注。

1.1 图们江地区的历史地理回顾

图们江地区的历史一方面受东北亚大国之间国际政治格局发展的影响,另一方面又是该区域居民发展变迁的结果。大约两千年前,这个地区基本属于蛮荒之地,散布着少量的蒙古,汉满及朝鲜族部落(G.Fochler-Hauke 1941);唐代时隶为渤海国属地,至明清时代,一直从属中国的管辖范围;16世纪之后,随着沙皇俄国的强大和对领土的侵略扩张,中国开始失去大片领土。1689年,满清政府与沙俄帝国签订"尼布楚条约",相互承认两国在东北亚的版图;1858年和1860年,沙俄迫使清政府签订中俄"爱珲条约"和"北京条约",通过此不平等条约,中国失去约140多万平方公里领土(相当于法国、德国、英国领土面积总和),图们江地区乌苏里江以东的海岸地带以及图们江入海口15公里也被割掉,从此中国吉林省沦为内陆省份(Ding Sibao und Wang Li 1994; Gu Jiegang und Shi Nianhai 1999)。1886年中俄勘界之后,中国夺回在图们江出海航行的权利。沙俄为了巩固在中国东北地区的领土扩张,开始修筑中东铁路及南满支线,并强行租借中国的旅顺和大连港口。19世纪末之后,日本不断强大并向朝鲜半岛和中国扩张,先是在1895年发动甲午战争,然后将朝鲜半岛和中国东北地区踞为其殖民地,为加快其掠夺资源和殖民化的过程,日本开始大力修筑东北地区的铁路网系统。20世纪前半叶,图们江地区及周围成为日俄帝国互相争霸的战场。1905年两国在此首次交锋,以俄国战败告终(Chen Cai 1996a; Fang Min und Jin Minxiong 1993;K. Latourette 1950);1938年日、苏在图们江地区的张鼓峰再次爆发战争,日本战败后,单方面封锁了中国在图们江的出海航行活动(Chen Cai 1996a)。1945年日本投降之后,中国收复其东北地区。50年代的抗美援朝战争以及60年代的中苏对立,使图们江地区处于东北亚各国政治军事最设防和最敏感地区。冷战的结束以及中国的改革开放缓和了图们江地区周围的紧张气氛。90年代初,中国通过与俄谈判恢复了在图们江通海航行的权利,东北亚以及图们江地区进行区域合作的条件日榛成熟。

1.2 图们江地区的居民

中国的东北以及图们江周围地区很早以来即有先民定居。对这一地区最早的大规模开发约始于唐朝。在17世纪的满清时期,东北地区属于王候封禁地,但由于其土壤的肥沃和资源的丰富,对关内的汉人产生了极大吸引力。当时整个东北地区人口不足二百万(Kungtu C. Sun 1973)。18世纪中期,山东、河北一带发生饥荒,大量饥民被迫逃往东北。自19世纪60年代开始,朝鲜族也因为饥荒,越过图们江和鸭绿江,逃往中国东北地区。1881年,大约有一万朝鲜族人在现在的延边地区定居。随着沙俄不断东扩,清政府为稳固边防,逐渐取消了封禁,并建立垦植局。1907年,朝鲜族人口增加到5万。1916年,延边地区的人口总计26万多,其中朝鲜族占到20万(Li Shangshi u. a. 1983)。后来在日本修建铁路和掠夺矿产资源的殖民活动期间,该地区人口不断增加,到1949年已达83万,其中63%为朝鲜族。朝鲜族擅长种植水稻,汉族主要从事旱田种植。1999年,延边总人口达218万,其中朝鲜族占40%。这种中朝边境上的民族亲缘性有利于边民之间的相互沟通和理解。

1.3 图们江的地理位置和区域经济结构

图们江地区位于亚太地区的辐轴中心,其优越的地理位置首先表现在交通运输方面。传统上,中国吉林省与日本的对外贸易运输路径要通过铁路在大连港转运,倘若在图们江入海口建立一个港运中转中心,那么,吉林对日本的贸易运输距离将大大缩减。这个未来的图们江港口将有可能与俄罗斯滨海地区的大港如海参崴,纳霍德卡,朝鲜的清津,罗津,韩国的蔚山,浦山以及日本的新泻等形成一个日本海港群系统(Ding, Shicheng 1993)。另外,这也意味着另一条从日本经中国,蒙古,俄罗斯到欧洲的欧亚大陆桥的产生。

在图们江地区各个毗邻国家之间存在着很强的地区经济比较优势,每个国家都可通过扬长避短与其它地区进行区域合作。俄罗斯远东蕴藏着非常丰富的自然资源如煤炭、木材、油气,但同时又比较缺乏劳动力,技术和资本;中国的图们地区具有广大的东北经济腹地,吉林省是有名的农业商品粮基地,劳动力资源充足,但缺乏资本;蒙古国矿产资源丰富,但没有出海口;而在日本,南韩具有充沛的资本和投资潜力,先进的技术和管理经验,但其劳动力和自然资源不足(Chen Cai 1996)。

由于地理位置和历史基础的原因,中国在改革开放后的20年基本将区域发展重心放在东南沿海地区。80年代,区域发展主要依靠内地和港台之间的互补优势集中在大中华圈地区和沿海经济特区;90年代,区域发展重点移向以上海为中心的长江三角洲地区;同时,在京、津、唐和黄、渤海地区的大经济区正在形成;随着图们江及周围地区的开发开放,一个新的东北亚经济合作地区正在形成。与其它沿海地区相比,图们江地区缺乏中心地的依托和投资的动力。所以,图们江地区的开发主要任务是改善基础设施和投资环境,培育东北亚的经济增长极。

2 图们江国际合作与开发的起因和发展

图们江地区国际开发合作的设想最早于80年代的中国学术界酝酿产生。最初的设想是"结合日本,韩国的资本,技术和先进管理经验以及中国,朝鲜的廉价劳动力,开发俄罗斯远东和蒙古的丰富自然资源"并"在图们江地区建立经济增长三角区"(Ding Shicheng 1993)。但直到原苏联的解体以及东北亚各国之间外交关系的正常化之后才使这一设想变为可能。特别是中国发展对外开放和经济特区的成功为这一合作提供了示范效应。以陈才,丁士晟教授为代表的规划者们提出,在图们江出海口共建一个港口集运系统,辅以现代化的交通和通讯设施,形成东北亚地区国际贸易的枢纽中心。这些设想在以后的有关图们江开发国际会议上不断讨论,得以系统化。

在1990年召开的第一届图们江地区经济开发合作国际会议上,中国学者丁士晟教授送交的论文引起与会者广泛兴趣并被认为是图们江开发设想的最初蓝图。在这次会上,他提出在距图们江入海口15公里的防川村建立一个新港,促进该地区现有资源开发和贸易的发展。由于这个港口设想在中国境里,中方受惠最多,故遭到其它国家与会者的反对。在后来的两次国际会议上,联合国开发计划署(UNDP)提出了宏伟的图们江开发工程设想,即筹资300亿美元在图们江地区建立一个东北亚工贸金三角,它包括大三角和小三角开发区。小三角以朝鲜的罗津,中国的敬信和俄罗斯的波谢特为顶点,形成集中开发区,大约1000平方公里;在这个小三角区里,将建立一个类似于香港或新加坡的国际自由贸易区;大三角是小三角的扩散经济区,范围远达朝鲜的清津,中国的延吉和俄罗斯的海参崴,面积大约10000平方公里"(Ding Shicheng 1993)。由于这项计划涉及到租借中俄领土,遭到两国反对,从而使这个设想最终破产。后来,UNDP提出一个被称为图们江经济开发地区计划的渐进性的计划,即各国先发展各自的经济开发区,改善边境的基础设施,到发展成熟阶段,将这些边境经济开发区联合起来形成东北亚的经济贸易中心。

3 图们江国际合作开发与边境区发展现状

由于图们江优越的地理位置和互补的区域比较优势,该地区的国际合作开发在90年代发生了很大进展。首先在UNDP的组织协调下,成立了一系列国家级和地区性的边境合作组织机构(见表3);这些组织在协调各毗邻国家之间利益,消除相互之间分歧争端以及督促边境合作方面做出了建设性贡献。其次,由于各地方政府的努力,许多与边境合作密切相关的过境贸易、外商投资、基础设施建设、旅游事业以及经济开发区等也发生了巨大变化。

表 3 图们江地区国际合作开发组织机构

合作层次	名称	固定	临时	五国之间	三国之间	单方面	国家	混合
国际	联合国开发计划署 (UNDP)		+		+		+	
国家	开发协商委员会	+		+			+	
	开发协调委员会	+			+			
	国家领导小组 (中国)		+			+	+	
地区	开发机构(中国)	+				+	+	
	经济特区发展委员会(朝鲜)					+	+	
地方	市长会议	+			+			+

在图们江边境地区开发过程中,进展最快的是中国方面。由于中国南方沿海地区发展经济特区的巨大成功和示范效应,图们江地区早在1988年就开始了与俄罗斯的边境合作,其下属的延吉和珲春地区在1992年就被中央政府宣布为经济开放地区;珲春到俄罗斯的边境断头铁路1993年开始修建,1996年连接竣工,2002年正式运营;图们到珲春,珲春到俄罗斯的克拉斯基诺以及珲春到朝鲜边境的圈河公路得到升级扩建,极大的方便了边境地区交通运输;另外,在边境经济合作区建设方面,截止2000年底,珲春共投资2亿多人民币用于合作区的基础设施建设,同时吸引了近亿元来自南韩、日本和香港地区的外商投资。

为了建立一个经济开放窗口,朝鲜于1992年正式宣布成立罗津先锋经济自由贸易区,用以发展出口加工产业和旅游业。同时,对从圈河到罗津的公路段以及罗津港口进行扩建和改建。此外,朝方与中方之间的圈河—元汀里边境口岸得到升级,边检大楼得到新建。通过中国、朝鲜和南韩之间的合作协调,延吉经过图们、圈河、元汀里,罗津到浦山港的集装箱运输(对开)在1995年正式开通(UNIDO o. j.)。

俄罗斯远东方面于90年代初宣布了纳霍德卡自由经济区的成立,海参崴也同时被宣布为对外开放港口。在日本的协助下,俄罗斯完成了大海参崴自由经济区的规划工作,旨在发展其进出口加工贸易。截止2001年底,俄滨海边疆地区共吸引外资6亿多美元,投资主要在房地产,交通运输，宾馆和旅游行业。另外，从斯拉夫杨卡到克拉斯基诺的高等级公路建设也已完工(UNIDO o. j)。

随着基础设施和港口设施的改善，过境贸易和旅游得到很快的发展。从1995年至2001年，图们江地区开通了从珲春经朝鲜罗津到韩国釜山，经俄罗斯波谢特到日本秋田的集装箱运输；截止2000年底，从珲春经俄罗斯扎鲁比诺到韩国束草的客运航线航次达到86个，运客总量近36000人次，进出口集装箱共391个，运送货物达44867件。仅在中国珲春地区，进出口货物总计206490件，通过口岸的旅客共275550人次(H. Tsuji 2000; Zhang Donghui 2001)。

4 图们江国际合作开发中存在的一些问题

虽然图们江地区具有许多地理的和区域的独特优势，但也存在着大量的困难和问题，它们阻碍着图们江地区合作的进一步发展。这些困难和问题主要表现为：不稳定的东北亚地缘政治和国际安全形势，不同的政治体制和观点，开发合作中薄弱的经济基础和有限的资金投入，落后的组织机构管理以及基础设施等方面。

4.1 东北亚的政治争端

目前影响图们江开发的最大不利因素是东北亚的政治军事安全形势：一方面是朝鲜半岛的核扩散问题和南北政治军事对峙，另一方面是日本与俄罗斯之间的北方领土争端。这些问题如果不解决，图们江的国际合作开发很难真正实现。

4.2 不同的政治体制和合作态度

在图们江合作开发中，所有的参与国家都存在着不同的政治体制和经济结构。目前，中国由于采取了灵活开放的政治经济改革政策，区域经济得到了较快发展。图们江所在的吉林省也采取了积极的经济开放政策，该地区政府将图们江地区的国际合作开发作为其走向世界市场的窗口，所以中国对图们江地区国际开发的态度比较积极和主动。俄罗斯国土幅圆辽阔，同时政治经济发展仍处于转型阶段，国内存在很多问题和困境，所以国家中央政府很难将注意力集中到边远的图们江地区。另外，俄罗斯在图们江开发过程中，不愿看到自己的远东地区仅仅被邻国当作资源开发基地。朝鲜目前依旧采取的是封闭锁国的政治体制，国内经济发展和国民生存状况正急剧恶化，在图们江国际合作开发中很难真正有所作为。然而，一旦合作开发，朝鲜认为自己的港口应得到优先利用。

在图们江地区的其它外围国家之间也存在不同的态度和观点，比如韩国希望增强其进出口市场，更希望与朝鲜和解，对图们江的国际合作开发一直持积极态度。另外，中国图们江地区的朝鲜族居民，对韩国的参与也是一个有利因素。蒙古急于寻求国内丰富的畜牧业和矿产原料的出口渠道，对图们江的国际合作开发也持积极态度。日本目前尚未与朝鲜建交，对东北亚的政治军事形势比较担忧，所以对图们江国际合作开发始终采取观望态度。

4.3 缺乏投资基金

尽管图们江地区处于东北亚的中心地理位置，但其经济发展基础却极其薄弱。要开发本地区的经济潜力并将图们江国际合作开发设想变为现实，需要巨大的起步资金，这笔资金没有发达国家或国际融资机构的投入是很难筹集的。按理日本是这个地区合作中一个巨大的潜在投资国，但由于东北亚许多政治经济因素的不稳定，日本不愿意冒这个风险。

4.4 组织管理的落后

鉴于图们江地区政治经济体制以及开发中彼此利益之间的差异，急需一些中介性的，从国家到地区分层次的协调组织机构。但目前的情况是，除了UNDP的协调之外，其它从中央到地方的开发性机构协调功能不强，也缺乏除经济以外的其它部门组织机构的配合。

4.5 基础设施发展薄弱

要将图们江地区的比较优势变成现实，基础设施的发展是关键。目前主要问题在于个别交通区段所产生的瓶颈障碍和港口设施的低效利用。例如圈河到罗津的路况条件一直很差，俄方与朝方的港口设施利用率不到30%，珲春到韩国或日本的客货航线虽已开通，但日期不定，价格不明。另外，合作各方的基础设施建设缺乏沟通和协调，从而产生雷同和浪费现象。

第四章 上莱茵地区边境合作与图们江地区国际合作开发的比较

欧洲上莱茵边境合作与图们江边境国际合作的差别表现在多个方面(见表4)。从位置上来说,上莱茵位于欧洲的经济中心,经济和基础设施都高度发达;图们江却是东北亚经济发展的边缘地区,经济和基础设施的发展都较落后。从河流通航来说,上莱茵河两岸的国家均可依循国际惯例和协定进行通航并直接入海;图们江对周边国家的通海航行至今是一个悬而未决的问题。在生态环境方面,上莱茵地区制定了共同的环境政策,经过长期的共同努力,使这一地区的环境生态状况成为欧洲的典范;图们江由于缺乏共同的环境管理政策,污染和生态问题尚未解决。从历史上来说,上莱茵地区具有完整的阿勒芒文化传统,图们江地区的文化组成则比较混杂,虽然欧洲过去的多次大战在上莱茵地区留下了历史伤疤,但周边民主的联邦制度和共同的区域利益克服了过去的历史恩怨;在图们江地区,尽管存在着共同的朝鲜族文化,但紧张的地区政治气氛却限制了居民之间的交往。从边境开放程度来说,上莱茵地区的边境通透性较大,基本不存在边境的阻力;图们江地区的边境则处于封闭或过滤状态,没有边民的自由流动。从边区合作来说,上莱茵的合作目的不只是经济发展上的合作,而更是社会生活环境全方位的合作,其合作的最终目的是培养一种上莱茵特有的区域认同意识。合作重心主要放在边境合作组织机构的建设和区域创新网络系统的培育方面,为此边境双方各级政府制定了一系列有利于边境合作的法律条文和协议,并将互相沟通的重点放在合作信誉上。最后,上莱茵合作的最大特点是地方公民的广泛参与以及合作倡议者们坚持不懈的努力。由于上述有利因素的结合,上莱茵的边境区合作才能形成完善的组织机构和可操作性强的边境合作项目。上莱茵的决策是自下而上的民主化过程(bottum-up-process),并受到欧盟以及各中央政府的大力支持,边境合作内容是涉及地区各个部门的一个网络系统,合作形式大多体现在非正式组织团体的推动,而图们江地区的国际合作则是自上而下的过程(top-down-process),由于远离各政治、经济中心,中央政府对边境合作的支持力度不大,而地方政府和非正式组织往往力不从心,合作内容主要集中在经济和基础设施的发展方面。

上莱茵地区边境合作的发展并非一帆风顺,在发展初期,也曾遇到许多困难和问题。在边境合作中,起主要作用的并非是工程项目本身的投资或基础设施的改善,而是组织双方进行合作的机构框架。建立对等的合作伙伴(政府间和部门间)以及网络关系至为重要,在这些机构指导下的频繁讨论和交流,一方面有利于认识边境合作中存在的问题,提出对策,另一方面还有利于吸引公众参与,增强相互沟通,激发信息流通,提高区域之间的创新氛围和创造学习型的自我提高机制。合作双方地方当局和居民之间的相互信任和共同的良好愿望有利于组织机构的顺利运行和合作项目的操作实现。合作中对有关地区区情资料以及数据的公开透明(如INFOBEST),对合作项目以及意图的广泛宣传,有利于吸引地区公民的参与,从而集思广益,促进合作的顺利进行。要实现边境合作的真正可持续发展,必须从全面合作入手,全面的边境合作必须吸纳各界人士广泛参与,而非受制于地方政府官员的个人意志。

由于图们江地区大多基础设施急待更新换代,需要大量资金投入,但建立大的投资银行或基金会比较困难。当务之急应建立一个类似于INTERREG的基金会,以非组织形式以及配套资金的原则,资助与边境合作有关的科研以及合作软项目;在图们江地区建立类似与INFOBEST有利于边境双方透明度增强,有利于减少边境事务处理中的的官僚作风,有利于引起外界的关注和吸引外商投资积极性,有利于改善边境双方的友好关系。在合作中,不应贪大和急于求成,而应从易到难,立足于小项目,集中于小地区,渐进性发展。图们江开发的初步设想之所以遇到较大阻力,俄罗斯的自由贸易区发展之所以裹足不前,都与开发项目规模太宏大,急于求成有关系。而行之有效的途径则是从那些小的项目,如过境贸易、旅游、第三产业、人事安排以及建立各种有关边境合作的学术性和民间性机构,扩大基础性学术研究范围和领域(如边境社会学,边境历史学,边境政治学,边境民族学,边境心理学,边境行为学等)等开始。

表 4　上莱茵边境区合作与图们江国际合作开发的比较

边境区及合作因素	图们江地区	上莱茵边境区
目的	发挥比较优势	消除边境障碍,强化边境区的网络协作
模式	发展交通和经济走廊,建立经济增长三角	推动一体化进程和发展边境区新经济
内容	改善基础设施,吸引外资,发展过境贸易和旅游业,保护环境生态	社会,经济,文化,环境,教育等全面合作,过境劳工,INTERREG项目,组织网络,区域认同意识培育
政治背景	不稳定的地缘政治形势	宽松的政治环境以及欧盟的区域一体化政策
行政体制	等级体系和中央集权制	联邦体制和分权制
基础设施	高等级公路,铁路较少,通讯设施落后	发达的交通和通讯网络
经济发展基础	处于经济发展边缘地带,基础薄弱	处于欧洲经济发展主轴线,经济实力雄厚
资金援助	有限的国家投资和极少的国际援助	有力的INTERREG项目援助
生态环境	缺乏共同的保护行动	共同的保护协约和行动
边境的功能	政治和经济发展的屏障	接触地区
文化背景	文化和民族混杂	共同的阿勒芒文化和传统
合作心理和认知	缺乏合作思想和意识	强烈的认同性和合作参与意识

结论

　　由于政治体制,经济水平以及历史发展阶段的不同,上莱茵地区与图们江地区存在着截然不同的边境区景观,其边境合作的发展内容也存在着本质的差别。这些差别,造成了各自边境地区合作的难易,但并非与生俱来。从上莱茵地区长期边境合作的经验可以得出,其边境合作最大的成功之处是组织机构的制度化建设,而在组织机构制度化过程中,非正式团体和个人,地方政府和居民的广泛参与,合作的全面性,合作方之间的良好意愿都起了关键的推动作用。这也是上莱茵边境合作对图们江地区国际合作的最大启示,通过借鉴上莱茵边境合作经验,图们江地区在其国际合作与开发中可以进一步明确目前自我存在的问题,提高边境合作效率。

　　造成边境区合作差别和难易的原因除了地区条件外,更与边境合作历史长短有关。图们江的国际合作尚处于初级阶段,由于地缘政治和区域自身的原因,目前遇到许多困难。但合作的努力过程却与上莱茵地区合作的初期有些相似之处。比如上莱茵的合作发展与非正式组织及个人努力(如Hans Briner)是分不开的，而图们江地区的国际合作也正是靠学术界以及民间个人的积极投入(如陈才，丁士晟等教授)而发展起来并引起世界瞩目的。另外，围绕图们江国际合作的各种形式会议，论坛及其在90年代的快速发展也证明了该地区进行边境国际合作的巨大潜力。鉴于目前图们江周围地区复杂的地缘政治经济形势和边境的相对封闭状况，边境合作基本单纯由中央政府作决策，地方政府及公民参与性不多，合作中缺乏相互之间的信任。种种不利因素决定了图们江地区的合作将是一个漫长艰巨的过程。

  上莱茵边境合作与图们江地区的国际合作之间的对比同时也反映出了欧洲边境合作区与亚洲边境合作区之间的差别。上莱茵边境合作中处理问题和矛盾的对策和成功经验，不仅为图们江国际合作开发提供有益的启示，而且对亚洲其它各边境国际合作也具有深远的参考意义。

Literaturverzeichnis

AGEG (Arbeitsgemeinschaft Europäischer Grenzregionen): 25 Jahre Gemeinschaftsarbeit. Gronau 1996.

Ahrens, K.: Die Bedeutung von INTERREG für die Grenzregionen Europas. In: Rendezvous 2000 der europäischen Grenzregionen. Schriften der Regio 18, S. 69-71, 2001.

Akaha, T. (Ed.): Politics and Economic in Northeast Asia: Nationalism and Regionalism in Contention. Houndmills, Basingstoke, Hampshire and London 1999.

Akaha, T.: Russia and Asia in 1995. Asia Survey, 1996.

Aldrich, D.: If You Build It, They Will Come: a Cautionary Tale about the Tumen River Project. The Journal of East Asian Affairs, S. 298-326, Summer 1997.

Anderson, J. und O'Dowd, L.: Borders, Border Regions and Territoriality: Contradictory Meanings, Changing Significance. Regional Studies 33.7, S. 593-604, 1999.

Arlt, W.: Die Entwicklung des Tumen-Projektes. http://www.diss.fu-berlin.de/2001/112/Diss. 2001.

Arras, H. E.: Welche Zukunft wollen wir? 3 Szenarien im Gespräch; ein Beitrag des "Basler Regio-Forum". Merian 1989.

Axelrod, R.: Die Evolution der Kooperation. München und Wien 1995.

Baratta, M. von (Hrsg.): Der Fischer Weltalmanach 1997. Frankfurt am Main 1996.

Bathelt, H.: Warum Paul Krugmans Geographical Economics keine neue Wirtschaftsgeographie ist! Die Erde 132, S. 107-118, 2001.

Batten, D. und Nijkamp, P.: Barriers to Communication and Spatial Interaction. The Annals of Regional Science 24, S. 233-236, 1990.

Becker-Marx, K.: Modelle grenzüberschreitender Kooperation am Oberrhein. Hannover 1992.

Beyerlein, U.: Grenzüberschreitende unterstaatliche Zusammenarbeit in Europa. Zum Entwurf eines europäischen Rahmenübereinkommen über die grenzüberschreitende Zusammenarbeit zwischen Gebietskörperschaften. Zeitschrift für ausländisches öffentliches Recht und Völkerrecht (ZaöRV) 40, 1980.

Borcherdt, C.: Geographische Landeskunde von Baden-Württemberg. Darmstadt 1991.

Bornschein, P.: Die wirtschaftliche Entwicklung der Tumenfluss-Region im nordostasiatischen Kontext. Dortmund 1994.

Breuer, H.: „Grenzgefälle"- Hemmung- oder Anregungsfaktoren für räumliche Entwicklungen (insbesondere aufgezeigt am belgisch-niederländisch-deutschen Grenzraum). In: Ahnert, F. und Hatlik, D. (Hrsg.): Aachener Geographischen Arbeiten. S. 425-437, Aachen 1981.

Briner, H. J.: Basel: Existenzprobleme nach der Vergrenzung eines historischen Raums. Sandoz-Gazette 30.201, März 1983a.

Briner, H. J.: Regio Basiliensis - Rückblick und Ausblick. Basler Stadtbuch. Basel 1983b.

Briner, H. J.: Schweiz-EG: die Regio als Pionier. Schweizer Journal 12, S. 17-19, 1989.

Broecker, J. und Rohweder, H.: Barriers to International Trade: Methods of Measurement and Empirical Evidence. The Annals of Regional Science 4, S. 289-305, 1990.

Brunet, R. E. A.: Les Villes Européenes - Rapport pour la Délégation à L'Amenagement du Territoire et à L'Action Régionale. Montpelier und Paris 1989.

Brunn, G. und Schmitt-Egner, P. (Hrsg): Grenzüberschreitende Zusammenarbeit in Europa, Theorie, Empirie und Praxis. Baden-Baden 1997.

Bütow, H. G. (Hrsg.): Länderbericht Sowjetunion. S. 179-183, München 1986.

Cappellin, R.: Interregional Cooperation in Europe: An Introduction. In: Cappellin, R. and Batey, P. W. J. (Eds.): Regional Networks, Border Regions and European Integration. London 1993.

Chang Xin: New Trends in the Development of the Tumangang River and the Task of Economic Cooperation between China (Northeastern District) and Japan. In: Economic Cooperation in Northeast Asia in the Era of the Pacific Rim: Proceedings of the International Symposium Held by Faculty of Economics, Niigata University, Japan, July 5 - 6. S. 53-59, 1997.

Chen Cai und Yuan Shuren: Dongbeiya quyu hezuo yu Tumenjiang Diqu Kaifa <Regionale Kooperation in Nordostasien und die Entwicklung der Tumen-Region>. Changchun 1996.

Chen Cai und Yuan Shuren: Dongbeiya Quyu Jingji Hezuo yu Tumenjiang Diqu Xiayou Kaifa <Regionale Wirtschaftskooperation in Nordostasien und die Entwicklung der Tumen-Region>. In: Internationale Konferenz für Entwicklung der Wirtschaft und Technologie in Nordostasien, Changchun 1991.

Chen Cai und Yuan Shuren: Guanyu Jingyibu Tuijin Tumenjiang Diqu Kaifa de Jidian Jianyi <Einige Vorschläge für die weitere Entwicklung der Tumen-Region>. In: Tumenjiang Tonghai Hangxing yu Duiwai Kaifang Yanjiu Wenji 7 <Die Navigation des Tumen-Flusses und die Öffnung der Tumen-Region 7>. S. 294-303, Changchun 1999.

Chen Cai: Dongbeiya Zhengzhi Jingji Xingshi Bianhua ji Suoqu Duice Yanjiu <Die Änderung der politischen und wirtschaftlichen Situation und die entsprechenden Maßnahmen>. In: Chen Cai und Yuan Shuren: Dongbeiya Quyu Hezuo yu Tumenjiang Diqu Kaifa <Regionale Kooperation in Nordostasien und die Entwicklung der Tumen-Region>. S. 197-211, Changchun 1996a.

Chen Cai: Lun Dongbeiya Zhengzhi Jingji Xingshi Bianhua yu Tumenjiang Diqu Duoguo Hezuo Kaifa <Die politische und wirtschaftliche Situation und die Entwicklung der Tumen-Region>. In: Chen Cai und Yuan Shuren: Dongbeiya Quyu Hezuo yu Tumenjiang Diqu Kaifa <Regionale Kooperation in Nordostasien und die Entwicklung der Tumen-Region>. S. 278-298, Changchun 1996b.

Cho, Lee-Jay und Valencia, M. J.: International Conference on Cooperation in the Economic Development of the Coastal Zone of Northeast Asia. In: Northeast Asia: Takeoff, S. 25, 1992.

Christaller, W.: Die Zentralen Orte in Süddeutschland. Eine ökonomisch-geographische Untersuchung über die Gesetzmäßigkeit der Verbreitung und Entwicklung der Siedlungen mit städtischen Funktionen. Darmstadt 1968.

Cooke, P. und Morgan, K.: The Associational Economy. Firms, Regions, and Innovation. S. 83-113, Oxford 1998.

Cotton, J.: China and Tumen River Cooperation. Jilins Coastal Development Strategy. Asian Survey, S. 1087-1101, 1996.

Cui Ying und Gao Fulai (Eds.): Zhongguo Zhoubian Guojia he Diqu Jingji <Die Nachbarländer Chinas und ihre Wirtschaftsentwicklung>. S.135-140, Beijing 1999.

Dai Xiyao: Guanyu Tumenjiang Diqu Guoji Hezuo Kaifa de Jidian Jianyi <Einige Vorschläge für die internationale Kooperation in der Tumen-Region>. In: Tumenjiang Tonghai Hangxing yu Duiwai Kaifang Yanjiu Wenji 7 <Die Navigation des Tumen-Flusses und die Öffnung der Tumen-Region 7>, S.123-127, Changchun 1999.

Das Magazin für internationale Beziehungen der Schweiz 2, S. 4, 1996.

Das Verwaltungsbüro für Zölle in Hunchun: Die Zahl der grenzüberschreitenden Personen und Güter an den Grenzen von Hunchun 1991 - 1999, Hunchun 2000.

Dege, E.: Die koreanischer Minderheit in der VR China. Schriftenreihe interdisziplinäre Studien Ost-/Südostasien, Skript 5, Trier 1996.

Dege, E.: Die Tumen-Mündung - Nordost-Asiens "Goldenes Delta" oder größter Flop? Koreana 2, S.18-22, 1993.

Dege, E.: Korea. Eine landeskundliche Einführung. Kiel 1992.

Dentz, A. und Zeeb, C. (Hrsg.): RegioTriRhena: Leitbild. 1998.

Ding Shicheng: Tumenjiang Diqu Kaifa <Die Entwicklung der Tumen-Region>. Jilin Renmin Chubanshe, Changchun 1993.

Ding Sibao und Chen Cai: Tumenjiangdiqu Kaifa yu Dongbeiya Jingji Hezuo <Die Entwicklung der Tumen-Region und die internationale Kooperation Nordostasiens>. In: Internationale Konferenz für Entwicklung der Wirtschaft und Technologie in Nordostasien. Changchun 1991.

Ding Sibao und Wang Li: Neilu Bianjing Diqu Duiwai Kaifang de Quyu Moshi Yanjiu <Das Entwicklungsmodell der inländischen Grenzregionen>. Changchun 1994.

Dt. IHP/OHP-Nationalkomitee (Deutsches Nationalkomitee für das Internationale Hydrologische Programm der Unesco und das Operationelle Hydrologische Programm der WMO) (Hrsg.): The River Rhine - Development and Management. Koblenz 1996.

Eckart, K.: Deutschland. Gotha (u. a.) 2001.

Eder, S. und Sandtner, M.: Staatsgrenzen in der TriRhena – Barrie oder Stimulus? REGIO BASILIENSIS 41.1, S. 15-26, 2000.

Edward, K. Y. Chen, and Kwan, C. H.: The Emergence of Subregional Economic Zones in Asia. In: Asia's Borderless Economy. Allen und Unwin 1997.

Eichkorn, P.: Die Entwicklung der grenzüberschreitenden Zusammenarbeit auf subnationaler Ebene am Beispiel des Deutsch-Schweizer Hochrheins. Diss. Freiburg 1999.

Elizondo, R. L. und Krugman, P.: Trade Policy and the Third World Metropolis. Journal of Development Economics 49, S. 137-150, 1996.

Epe, C.: Das Tumen Projekt: Konkurrenz oder/und Kooperation in Nordostasien. Occasional Papers No. 87, Berlin 1993.

ERINA (Economic Research Institute for Northeast Asia): Die Wirtschaftsentwicklung in Nordostasien (eigene Übersetzung aus dem Japanischen). Tokyo 2000.

ERINA und FIAS: The Tumen Region Growth Area: Current Impediments and Investment Potential. TRED Advocacy Workshop, Paper Three, S. 41, 2000.

Fang Min und Jin Minxiong (Hrsg.): Dongbeiya Mingzhu - Hunchun <Die Perle Nordostasiens- Hunchun>. Changchun 1993.

Fichtner, U.: Grenzüberschreitende Verflechtungen und regionales Bewusstsein in der Regio. Schriften der Regio 10, Basel 1988.

Fischer, G.: Staaten und Grenzen. Braunschweig 1980.

Fochler-Hauke, G.: Die Mandschurei: eine geographisch-geopolitische Landeskunde, auf Grund eigener Reisen und des Schrifttums. Heidelberg-Berlin-Magdeburg 1941.

Focken, A. E.: Wachstumsdreiecke in Südostasien als neue Form der supraregionalen Kooperation: Das Beispiel des „Indonesia-Malaysia-Thailand Growth Triangle". Asien 67, S. 5-30, 1998.

Framke, W.: Die deutsch-dänische Grenze und die Differenzierung der Kulturlandschaft - ein „geographisches" Problem? Regio Basiliensis 22, S. 140-151, 1981.

Freeberne, M.: The Northeast Asia Regional Development Area: Land of Metal, Wood, Water, Fire and Earth. Geography 78, S. 420-31, 1993.

Friesecke, M. und Jakob, E.: Bilaterale Impulse für die RegioTriRhena. Basel 2001.

Fritsche, K.: Russland und das Tumen-Projekt. Aktuelle Analysen des BIOst. Nr. 55, 1996.

Füeg, R.: Situation und Entwicklung der Wirtschaft am Südlichen Oberrhein am Anfang der neunziger Jahre. Regio Wirtschaftsstudie. Basel 1995.

Fujita, M., Krugman, P. und Venables, A.: The Spatial Economy: Cities, Regions, and International Trade. Cambridge 1999.

Funck, R. H. and Kowalski, J. S.: Transnational Networks and Cooperation in the New Europe: Experiences and Prospects in the Upper Rhine Area and Recommendations for Eastern Europe. In: Cappellin, R. and Batey, P. W. J. (Eds.): Regional Networks, Border Regions and European Integration. S. 205-214, London 1993.

Gabbe, J.: Zur Einführung: Die Chancen und Risiken liegen bei uns - den grenzüberschreitenden Akteuren. In: Rendezvous 2000 der europäischen Grenzregionen. Schriften der Regio 18, S. 213-218, 2001.

Gallusser, W.: Grenze und Kulturlandschaft. Regio Basiliensis 22, S. 59-68, 1981.

Gemeinsames Sekretariat (eine Broschüre). Basel O. J.

Giersch, H.: Economic Union Between Natures and the Location of Industries. Review of Economic Studies 17, S. 87-97, 1949.

Gorzelak, G. und Jalowiecki, B.: European Boundaries: Unity or Division of the Continent? Regional Studies 36, S. 409-419, 2002.

Grotz, R.: Baden-Württemberg als Industrieland. Geographische Rundschau 44.5, S. 281-287, 1992.

Gu Jiegang und Shi Nianhai: Zhongguo Jiangyu Yangeshi <Die Änderungsgeschichte der Grenze Chinas>. Beijing 1999.

Guichonnet, P. und Claude, R.: Géografie des Frontières. Paris 1974.

Guo Rongxing: Border-Regional Economics. Heidelberg 1996.

Ha Yong-Chool: Engaging Russia for Peace in Northeast Asia. Singapore, 1999.

Haefliger, C. J.: The Upper Rhine EuroRegion. Basel 1998.

Hansen, N.: Border Region Development and Cooperation: Western Europe and the U.S.-Mexiko Borderlands in Comparative Perspective. In: Martinez, O. (Ed.): Across Boundaries: Transborder Interaction in Comparative Perspective. El Paso 1986.

Hansen, N.: Border Regions: A Critique of Spatial Theory and a European Case Study. Annals of Regional Science 11, S. 1-14, 1977.

Hansen, N.: International Cooperation in Border Regions: An Overview and Research Agenda. International Regional Science Review 8, No. 3, S. 255-70, 1983.

Harding, H.: China and Northeast Asia - The Political Dimension. Lanham, New York und London 1988.

Hilchenbach-Baumhoff, R.: Wirtschaftsgeographie. S. 184-185, Schöningh 1991.

Horoszko, S.: Die Oder als Kulturlandschaft. In: Dröge, K. (Hrsg.): Alltagskulturen in Grenzräumen. S. 199-220, Frankfurter am Main 2002.

House, J. W.: Frontier on the Rio Grande: A Political Geography of Development and Social Deprivation. Oxford 1982.

House, J. W.: Frontier studies: An Applied Approach. In: Burnett, A. D. and Taylor, P. J. (Eds.): Political Studies from Spatial Perspectives. S. 291-312, New York 1981.

Houtum, H. v. : An Overview of European Geographical Research on Borders and Border Regions. Journal of Borderlands Studies 1, 2000.

Houtum, H. v.: Internationalisation and Mental Borders. Tijdschrift voor Economische en Sociale Geografie 3, S. 329-35, 1999.

Houtum, H. v.: The Development of Cross-Border Economic Relations. Diss. Tilburg 1998.

Huang Shuo: Tumenjiang Diqu Guoji Hezuo Kaifa Jinzhan yu Weilai <Die Entwicklung der internationalen Kooperation in der Tumen-Region>. In: Tumenjiang Tonghai Hangxing yu Duiwai Kaifang Yanjiu Wenji 6 <Die Navigation des Tumen-Flusses und die Öffnung der Tumen-Region 6>. S. 120-130, Changchun 1998.

Hunchun Municipal People's Government: Jilin Hunchun Chukoujiagongqu, Zhaoshang Zhinan <Die an Export verarbeitende Industriezone Hunchun der Provinz Jilin, Einführung für die Investition>. Hunchun. O. J.

Infobest Palmrain: Grenzüberschreitende Zusammenarbeit am Oberrhein: Gremien 1998.

Interner Regierungsbericht von Hunchun 1999 – 2001.

INTERREG News, Mai 2001.

INTERREG Sekretariat: 10 Jahre INTERREG. o. O. 1999.

Jenny, J. F.: Beziehungen der Stadt Basel zu ihrem ausländischen Umland. Basler Beiträge zur Geographie 10, S. 19, Basel 1969.

Kaluski, S.: Die Donau als Staatsgrenze und ihre Wirkungen auf die Kulturlandschaft. Regio Basiliensis 22, S. 166-176, 1981.

Kho, Songmoo: Koreans in Soviet Central Asia. S. 16-34. Helsinki 1987.

Kim, Euikon: Political Economy of the Tumen River Basin Development: Problem and Prospect. Journal of Northeast Asian Studies, S. 35-48, Summer 1992.

Kim Icksoo: TRADP: A Mini-Model for Northeast Asian Economic Cooperation? In: Yoo, Jang-hee (Ed.), Northeast Asian Economic Cooperation: Progress in Conceptualization and in Practice. S. 122-152, 1994.

Kirchbach, F. v.: The Normalization of Economic Relations in Continental Northeast Asia. In: Bettignies, H. C. (Ed.): The Changing Business Environment in the Asia-Pacific Region. S. 45-70, London 1996.

Kleinschmager, R.: Das Elsass zwischen Deutschland und Europa. Geographische Rundschau 51.2, S. 116-122, 1999.

Ko, Jae-nam: Russia's Role in Regional Cooperation in Northeast Asia. Korea Focus. 7.4, 1999.

Köhler, T. und Saalbach, J.: Oberrheingebiet: Leben beiderseits der Grenze. PGM 145.4, S. 36-41, 2001.

Korkunov, I.: On the project of the Tumenjiang Free Economic Zone in the Territory of Russia, China and North Korea. Far Eastern Affairs 6, S. 38-43, 1994.

Krätke, S.: Problem und Perspektiven der deutsch-polnischen Grenzregion. In: Schultz, H. und Nothnagle, A. (Hrsg.): Grenze der Hoffnung: Geschichte und Perspektiven der Grenzregion an der Oder. S. 162-203, Potsdam 1996.

Krugman, P.: What's New about New Economic Geography? Oxford Review of Economic Policy 14, S. 7-17, 1998.

Kungtu C. Sun: The Economic Development of Manchuria in the First Half of the Twentieth Century. Cambridge, Mass. 1973.

Kwon, Hyuck-Jae und Huh, Woo-kung (Eds.): Korea - The Land and People. Seoul 2000.

Lang Yihuan und Song Xinyu: Tumenjiang Diqu Fazhan Gaoxin Jishu Chanye de Touzi Huanjing Fenxi <Die Analyse des Investitionsmilieus als Hightechindustrie in der Tumen-

Region>. In: Tumenjiang Tonghai Hangxing yu Duiwai Kaifang Yanjiu Wenji 6 <Die Navigation des Tumen-Flusses und die Öffnung der Tumen-Region 6>. S. 477-486, Changchun 1998.

Latourette, K.: A short history of the Far East. S. 423-503, New York 1951.

Laufer, H.: Das föderative System der Bundesrepublik Deutschland. München 1985.

Lautensach, H.: Korea: Eine Landeskunde auf Grund eigener Reisen und der Literatur. Leipzig 1945.

Lazikin, A.: Russia - China, Direct and Cross-Border Trade and Economic Cooperation. Far Eastern Affairs 4-5, S. 82-93, 1994.

Lee Chan-Woo: The Roles of the ROK's Investment in the Economic Development of the Yanbian Prefecture in China. ERINA Report 31, S. 1-13, 1999.

Lee Jeong-sik: Opening of North Korea and the Tuman River Area Development Program. In Korea - the Land and People, S. 483-506, Seoul 2000.

Leimgruber, W.: Border Effects and the Cultural Landscape: the Changing Impact of Boundaries on Regional Development in Switzerland. In: Knippenberg, H. and Markusse, J. (Eds.): Nationalising and Denationalising European Border Regions, 1800-2000, S. 199-222, London 1999.

Leimgruber, W.: Die Grenze als Forschungsobjekt der Geographie. Regio Basiliensis 21, 67-78. 1980.

Leimgruber, W.: Segregation oder Integration? Geographische Rundschau 43.9, S. 488-493, 1991.

Lentz, S.: Oberrheingebiet von der Römerstadt bis zum Global Logistics Center. Petermanns Geographische Mitteilungen 145.3, S. 40-45, 2001.

Lentz, S.: Oberrheingebiet: Hochwasserschutz und Ökologie. Petermanns Geographische Mitteilungen 146.4, S. 54, 2002.

Lezzi, M.: Porträts von Schweizer EuroRegionen. REGIO BASILIENSIS 17, S. 23-24, 2000.

Lezzi, M.: Raumordnungspolitik in europäischen Grenzregionen zwischen Konkurrenz und Zusammenarbeit – Untersuchungen an der EG-Aussengrenze Deutschland-Schweiz (Wirtschaftsgeographie und Raumplanung 20). Diss. Zürich 1994.

Li Jingjie: Sino-Russian Relations in Asia Pacific. In: Engaging Russia in Asia Pacific. S. 54-66, Singapore 1999.

Li Shangshi u.a.: Yanbian Tudileiyong Xianzhuang Diaochabaogao <Landnutzungsverhältnisse in Yanbian>, Planungsbüro für die Landwirtschaft in der Präfektur Yanbian. S. 19-20, 1983.

Li Zhenquan und Shi Qingwu (Hrsg.): Dengbei Jingji Dili Zenglun <Überblick der Wirtschaftsgeographie in Nordost-China>. Changchun 1988.

Lorenz, A.: Reise in die Vergangenheit. Spiegel 35, S.162-165, 1999.

Lösch, A.: Die räumliche Ordnung der Wirtschaft. Jena 1944.

Lötscher, L.: Die oberrheinische Regio-Kooperation, ein Modell für Europa? Geographische Rundschau 43.9, S. 520-526, 1991.

Maier, H.: Die Mandschurei in Weltpolitik und Weltwirtschaft. Leipzig 1930.

Maier, J. und Wachermann, G.: Frankreich. Darmstadt 1990.

Malchus, V. Frhr. von.: Bedeutende Initiativen des Europarates zur Verbesserung der grenzüberschreitenden Zusammenarbeit. Regio Basiliensis 22, 1981.

Malchus, V. Frhr. von.: Grenzüberschreitende und interregionale Zusammenarbeit in der Raumentwicklungsplanung. La Revue de la Cooperation Transfrontiere. 1997.

Malchus, V. Frhr. von: Partnerschaft an europäischen Grenzen, Integration durch grenzüberschreitende Zusammenarbeit. Bonn 1975.

Martinstetter, H.: Die Staatsgrenzen. S. Konstanz 1952.

Meyer, W.: Grenzen, die verbinden- Historische Gedanken zur Entwicklung des oberrheinischen Raumes. Schweizer Journal 12, S. 20-26, 1989.

Michal, W.: Der Traum der Alemannen - das Dreiländereck. GEO Magazin 8, 1988.

Minghi, J. V.: Boundary Studies in Political Geography. Annals of the Association of American Geography, S. 407-428, 1963.

Mohr, B. und Schröder, E. J.: Oberrheingebiet: regional verwurzelter, global verflochtener Industriestandort. Petermanns Geographische Mitteilungen 146.2, S. 34-39, 2002.

Mohr, B.: Das Elsass, Grenzüberschreitende Zusammenarbeit am Oberrhein. Geographie Heute 177.21, S. 35, 2000.

Mohr, B.: Grenzgängerverflechtungen in der RegioTriRhena. Entwicklung und Strukturen. Regio Basiliensis 41, S. 27-38, 2000.

Müller, M. J.: Handbuch ausgewählter Klimastationen der Erde. Trier 1996.

Niebuhr, A. und Stiller, S.: Integration Effects in Border Regions: A Survey of Economic Theory and Empirical Studies. Discussion Paper 179. HWWA 2002.

Nijkamp, P., Rietveld, P. und Salomon, I.: Barriers in Spatial Interactions and Communications, a Conceptual Exploration. The Annals of Regional Science 24, S. 237-252, 1990.

North, D. C.: Institutions, Institutional Change and Economic Performance. Cambridge 1990.

Oberrhein Statistische Daten, Basel 1999.

O. V.: BioValley, Newsletter, April 2000.

O. V.: INTERREG News, Mai 2001.

O. V.: Schweizer Brevier. Bern 1999.

O.V.: Das Dreiland - Die Zahlen: Nordwestschweiz, Südbaden und Haut-Alsace. 1998.

Oh, Seung-yul: Assessment of North Korea Economy from Change and Challenge on. In: Ok, Tae Hwan (Ed.): Change and Challenge on the Korean Peninsula: Past, Present and Future, S. 1-17, 1996.

Paasi, A.: Boundaries as Social Practice and Discourse: The Finnish-Russian Border. Regional Studies 33.7, S. 669-680, 1999.

Paasi, A.: Fences and Neighbours in the Postmodern World: Boundary Narratives in Political Geography. Progress in Human Geography 22, S. 186-207, 1998.

Park, Jung-Dong: The State and Prospects of the Rajin-Sonbong Free Economic and Trade Zone in the Democratic People's Republic of Korea (DPRK). In: The Economics of Korean Reunification 1, S. 12-17, Seoul 1996.

Parlow, E.: Faktoren und Modelle für das Klima am Oberrhein. Geographische Rundschau 46.3, S. 161, 1994.

Perkmann, M.: Building Governance Institutions Across European Borders. Regional Studies 37, S. 657-667, 1999.

Pews, H.-U.: Korea - Land der Morgenfrische (Geographische Bausteine, Neue Reihe 31). Gotha 1987.

Pfeiffer, T.: Erfolgsbedingungen grenzüberschreitender regionaler Zusammenarbeit: Eine oekonomische Analyse am Beispiel des suedlichen Oberrheins und der Euregio Gronau. Diss. Frankfurt am Main 2000.

Pi Yin-hsien: The Dynamics of Sino-Russian Relations. Issue and Studies 32.1, S. 18-31, 1996.

Pletsch, A.: Frankreich. Stuttgart 1987.

Portiakov, V.: The Tumenjiang Project and Russia's Interests. 1998.

Prescott, J. R. V.: Political Frontiers and Boundaries. London 1987.

RAS Institute's research scientists: The Primorie Territory of Russia in the Context of the Country's Geostrategic and Economic Interests. Problems and Prospects. Far Eastern Affairs 6, S. 16-41, 1994.

Ratti, R: Spatial and Economic Effects of Frontiers. In: Ratti, R. und Schalom, R.: Theory and Practice in Transborder Cooperation. S. 23 – 24, Basel und Frankfurt am Main 1993.

Ratzel, F.: Politische Geographie. München 1897.

Regio Basiliensis: Jahresberichte von 1963-2001.

Regio Basiliensis: Regio Gazette 9. 1990.

Regio Basiliensis: Regio Report. 1988.

RegioTriRhena Zeitung, S.9, 03.03.1999.

Reisebüro von Hunchun: Die Entwicklung der Touristenzahlen in Hunchun. Hunchun 2000.

Rozman, G.: Cross-National Integration in Northeast Asia: Geopolitical and Economic Goals in Conflict. East Asian Studies, S. 6-42, Spring/Summer 1997.

Rumley, D. und Minghi, J. (Eds.): The Geography of Border Landscapes. London und New York 1991.

Sandner, G. und Oßenbrügge, J.: Political Geography in Germany after World War II. In: Ehlers, E. (Hrsg): 40 Years After: German Geography- Development, Trends and Prospects 1952-1992. Tübingen 1992.

Schäfer, S.: Kulturraum Oberrhein. Schriften der Regio 15, Basel und Frankfurt am Main 1996.

Schallhorn, E.: Überwindung von Grenzen am Oberrhein. Praxis Geographie 10, S. 26-29, 1997.

Schäuble, W.: Europäische Integration an den Nahtstellen der Geschichte- die Bedeutung der grenzübergreifenden Regionen. In: Rendezvous 2000 der europäischen Grenzregionen. Schriften der Regio 18, S. 174, 2001.

Schneider, H. K.: Dreikulturenraum oder einheitliche Kulturregion? – Die Gretchenfrage am Oberrhein. Schweizer Journal 12, S. 41, 1989.

Schneider, R.: Grenzen und Grenzziehung im Mittelalter. Zu ihrer begrifflichen, rechtlichen und politischen Problematik. – In: Brücher, W. und Franke, P. R. (Hrsg): Beiträge zum Forschungsschwerpunkt der Philosophischen Fakultät der Universität des Saarlandes. S. 9-28, Saarbrücken1987.

Schöller, P., Dürr, H. und Dege, E.: Ostasien. Frankfurt am Main 1987.

Scholz, K.-D.: Mount Paektu - der höchste Berg Koreas. http://www.willi-stengel.de/ Page30e 1.htm. 2002.

Schröder, E.-J.: Die RegioTriRhena als grenzüberschreitender Wirtschaftsraum. Regio Basiliensis 41, S. 3-14, 2000.

Schulz, C.: Die kommunale grenzüberschreitende Zusammenarbeit- Basis und Motor der europäischen Integration? Landeskunde 4, 1998.

Schumann, K.: Das Regierungssystem der Schweiz. Köln 1971.

Schwabe, E.: Regio Basiliensis – Dreiheit in Raum und Zeit. Schweiz 8, S. 2-3, 1986.

Schwind, M.: Allgemeine Staatengeographie. Berlin 1972.

Scott, J. W.: European and North American Contexts for Cross-border Regionalism. Regional Studies 37.7, S. 605-617, 1999.

Speiser, B.: Die Grenzüberschreitende Regionalismus am Beispiel der oberrheinischen Kooperation. Diss. Basel und Frankfurt am Main 1993.

Stadelbauer, J.: Baden-Württemberg- „Musterländle" im Zentrum Europas. Geographische Rundschau 44.5, S. 266-273, 1992.

Stadelbauer, J.: Das Oberrheinische Tiefland- ein Überblick. In: Borcherdt, Christoph: Geographische Landeskunde von Baden-Württemberg. 1983.

Statistisches Jahrbuch von Yanbian 2000.

Storper, M.: Regional Worlds of Production: Learning and Innovation in the Technology Districts of France, Italy, and USA. Regional Studies 27, 1993.

Storper, M.: The Limits of Globalization: Technology Districts and International Trade. Economic Geography 68, 1992.

Storper, M.: The Regional World, Territorial Development in a Global Economy. New York 1997.

Straub, P.: Ziele und Aufgaben des Oberrheinrates. In: Press- und Informationsamt der Bundesregierung (Hrsg.): Europa Konkret, S. 61-65, Bonn 1998.

Thant, M., Tang Min und Kakazu, H. (Eds.): Growth Triangles in Asia: A New Approach to Regional Economic Cooperation. Hongkong 1998.

Thiel, E.: Sowjet Fernost. München 1953.

Timonin, A.: On the Prospects of Trilateral Economic Cooperation between the Russian Federation, South Korea and North Korea. The Economics of Korean Reunification 1, 1996.

Titarenko, M.: A Post-Cold War Northeast Asia and Russian Interest. Far Eastern Affairs 4-5, 1994.

Tödtling, F.: The Uneven Landscape of Innovation Poles: Local Embedeness and Global Networks. IIR-Discussion 46, 1992.

Tschudi, H. M.: Eröffnung des Tagespräsidenten: Basels Pionierrolle für die grenzüberschreitende Zusammenarbeit in Europa. In: Jakob, E. (Hrsg.): Rendezvous 2000 der europäischen Grenzregionen. Schriften der Regio 18, S. 52-55, Basel 2001.

Tsuji, H.: Transportation Corridor Development in the Tumen River Region. ERINA Report 34, S. 24-31, 2000.

UNDP (United Nation Development Programme): Tumen River Area Development Programme Phase III. Programme Document 2001.

UNDP Tumen Secretariat: The Tumen Programme. http://www.tumenprogramme.org/tumen/programme/index. 2001.

UNDP Tumen Secretariat: Tumen Update. Beijing 1999 - 2000.

Ungern-Sternberg, S. von: Die Bedeutung von INTERREG für die EuroRegion Oberrhein. In: In: Jakob, E. (Hrsg.): Rendezvous 2000 der europäischen Grenzregionen. Schriften der Regio 18, S. 64-68, Basel 2001.

UNIDO: Tumen River Area, Investment Guide, Yanbian Korean Autonomous Prefecture with a special focus on Hunchun City. 1998a.

UNIDO: Korea's Rajin-Sonbong Economic and Trade Zone, Investment and Business Guide. 1998b.

UNIDO: Tumen River Economic Development Area, Investment Guide. O. J.

Valencia, M. J.: The Northeast Asia Economic Forum: Achievements and Future Prospects, Politics and Economics in Northeast Asia. In: Akaha, T. (Ed.): Politics and Economics in Northeast Asia: Nationalism and Regionalism in Contention. S. 315-328, Basingstoke and Hampshire 1999.

Verchenko, V.: Russia and China: Inter-Regional Links. Far Eastern Affairs 4-5, 1994.

Vikhoreva, S. J.: The Development of Free Economic Zones in Russia. ERINA Report 38, S. 1-8, 2001.

Waack, C.: European Border Cities between Cooperation and Isolation- On the Progress of the Discussion within German-Language Geography. Die Erde 133, S. 83-95, 2002.

Wang Lianqin: Dongbeiya Quyu Hezuo yu Tumenjiang Diqu Kaifa Yanjiu Jigou Shezhi ji Yanjiu Zhongxin de Fazhan <Die Entwicklung der Organisationen in der internationalen Kooperation in Nordostasien und der Tumen-Region>. In: Tumenjiang Tonghai Hangxing yu

Duiwai Kaifang Yanjiu Wenji 5 <Die Navigation des Tumen-Flusses und die Öffnung der Tumen-Region 5>. S. 519-528, Changchun 1995.

Wein, N.: Die Sowjetunion. Paderborn, Schoeningh 1985.

Wiederhold, L.: Region südlicher Oberrhein. Anforderungen an eine deutsche Grenzregion im zusammenwachsenden Europa. Berichte zur Deutschen Landeskunde 65.2, S. 401-407, 1991.

Williamson, O. E.: Economic Organisation- Firms, Markets and Policy Control. Wheatsheaf 1986.

Wirtschaft am Oberrhein: Modell für Europa. Basel 1998.

Wishnick, E.: The Environment and Development in the Russian Far East. Issues and Studies 32.2, S. 99-122, 1996.

Witmer, J.: Grenznachbarliche Zusammenarbeit. Das Beispiel der Grenzregionen von Basel und Genf. Zürich 1979.

Wopperer, J.: Verwaltungsaufbau und räumliche Planung in Frankreich, eine Einführung. In: Baden-Württemberg - Verwaltungspraxis. Herbst 1995.

Xuan Dengri (Ed.): Zhongechao Tumenjiang Liuyu Kaifagaikuang <Allgemeiner Überblick der Entwicklung in der Tumen-Region zwischen China, Russland und Nordkorea>. Yanji 2000.

Yanbian Hyuntong Shipping Group Corp. 2000.

Yanbian Korean Autonomous Prefecture. A special Guide on the Climate for Foreign Investment in Chinas Tumen River Area. 1998.

Yang Chaoguang und Zhang Baoren (Eds.): Tumenjiangdiqu Zhoubian Guojiaguoji Kaifahezuo yu Touzihuanjing Yanjiu <Internationale Kooperation in der Tumen-Region zwischen den Anliegerländern>. Changchun 2000.

Yang Qingshan: Tumenjiang Diqu Jingjikaifa Qianli jiqi Zhanwang <Die Entwicklung der Tumen-Region und ihr zukünftiges Potential>. In: Tumenjiang Tonghai Hangxing yu Duiwai Kaifang Yanjiu Wenji 5, Changchun <Die Navigation des Tumen-Flusses und die Öffnung der Tumen-Region 5>. S. 72-83, Changchun 1995.

Yi, Jae-Hyuk: Koreanische Migration nach Russland. In: Köllner, P. (Hrsg.) Sozialwissenschaftliche Koreaforschung in Deutschland. S. 257-273, Hamburg 2002.

Yin Jianping: Eluosi Yuandong Jingji Fazhan Qianzhan <Die Aussicht der Wirtschaftsentwicklung im Russischen Fernen Osten>. In: Tumenjiang Tonghai Hangxing yu Duiwai Kaifang Yanjiu Wenji 7 <Die Navigation des Tumen-Flusses und die Öffnung der Tumen-Region 7>. S. 399-407, Changchun 1999.

Yoo, Jang-Hee und Lee, Chang-Jac (Eds.): Northeast Asian Economic Cooperation: Progress in Conceptualization and in Practice. Seoul 1994.

Yu Guozheng: Eluosi Yuandong Binhaibianjiangqu Jingmaohuanjing Pingxi <Das Wirtschafts- und Handelsklima im Primorskij kraj im Russischen Fernen Osten>. In: Tumenjiang Tonghai Hangxing yu Duiwai Kaifang Yanjiu Wenji 6, <Die Navigation des Tumen-Flusses und die Öffnung der Tumen-Region 6>. S. 440-447, Changchun 1998.

Yuan Shuren und Huang Yanjun: Guanyu Tumenjiang Tonghai Hangxing Wenti de Beijing Cailiao <Der Hintergrund des Navigationsrechtes Chinas auf dem Tumen-Fluss>. In: Chen, Cai und Yuan, Shuren (Eds.): Dongbeiya Quyu Hezuo yu Tumenjiang Diqu Kaifa <Regionale Kooperation in Nordostasien und die Entwicklung der Tumen-Region>. S. 150-158, Changchun 1996.

Zhang Donghui: The Progress and Function of The Tumen River Area Development Programm in the Northeast Asian Regional Economy. ERINA Report 40, S. 13-14, 2001.

Zhang Ying: Chaoxian zai Tumenjiang Quyu Kaifa Shiyezhong de Diwei yu Zuoyong <Die Rolle von Nordkorea für die Entwicklung der Tumen-Region>. In: Tumenjiang Tonghai Hangxing yu Duiwai Kaifang Yanjiu Wenji 6 <Die Navigation des Tumen-Flusses und die Öffnung der Tumen-Region 6>. S. 368-400, Changchun 1998.

Zhongguo Tumenjiangdiqu Fazhan de Zuixin Jinzhan <Interne Regierungsberichte über die neue Entwicklung in der Tumen-Region von China>. Hunchun 1999-2001.

Zhu Yuchao: Northeast Asian Regional Economic Cooperation. Issues and Studies 32.3, S. 96-120, 1996.

Zoller-Schepers, R.: Grenzüberschreitende Zusammenarbeit am Oberrhein. Diss. Bamberg 1998.